中国外语教育研究丛书

刘道义　主编

李静纯 著

英语教学的艺术探究

YINGYU JIAOXUE DE YISHU TANJIU

GEP 广西教育出版社
南宁

图书在版编目（C I P）数据

英语教学的艺术探究 / 李静纯著. —南宁：广西教育出版社，2018.12
（中国外语教育研究丛书 / 刘道义主编）
ISBN 978-7-5435-8611-6

Ⅰ. ①英… Ⅱ. ①李… Ⅲ. ①英语—教学研究 Ⅳ. ①H319.3

中国版本图书馆 CIP 数据核字(2018)第 286988 号

策　　划	黄力平	装帧设计	刘相文
组稿编辑	邓　霞　黄力平	责任技编	胡庆团
责任编辑	陶春艳	责任校对	石　刚　钟秋兰
特约编辑	邓　霞　林春燕	封面题字	李　雁

出 版 人：石立民
出版发行：广西教育出版社
地　　址：广西南宁市鲤湾路 8 号　　邮政编码：530022
电　　话：0771-5865797
本社网址：http://www.gxeph.com
电子信箱：gxeph@vip.163.com
印　　刷：广西壮族自治区地质印刷厂
开　　本：787mm×1092mm　1/16
印　　张：34
字　　数：495 千字
版　　次：2018 年 12 月第 1 版
印　　次：2018 年 12 月第 1 次印刷
书　　号：ISBN 978-7-5435-8611-6
定　　价：78.00 元

序　一

由广西教育出版社策划、刘道义研究员主编的《中国外语教育研究丛书》是外语出版界和外语教学界紧密合作的一个重大项目，具有众多特色。广西教育出版社归纳了五点，即基于中国特色的比较研究，原创性、研究性和可操作性，理论与实践相结合，学科和语种融合，可读性较强。道义研究员也谈到五点，即理论性、实践性、创新性、研究性、可读性。我非常赞同来自出版社和主编两个方面的归纳和总结，尽可能不再重复。这里，只是从时代性汇报一下自己的感受。第一，本丛书上述各个特色具有新时期所散发的时代气息。众所周知，我国的外语教育在20世纪50年代以俄语及其听说读写四项技能的教学为主，改革开放后强调的是英语交际教学法。进入新时期后，我国外语教育的指导思想着眼于如何更好地为"一带一路"的国家政策和"教书育人"的素质教育服务。应该说，外语教材和有关外语教学理念的专著在我国不同时期均有出版，但本丛书最能适应和满足新时期的要求。如果说，过去出版社关心的是如何让外语教材在市场上占有一定份额，那么，本丛书更关心的是如何指导外语教师做好本职工作，完成国家和学校所交付的任务，让学生感受到更好的学习效果，让家长和社会提高对外语教学重要性的认识。当然，这套丛书也帮助外语教师实现从"教书匠"转变为真正的外语教学工作者，使他们既是教师，又是研究者。第二，本丛书的内容不仅适用于英、俄、日、法、德等传统外语语种，也适用于其他非通用语种。第三，就丛书的选题而言，除传统的技能教学和教育学外，还有社会学、心理学、哲学、美学、神经学等内容，这体现了当代多种学科相互融合的先进思想。随着信息技术的发展，多模态的课堂教学和网络教学已成为本丛书关注的选题内容。

我和本丛书的主编刘道义研究员相识多年，但她从不张扬，因此有必要以老大哥的身份介绍一下。第一，道义自 1960 年从北京外国语学院毕业后，便从事大、中、小学英语教学 17 年，对不同层次的外语教学具有亲身经验。第二，从 1977 年 8 月起，道义参加了历次的全国中小学英语教学大纲编制工作，编写和修订了 12 套中小学英语教材，并承担其中 9 套教材的主编工作；编著教师理论丛书 4 套、中学生英语读物 2 套、英语教学辅助丛书 3 套；发表有关英语教学改革的文章百余篇。因此除参与教学实践外，她还长期从事外语教学理论的研究。最近在大中学校内时有争论，那就是教师只要教书即可，不必费神搞研究。我想道义以自己的行动回答了这个问题。第三，道义曾任教育部中小学教材审查委员会英语组组长、中国教育学会外语教学专业委员会理事长、课程教材研究所副所长、人民教育出版社副总编。这表明道义具有很强的领导和组织能力。第四，道义曾任中共十四大代表，我认为这说明了道义本人的政治品质。党员既要把握正确的政治方向，又要在业务工作中起表率作用。所有这些归纳成一句话：本丛书主编非道义莫属。

除道义外，本丛书汇聚了我国从事外语教育研究的专家和名师。以道义所在的人民教育出版社为例，就有吴欣、李静纯、唐磊三位研究员参与编写工作。我退休后曾经在北京师范大学兼课十年，见到丛书各分册的作者名单上有王蔷、程晓堂、罗少茜等大名，顿时兴奋起来。这些当年的同事和年轻学者承担了 15 卷编写任务中的 4 卷，实力雄厚，敢挑重担，我为之而感到骄傲。国内其他师范院校从事外语教育的领导和专家有华东师范大学邹为诚、华南师范大学何安平、东北师范大学高凤兰、浙江师范大学付安权、福建师范大学黄远振、天津师范大学陈自鹏。综合大学则有清华大学崔刚、范文芳和中国人民大学庞建荣。在这个意义上，本丛书是对我国外语教育研究力量的一次大检阅。难怪本丛书的一个特色是中外外语教育思想和理论的比较研究，而且重点是中国外语教育的实践和理论。上述作者中有不少是我的老相识，虽然有的多年未见，如今能见到他们仍活跃在第一线为祖国的外语教育事业奋斗，令我肃然起敬。祝他们身体健康，在事业上更上一层楼。上述作者中有两位（范文芳教授和程晓堂教授）是我分别在北京大学和北京师范大学指导过的博士生。目睹当年勤奋学习的年轻学子，现已成为各自学校的教学科研骨干，内心一方面感到欣慰，一方面感到自己落在后面了。

本丛书策划者广西教育出版社成立于1986年12月。就出版界论资排辈来说，时间不算太早，但本丛书的成功出版在于该社英明的办社方针。据了解，该社出版的图书主要分为几大产品板块，其中教师用书和学术精品板块是出版社最为器重的。本丛书的质量保证和顺利出版还得益于两个方面的经验。首先，早在20世纪90年代，该社已出版了一套外语学科教育理论丛书（王才仁、胡春洞主编），该丛书总结了改革开放后十多年来外语学科教育研究的成果，展示了其发展的前景，给年轻一代学者的成长提供了帮助，在外语教学界产生了很好的影响，对本丛书的组织和编写提供了宝贵的经验。其次，新时期以来，该社相继出版了数学、化学、物理、语文等学科教育研究丛书，积累了较多经验，如今策划、组织和出版《中国外语教育研究丛书》更是驾轻就熟。

天时、地利、人和。在此背景下诞生的《中国外语教育研究丛书》必然会受到国内外外语教学界和出版界的欢迎和重视。我很荣幸，成了第一批点赞人。

胡壮麟

北京大学外国语学院

2016年12月1日

胡壮麟简介：教育部基础教育课程教材专家咨询委员会委员，北京大学资深教授、博士生导师。曾任中国高等学校外语专业教学指导委员会委员、英语组副组长，中国英语教学研究会副会长，中国语言与符号学研究会会长，全国高校功能语法教学研究会会长。

序　二

一年多以前，当我接到广西教育出版社的邀请，让我主编一套外语教育理论研究丛书时，我欣然接受了。我担此重任的这份自信并非源于自己的学术水平，而是出自我对外语教育事业的责任和未竟的情结。

我这一辈子从事外语教育，无非是跟书打交道：读书、教书、编书、写书。虽然教书认真，有良好的英语基础，但成绩平平，因为缺乏师范教育，并不懂得有效的教学方法。然而，17年的大、中、小学教学为我后来的编书和写书提供了宝贵的实践经验。改革开放后，我有幸参加了国家英语课程和教材的研制工作，零距离地与教育专家前辈共事，耳濡目染，有了长进；又有幸出国进修、考察，与海外同行交流切磋，合作编写教材、研究教法、培训师资，拓宽了视野。由于工作需要，我撰写了不少有关英语教育、教学的文章。文章虽多，好的不多。为了提升自己的理论水平，我对语言教学理论书籍产生了浓厚的兴趣。退休后有了闲空，反倒读了许多书，而这些书很给力，帮助我不断写文章、写书。2015年，我实现了一个心愿，就是利用我的亲身经历为我国英语教育做些总结性的工作。我与同行好友合作，用英文撰写了《英语教育在中国：历史与现状》一书，我又用中文写了《百年沧桑与辉煌——简述中国基础英语教育史》和《启智性英语教学之研究》等文章。

我已近耄耋之年，仍能头脑清楚，继续笔耕，实感欣慰。当我正想动笔写书总结有关英语教材建设的经验时，我收到了广西教育出版社的邀请信，这正中下怀，这不仅使我出书有门，还能乘此机会会同外语界的学者们一起，较全面地梳理改革开放以来，特别是近十几年来的外语教育教学的研究成果。我计划，在20世纪90年代胡春洞、王才仁先生主编的外语教育理论丛书基础上更新和补缺。发出征稿信后，迅速得到了反馈，10所大学及教育研究机构的多位学者响应积极，确定了15个选题，揽括外语教学论、教与学的心理过程研究、课程核心素养、教学资源开发、教学策略、教学艺术、教师专业发展、教学测试与评价、信息技术的运用、教材的国际比较等。

作者们都尽心尽力，克服了种种困难，完成了写作任务，我对所有的作者深表谢意。同时，我还要感谢胡壮麟教授对此套丛书的关心、指导和支持。

现在，通观全套丛书，不难发现丛书的主要特点反映在以下几个方面：

一、理论性。理论研究不仅基于语言学、教育学，还涉及社会学、心理学、哲学、美学、神经学等领域。语种不只限于英语，还有日语和俄语。因此，书中引用的理论文献既有西方国家的也有东方国家的。

二、实践性。从实际问题出发，进行理论研究与分析，提供解决问题的策略和案例。

三、创新性。不只是引进外国的研究成果，还反映了我国改革开放以来的教改历程，有了鲜明的中国特色。而且，还开创了基础教育教材国际比较的先例。

四、研究性。提供了教育科学研究的方法，通过案例展示了调查、实验和论证的过程，使科学研究具有可操作性和说服力。

五、可读性。内容精简，篇幅控制，言简意赅，深入浅出，适于高等院校和基础教育教学与研究人员阅读。

丛书为展示我国近十几年的外语教育理论研究成果提供了很好的平台，为培养年轻的外语教育研究人才提供了很好的平台，为广大外语教研人员共享中外研究成果提供了很好的平台，也为高等教育机构的专家和一线教学人员之间建起了联通的桥梁，为此，我衷心感谢平台和桥梁的建造者——广西教育出版社！

我除了组稿外，还作为首位读者通读了每一本书，尽了一点儿主编的职责，更重要的是，我从书中了解到了我国外语教育近期发展动态，汲取了大量信息，充实了自己，使自己又一次体验了“与时俱进”的感受。为此，我也很感谢广西教育出版社给了我这个学习的机会。

1998 年，我曾经在我的《试论我国基础外语教学现代化》文章中预言过，到 21 世纪中叶中华人民共和国建国一百年时，我国的基础外语教学将基本实现现代化。今天这套丛书增强了我的信心，我坚信，到那时中国不仅是世界上一个外语教育的大国，而且会成为一个外语教育的强国，将会有更多中国的成功经验走出国门，贡献世界！

刘道义

2016 年 11 月 21 日

刘道义简介：课程教材研究所研究员、人民教育出版社编审。曾任中国教育学会外语教学专业委员会理事长、课程教材研究所副所长、人民教育出版社副总编辑。曾参与教育部中学英语教学大纲的编订和教材审查工作。参加了 12 套小学、初中、高中英语课本和教学参考书的编写和修订工作。主编“著名英语特级教师教学艺术丛书”、“模范英语强化阅读丛书”等；出版了《刘道义英语教育自选集》《基础外语教育发展报告（1978—2008）》《新中国中小学教材建设史 1949—2000 研究丛书：英语卷》《英语教育在中国：历史与现状》等著作，并撰写了有关英语教育与教学的文章 100 多篇。

前言

本书的主题是语言教育的艺术探究，即审美探究。这是一个特定切入点，看上去是语言教育的一个小小侧面，但这个看似小小的侧面，却触及我国学校教育中关于语言教育功能的大问题，所以，有必要深入研究。

探究语言教育的功能，应当以生长（growth）这一关键词为基点。生长，指的是身与心的发展，也就是身体和脑的发展。我们的总课题可以这样表征：关于语言审美的生长教育功能的艺术探究。这样的艺术探究可以概括为以下六个要点。

一是生长是伴随着语言发展的演化过程。生长是一个演化过程，演化有三个特点：渐进、缓进和自进。也就是说，生长总是在渐渐地变化着，慢慢地变化着，而且是自顾自地变化着。用教育研究者的眼光看，这是一个心理过程；用认知神经研究者的眼光看，这是一个生物学过程，因为它的渐进性、缓进性和自进性，都是生物演化的特征。和其他生物不同的是，人的生长和语言有很大的关系，语言如何发展，会直接影响情绪、思维和品格的发展，进而影响人生轨迹。反过来，情绪、思维和品格又会影响语言的发展。如此交互影响的过程是无法把其中的任何子过程剥离出来的。语言的发展牵动一个人的全面发展，我们应当进一步拓宽语言教育的人文性，承载育人的重任。

二是生长的演化过程是不断的动态整合。语言教育应当顺应脑生长的特性，其特性之一就是脑自身具有整合的本能。正常的脑的各种机能总是协同工作的，这一点对我们的语言教育有很大启发，大家记得全语言教学法（the whole language approach），实际上已经触摸到了脑的整合特性。由此观之，只有整合的课程才能适应身心自动整合的本能，才会取得真正的教学成效。更为重要的是，这样的整合在人的生长进程中一直在不断地发生着。这表明，脑具有动态的整合功能，而且这种动态整合与语言的发展变化息息相关。如此的特点给语言课程整合带来了挑战和机遇。

三是生长的动态整合具有"做事"和"审美"两大基本动机。用英语做生活中的事情，是英语学习的重要动机。这已经成为业界的普遍认识。但是，认知神经科学研究成果表明，人的审美动机对人的语言学习具有同等强度。做事的动机，就是以解决生活中的问题为主旨的功利性动机，大多数语言的运用可以归于这一动机。另一个基本动机则是审美动机。小说阅读、散文朗诵、戏剧表演和诗歌鉴赏，都是这一动机在起作用，美学家把这样的动机称为非功利性动机。本书尝试论证在语言学习中审美动机的强度和作用并不低于功利性动机的效能，在此基础上，本书还尝试论证审美活动会有力地促进信念、理想、道德和思维的深层次培养与发展。

四是语言审美的核心是美的意象运演。评价语言教育质量可参照的心理依据是看语篇是怎样促成学生的意象运演的，意象运演越活跃，学习效果可能就越高。但是，仅仅如此，语言教育还只停留在语言能力本身。如果让学生在学会做事的同时学会做人，那么我们就要充分发挥语言审美的作用，其核心就是美的意象运演。只有美的意象运演，才能促成审美体验，并进而促成高尚、优美和健康的文化品格。

五是美的意象运演的心理基础是美的具身体验。具身，指的是学生身边的人、身边的事，以及这些人和事所依托的具体语境。如果我们把语言教育的效果落实在微观教学上，那么，语言审美的意象水平主要取决于美的具身体验。本书所涉及的概念和理据的"落地"最终要看学生的具身体验如何。具身的审美体验，需要具体的人、事和环境来促成。在促成美的具身体验上，具备审美心态的教师，具备审美元素的语篇，具备审美气氛的课堂，具备审美意识的班集体，决定着基于审美体验的育人质量。具身的审美概念引导教师改进自己的课堂实践活动。

六是英语教育需要加大审美教育的力度，加强审美体验的广度和深度。这是本书谋求的艺术探究的效果。英语教学需要增加审美元素，在更大范围内，在更深层次上，激活审美体验。这是育人的需要，是培育核心素养的需要，是培育高尚、优美和健康的文化品格的需要。我国的教育家和艺术家历来都倡导美育，丰子恺先生曾说："科学是真的、知的；道德是善的、意的；艺术是美的、情的。这是教育的三大要目。"他认为，审美教育是实现崇高人格的三大条件之一。我想，语言教育真正是任重而道远呢！因为这"三大要目"它都要有所担当。

本书所涉及的研究课题是一个跨界的研究课题。学科教学的专业领域，犹如一个个水质不同、内涵丰富的"湖泊"，学科教师通常比较适应在"自己的湖泊"中漫游。随着课程改革的深化，我们有必要走出"自己的湖泊"，去领略别有风光的"他乡山水"。神经科学家王士元先生曾说："多年来我一直有一个愿望，希望能够从语言学、演化论、认知神经科学这三个领域里抽出一些知识来，编成一个连贯有趣、引人入胜的故事。"（王士元，2011）从这个角度看，本书是在尝试讲述几个聚焦语言艺术鉴赏的跨界故事：关于脑神经传导的故事，关于隐喻和意象运演的故事，关于美学的故事，关于视觉和听觉心理效能的故事，关于教育戏剧的故事，关于诗歌审美的故事，所有这些故事都是语言教学的艺术故事。

或问，英语教学作为一个学科的教学，要承载宏大的育人功能，这是否泛化了学科教学的命题？我认为不可如是观。教育史告诉我们，学科分立的教育格局并不是自古而然的，古代中国虽然提出了"六艺"（礼、乐、射、御、书、数），古希腊也提出了"七艺"（语法、逻辑、修辞、算术、几何、音乐、天文），但是，东西方古代教育总体上都是综合的，而不是分科的。这表明人类更加看重人的精神成长与精神品质，如孔子的"仁"，老子的"道"，苏格拉底的"心灵"，柏拉图的"理想国"，都立足于培育完整的人与人格。随着人类知识的积累和认识世界的精细化，科学与人文研究随之形成精细的分科，教育也随之分科，这是人类思想发展的势所必然。但是，持久的分科结构，也逐渐形成了无形的“学科壁垒”。从现实的角度看，学科壁垒的存在，加上各种升学考试的直接驱动，学校教育呈现出的学科分立趋势日益加强，这应当引起我们的高度重视。立德树人的教育宗旨，需要可行的课程整合方案，在这个过程中，我们应当高度重视审美教育的整合作用。

英语审美教育还有一个重要课题，那就是汉英的翻译问题。本书限于篇幅，未能专章论述。但是，这个问题很有必要提到研究日程上来。多年来，我们因为汉英对等直译的负面效应，已经形成了一种较少谈论翻译的趋势。三十多年来，国内外翻译领域的理论与实践都已有长足的学术进展，更为重要的是，在中国对国际影响日益增强的全球环境中，中国公民会有越来越多的人需要肩负起向世界讲述中国传统文化和中国现代发展的任务，也就是说，用英语传播“中国故事”正在成为我们生活和工作的一种新常态。作为公民的基本素养，语际转换以及与此相关的文化传播将是必不可少的，为此，翻译和翻译意识就成为语篇学习的一个侧翼。另一个与翻译联系在一起的问题，则是有必要加大中国文化含量。中国的英语教育不单是让学生了解英语国家的文化，与此平行的应当是向世界传播中国的文化与发展，中国文化的意蕴和表达有必要成为一个分支领域介入英语课程内容之中。在这方面，英语教师也肩负着深入学习中国文化表征的专业任务。

在本书完稿之际，我要特别感激本丛书的主编刘道义老师，我是在刘老师的指导之下酝酿和构思本书的基本框架的，在写作过程中，我很庆幸可以直接听取刘老师的专业意见，并得到鼓励。初稿完成后，刘老师花费很大精力详阅全稿，并提出贯穿全书的具体审阅意见，大到基本概念的调整，小到片言片语的失察。刘老师的这些意见使本书从宏观理念到微观措辞都得到了精细的雕琢。

我还希望借此机会向广西教育出版社的黄力平编审表示感谢。广西教育出版社历来重视基础教育专业理论著述的培植与介绍，全国中小学教师多有受益。外语丛书的开发与组织编写，是广西教育出版社及黄力平编审对新一轮课程改革的又一重要举措。同时还感谢本书责任编辑全程主动热情且认真地做好本书的编辑工作。

本书第二章和第三章多处涉及课堂教学设计的专业研究成果，在此感谢郝建平老师为本书提供的关于教学设计、教学管理和课堂话语分析的研究案例信息及相关的具体评价指标；感谢深圳市罗湖区螺岭外国语学校杜小宜校长提供的教育戏剧案例分析资料；感谢张冠群副校长提供的关于英语语篇分析的原始素材和多篇调查报告。以上同志的资料和信息为本书的课题分析提供了丰厚的实证支持。

为了让读者更好地理解本书的专业概念和内容，我亲自画了近两百幅简笔图，希望这些图有助于读者直观地理解本书的内容。

本书不当之处，恳请方家指正。

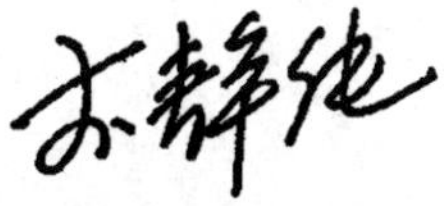

2018年12月30日

目　录

第一章　脑：认知、审美与语言教育

语言教育的基础理论应当是语言学。二十世纪下半叶的语言学已经呈现出明显的跨学科发展态势，语言学走出了集中研究语言结构、语言功能和语言习得的专门领域，广泛而深入地吸收生物科学、神经科学、认知科学的基础研究成果，努力探索语言起源、语言演化和语言本质以及语言与思维的关系、语言与情绪的关系等根本性问题。与此同时，由于越来越多的理论学说和实验成果支持语言学的跨学科研究与探索，语言学逐渐发展成为多学科的基础科学。近半个世纪以来，人们在追问语言的本质、思维的本质和情绪的本质的同时，深刻地认识到，它们的共同基础是脑神经的生物化学和电化学的传导机制。就在一些语言学家和语言教育家仍然在探讨语言交际功能和语言习得理论以及应用语言学对语言教育的理论指导价值时，另一些语言学家已经改变了研究的主旨，朝着认知神经科学方向寻求跨界的突破，并且取得了非常可观的实验研究成果，其中的一些成果是与本书研究课题密切相关的。人类语言演化和运用有两个基本的动机：一个是人类在维持生存和发展进程中的功利性动机，即现实的沟通动机；另一个则是内在的非功利性动机，即审美动机。后者是本书研究的主题。

认知神经科学是以核磁共振为基本手段的实验研究成果，支持语言审美作为语言学习的内在动机的假说，从而提醒现代语言教育研究在注意语言运用的同时，还需关注审美的领域。本章就是对这一主题进行理论探讨。

第一节　脑与神经科学的基本原理

学习的基本原理应当落实在什么地方？这是一个需要实证的问题。心理学已经对学习进行了充分的解释，语言学也已经对语言学习进行了充分的解释，但这似乎还不足以说明人们找到了更好的实证。现在我们要研究语言的审美问题，同样也需要找到更好的实证。人们曾就人类科学探索提出过一个隐喻，叫“黑箱理论”。人类通过用实验和实证的方法已经了解的领域（如物理学、化学、生物学等）是“白箱”。人类了解相对模糊的领域是“灰箱”。完全不是很了解或不是很确定的领域是“黑箱”。理论界认为，传统的教育心理学和传统的语言学仍然是“灰箱”，这意味着我们还未确切地明白学习和语言学习究竟是怎么回事。解决这个基本问题需要我们把语言学习的机制落实在脑的神经运作上。二十世纪后期，人们把两门新兴学科结为一体，形成了认知神经科学（cognitive neuroscience）。这门新兴科学正在以突飞猛进的速度揭开语言学习这个“灰箱”的秘密。

我们要核心论证的是确定审美教育在语言教育中的重要地位。要真正解决这个问题，就需要比较深入地了解认知神经科学关于学习、关于语言、关于语言学习的研究成果。本章从认知神经科学、认知语言学和审美心理学三个层次进行论证。本节从认知神经科学进行论证。

一、提出问题——人们所理解的大脑是什么样子的

人脑的独特之处就在于它有系统且完备的语言功能。这种唯人所有的独特功能究竟是什么样子的？语言教师心中自有其理解的图像。

教师 A 说：“给学生一杯水，教师要有一桶水。”教师 A 心中隐藏的是容器的图像（如图 1–1）。

教师 B 说：“记住黑板上写出的全部词语。”教师 B 心中隐藏的是照相机的图像（如图 1–2）。

教师 C 说：“学词组句，学句组篇。”教师 C 心中隐藏的是组合器的

图像（如图 1–3）。这些心理图像实在是太过简单了，而恰恰是这些隐藏图像指挥着教师的教学活动，主导着他们的日常教学策略。

图 1–1

图 1–2

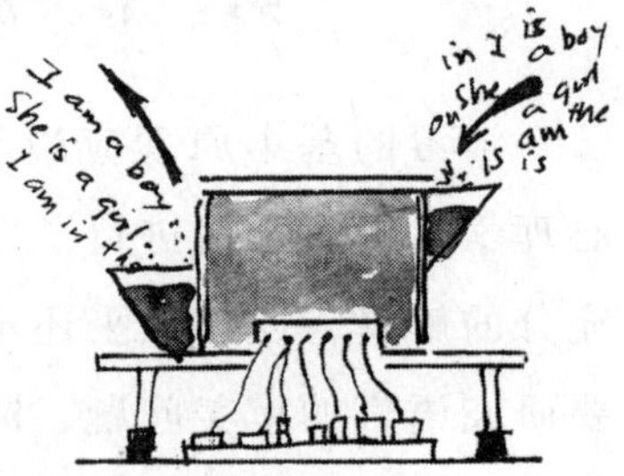

图 1–3

脑的工作（brain work），不是简单的物理性质的工作，不是简单的机械组合，不是简单的收纳与存储。脑的工作是基于生理机能的整体加工，我们可以拿人体的其他生理机能来比较和理解脑工作的整体特性。人吸进新鲜的或被污染的空气后，会发生生物化学反应，空气不再是原来的空气；人摄入肉、蔬菜和面食等食物后，这些食物在人体内也会发生生物化学反应，不再是“原物”。我们可以说，人完整的呼吸系统，必然进行完整的生理加工，并为人的生存提供全面的养分和能量。完整的消化系统亦然。据此，我们可以这样来理解脑的工作：人的感知系统摄入信息（包含语言），脑被这些信息的信号激活，发生生物化学反应和电化学反应，脑对这些信号进行完整的筛选，进而进行完整的加工。这时，被摄入的信号已经不是原物，已被加工成其他的成分，并被合成在信息的整体系统中。

根据以上论述可知，不管教师是如何提供语言的摄入信息的，以及教师是如何提出自己对这些摄入信息的学习要求的，正常的人脑对这些摄入信息的加工机制永远是整体的。当然，这样的整体加工必然是千差万别的。

所以，我们说完整的人，用完整的脑，学习完整的语言。这是我们了解脑的工作和改进语言学习的一个基本前提。

如果教师提供的语言摄入信息不是完整的，比如是人们常说的那种没有语境的“死词”（dead words），那么脑加工也是完整的。不管摄入信息是什么，是怎样的，有多少，脑加工的过程都是完整过程，并有完整结果。但是，这样完整加工过程的完整结果，其质量是大为不同的。

凡是脑工作部分或全部偏离了完整工作的状态与机制，则可认定这个脑已经不是正常的健康的脑。心理病症的一个主要特征就是脑不能完整地工作，如智力障碍者、严重的抑郁症患者和阿尔茨海默病（俗称老年痴呆症）患者。这显然不是本书研究的内容，我们所研究的语言学习者的脑都是能够完整工作的。

［**语言审美心理述评**］

教师心中所设想的脑工作机制从总体上影响着语言学习的基本导向，学生接受一个语篇，可能是拆分并认知语法功能，我们称之为分析性的语言学习，也可能是整体接受并领悟，可称之为鉴赏型的语言学习，这两种走向具有巨大的差异。机械地理解脑的工作，实际上阻碍着学生进入语言的艺术鉴赏过程，因为语言的艺术鉴赏有一个条件就是完整的脑工作，促成完整的体验。

二、了解现状——教师有哪些潜在的教育信念

我们长年累月地从事日常教学，却往往容易忽视一个问题：学生的脑是如何工作的？我们很少会问："当下的教学措施对学生的脑工作究竟有几分成效？"我们有必要从神经科学的角度探索一下，人们通常所说的"语言能力"是以什么为基础的？人们在讨论"语言能力"时，对脑工作又是怎么看待的？让我们看一看历代哲学家是怎样看待这个问题的。

1. 白板论

"信念"通常是指那些未曾想到要论证但一直在起"公理"作用的说法。人们认为，人生下来时，大脑是空白的，就像一台没有安装任何工具软件的电脑一样。教材设计和教学设计之初，甚至课程设置之初，都会有"从头学起"的观念和"零起点"的说法。"白板论"来源于英国经验主义哲学家洛克（Locke，1997），他说："...I shall only show...how men, barely by the use of their natural faculties, may attain to all the knowledge they have, without the help of any innate impressions; and may arrive at certainty, without any such original notions or principles."。洛克的意思是：人类获取全部知识并不是借助先存的观念或确定性。他这是在批驳

笛卡儿的“天赋论”。但是，他在阐述经验的知识论的同时，也向人们暗示：人的心灵在一开始时就像一张白纸，随后只有经验能够在它上面书写知识。洛克的这种观念在很大程度上代表了人们历来对大脑的一种看法：脑在人刚生下来时是白纸。这样的信念使教师产生了一种意象：教师就是在一张白纸上写字或作画的人。

2. 刻印论

洛克在其著名的哲学著作《人类理解论》(*An Essay Concerning Human Understanding*)中经常使用 imprint 一词，这一单词的背后是关于“刻印”的隐喻，它代表了人们对心灵或头脑的一种根深蒂固的理解，即外界信息进入大脑，并被刻印在大脑中。在教学实践中，如上过的课就是应记住的课，练过的技能就是应当掌握的技能。因为老师已经在课上把教学内容刻在学生的大脑中了，既然是刻印了，那么它们就肯定存在大脑中。

3. 机械论

在教师的潜在信念中还有“机械”的图像在起作用。在人类思想发展的进程中，对心灵的工作确实有典型的机械论，这就是笛卡儿的比喻。笛卡儿把人的心智运作比喻为教堂里的风琴，“He likened the air pumped in the blood, ‘the animal spirits’, which he thought were pushed into the cavities of the brain via a system of blood vessels. Hollow nerves then transported the animal spirits to the muscles. The pineal gland played the part of the keyboard. It could direct the animal spirits into ‘certain pores’, just as organist can direct air into certain pipes by pressing a particular key.”(Swaab, 2014)。尽管我们不会精细地考虑“风琴”接受外界或内心指令的具体操作机制，但在不少人的心中确实有可能把大脑设想成一台可以输入东西，进而加工东西，最后能产出东西的机器。

4. 程序论

电脑是模拟人脑的产物，所以把人脑视为电脑也有“机械论”的成分，但二者却有所不同。把人脑视为电脑的人，认为人脑输入、加工和输出信息的机制与电脑是一样的，即加工程序。但是，人们这种隐喻式的理解通常会引起几个误解：一是认为这样的程序可以由教师来设计安排，学生的大脑会依照教师编好的程序进行学习的加工；二是认为这样的程序可以而且应当是理智的、有逻辑的，而且是严守规则的；三是认为这样的加工可以大幅度提高效率；四是认为每一台“人的电脑”（the human computer）都是依照教师的设计去做相同的工作，至少教师是这样要求的。

5. 功利论

不少人认为，人脑的唯一兴趣是外在的功利刺激，心理学称之为“报偿”（rewards）。落实在语言学习上，人们倾向于把“语言运用”（language use）这一概念理解为实际功利任务，即所谓“完成一个具体任务”或“解决一个具体问题”。这意味着大脑对“为学习语言而学习语言”的做法有较少兴趣，而对“为了真实生活任务而学习语言”的做法有较大兴趣。激活大脑的力量是否全在于外界做事的功利刺激？

[语言审美心理述评]

机械地理解脑工作，或从目的论的角度来理解脑工作，很容易使人们把语言学习局限于狭义的输入与输出，从而忽略了语言审美的潜在作用和生物运行机制。学生的语言审美体验与接受语言时的动机有直接的关系，功利性动机和非功利性动机使脑的工作朝着两个不同的方向运作，二者是很难协调的，一个人在鉴赏一篇优美的散文时就会排斥现实的利益取向，反之亦然。从这个意义上看，欣赏语言作品不可以过多地卷入功利的杂念，所以，审美体验有助于培育优美的情怀。

三、语言的生理基础——婴儿出生时大脑只是“白板”吗

人脑是经过亿万年生物进化的结果，是脑神经元的生物化学机制与环境变化长期“互动”的结果，这个结果从来就不是相对静止的，而是绝对变化的。人脑以基因的方式将祖先的适应“成果”传承下来，同时又在不断地适应自身所处环境时如此持续地演化，没有终期（Buss，2012）。所以，脑的演化进程是必然性和偶然性交互影响的过程，把必然性和偶然性分割开来，就无法理解人脑。

人们提及脑的生物本质，往往会涉及一个“非此即彼”的问题：人

类行为（含言语行为）究竟是后天学习和文化环境引起的，还是演化的本性使然？或者说，人类行为（含言语行为）究竟是教化的结果，还是天性的产物？“白板论”显然是支持后天学习和教化作用说，“天赋论”则支持先天本性使然说。这个问题引起的争论延续了几乎整个人类对自身认知的历史进程，或对或错，各有论据。基于神经科学概念的演化心理学（Evolutionary Psychology）提醒我们，从物种的角度看，在极为漫长的世代更替中，周期性的环境选择压力迫使生物（包括人类）形成了各种生理活动的机制，即脑发展缓慢形成的神经机制；从个体生成的机制看，这些由物种传递下来的机制则有赖于环境因素的参与，带有极大的偶然性，环境因素的参与是所有生理机制（包括语言的生理机制）产生活动的必要条件（Buss, 2012）。

神经心理学的研究告诉我们，语言是人类独有的本能，人类语言能力是任何其他生物所不能企及的。其主要原因在于：其他物种没有人类天生的发音系统，没有人类大脑的语言中枢，也没有特别的接受语言的听觉系统。人类大脑的结构和神经传导机制（生物化学和电化学反应）使人具备了天然的生理条件，能够辨别语音和语义，能够解悟句法结构，基于此，儿童能够在短短的几年内便掌握非常复杂的语言技能（Lynch et al., 2008）。

根据脑演化的基本原理，我们可以把语言的生理本质概括为五点：①作为脑重要机能的语言机能，首先是其生理机能，这种生理机能的最基础单位是神经元，任何语言活动的基础都是特定神经元的生理“激活”，即发生生物化学和电化学反应。②人的神经元总量（平均值）有一千亿个（Levitin, 2006），但是在每一个语言事件中被“激活”的神经元都具有特定性，也就是说，某一特定语言活动所引发的神经元工作无不带有特殊性。③语言事件所引起的神经元活动本质上都是神经元的特定连接，这些特定连接的每一次激活都是一系列神经元的“批量激活”，而不是简单的几个或几组连接的孤立激活，在这样的“批量激活”中，语词、概念、意象和情绪是同时运作的，而不是单独运作的。④在语言事件中被连接的神经元必定形成网络，所以，人的语言机能的所有效应都是神经元的网络效应。⑤神经元的网络运作和效应以语言本能为基础，在环境效应中形成我们所说的语言学习，语言学习必定会带来神经元网络运作的某些改变，但这种改变并不是与教师行为同步的，有时教师的某些行为还会使本来可以产生积极变化的因素转为消极变化的因素，这样就是“帮了倒忙”。

［**语言审美心理述评**］

人的审美心理也是有本能基础的，审美心理学提出人的两种基本的动机，即功利性动机和非功利性动机。从出生的时候，人就已经具备了神经活动机制的本能基础。正是这样的本能基础，使人能够获得两种不同的快感，一种是满足了某种社会欲望并获得某种社会利益时的快感，另一种则是满足了内心审美需求的快感。

四、语言知识的生理基础——语词语句输入仅仅是“刻印”吗

知识，意指何物？这是一个跨学科的问题。语言教师需要从认知神经科学的角度理解语言知识的内涵。语言知识论受到历代知识论的潜在影响，概括地讲，历史上的知识论有以下五种：

第一，知识即真理。古希腊哲学家柏拉图将“知识”和“意见”区分开来，认为知识是人类对事物本质的反映和表征，它不同于人们借助感官而产生的“意见”。罗素认为：“唯一真正的知识与概念有关。”（Russell, 1979）第二，知识即理性的确定性。笛卡儿认为，依据感官获得的知识是不确定的，只有思想可以使人获得清晰可靠的知识，这是人类独有的知识。所以，他留下的名言是：“我思故我在。（I think, therefore I am.）”（Aczel, 2005）第三，知识即逻辑。斯宾诺莎（Spinoza）认为，宇宙各部分的联系都是逻辑联系，人类真正的知识都应当通过几何学方法依据公理推导出来（Stumpf et al., 2007）。莱布尼茨（Gottfried Wilhelm von Leibniz），作为现代数理逻辑的创始人，特别强调逻辑在知识获得的过程中的重要性（Stumpf et al., 2007）。第四，知识即经验。培根（Francis Bacon）和洛克都主张人类所有的知识来源于感觉经验。培根指出，为确保从经验世界中获取可靠的新知，人们有必要走出“四种幻象”（旧称“偶像崇拜”），即部族幻象（idols of the tribe）、洞穴幻象（idols of the cave）、市场幻象（idols of the market place），以及剧场幻象（idols of the theatre)。可以说，排除“四种幻象”的经验知识才是有力量的知识（Bacon，1960）。第五，知识即实用。这种知识论把知识视为一种行动工具，是工具主义的知识论，代表人物是詹姆斯（William James）和杜威（John Dewey）。詹姆斯说：“或者说，‘它是有用的，因为它是真的’；或者说，‘它是真的，因为它是有用的’。这两句话的意思是一样的。”知识的有用和有用的知识的观念对现代教育具有很强的影响力。杜威说：“教育即生活。”这句话就包含着“知识即实用”的内涵（石中英，2001）。

在研究了一般知识论之后，我们再来研究一下语言知识论。

不同的语言学派对语言知识的内涵界定也各不相同。有人认为语言知识是目的语的所有精确知识和相关的文化知识。有人认为涉及学习者的语言知识包括精确的语言知识（explicit linguistic knowledge）和含蓄内隐的语言知识（implicit linguistic knowledge）（Ellis，1994）。还有人从整体教育角度提出把语言知识（linguistic knowledge）和内容知识（content knowledge）（大体相当于我们说的“学科知识”）合为一体，即语言形式及其负载的内容合二为一（Manzo et al.，2009）。

我特别注意到，测试学家 Lyle F. Bachman 和 Adrian S. Palmer（1996）在两人合著的《语言测试实践》（*Language Testing in Practice*）中明确陈述了语言知识包括两个方面，即语言组织的知识（organizational knowledge）和语用知识（pragmatic knowledge）。语言组织的知识包括语音、语法、词汇、语篇、修辞等；语用知识包括概念性知识（ideational knowledge）、操作性知识（manipulative knowledge）、启发性知识（heuristic knowledge）和想象性知识（imaginative knowledge）。Bachman 的语言知识论很值得研究，可视为一种“广义语言知识论”。

理解“语言知识”的生理本质概念需要认知神经科学的语义阐释，其生物化学机制涉及专业术语，对教师而言，不容易确切把握。我们可以借助隐喻来理解所谓“生理本质”意味着什么。

（1）联结理论的阐释。依据联结理论（connectionist theory），“语言知识”的语义指向是神经元的特定连接，更确切地说，就是神经元在生物化学和电化学等传导机制中所建立的语言信号刺激的特定连接

（Levitin，2006）。这种连接不是神经元的单独连接，而是无数神经元的网状连接（neural network）。因此，我们可以说，语言知识定义的第一要素是神经元的特定连接。这些特定连接的相当一部分是由语词进行标记的。从这个角度看，所谓语言知识就不仅是那些起标记功能的符号，而且也包括那些被标记的“内容”。由此，我们便可以揭示所谓“死的语言知识”指的是不涉及“内容”的标记符号本身，所谓“活的语言知识”指的就是“标记符号 + 被标记的内容”的合成。在生理层面，语言知识学习就必须实现神经元连接的建立（新知识）和神经元已有连接的被激活。而所谓“灵活掌握的语言知识”则指神经元更深广的连接和更灵活多样的传导。

（2）模块理论的阐释。依据模块理论（modularity theory），语言知识的结构和功能在大脑中都是由高度专门化并相对独立的模块组成，这些模块以极其复杂而特定的组合，构成知识（包含语言知识）和认知功能的神经基础。在这里，我们有必要强调一点，即从认知神经科学理论来看，认知与语言（包含语言知识）在意识的层面上是分不开的。以往大家普遍认为，语言只是表达思想（或认知）的工具，而认知神经科学认为，至少在意识的层面上，认知和语言的神经活动是一体化的（Pinel，2011）。因此，我们可以说，语言知识定义的第二要素是模块化的特定神经活动机制。

（3）生态—演化理论的阐释。平克提出“语言本能”（language instinct）的概念（Pinker，1994）。这一概念并不意味着人的语言本能在一生中是不变的，实际上，语言本能只是为人的语言发展提供了神经基础，但是个人的语言神经活动有一个演化过程，而且这个过程在一定程度上是人类语言演化的“缩影”。Dick F. Swaab 在其著作 *We are our brains：A neurobiography of the brain，from the womb to Alzheimer's* 中详细描述了这一演化过程：人类语言运演的神经活动机制在很大程度上依赖于人所处的特定情境，这种演化进程典型地体现在儿童语言的正向演化过程与阿尔茨海默病的语言“消退”及最终“消失”的逆向过程的相似性上（Swaab，2014）。通俗地说，人脑从婴儿时就本能地接受外界的信息，并在不间断的改变中丰富自身，由此构成正向的演化，即成长中的演化。到了老年，人脑渐次衰退，在衰退过程中便“交还”外界输入的信息，此为“逆向的演化”。基于此种考虑，神经科学根据实验提出“神经可塑性”（neuroplasticity）的概念，个体语言发展进程显示了脑神经的可塑性。我们依据这个理论来阐释语言知识，可推断出，语言知识定义的第三要素是在环境生态变化中特定神经连接与模块的终生动态演化。

[语言审美心理述评]

鉴赏语言作品，通常是以语言知识的记忆为前提的。有了知识的记忆，就是有了神经元对于特定语词和特定意象的联结，即作品的语词的刺激，才有条件激活已经存储的那些联结，欣赏的心情才会产生。读“感时花溅泪，恨别鸟惊心”时，如果没有对诗的倒装句法的阅读经验（也属于知识的记忆），就无法唤起读者心中和诗人类似的心境与意象，也就没有审美的鉴赏效果。由此我们可以看出，语言知识是语言审美的基础，这种知识既包括语词、语句、语法知识，也包括语篇与修辞的知识。美的鉴赏需要知识的积累。

五、语言能力的生理基础——理解与产出仅仅是“机械加工”吗

神经心理学家把语言能力分为四个方面：分类、记号、排序和模仿（梅锦荣，2011）。大脑通过感官接受信息，运用特定语词对太多、太杂的信息进行筛选并简化为概念，以分类的方式使其条理化，并存放在大脑里。更为重要的是，这些存储的信息在人的后续神经运作中还会发生很多内在的演化与重组，这就是我们在研究课程和教学问题时经常提到的“发挥潜能”的生理心理机制。

语言能力本身是一个宽泛的概念，人在发挥语言能力时表现出的都是具体的能力，如接受与吸收的听觉能力和视觉能力，内化与重组的能力，产出能力等。这些能力在实际运作中便被我们称为“技能”。神经心理学的早期研究就认定，不同的语言技能在大脑皮质区域上是有分工的。早在十九世纪，研究者就发现了左脑在语言功能上的优势，比如语言表达功能主要是由脑皮质的布洛卡区（Broca area）支配，语言理解功能主要由韦尼克区（Wernicke area）支配。主流观点长期以来认为人类的语言功能主要由左脑负责，而右脑主要负责空间、音乐、情

感的信息处理工作（崔刚，2015）。二十世纪九十年代以来，右脑的语言功能研究成为神经语言学的核心问题，并在语言功能的分区上取得了很大的进展。L. K. Obler 和 K. Gjerlow（1999）指出，大脑右半球受损者在加工声调、语调、语韵、重音等超音段特征上存在困难，不能理解其他人说话时通过音韵变化所传递的情感信息，本人言语的音韵产出也受到影响。在词汇语义加工方面，虽然左脑占优势，但右脑也在一定程度上参与加工（Coslett et al.，1994）。在句子加工方面，M. Grossman 和 S. Haberman（1987）的研究表明左脑和右脑损伤的两类患者在完成探查句子逻辑错误的任务时都存在障碍，这说明左脑和右脑都具备加工句子的功能。特别值得一提的是，人脑具有语篇加工和语用加工的本能，而且这样的本能在大脑右半球上更具优势（崔刚，2015）。

语言能力在脑区的分布呈现出多样化的态势，大脑左右半球涉及语言能力的分工不是简单的是与否便可判定的。语言能力有各种不同的侧面，如手语，韵律（节奏、语调变化、音色、旋律），语义（词语再认、言语含义、视觉含义），语法（词序、关系、文法）等。在这些侧面上，大脑左右半球的功能及其强度则各有不同，如表 1-1 所示：

表1-1

语言功能	左脑	右脑
1. 手语	+	+
2. 韵律		
（1）节奏	++	（+）
（2）语调变化	+	+
（3）音色	+	++
（4）旋律		++
3. 语义		
（1）词语再认	+	
（2）言语含义	++	+
（3）视觉含义	+	++
4. 语法		
（1）词序	++	
（2）关系	++	
（3）文法	++	

（梅锦荣，2011）

从表 1-1 中可以看出，左右脑都有一定的语言定位，但是具体分工又有不同；具体分工的不同比我们想象的要复杂得多，且呈现出不同程度的特异化倾向。由此可以推断，在特定个体身上，这样的具体定位与分工呈现出很明显的多样性。因此，固守语言分工及其定位的理念可能是不妥当的。这给我们的教学启示是：个别化是最佳策略。每个学生在语言信息加工机制上都有个体差异，这一点在实际教学中不容忽视。即使是学生学习语法，也需要使视觉与听觉、文字图像与口语音韵都参与到学习活动中来。所以，教师在教学过程中没有必要把语音、语法和词汇分得过于清楚。纵使教师在教学过程中分得清清楚楚，脑加工依然是一体化的。

[**语言审美心理述评**]

语言的形式（句法、音韵等）和语言的意义（情境、意象、语词在情境中的特定语义等）在左右脑分布既有差异，又有联系，单纯激活大脑的一侧而忽略另一侧，左右脑没有协同运作，这是导致语言审美缺失的根本原因。所以，教师要想促成好的语言审美境界，就必须促成左右脑的协调运作。

六、语言教学与神经运行机制——“程序预设”有用吗

学校的教学是在特定的互动系统中进行的，所以教师就必须进行教学程序的设计。但是，当我们对常规系统进行设计时，在固定程序论影响下会使我们的教学设计与实施出现比较明显的“定制化”倾向，具体表现主要在以下几个方面。

1. 标准化的教学程序设计

教育家加涅（R. M. Gagne）的教学研究著作引申出“教学设计”的概念（Gagne et al., 1979），并系统论述了教学设计的相关问题，他的继承者提出的教学系统设计概念与技术程序，在实施过程中已经逐渐出现标准化趋势。加涅之后的教学设计的完善和程序化发展进程越来越多地吸收了工业设计程序的元素和商务系统管理程序的框架，由此强化了物理程序，相对弱化了生物程序。如果把教学活动视为生产活动的话，教学的生产对象不是矿山、道路、桥梁和建筑物，而是具有复杂生命特

征和高级神经系统运行的人。人和所有生物的生成、生长与演化都不接受旨在整齐划一的标准化程序操作。所以，我们有必要在教学程序设计的运用中引入生物学概念和方法，使之适应具有生物特征的人的本性。在这一改造教学设计原理的工作中，首先应当引入维果茨基关于“中介”的概念，让教学系统设计的基本原理和技术融汇到教师（中介的主体）的教学设计思维之中，而不是由教师直接进行教学设计并将其物化为操作程序。当教学设计以教师思维的形式注入教师大脑中，教师获得了教学开展的逻辑结构，而且这样的逻辑结构中就包含着适应学生的生物活动机制的个性特点。这很像大农业的系统设计，因为我们都会看到，大农业的系统设计与实施并没有“逼迫”农作物去做整齐划一的“生长体操”。如果继续用工农业生产做类比，我们会发现手工活不仅是最好的器物加工方式，而且也是最好的农作物加工方式。教育需要进一步由活生生的人（教师）对另一类活生生的人（学生）进行园艺式的培育。

2. 被标准化程序切割了的课堂运作程序

当前大量课堂教学观察资料表明，课堂教学设计的预案被安排到分秒，细而密的教学步骤达到步步都有事先准备的设置，日常课堂随机成分通常仅占 15% ～ 30%，展示课的随机成分一般都少于 10%，这渐渐与加涅的教学设计初衷走向相反。教学设计的专业化程度越高，课堂的随机成分就越少，课堂的有效程度就越低。由于学生学习的个体差异是学校群体教学无法逾越的二律背反因素，课堂教学的随机处置应当成为课堂实施的灵魂。这表明教师必须以正常人和完整人的身心状态去影响正常状态下的学生。从认知神经科学的角度看，标准化课堂运作程序过度使用的主要弊病是人为地切割了学生个体在课堂学习中的完整体验。实际上，一节课里学生的神经活动运作最需要的是全程连续感受与体验，神经元的特定连接和特定网络的被激活，需要连续的时间支持。但是，当下课堂教学的实际情况往往是：教师依照教学步骤的预设，恰好是当学生的大脑非常需要在后续的时间里继续“升温”和工作时，终止了学生的大脑的持续工作，学生的大脑为了适应这种多变的程序而适应性地转换自身工作方式。有相当一部分处于这种状态的学生常年锻炼的是三种能力：一能跟上教师的教学程序的步骤；二能适应教师的教学程序，并把自己的脑工作捆绑在这种程序之中；三能课后自行放松，以自动补偿的正常脑工作来完成那些本应在课堂上完成的工作。这三种能力运用得当的学生可以得到较好的发展，这三种能力欠缺，特别是第三种能力欠缺的学生是需要我们加以注意的。

3.课堂运作程序的人为推进

教学应当有目标，但是，我们所说的人为界定的目标，指的是在对大脑的五种误解的信念影响下产生的人为目标，它们往往缺少适应学生大脑工作的品质，也缺少对大脑工作随机变化的适应力。这样的人为推进会给大脑的正常工作带来几个无法避免的后果：一是大脑为了适应这种人为特点而主动压抑其自主运作的趋势；二是大脑把自己原来特别乐于做的工作渐渐搁置起来，长久如此，便萎缩了这类机能；三是大脑无法适应生硬的人为推进风格，因而形成妥协机制，并另谋自身潜能的发挥途径，但大脑并不能保证这些途径和效果是健康的，更不能保证这些途径是符合社会规约的，因为大脑有自己的“主张”。

教学的人为推进实际上严重违背了大脑的自动运作特性，大脑的这一重要特性被 D. F. Swaab（2014）非常简洁地阐述出来：“我们所思所为以及行为之变革都是由我们的大脑来操控的。大脑铸就我们的潜能，激发我们的欲望，形成我们的特征，它带着我们经历人生的每个阶段。神经科学家告诉我们，我们不仅仅拥有脑，我们就是我们的脑本身。”据此，教师在实施教学时应当注意如下几个问题：

（1）语言的无意识加工。

从意识的层面上看，语言加工有两类：一类是有意识加工，一类是无意识加工（蔡曙山，2016）。后者所起的重要作用往往被语言教师和教学研究者忽略。著名心智科学家塞尔（John R. Searle）以生物自然主义的方法指出，意识有四种状态：一是意识的主观状态（第一人称的状态），即我所见所闻的真实世界的真实现象，人无力将这种主观状态还原为神经基础（Searle，2005）。二是意识的低级神经过程，相当于弗洛伊德的无意识概念。三是意识作为脑和神经系统特性在大脑中的实现，它存在于神经元与突触的更高层次上，个体神经元没有意识，而神经元的连接及其构成的系统运作构成了我们的意识。四是意识状态所形成的主体人所感觉到的真实特性，即各种因果效应、欲望的满足、生理快感等引起的心理快感，如美感。

由于教师进行教学是可以见到表面的因果效应的，如教师说了词语，学生就记住了词语；教师让学生用词语造句，学生就造出符合语法规范的句子来；甚至教师刺激学生运用，学生就能用所学语言知识完成一个简单的话语任务。这些在课堂教学中能够实现的行为强化了教师的一个信念："我可以构建学生的语言学习过程。"而恰恰是"构建"这一词语使教师忽略了学生意识中的那些自发性的活动，那些未必能被学生明确意识到的活动，学习心理学称作"内隐学习活动"。就学生学习能力的发展而言，这些忽略便足以使课堂的教学运作脱离学生大脑而进行无意识加工。

（2）知觉启动差异与知觉表征系统（perceptual representation system）的差异。

语言学习的每一个事件都起始于感觉，即眼、耳、鼻、舌、身的感觉，感觉的整体加工便形成了心理学所说的"知觉"（perception）。比如，句型教学的有效性就是以语句知觉为心理基础的：单个神经元集合为"群的连接"才促成了句型的知觉，即"结构知觉"。演化语言学家王士元把这种"结构知觉"比喻为"马赛克"比较恰当。他说："在原始人类演化过程中，它们［指儿童自动形成的解决问题的语言指纹（linguistic fingerprint）］的出现远远早于语言的产生。这种能力渐渐地被运用于精密的语言使用，就如同一块块地添加进来的马赛克。同样地，这些能力也被应用于数学和音乐。"（王士元，2011）所谓"马赛克"，大体上相当于我们所说的"结构知觉"，它们有其"本能"的一面，也有其"演化"的一面，但它们在不同个体的演化情况各有其特异的性质，请看实例。

语句：She told him to ask the teacher to answer this question.。

学生 1 的结构知觉：真实人的意象所构成的动作传动（如图 1-4）。现实意象。

图 1–4

学生 2 的结构知觉：故事意象所构成的动作传动（如图 1–5）。童话意象。

图 1–5

学生 3 的结构知觉：直接隐喻所构成的动作传动（如图 1–6）。物体动力传动。

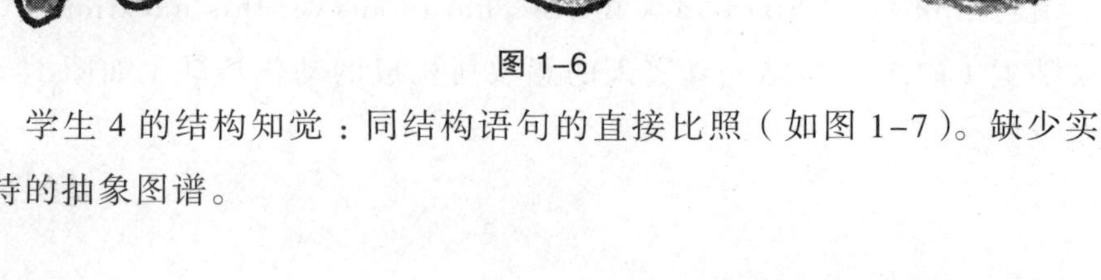

图 1–6

学生 4 的结构知觉：同结构语句的直接比照（如图 1–7）。缺少实象支持的抽象图谱。

图 1-7

学生 5 的结构知觉：语法概念的分析式理解（如图 1-8）。缺少实象支持的抽象图谱。

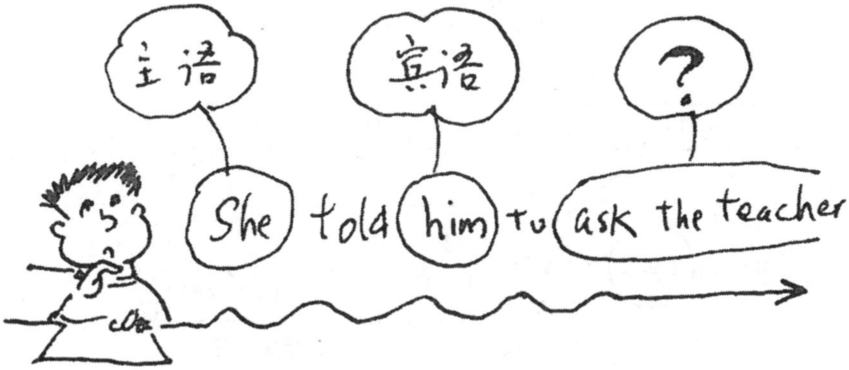

图 1-8

这些都只是粗略的摹写，学生个体知觉表征的实际情况要比这些复杂千百倍。但由此可以想象人为的教学推进能在多大程度上忽视学生的知觉差异。

（3）记忆问题。

语言学习，特别是外语（或第二语言）学习，直接涉及的学习活动大都与记忆高度相关。凡是学习外语的人，都会首先考虑记单词的问题。但是，我们就人的记忆问题的了解大多仅限于短时与长时、识别与再现等心理学教科书中的一般概念的理解，较少研究深层次的记忆问题。我们对语言知识的有限记忆会使我们忽视记忆的深层效应和记忆的潜能发掘（Squire et al., 1992）。所以，我们应当知道一些相关的知识。

一是关于内隐记忆问题。D. L. Schacter（1987）指出："内隐记忆是在这样的情况下，即在一个不需要对先前经验进行意识的或有意的回忆测试中显示出来的，先前经验促进了作业效果。”与此相对的外显记忆是在需要对先前经验进行有意回忆的测试中显现出来的。关于内隐记忆的研究只有大约三十年的历史。这方面的研究提醒语言教师，仅仅依靠外显记忆进行语言教学，其效果是十分有限的，内隐记忆在不同学习风格的学生的内部加工过程中具有巨大的潜力。

二是关于多重记忆问题。认知神经科学家注意到多重记忆方面的实验研究已经涉及人和动物的各种不同课题的丰厚成果，他们综合了相关的不同类型记忆的实验所涉及的脑区定位，提供了一个清晰的关系图（如图 1-9）（Squire et al.，1991）。

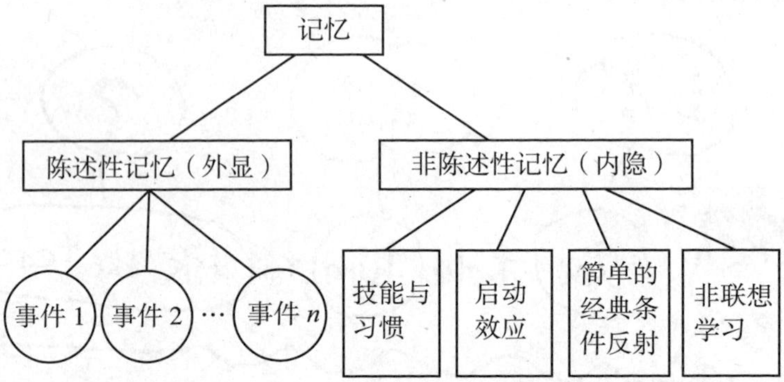

图 1-9 不同记忆类型所对应的相关脑区

三是关于记忆组织问题。认知神经科学家提出了记忆组织的概念，这个概念用 SPI 三个字母来表示串行的（serial）、并行的（parallel）和独立的（independent）。信息以串行方式编码进入记忆系统，在一个系统编码（A）依赖该信息在某些其他系统编码（B）是否成功加工，即 A 依赖 B 的加工成功。信息按并行的方式存储在不同系统中。信息在一个系统的提取独立于其他系统的信息。

（4）语言形式与意义的独立表征。

特定类型的脑损伤实验研究表明，语言形式和语言意义的表征具有相对独立性。J. Kay 和 A. Ellis（1987）描述某病人观看滑雪者的图片，此人（因脑瘤而切除了颞叶）说不出滑雪的名称，却能说：“It is cold，it’s a ma...cold...frozen...”。这表明意义的表征具有一定的独立性。A. E. Hillis 和 A. Caramazza（1991）对一位因脑血管意外造成左颞和基底神经节损伤的病人进行给词语定义的实验，结果表明，此人能够读出 75% 自己无法定义的词语，神经损伤对词义知识的影响大于对词形的影响。有些病例实验显示，颞叶和顶叶在语义加工中有显著作用（Damasio，1990）。

这些研究比较清楚地显示了语言形式和语言意义在语言学习中的相对独立机制。这使我们认识到过分偏重形式的所谓“传统语言教学”和过分偏重意义的改革型语言教学（如任务型语言教学模式）可能都忽略了脑在语言加工上的这种特点，二者兼顾是最佳策略。

（5）言语的声谱表征。

在语言教学中，听说读写四种技能的界定也让人们一直误以为在应对书面语的加工过程中，语言的声音与此大体无关，至少不起主导作用。其实这并不符合神经活动的机理。我们了解到，从言语生成和言语知觉模型中，研究者（Blumstein，1973）假设言语生成和言语知觉机制共有一个词典，这个词典的特点是生成和接受的词最终都连接到一个共同的表征，这种表征是由语言声音结构特有的音段、语音特征及其结合的规则来描述的。

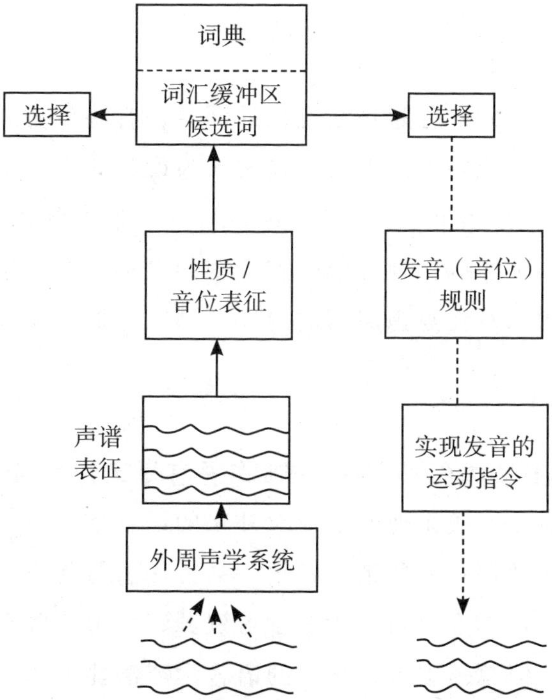

图 1-10

我们从图 1-10 的模型中可以看到，外周声学系统的刺激通过声谱表征来形成音位表征，然后进入词典存储。而提取的流程则正好相反。一个选择正常的人的语言运用生理机制决定了言语的存储和生成，且都与这种声谱表征直接相关。由此可知，语言运用（不管是借助听觉通道，还是视觉通道）都必须基于声谱表征（听觉）和图形表征（视觉）的双重作用。

（6）韵律问题。

人脑对语言韵律的敏锐知觉已经被很多脑神经科学实验所验证（Sproat，1992）。越来越多的证据表明，就声音的学习，语言和音乐具有共同的生理机制。神经心理学家探寻的问题是：是什么将音乐和语言与其他动物的各种声音交流区分开来的？他们认为，音乐和语言是“微粒”系统，这种系统用一套没有固定意义的离散元素（如音位和音调）组合成具有不同意义的结构。这个特征使语言和音乐区别于许多动物使用的整体声音系统，其中每一种声音都与特定的意义相联系（Hockett et al.，1968）。人的这种韵律本能突出地表现在他们对语言韵律形式的敏锐感受上。

［语言审美心理述评］

人的审美机制大部分隐藏在意识的深层，有些审美运作则更多地发生在潜意识和无意识的层次上，较强的人为设计和人工定制只能在意识的最表层引起神经网络的“兴奋”，这是相当一部分课堂实践不能促成语言审美效果的心理原因。顺应学生脑活动的自动机制，用恰当方法激活意识深层和潜意识及无意识层面的内在活动，才能够唤醒语言审美的真实体验。

七、语言加工的神经机制——哪些语言学习潜能尚未得到发掘

学生学习语言取决于他们如何对外来的语言信息进行加工，历来的语言教师通常习惯用一些所谓“常规”的方法进行教学，近半个多世纪的语言教学改革虽然在学习行为、学习资源、学习步骤和学习策略上有了较大的改进，但总体上看，学生的语言学习潜能的深层次发掘仍有待进一步加强，这种深层次主要是指脑神经活动机制。

1. 脑的完整功能及其可塑性

我们承认语言能力是人类的本能，但这不等于我们同时排斥脑的可塑性。

左右脑不仅有相对侧重的本能，而且有调整调节的本能。神经心理学把这种本能叫作“替代语言功能”，有关研究者（Van Lancker-Sidtis，2004）提供了一个典型病例。一个患者在 5 岁时接受了大脑左半球切除手术，靠大脑右半球来完成语言功能。6 岁时他成功地习得了母语，在日常生活中能够使用语言进行正常的沟通。49 岁时他的总体语言能力正常，只是在拼写复杂单词和理解复杂语句时表现出细微的缺欠。而 A. Ansaldo 等（2002）提供的一个 50 岁因脑中风而失语的患者，以 4 个月为间隔，在失语症发生后的 2 个月、6 个月、10 个月分别进行检测。前两次检测结果表明大脑右半球在语言加工上起主导作用。10 个月后，由于大脑左半球功能得到部分恢复，右半球的替代性功能消失。这些病例显示了大脑左右半球语言功能的可塑性。有的研究者（Lenneberg，1967）提出了潜力均等的假说，即刚出生的儿童大脑左右半球具有相同的语言潜能。

这些病例都表明，人脑自身功能趋向于整合，这种整合（即完整趋势）不是静态的，不是一旦产生便不会再变化，而是在不断的可塑机制中变化着、实现着。此种生物性的演化性质，是教育者不可忽视的情况。

2. 镜像神经元的重要仿效效能

长久以来，多数心理学家注意到个体对外界信息（含各门类的知识）的输入与吸收，可以通过一个快速的逻辑加工过程完成，这个过程的主要工作是将感觉器官接收的海量信息（有些就是我们所理解的“知识”）进行筛选、分类和编码，并将这些信息与先前储存的信息进行比对、比较、区分和辨别，然后储存信息。

难道人们没有更直接的信息输入机制吗？ G. Rizzolatti 及其团队在意大利帕尔马大学研究时偶然发现，有一类神经元或有某种特殊作用。他们用于实验检测的猴子带着某种目的做出特定动作，猴子大脑中的这种神经元就会被激活。更令人吃惊的是，当这只猴子看到同伴做出同样动作时，这些神经元也会被激活。有的研究提出一种假设：这类细胞很像一面镜子，它们能直接在观察者的大脑中映射出别人的信息。

G. Rizzolatti 等人依据这样的假设将它们称为“镜像神经元”（mirror neurons）。他们的假设是与大脑中储存记忆的神经回路相似，镜像神经元也能为特定行为“编写模板”。有了镜像神经元的这种特性，个体可以在不做周密思索的情况下处理外部信息，并解决具体问题，这样的加工过程并不需要复杂的推理过程（Rizzolatti et al.，1996）。

镜像神经元的发现引起了神经科学界的巨大关注和兴趣，有人认为很少有其他发现能在神经科学界引起如此轰动。就语言学习而言，镜像神经元的存在与活动机制拓宽了知识学习的视野。

（1）移情作用的启示。移情（empathy）指的是一个人理解和共享另一个人的情感的能力。很多实验显示，镜像神经元参与了人的移情过程，并起了重要作用（洛马尔，2007）。诸多实验显示，当一个人进入某一种情感过程时，现场其他人的镜像神经元也被激活。在语言课堂中，学生通过接收语篇而吸收特定的语言知识时，师生之间和学生之间的移情作用是不可低估的。在群体中，人的情感可能是借助这样的效应“传染”给他人的。

（2）自我意识与元认知机制的启示。Ramachandran 推测镜像神经元为人的自我意识提供了神经学基础（neurological basis）。他认为，镜像神经元不仅有助于人们模仿他人的行为，而且可以内向运行（turn inward），创生人对以往脑活动加工过程的元表征系统，即镜像神经元可以使脑对自己的加工过程进行加工。由此，人就有可能在大脑中把自我（self）当作信息加工的客体，而不是主体来加以认知，这一点显然是任何其他高级动物的脑无法完成的元工作（meta-work）。人类这种独特的自我意志的形成是镜像神经元在起作用（Ramachandran，2011）。

（3）语言运作机制的启示。脑科学实验在接近布洛卡区（被视为脑的语言功能重点区域）的内前皮质中发现了镜像神经系统（Skoyles，2000），这个发现使研究者产生了如下设想：一是人类语言的演化与基于镜像神经元活动的手势理解机制直接相关；二是镜像神经元具有一种理解行为意图、实施语言模仿学习和模仿他人行为的生理机制；三是儿童在并不涉及语义正确理解的情况下可借助镜像神经元进行语音机械重复、话语模拟而实施单纯的语言形式学习。这些涉及镜像神经元的实验有力地支持完整语言的理论概念。

3. 默认网络的启示

多年以来，激励机制被认为是不证自明的学习公理，人们普遍认为，只有热的功利动机才可使脑兴奋起来，由此形成“任务驱动”的概念和做法。必须承认，在任何工作中（包括语言学习）任务目标的激励机制都是重要的，但我们不可以因此而忽视人的心理活动的另一面，即内向的一面、沉思的一面、审美的一面，神经科学近年发现的脑神经活动中的“默认网络”证实了人类心理活动的内在一面。在功能磁共振成像（fMRI）监测中，有些脑区［如内侧前额叶（medial prefrontal cortex），角回（angular gyrus）］在很多认知实验条件下几乎不能被激活。1997 年，Shuiman 等人实验发现，这些脑区的大部分在安静条件下的激活水平要比在任务驱动条件下的激活水平高，而当被试在完成既定认知任务时，这些脑区总表现出负激活（deactivation）（李雨 等，2014）。Raichle 等人（2001）依据实验结果提出了“大脑默认模式”（default mode）概念。他们认为，大脑的某些部位存在着“只有在不加工外在任务（即没有任务驱动的情况）时才回归到基线状态（baseline state）那样一类神经‘放电’网络”，即“默认模式网络”（default mode network）。后继者对默认网络对应外在任务的负激活又进行了与内部心理活动（如自我沉思、道德判断、情境回忆和未来设想等）相关任务的实验检验，结果表明默认模式网络对此类任务呈现正激活（Buckner et al.，2008），R. L. Buckner 等提出了自发认知型的“内部心理活动假说”（the internal mentation hypothesis）。

“大脑默认网络”的发现和“内部心理活动假说”对语言学习也有指导价值：一是语言运用的概念不仅有外部运用的含义，也有内部（心理）运用的含义；二是语言知识学习不仅可以在任务驱动上激活学习动机，还可以在内隐和内省的方向发掘沉思潜能；三是语言知识学习不仅有“行而知之”的动态一面，而且有“思而知之”的静态一面。

4. 语言发展关键期的启示

虽然语言学习的能力是天生的，但是正常的语言发展仍需要在儿童初期进行适当语言环境的训练（Hubel et al.，1970）。为了正常地获取语言而必须在特定年龄接触语言环境，这个假设成为“语言发展关键期假设”，语言获取关键期通常与神经具有很大可塑性的时期相伴随，这个关键期被认为是在青春期之前（Lenneberg，1967）。语言发展关键期假设的最初依据与 D. H. Skuse（1984a，1984b）的“野孩儿”（wild children）案例有关。9 名从 2 岁半到 12 岁的儿童在极端的社会条件下被剥夺了语言条件。其中有 6 人在 7 岁以后进入正常语言环境后最终都获得了正常的或近乎正常的语言功能。其他 3 人没有获得正常的语言功能：一人 5 岁被发现时，有脑损伤；一人 3 岁半被发现时，器官有异常；还有一个叫 Genie 的 14 岁少年，被剥夺语言条件长达 12 年之久。神经心理学测验表明，Genie 没有预期的左半球语言一侧化，这在一定程度上支持了语言关键期的假设，但是，之所以 Genie 没有预期的左半球语言一侧化，可能有两个原因：一是 Genie 在青春期开始时即语言发展关键期中未接触到语言，导致青春期以后不能获得正常的语言功能；二是 Genie 左半球皮质异常。这个群体的案例，在很大程度上证实了语言发展关键期的假设，但神经心理学界尚不能对此论证进行百分之百的确认。还有一项研究也可以支持“语言发展关键期假设”，即 E. L. Newport（1990）和她的同事研究的失聪者的手势语能力。有些失聪者一生下来就接触美国手势语（ASL，American Sign Language），6 岁前开始接触 ASL 的人被称作“早手势语者”，12 岁开始接触 ASL 的人被称作“晚手势语者”。在使用 ASL 三十年后，词法和复杂句法测量表明，非失聪的本族手势语者的语言能力强于失聪的早手势语者，而早手势语者的语言能力强于晚手势语者，这一研究有力地支持了“语言发展关键期假设”。

5. 第一语言习得与第二语言习得差异的启示

第一语言习得的大脑神经活动机制和第二语言习得的大脑神经活动机制有不同之处。L. K. Obler（1981）提出了“阶段假说”（stage hypothesis），处于第二语言初级阶段的学习者或第二语言学习水平较低的学习者在加工第二语言时更多地依靠大脑右半球，而随着学习的深入和第二语言水平的提高，大脑左半球在加工第二语言时逐渐占据优势地位。M. Paradis 认为这主要是因为初学第二语言时学习者需要更多地结合语境信息即从语用的角度来加工第二语言。

当认真了解了以上各个方面关于语言本能和本质的神经语言学方面

的研究成果后，我们发现，到目前为止，研究只涉及英语课程的设计与实施以及教学方法的某些理念、模式、试验和操作程序，尚未深刻地考虑脑的语言功能问题，以及英语教学究竟如何探索出适合脑的语言加工机制的有效途径。有相当一部分的英语教学试验与改革，实际上更多地建立在人为的设计基础上，而此点恰恰是本书所选择的艺术探究课题需要解决的问题。

八、脑的自主工作——人可以指挥脑工作吗

谈论“脑的自主工作”就必不可免地涉及人和脑的关系，即人可以指挥自己的脑进行工作吗？这是几千年来一直在讨论和探究的问题，欧洲理性时代的哲学和文学都给人形成了一个很强的信念，即人是理性的动物，人可以支配自己。但是，到了十九世纪后期和二十世纪初期，思想界的概念发生了巨大的变化，这样的变化典型地体现在精神分析学派的理论中。S. Freud（1922）在《精神分析引论》中指出，精神分析的一个命题是心理过程中的潜意识在起作用，而人的意识过程仅仅是人的心理活动的表面部分，真正起作用的是潜意识。

弗洛伊德的精神分析心理学给人类的一个巨大贡献就是人虽然被称为“理性动物”，但人的心理活动最终要受制于潜意识的支配。“潜意识”这个概念与人的语言本能具有密切关系。弗洛伊德被认为是第一个“新语法学派的神经语言学家”（neogrammarian neurolinguist）（Buckingham，2006；Marshall，1974）。后辈的心理学家和语言学家特别提到了“Freud 语言模式”，弗洛伊德主张语言是一个复杂的关联系统，其中包括一种封闭的关联系统，即由阅读意象（reading image）、书写意象（writing image）、声音意象（sound image）和动作意象（motor image）组成的封闭系统。另外还有一个基于实物关联的开放系统，有视觉的（visual）关联、触觉的（tactile）关联、听觉的（acoustic）关联，两个关联系统之间用符号来连接。我们可以设想，一旦外界的刺激（语词的、实物的、语词 + 实物的、实物的视听触闻味综合的）被人的大脑所接受，这两个系统以及其间的符号便会被“激活”（从神经心理角度上看，就是产生生物化学或电化学的反应及其传导）。依据弗洛伊德这个理

论模型，人们开发出了技术性很强的 word test 检测手段，借助这种技术的检测，我们可以知道任何人的现实的内心活动及其隐秘，测谎的传统方法即与此有关（崔刚，2015）。

早在十九世纪后半叶，就已经有人提出了大脑语言功能的自动层次学说（Jackson，1958）。Jackson 认为，语言分为两个层次：自动层次的语言和命题性层次的语言。自动层次的语言包括固定化的句子、某些套语或咒语，它们的产生是无意识的行为。命题性层次的语言一方面取决于它们的形式（可以表达两个实物之间的关系），另一方面取决于它们的灵活程度（受语义和语境的影响），它们的产生是一种有意识的行为。有意识和无意识的行为（包括语言）的区别很明显，两种活动形式背后有不同的神经机制。这个学说的提法表明，脑的工作有一部分（无意识的行为）是主体人不能控制的，而另一部分（有意识的行为）也未必是主体人可以用理智和理性所能够控制的，因为理智和理性只是有意识的脑工作的一部分而已，这样的理性和理智是在脑的整体运作范围之内的。

二十世纪初，在大脑语言功能定位学说成为主导概念时，C. Von Monakow（1911）对分区定位提出了质疑，并逐步形成了人脑整体功能学说。在这一学派的研究中，我们看到更多关于人脑进行自主工作的证据，其中 Head 的研究成果值得我们注意。Head（1926）认为，人的大脑功能是一种层级组织结构，是长期进化的结果。K. Goldstein（1927）是大脑整体功能学说的支持者，他指出："我们一刻也不能忽视这点，人是心理和体质的有机体，每一种疾病都会从总体上改变它。" K. Goldstein 的意思可以理解为：脑的工作是人的生理机能的整体运作，所以，人的心理运作也是整体运作，即使是失语症对人脑运作的改变，也是整体性的改变，即便有的失语症剥夺的只是人的部分语言能力，那也是整体改变的结果。

脑的自主性工作也被语言发展的很多事实所证明。R. Brown（1973）指出，语言习得过程具有很高的一致性，大多数儿童在 9 ～ 12 个月时就能说出第一个指示词（Morley，1965），绝大多数儿童掌握本族语句法的方式具有惊人的相似性。例如，Brown 发现他观察的 3 个儿童都基本上按相同的顺序学会了 14 个语法词素。更为奇特的是，很多实验研究和专业观察都证实，婴儿是本能地区分名词和动词的，这使我们猜测儿童生来就知道分辨作为语法理解基础的“词类”。在所有的语言中，主语用名词表示，主语的动作用动词表示，属性用形容词表示。那么，儿童也许明白充当物质性主语的词是名词，描述动作的词是动词，描述特征的词是形容词，并且能够从这些语义的原型样例中学会名词和动词的性质。这个基于本能的自动化（而非人为安排或教育安排的）学习过程通常被称为“语义的自助型体悟”（semantic bootstrapping）（Pinker，1984）。Pinker 的这个术语使用了一个具象的隐喻，bootstrap 作为名词的原意是“靴筒后的搭扣带”，动词引申义为“依靠自己的努力而获得成功”。婴儿是从哪儿得到这种语义的 bootstrapping 的呢？这与脑神经的遗传机制有关，它们不是个体之间的经验传承，而是群体的族群之间的演化活动的传承（Pinker，1987）。

脑的语言本能运作可以得到言语错误以及错误的自主纠正的有力证明。具有先天的自主能力的重要标志就是儿童获取某种行为不需要明确的指导，虽然儿童话语中出现错误而影响意义表达时，他们的父母会予以纠正，但是父母并不是准确地纠正儿童的语法错误（Brown et al.，1970；Marcus，1993），进一步讲，即使父母确实尝试着去纠正儿童的语法错误，其努力也是白费的（McNeill，1966）。语言习得的研究显示，即使某些儿童根本不会说话，父母也无从进行语法错误的纠正，但他们却具有正常的接受性语言（receptive language）。有的研究者论证，在词汇和句法习得过程中纠正错误显然不是必要的（Stromswold，1994）。

本节所讨论的关于语言的认知神经科学问题都与本书讨论的语言审美问题具有不同程度的关联，尽管某些认知神经科学的研究成果还处于假设阶段，但是，我们有必要把语言教育的基本概念和这些前瞻性的发现及设想联系起来，进行更为深入的探究。我们从中获得的基本思路是脑神经是本能地趋于整体演化和运行的，因此，语言学习也就具备整体运作的趋势，语言教师的教学开展应当尊重这样的趋势。在开展这样的运作趋势中，只有将语言实际运用和语言审美体验这两个方面整合起来，语言学习才能取得更好的效果，更为重要的是，这样的整合是有利于学生的身心健康发展的，这样做将直接提高学生的核心素养发展。

第二节 情绪和语言学习

一、理智与情绪——当人积极思考时，他的情绪在做什么

当我们进行思考时，我们的情绪在做什么？这是一个被很多哲学家、思想家和心理学家关注过的问题。我们可以把这个问题界定为“理智”（reason）与“情绪”（emotion）的关系问题。较早阐述这个问题的是创立解析几何的法国数学家、哲学家笛卡儿。笛卡儿最关心的是理智的确定性。他学习和研究了前辈的哲学和思想的理论之后，决定打破旧的束缚，并提出哲学的一个新起点。他的理想是形成一个思想体系，他的真理体系必须从他自己的理性能力中引申出来，该体系中的各个原理不仅是真的，而且可以通过清晰的方式连接起来，能够帮助我们更容易地从一个真实的原理推进到另一个真实的原理。所以，他认为，自己的第一个任务就是制定出“理性的规划”。

我们之所以如此详细地陈述笛卡儿的理智确定性的论述，是因为，几个世纪以来，不少人以笛卡儿的“理智”来对待世界上涉及思维的问题。笛卡儿的论点给我们一个总体印象是：人类的所有决策应当依赖于冷静的理智。冷静，可以作为人们理解理智本性的第一关键词。

多少年来，人们的一般思想大体上都是在笛卡儿“理性法则”影响之下运作的，到了十九世纪，达尔文提出了关于情绪的演化论观点。他认为，动物和人类的情绪演化有一个非常漫长的过程，在这个过程中，适应性的法则始终起着关键作用。由此，达尔文就把情绪问题第一次提到了生物演化的重要层面上来：我们为什么要有情绪情感？达尔文第一次提出并坚持这样的意见：情绪情感及其表达应被视为适应性行为，这种适应性行为是经由自然选择的演化机制形成的，其机理与生物体的生物生理机能的特点是一样的。达尔文根据动物的实证性研究断言，情绪具有深刻的生物学基础。达尔文在专著 *The Expression of the Emotions in Man and Animals* 中探索了快乐、愤怒、恐惧、厌恶、羞耻和惊奇等情绪，后世的心理学家把这几种情绪称为“基础情绪”，指出动物显示这

些基础情绪的表情与人类具有明显的相似性，如龇牙表示愤怒和进攻，这恰恰是情绪进化的有力证据。

首次从心理学角度对情绪进行开创性的系统研究，并把情绪的重要性提升到人的全身心高度的，是美国哲学家、心理学家威廉·詹姆斯。他提出了一个让人们重新思考理智和情绪关系的、涉及感受本质的假设，他指出："如果我们对某种强烈的情绪进行想象，然后试图从我们的相关意识中抹去这种情绪的身体感受，我们会发现我们的身体里什么都没有剩下，没有构成情绪所需要的'心理物质'，剩下来的只有冷冰冰的中性的理性知觉。"（Damasio，1994）威廉·詹姆斯这个假设已经被神经科学家证明至少在基本设想上是正确的，因为脑疾病患者的实验显示，人的理性思考在任何情况下都会有情绪的参与。

当代神经心理学家进行了大量的研究工作，他们的成果都在不断地证明，虽然笛卡儿在思维和数理逻辑领域有卓越的贡献，但是，在理性与情绪的关系上，笛卡儿是错误的。神经科学家 Antonio R. Damasio 叙述了他对理性主义的感受："小时候，我被教导，良好的决定来自冷静的头脑，情绪和理智就像油和水一样永不相容。我曾经一直认为理智机制存在于心灵的某个独立部位，在这里情绪是不应该参与进来的；那时，每当我想到心灵背后的脑时，我都认为理智和情绪具有互相独立的神经系统。无论从心理还是神经科学的角度来讲，这是当时谈到理智和情绪两者时广为人们所接受的观点。"（Damasio，1994）

Damasio 研究了一个历史的脑损伤病例，即神经心理学界著名的"盖奇"（Phineas P. Gage）病例。盖奇是一个十分平静且不容易情绪化的人，智力正常。但是，在某次施工事故中他的头部被铁钉击穿。经抢救，他的生命终于被挽救了。病愈后，人们发现盖奇完全变成了另外一个人，他喜怒无常，优柔寡断，行事粗鲁，污言秽语。这种新的性格与过去性情温和、精力充沛、做事持恒的性格，形成了鲜明的对照。经脑科学研究者确认，发现盖奇的前额叶皮层的选择性损伤破坏了他的三种能力，即计划未来的能力，遵循习得的社会规则做出行为的能力，根据自己的生存利益进行最佳行动选择的能力。而这些能力都与脑神经系统的情绪活动机制有密切关系，也就是说，盖奇的脑损伤没有影响他的正常思维能力，但由于他的情绪系统运作出现了问题，所以他的日常生活的决策机制产生了障碍（达马西奥，2007）。

Damasio 还研究了一个现代病例（虚设名为 Elliot）。他比照盖奇的病例，发现了问题的另一侧面。与盖奇一样，Elliot 也能进行正常思维和正常语言活动，而且思维水平甚高。值得注意的是，Elliot 情绪则异乎寻常的稳定。但是，此病人的社会能力却极差，他几乎不能完整地做好任何一件小事，更别提正常工作了。在深入研究了 Elliot 病例的各个方面之后，Damasio 意识到："情绪的衰减可能是产生非理性行为的另一个同样重要的原因。"（达马西奥，2007）

人在进行日常决策的时候，究竟是一种纯理智的活动，还是一种纯情绪的活动，还是由情绪参与的理智活动，或由理智参与的情绪活动？这确实是我们有必要探讨的问题，特别是教育者，尤其是语言教育者。

对于这个问题，Damasio 集中研究了理智与情绪的神经心理机制，提出了一个新的假设，即所谓的"躯体标识假设"（somatic marker hypothesis）。他认为，人们在进行日常决策时，其实并不是百分之百地在大脑里进行理智的推演。在人们对问题解决做出推理前，会发生一些非常重要的事情：当与某种反应相对应的不利结果浮现在脑海时，哪怕一瞬间，人都会体验到一种不愉快的内心感受或非内心的其他感受（古希腊语里所谓的"躯体状态"，即 somatic state），这种状态实际上是一种标识，是以内心表象（即意象）形式反映出来的一种标识，似乎在从速度上跨越理智判断而"告知"人们"注意！注意不愉快的结果！"所以，Damasio 概括这一假设时说："躯体标识器就是次级情绪所产生的感受的特例。通过（后天的）学习，这些情绪和感受被联系起来，对某些特定场景的可能后果做出预测。"这些都是负面的身体标识效果。"当一个正面的躯体标识器与之一起出现时，这个未来结果则变成了一个令人倍感振奋的前进灯塔。"Damasio 还指出，躯体标识不会代替人的理智决定，但它在人进行理智决定前和理智决定中参与进来，有时会起到重大的警示作用。Damasio 这一假设充分表明了这样一个论点：人的任何理智决定是不能没有正面的、负面的或双面的情绪参与的。

图 1–11

另一位神经科学家 Elaine Fox（2013）对情绪的生物学机制提出了一个很有意思而且很容易理解的隐喻，即 rainy brain and sunny brain，并专门研究了人们被情绪掌控的心智（the affective mind）。虽然人的基本情绪有快乐（happiness）、哀愁（sorrow）、愤怒（anger）、恐惧（fear）、厌恶（disgust）、惊奇（surprise），但是，从脑神经活动机制上来看，则只有两种基本状态，即所谓"乐观的脑"（optimist brain）和"悲观的脑（pessimist brain）（如图 1–11）。2005 年，Elaine Fox 通过实验证实："Many genes have normal variations that produce different effects in the body and brain. Called single nucleotide polymorphisms, or SNPs [pronounced (snips)], these variations can provide vital clues to how likely someone is to develop a particular disease or even a personality trait. SNPs on those genes that influence the production of neurotransmitter system will certainly influence how we are to become optimists or pessimists."。这段话的大概意思是：许多常态的基因变异对身心产生影响，一种被称为 SNPs 的变异会提供某种关键"信息"，从而影响神经传导方式，这种生化机制使我们要么成为乐观者，要么成为悲观者。也就是说，人的全部心理活动，都会受到乐观的脑或悲观的脑的影响，理智自然也不会例外。

二、从社会角度看情绪——刻板印象：人的心情如何影响人的社会活动

社会心理学也对人的情绪有深入的研究。情绪以多种方式全方位影响人的理智与判断，其中主要包括：①情绪影响信息编码。事情发生时，我们的心理状态（包括情绪因素）会影响我们对信息的编码方式，从而影响其后对信息的记忆方式。我们对他人的期望（明显涉及我们的情绪）能影响我们对他人的行为和品质的加工方式，从而决定了我们今后对其行为和品质的回忆。②情绪影响信息提取。我们提取信息时的心理状态也会影响我们对事件的记忆方式。在对别人的行为进行回忆时，我们可能回忆出更多的、与我们当前期望一致的行为。③情绪影响信息加工。当我们更倾向于自己待人处世的稳定性时，我们就会高估自己过去偏好与现在偏好的相似性，从而侧重对那些与自己偏好一致的信息进行加工和组编；当我们更倾向于周围事态的不定性时，我们就会高估自己过去偏好与现在偏好的差异性；当我们已经了解了事情发生的经过后，我们当前的这些知识（即信息）就会影响我们从前对该事件期待的记忆，从而导致所谓“后视偏见”。④情绪影响信息存储质量。大脑对信息的存储不是冷静的，也不是公正的，更不是公平的。当海量信息随机输入大脑时，大脑只选择那些情绪“喜欢的信息”进行记忆，即“情绪一致性记忆”。⑤情绪影响大脑对于信息的内隐加工。所谓内隐加工，指的是由大脑内部活动而自动激活的神经活动，人们在自动回忆往昔的事情时，更有可能回忆那些高兴的事情，即“情绪依存性记忆”（孔达，2013）。

社会心理学从人的社会体验的角度提出的“刻板印象”概念，加强了我们对理智与情绪关系的理解，因为刻板印象恰恰就是情绪和理智的产物，既是个人情绪和个人理智的产物，也是群体情绪和群体理智的产物。“刻板印象”（stereotype）这个概念运用了铅字印刷的隐喻，stereotype 原来指的就是印刷行业使用的“铅板”。1922年，Walter Lippmann（1922）首先把这一术语引入社会心理学，他把刻板印象简单地描述为“头脑中的图像”。其实，头脑中的图像是多种多样的，刻板印象只是其中的一种，而且这种印象也不仅仅是图像。1954 年，Gordon W. Allport（1954）在他的《偏见的本质》

（*The Nature of Prejudice*）一书中，将刻板印象定义为“与某一范畴相联系的夸大的信念”。从社会心理学的角度看，刻板印象是一种由诸多心理因素参与其中的认知结构，其中包括荣格提出的集体无意识的某些蕴涵，包括部族、社群、家族、家庭和个人的情绪过程和情绪效应的积淀，也包括个人的具身体验（Esses et al., 1993; Fazio et al., 1995）。人们对于刻板印象这一复杂心理现象的研究表明，理智的任何一种激活和启动（the operation of reasoning）都不是在一个“彻底清白的背景”上进行的，也不具备“纯洁无瑕”的运演过程，更不会产生“纯粹理性的”结果。刻板印象作为情绪的产物始终参与着理智的运演活动。

基于社会心理学的诸多发现，孔达（2013）提出了“冷认知”与“热认知”的概念。她认为：“相对较为理智的信息驱动的加工有时被称为‘冷认知’，主要是为了把它们同那些更具动机性、更具情感色彩的‘热认知’加工区分开来。热认知是指那些受我们愿望和情感驱动的心理加工——在这种情况下，我们的目标和情绪会使我们的判断出现偏差。”1995年，Joseph P. Forgas（1995）提出了“情绪渗透模型”（affect infusion model）的概念。

[语言审美心理述评]

情绪与审美是密切相关的。任何审美体验都以情绪为基础，审美也需要理智与情感的共同效应。通常，积极情绪（基于 sunny brain ）是审美的先决条件，学生只有在积极的情绪背景中，才有可能去鉴赏语言作品，这种情绪的特点是轻松、平静。在审美鉴赏过程中，教师需要尽量减小学生输入作品的压力，并提供比较充裕的时间和活动空间。语言难度通常会引发消极情绪（基于 rainy brain），继而破坏审美情趣。所以在引导学生进行作品鉴赏时，教师应当从各个方面培育积极情绪。

三、学习与情绪——情绪如何影响学生的学习

我们大家都知道，学习具有三大差异：性别（sex）差异、个性（personality）差异和风格（style）差异。学习还有回避不了的三大领域：认知、情绪、行动。这三大差异很明显地体现在三大领域之中，这六个因素的“排列组合”决定了学习的复杂性和特异性。在这两组决定性元

素的复杂运作中，情绪起着决定性的作用（孔达，2013）。

神经心理学家戴维森（Richard J. Davison）和贝格利（Sharon Begley）（2014）在研究情绪的神经机制问题时，提出了“情绪风格”（emotional styles）的概念。他们认为，人的基本情绪风格有6种类型，每一种类型都有其特定的脑神经活动机制，彼此具有明显的差异。

（1）情绪恢复力（resilience）：人从逆境中恢复得快，还是慢？

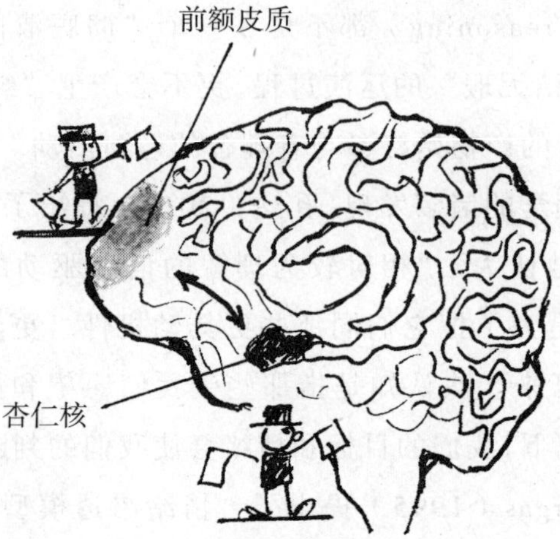

图 1-12

脑成像技术的数据显示，在前额皮质与杏仁核之间（图 1-12）传递的信息决定了大脑从令人不快的经历中恢复的速度。

（2）生活态度（outlook）：乐观地看事物与未来，还是悲观地看事物与未来？

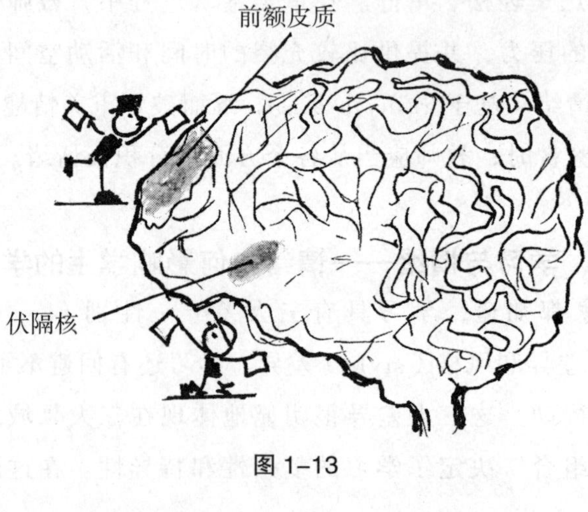

图 1-13

脑成像技术的数据显示，前额皮质与腹侧纹状体中的伏隔核构成了大脑的奖赏回路（图 1–13）。来自前额的信息可以让腹侧纹状体的活跃程度保持高水平，而这一区域对奖赏感与积极生活态度的产生非常关键。如果前额皮质的信息输入较少，将会导致腹侧纹状体活跃水平较低，这是生活态度消极的人所具有的特征。

（3）社交直觉（social intuition）：既定情境中某人的微笑，是赞赏，还是嘲讽？

图 1–14

脑成像技术的数据显示，较低的棱状回活跃水平与较高的杏仁核活跃水平，是社交直觉迟钝者的典型特征；较高的棱状回活跃水平与中低水平的杏仁核激活，则是社交直觉敏锐者的典型特征。（如图 1–14）

（4）自我意识（self-awareness）：对自己的内心细微变化，能不能立即意识到？

图 1–15

脑成像技术的数据显示，脑岛接受来自内脏器官的信号，因此内脏神经越活跃，自我察觉力越强，反之则越弱。(如图 1-15)

(5) 情境敏感性 (sensitivity to context)：面对特定情境，是否善于做出快速反应？

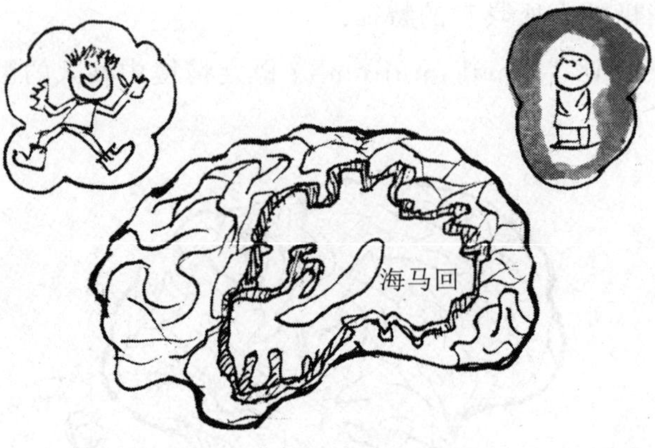

图 1-16

脑成像技术的数据显示，虽然海马回更为人知的功能是形成长期记忆，但其实海马回还有调整行为以适应特定情境的作用。情绪迟钝者的海马回活跃水平较低，情绪敏感者的海马回活跃水平较高。(如图 1-16)

(6) 专注力 (attention)：集中欣赏一幅油画，专心到什么程度？坚持多长时间？

图 1-17

脑成像技术的数据显示，在专注力维度上处于“注意力集中”一端的人在面对外在刺激时，他们的前额皮质会显示出较强的相位锁定，他们的 P300 信号被适度激活；在“注意力分散”一端的人面对外在刺激时，他们的前额皮质很少会出现相位锁定现象，他们的 P300 信号不是过强就是过弱（如图 1–17）。[说明：所谓“事件相关电位”（event-related potential）是指由特定的外在事件或刺激所引起的一种信号。P300 中的“P”指的是正（positive）电位，“300”指的是该电位会在事件发生约 300 微秒后出现。]

[语言审美心理述评]

在语言作品鉴赏中，自我意识的作用不可低估，学生的自我定位直接影响他们对作品的理解，学生对作品感受的情绪敏感程度也在很大程度上影响着审美的指向和质量，因此，学生对语言作品的情境体验和角色体验会有明显的差异，这就是所谓见仁见智的差异，“有多少观众，就有多少哈姆雷特”。

本节讨论的三个问题（理智与情绪的关系、情绪的两个基本类型和情绪的不同风格）都与审美体验有密切关系。我们可以肯定地说，审美体验是理智与情绪在特定审美刺激条件下相互作用的结果，而且审美体验需要积极情绪的支持，积极情绪也需要审美体验的支持。从这个角度判断，如果说好的情绪决定着健康的人生，审美体验有利于好的情绪的生成和维持，那么我们就可以说健康的人生需要审美体验。

第三节 认知语言学的基本原理

一、隐喻的认知价值——人如何理解语言的意义

隐喻是一个十分古老的概念，源自古希腊哲学，属于修辞学范畴。亚里士多德对“隐喻”做了系统的论述，他认为隐喻就是“名词的替换”（从莱庭 等，2007）。他是这样定义隐喻的：“隐喻通过赋予某事物以另一事物的名称来构成。”他把隐喻分为四类：由属到种，由种到属，由种到种，由属到属（Aristotle，1984）。隐喻的概念经历了漫长的演化过程，这个演化过程体现在西方修辞学经历的6个时期之中，即古希腊罗马时期（体系形成），中世纪时期（系统精细化），文艺复兴时期（人文化和现代化），启蒙时期（追求理性），19世纪时期（全面衰败期），20世纪时期（全面振兴与发展）（顾曰国，1990）。

特别值得我们注意的是，在西方修辞学发展到20世纪80年代后，隐喻的概念发生了革命性的变化。在修辞学史中，隐喻至多是一个特别受哲学家、修辞学家和演讲家注意的修辞学问。但是，隐喻在1980年得到了两位语言学家的高度重视，他们就是认知语言学的创始人 George Lakoff 和 Mark Johnson（1980）。他们在《我们赖以生存的隐喻》这部著作中指出：“我们认为人类的思维过程在很大程度上是隐喻性的。我们所说的人类的概念系统是通过隐喻来构成和界定的。隐喻之所以能以语言形式表达出来，正是因为人的概念系统中存在隐喻。”

George Lakoff 和 Mark Johnson 的这个重大发现对于语言教育具有非同寻常的指导意义。语言研究者应当从中获得四个启示。

第一，所有涉及语言的“抽象认知”都不是抽象的。

这个命题的前提是人们认为抽象和具象是两回事，其实不然。从隐喻到抽象都会有一个逐级的转换过程，这个过程的环节一旦被复杂化，人们就会迷失在词语之中，犹如进入原始森林。但是，这样的迷失是可以轻而易举地解决的，那就是把人们认为的“抽象”和某种隐喻连接起来。语法理解之所以成为语言学习的难题，本质上就是因为有些学习者看不

到抽象中的具象。此时，词语非但没有起到连接的作用，反而成为理解过程的阻碍。教师在教学中应注意这一点。

第二,所有被人们意识到的认知都与语言认知是一体的,二者不可分割。

虽然词语很有可能成为认知的阻碍，但它们却是大多数认知过程不可排除的因素。人的记忆和认知都有两个基本的层面，中间有一个夹层。可以明确的是，在意识层面上，人的认知是与语言结为一体的。任何隐喻都需要语言来表征，或者说，隐喻本身就是语言的产物。由此引申，人类在意识层面的认知都是基于语言的认知。这样，语言教育就不单单是语言教育，它必然也是认知的教育。但归根结底，语言教育是基于隐喻的教育。

第三，语言学习能力强的人和语言学习能力较弱的人的根本区别在于能否回归隐喻。

从认知线索上去探究，George Lakoff 和 Mark Johnson 给那些深陷在语义迷宫中的人们一个理清“行程”的路标，不管一个人在语义迷宫中陷得有多深，只要依照来时的路径回溯，找到那个隐喻的本源，找到那个具体的实象，便是语言学习能力强的人，也是认知水平高的人。

第四，每一个学习者经过教育都能容易地回归隐喻。

George Lakoff 和 Mark Johnson 提出隐喻的新概念，对我们教师的启迪是深刻的。这个启迪告诉我们，学习成绩好的学生和学习成绩差的学生没有天壤之别，学会运用隐喻来学语言，学习成绩差的学生也能逐渐提高学习成绩。

[语言审美心理述评]

自古以来，人们就知道比喻是美的手段。这在古谣、谚语和民歌中有充分的体现,它们的公式都是“A 像 B”,但人们并不满足于这样的比喻，于是就说“A 是 B”，比喻就变成了隐喻。当人们想要突显 A 的美的时候，就要找一个很美的 B 来突显 A，这样 A 的美就显现出来了。比如人们会这样评价一个舞者：“She is not dancing on the stage. She is swimming in the water.”。这两句话并不复杂，但是，仅前面一句话，美并没有显现出来；仅仅第二句话，美也没有显现出来；两句话一先一后，美就显现出来了。not 一词在此处用得很好。

二、近身与具身——被语词编码的抽象概念是哪里来的

Lakoff 和 Johnson 认为，人类的绝大部分抽象概念都来源于日常生活的最基本体验，这种最基本体验有三个来源。一是我们的身体：运动神经器官、基于感觉器官的知觉、心智的最基础活动、即时的情感反应等。二是我们与物化环境的互动：行走、触摸和操控物体、进食、栖息等。三是我们在社会文化中的互动：合作与契约、互助与对抗、冲突与解决、恩怨与发泄等。

这三个来源有两个基本特点：近身和具身。英语表达是一个词，即 embodiment，其核心概念是"身"字。

所谓"近身"，指的是身边的人与事，确切地说是身边的人、事以及他（它）们的关系，最基本的是人体。在人类的隐喻认知中，很多都是人体的隐喻及其延伸，比如人体最突出的特点：头、身和脚的上下组合，四肢、五官的对称特点，以"心"为点的放射性延伸，围绕身体的上下左右方位等。再比如人的位置移动（人与自己微空间的密切联系），人与近身物体的关系（拾、弃、持、用），人与人的互动与接触，都是最基本的近身元素。人们要给它们"命名"，必须用到名词和动词。这就是最基本的语言构成：SVO（subject, verb, object）。虽然认知语言学家在某些方面不认同乔姆斯基，认知语言学与乔姆斯基的转换生成语法及共同语法概念产生了语义的交汇。但如果英语教学以此为起点，发展一种近身的路径，那或许将是最佳的教学路经。

所谓"具身"，关键在一个"具"字上，但没有脱离"具体"的那种抽象。人的体型，人体的功能和机能，物体的形状，物体的特性（如软硬、冷热、大小、高低等），物体的功能，由多种物体构成的具体环境及其范围、特征、变化和规律，所有这些都有具身的性质。即使是山川河流与日月星辰，人们也可以通过近身的感知来认识，人们会用身边的事物很具体地想象这些遥远的自然事物，比如人类创造了神话人物如阿波罗、维纳斯、玉皇大帝等来对应这些事物，所有这些对应都有具身的特征。

谈到人的认知的这种近身和具身特点，大家很可能认为与学生的距离很远，其实不然。首先，从人类发展的久远历史来研究近身和具身是有必要的。人类最初对于自己和世界的认识是从近身事物的具身特性开

始的，大量的考古发现一再地证明了这一点，文字的产生如象形文字便是一例。其次，从个人的个体发展来看，婴儿最初认识这个世界也是从近身和具身开始的。与母亲（或奶娘）的身体接触（即互动）是婴儿来到这个世界的第一认知，包括母亲的柔软、温暖和安全的拥抱，哺乳时的互动，玩耍与游戏互动，近身的色彩与声音等。这些构成婴儿的近身成长环境，认知、情感和语言共生于这种近身环境之中。这种环境中的任何缺失都会对婴儿有终生的影响。

古人的近身和具身经历，一个人婴儿时期的近身和具身经历，与学校的语言学习有千丝万缕的关系。人成年以后的认知与语言的经历，总会有一种持恒的双重回归——回归祖先时代和回归婴儿时代。人们对于外界和内心的经历及现象迷惑不解的时候，会本能地追寻祖先的认知，回归婴儿的认知，并与语言相伴。这种情况从成年人的很多表现中可以看出来，喜欢用象形的图示或图画来弄清楚、搞明白复杂事物，运用模型或沙盘进行模拟、想象。解决抽象概念所引起的迷惑的办法就是动用“近身”和“具身”的手段，比如解惑后人们最爱说的“我明白了”。

值得我们深思的是，虽然我们经常使用上述方法解决自己和学生在教学中的困惑，但在语言教育的实践中，我们或许还没有完全懂得把近身和具身视为最基础的解惑模式。我们经常赞美“深入浅出”的教导方法，可仍然认为近身与具身是“浅”的，应有“深”的东西存在，而没有彻底认识到所有的“深”都来源于“浅”。

[语言审美心理述评]

语言审美追求的就是具身的美。比如，美需要一种具体的形象，凡是人们想把某一事物或情感说成是美的，那么他们必须寻求协调和平衡。因为人的身体就是一种协调和平衡的具象，人们以自己的身体为中心展开来看，凡是构成像人的身体那样协调和平衡的，就是美的。这种意识也会投射到语言上，“大漠孤烟直，长河落日圆”，就典型地代表了事物的协调与平衡和诗句的协调与平衡。这两行诗就达到了双重的美。

三、体验哲学与体验观——什么是学习的根本心理途径

哲学家和传统心理学家大多认为学习始于经验。但是，人们对于“经

验”通常只有模糊的理解，以为人们以往所经历并通过感官输入到大脑里的各种存储的总和，都可以叫作“经验”。但是，这种足以包罗万象的所谓“经验”究竟是什么？它究竟以什么为基础，在大脑中究竟是如何被整理和加工的，以什么形式和机制被存储在大脑中，是如何被使用的？语言在经验形成的过程中起什么作用？为了说明这些问题，体验哲学或体验观便应运而生。

人们从各种不同的角度定义和理解体验的概念。认知语言学说的“体验”（embodiment，可直译为“具身体验”）指的不是我们日常生活常说的那种“经验”或“体验”。Tim Rohrer（2007）把人们从不同角度的理解归纳为十二种观念（senses）（Shepard et al.，1971）。

①隐喻心智地图（metaphorical mapping）。所谓具身体验指的就是由近身事物的摄入所构成的关于意义的心智地图。②对概念域的概括（a generalization of conceptual domains）。具体事物加入人的感知，进而使这些“模糊的东西”简约化、清晰化，而具身体验就是解释这样的简约化和清晰化的。③哲学上反笛卡儿（counter-Cartesian）的客观观念。笛卡儿是二元的逻辑理性论者，他的名言是：“我思故我在。”具身体验论则是以反对笛卡儿主观论的关于认知的客观论。④社会文化语境（social and cultural context）。这种观念主张人的近身的社会文化语境决定着人的体验，并进而决定着人的认知和语言。⑤现象学观念（phenomenological sense）。这是从胡塞尔的现象哲学引申出来的具身体验论。人生活在各种具体的现象之中，人的认知来源于对这些具身和近身现象的体验。⑥透视观念（a perspective vantage point）。透视论（或称透视学说）主张人只有在特定时间、环境和事物的特殊关系中才能认识世界。具身体验有很明确的透视论的倾向，“特定”“特殊”这样的关键词与具象正相吻合。⑦发展观念（the developmental sense）。这样的论点是由生物体从胚胎到成年到衰老的必然进程引申出来的。从生物发展的角度看，具身体验就是人作为发展的生物的基础体验。⑧演化观念（evolutional sense）。这种观念认为具身体验是生物基因世代传递的产物。从这个角度去认识具身体验，就会认定此种体验具有本能的特征。⑨无意识认知（cognitive unconciousness）。概念化进程在很大程度上是在无意识状态

中完成的。很多具身体验我们的理性与意识并没有“感知到”。⑩神经生理观念（neurophysiological sense）。神经科学从神经生理学的角度去解读具身体验，最终把体验活动落实在神经元的联结模式上。所谓“具身体验”指的就是基于神经元联结的生物化学和电化学反应以及这些反应的生成结果及变化。⑪神经计算观念（neurocomputational sense）。这里是指用人工智能的眼光去看人的体验，本质上就是一种复杂的运算程序，不管这种运算程序的运行速度有多快，也不管这些运算究竟是如何启动的，以及意欲达到何种目的。当然，用计算的概念来涵盖人脑的所有工作，也有不确切的地方，它在很大程度上忽略了生物体和非生物体的本质区别。⑫智能机器人观念（cognitive robotics）。人工智能的研究者试图以智能机器人的工作机制界定人的各种体验。但是，需要说明的是生物的脑和电脑的运行机制有本质的不同，前者是生物化学机制，后者是物理学机制，所以，当前不少人工智能科学家和设计师在理解人的具身体验上是有问题的，这一点我们要注意。

具身体验的概念是认知语言学的核心概念，这个概念是对乔姆斯基的转换生成语法的抽象认知论的一个修正，它强调人的所有经验都以身体的直接感受为基础，基于经验的抽象思维都是具身的衍生物。

具身体验首先与身体构造本身有直接关系。V. Evans 和 M. Green（2006）列举不同物种对颜色的体验来说明身体构造的决定性作用。人类对颜色有三种光感受器（photoreceptors）[或称“颜色感受通道”（colour channels）]，松鼠、野兔和猫则仅有两个感受器，金鱼和鸽子则有四个感受器。颜色感受器不同，决定了输入的色谱也不同，进而其具身体验也就不同。

具身体验还与躯体的形态学有密切关系，比较典型的是身体的重力问题。不同物种自身重力不同，它们对重力的感觉也不同，进而不同重力的身体与环境的关系也不同，最终会涉及不同的具身体验。例如，蜂鸟每秒钟可以摆动羽翼 50 次，它对重力的感受显然不同于人类，而且由于蜂鸟身体极轻，它可以在需要停住时立即停住，而正在运动中的人则需要几步的缓冲时间，这些身体与环境因素直接影响了人的具身体验不同于其他物种。由此我们不难设想，在深海里游动的鱼对时间和空间的体验肯定不同于在地面上行走的人类。认知语言学把这称为“可变的具身体验”（variable embodiment），这意味着不同的物种，有不同的身体形态，与生存环境建立了不同的关系，于是我们就要承认有感知能力的生物对客观世界的体验是不一样的（Evans et al.，2006）。

认知语言学还探讨了客观现实世界与我们感知和体验的世界的不同。在这个问题上，人的视觉在具身体验中有重要的基础作用，也就是说，视觉体验的效果在更大程度上影响着人的概念化进程。人们在认识感知和体验时通常有一个未必明言的假设：人的感觉一般都会客观地接受外部世界与现象。认知语言学认为，这个没有明言的假设忽略了一个重要的情况，即语言所直接表征或描述的那个世界并不是客观世界本身，V. Evans 指出：“真实，在很大程度上是由我们人类的独特具身体验的特质所建构的。（Instead，reality is in large part constructed by the nature of our unique human embodiment.）”当然，这样看问题也有可能使我们步入怀疑论的迷宫之中。

[语言审美心理述评]

人的具身体验（human embodiment）的提出，为人的审美心理研究奠定了坚实的认知基础。长久以来，人们一直在探索审美的秘密，很多研究者都在追问是什么使人感觉到某事物是美的，某事物是不美的？具身体验的概念相对准确地回答了这个问题：人对身边的人和身边的事获得美好的感觉，世上的事物与这种美好的感觉吻合，就会被认为是美的，反映这种美好感觉的语言，以及与这种美好感觉协调的句子和语篇，就会被认为是美的语言，反之，就不是美的。

四、意象图式解说（1）——如何理解专业用语“图式”

认知语言学进一步研究具身体验的心理机制，提出了“意象图式”（image schema）的概念（Johnson，1987）。为了理解这个新概念，我们应当追溯一下“图式”（schema）概念的渊源。图式的概念可以追溯到古希腊哲学，意思是“固定的模板”（fixed templates）。德国著名哲学家康德在其哲学著作《纯粹理性批判》中也使用了 schema 一语，康德认为，schema 是联结感知和概念的纽带（a bridge between percepts and concepts)(王寅，2006)。十九世纪的格式塔心理学也使用了类似“图式”的概念，此派心理学家提出的重要假设是Gestalt，该词是现代德语词汇，本义是“放置”或“构成整体”，引申义为“模式”或“完形”。格式塔心理学使用这个基本概念意在表明各个元素的整体集合，并认为，整体不等于部分之总和，人的心理运作总是整体的运作。英国心理学家F. C. Bartlett在记忆实验中发现，人在回忆以往经验时并不是简单地复制以往直接记忆的信息，而是根据自己的经验对信息进行重组，在重组中会使用早期存在的某种模式，这种模式也可称为“通用知识”(generic knowledge)，Bartlett就是用schema来表征这种模式的(Bartlett，1932)。瑞士儿童心理学家皮亚杰在分析自己的实验数据时也使用了schema的概念，意指动作的结构或组织。他认为，儿童逻辑概念发展的“预备阶段”是以他们和周围的人与事物的近身交互动作为基础的，从而形成了schema(Piaget，1977)。特别值得注意的是，人工智能研究者Marvin Minsky(1975)将schema概念引入认知科学领域，他注意到Bartlett关于记忆的研究，认为人类的大部分智能来源于“通用知识”，Minsky实际指的就是Bartlett的schema。这一点可以用Minsky使用的另一语词“构架”(frame)来验证。他认为frame就是“Knowledge structures that contain fixed structural information.”。他还解释说，这种“通用知识”就是以往“经验”留下的“痕迹”(slots)。人工智能关于“构架”的概念对知识表征的心理探究具有很大影响。Rumelhart等人(1986)依据Minsky的研究提出了对图式理论(theory of schemata)解释：“On the one hand, schemata are the structure of the mind. On the other hand, schemata must be sufficiently malleable to fit around most anything.”。从这个解释中我们可以知道，“图式”是指大脑内那些具有基础认知功能的具体联结网络，它们界乎于个别与一般之间，但又不是完全的抽象语词。关于如何理解图式，我们还可以参照来自康德的解释：图式并不是事物的客观图像，它们潜存于纯粹感性概念之下，但却不拘泥于我们最初据以表征的那个具体形象。

历史上人们用schema一语所要表征的意思，涉及Gestalt、frame、structure、rule等语词，这些语词的内涵都具有以下含义中的全部或部分元素：①它们的所指都具有“拓扑”(topologic)性质，即不规则的弯曲、拉伸、压缩的几何图形，正因为如此，它们才会涉及“图”的内涵，rule 与 structure 不具备这个内涵。②它们是由某些单个的元素组合在一起的，不具备完整的组合规则，但却都保持一定程度的完整性，rule 较少包含这项含义。③它们都是可以运用或运行的，在运用和运行中它们呈现一定的规律性，但是，这样的规律性没有完全的规定性，反而有一定的随机趋势。④它们都有不规则变化的趋势和可能，但不影响其对整体的保持。这个概念来自自然科学，在气象学中，经常会遇到拓扑类型的问题。

从某种意义上说，所谓“图式”也是一种隐喻，人们设想出来用以表征大脑里那些起最基础作用的神经活动与机制。

[语言审美心理述评]

审美的两个主要感知途径是视觉和听觉，视觉和听觉所接受的信息进入大脑后便会激活心中的模糊图像，这就是意象。语言审美在任何情况下都伴随着意象的运演，有点像电影的放映，但却没有电影放映那么清楚。人享受美感首先就是享受这种意象在大脑里的运演，是在“观看”心灵的电影。在这方面，语言审美与文学鉴赏几乎是同义语。

五、意象图式解说(2)——如何理解专业用语“意象”

英语有两个词表示“意象”，一个是 image，另一个是 imagery。《新牛津英语词典》释义概括地说，image 意指具体对象，或者说个体对象，imagery 意指集合对象。

从认知语言学的角度研究“意象”问题，需要引入另一词，即 iconicity，可译为“象似性”。认知语言学为了研究意象问题，把眼光聚焦在美国实用主义哲学家 C. S. Pierce 关于象似性的论述上。Pierce 从符号学的角度把 iconicity 理解为“象似性”，他曾将符号(sign)分成三类：代码符(symbol)，标记符(index)，象似符(icon)。第一类是代码符(symbol)，与所指之间没有理据性的符号，如表示“狮子”，英语用 lion，斯瓦希里语用 simba。第二类是标记符(index)，与所指之间在因果、存在或邻近等关系上相联系的符号，如 smoke 就是 fire 的标记符。第三类就是象似符（icon）。Pierce 又将象似符分为三类：一是映象符（image icon），即象似符的原型（prototype）；二是隐喻（metaphor），即用一物来表征另一物；三是拟象符（diagrammatic icon），指代表复杂事物、概念或关系的符号（Pierce，1931）。关于图式象似性问题（schematic iconicity），John Haiman（1992）引入"同构性"概念（isomorphism）探索象似性的内涵。他认为，这种图像的象似性只是"心"与"物"一对一的一致性，不涉及相对的位置、重要性、相互关系的匹配程度等。

在人们围绕着"意象"概念进行研究的历程中，不同的研究者引入了涉及"图像"的不同用语。仔细研究这些用语，我们可以看出，它们都是介乎语词和实物形象之间的知觉，都可以用"意象"（imagery）来表征。研究这些用语有一个好处，那就是可以透过它们的使用来确定"意象图式"这一专业概念的基本内涵。其内涵可以概括为以下五点：第一，它们已是经过心理加工的形象，而不是任何外界形体的实象，也不是刻板严谨的原型复制。第二，它们所经历的心理加工过程主要是"删去"实象的细枝末节，只保留其最凸显的特征，这些特征可以"对应"其他事物的类似特征。第三，它们在经过"删节"之后，已是不同实象的相似性综合图像，初步具有概括性，但又不失去其作为图像的特点，即它们还不是抽象物。第四，它们在形成过程中伴随着语词的签注，但是，形象和语词又具有密切的关联性，它们既不是抽去形象的语词本身，又不是游离在语词之外的形象本身，而是二者的混合体。第五，它们是客观实象和抽象符号之间的各种中间形态或过渡形态的统称，某些具体一点的意象就接近于客观实象，某些抽去具体特点的意象就接近于抽象符号。

以上五点是不同研究领域的人们谈论"意象"时所指的基本特征。认知语言学采用 image 一语加上 schema，合成一个新概念，实际上是对上面的五个特征加以"窄化"，使之成为认知的最基础模型。由此构成了认知语言学的基础概念：意象图式。

六、意象图式是认知的基础图式——人的抽象概念来自何处

认知语言学家 Mark Johnson 依据图式的概念，提出了具身体验的

基本心理机制是以“意象图式”为基础的。自从Mark Johnson在其著作*The Body in the Mind*:*The Bodily Basis of Meaning*, *Imagination*, *and Reason*提出了关于意象图式的概念，相关学者就试图界定这个既有形象元素又有抽象元素的词的内涵，他们认为意象图式来源于人与近身事物互动时获得的感觉与知觉体验（sensory and perceptual experience）（Johnson, 1987），但他们用语言表征的概念内涵又略有差异。Lakoff（1987）认为:“意象图式是我们日常经验中反复发生的相对简单的结构。”这一解释比较笼统,“相对简单”和“日常经验”都包含了太多的不定性。Johnson认为:“意向图式是在我们感知互动和运动程序中一种反复发生的动力模式，这些动力模式为我们的经验提供了结构性的整合。”Johnson和Lakoff（2002）指出:“意象图式是神经结构，这种结构处于运动感知系统之中，使我们能够感知我们所经历的事情。”

我们从认知语言学创始人的以上三个界定中可以提炼出“意象图式”的三大要点:

第一，意象图式来源于人的感知觉体验。

第二，意象图式是一种动态的结构，具有整理零散信息的功能。

第三，意象图式的简单结构在我们的经验中反复发生。

以上认知语言学的创始人和后继者具体厘定了意象图式的种类，并且用人人都能明白的实例来加以说明。我国认知语言学研究者王寅(2006)也提出了自己的分类模式。

[**语言审美心理述评**]

审美不仅需要意识的整合基础，也需要认知的整合基础。也就是说，审美者不仅需要一种正向的意识支持，而且需要一种认知的框架性支持。而意象图式恰恰对审美体验的生成和展开起基础性作用，没有意象图式的这种作用，平衡、和谐、变化、统整、聚焦、赏析、移情、距离感等美学元素都无法对人的体验过程起作用，也就无法生成美感。

七、意象图式的基本类型——人如何从具体意象引申出抽象概念

认知语言学家认为，人类的意象图式虽然呈现出多样化的态势，但基本的意象图式是可以加以概括的。到目前为止，不同的研究者有不同

的分类，比如Mark Johnson（1987）提出了具有重要代表性的二十七个意象图式，Lakoff（1987）提出的七个大类意象图式。我们综合国内外的意象图式进行分类，依据认知特征采集了数十个现场访谈案例，分析了多种类的涉及意象图式的相关陈述，归结出以下十二种基本的意象图式（排列次序依常见程度递减）。

1. 容器意象（container）

这种意象图式可用三个关键词表征：外壳、包含、存放。“家”的意识就是以容器意象为意象图式，依次还可区分英语的home和family，容器意象显然与home相符合，但与family不相符合。

例：Everyone suddenly burst out singing;

And I was filled with such delight.

（From *Everyone Sang* by Siegfried Sassoon）（Sassoon, 1996）

2. 空间意象（space）

空间意象的特点可以用五个关键词表征：上下、周围、路径、过程、远近。人体与物理空间的接触而获得的身体经验是意象图式产生的基础，空间经验是人们最基本的经验。凡是符合这五个关键词的大小事情，都是以空间意象图式为基础。

例：Two roads diverged in a yellow wood,

And sorry I could not travel both.

（From *The Road Not Taken* by Robert Frost）

3. 力量意象（force）

力量的意象来源于我们对力量的最初感觉。它的特点可以用三个关键词表征：推动、阻拦、速度。

例：The world is too much with us; late and soon,

Getting and spending, we lay waste our powers;

Little we see in Nature that is ours;

We have given our hearts away, a sordid boon!

This Sea that bares her bosom to the moon,

The winds that will be howling at all hours,

And are up-gathered now like sleeping flowers;

(From *The World Is Too Much With Us* by William Wordsworth) (Wordsworth, 2008)

4. 平衡意象(balance)

平衡意象直接源自人与其他生物的构造，因为无论是植物、动物，还是人体，都具有明显的平衡态势，如五官、羽翼、肢体等。它的特点可以用四个关键词表征：对称、对等、对应、对立。

例：Dark brown is the river,
Golden is the sand.
It floats along forever,
With trees on either hand.

(From *Where Go the Boats*? by R. L. Stevenson) (Stevenson, 2009)

5. 拥有意象(ownership/possession)

拥有意象是以人为主体、以物为人之所有的近身体验为基础的。它的特点可以用四个关键词来表征：获取、归属、保持、失去。

例：Gold! Gold! Gold! Gold!
Bright and yellow, hard and cold,
Molten, graven, hammered and rolled;
Heavy to get, and light to hold;
Hoarded, bartered, bought, and sold,
Stolen, borrowed, squandered, doled,
Spurned by young, but hung by old
To the verge of the church yard mould;
Price of many a crime untold.
Gold! Gold! Gold! Gold!
Good or bad a thousand fold!
How widely its agencies vary, —
To save, —to ruin, —to curse, —to bless, —
As even its minted coins express:
Now stamped with the image of Queen Bess,

And now of a bloody Mary.

（From *Gold* by Thomas Hood）（Bryant，1970）

6. 连接意象（connection）

连接意象比较容易理解，它们起源于两个物体的连线。它的特点可以用两个关键词表征：实体和联系。

例：Of sliding constellation teem, you throng the fruited earth.

And the ship-freighted sea—for every species comes to birth.

Conceived through you, and rises forth and gazed on light.

The winds flee from you, goddess, your arrival puts to flight.

（Lucretius，2007）

7. 结构意象（structure）

结构意象涉及某一实体在整体之中的内部构造，这种意象来源于近身的居所、器具或设备等三维的实体。它的特点可以用五个关键词表征：整体、形状、局部、组合、关联。

例：An image can be handed from one mirror to another so that as many as half-a-dozen images appear.

Consider something hidden back in the mirror

Of a house; however deep inside, however convolute

Its path, its image can be led outside along a route

Of several different mirrors in a series, down the halls,

Bending round the corners, and be seen outside the walls.

So faithfully from one mirror to another it reflects.

And that which faces left, flips to the right again, and next

Flips back to what it was.

（Lucretius，2007）

8. 核心意象（centre）

核心意象是以人为中心的意象，或称以自我为中心。它的特点可以用五个关键词表征：我、中心、内核、向心、周围。

例：My heart is like a singing bird

Whose nest is in a watered shoot;

My heart is like an apple-tree
Whose boughs are bent with thick-set fruit;
My heart is like a rainbow shell
That paddles in a halcyon sea;
My heart is gladder than all these
Because my love is come to me.

(From *A Birthday* by Christina Rossetti)(Rossetti, 2009)

9. 放射意象(radiation)

放射意象实际上是核心意象的反面,即从自我中心向外放射。它的特点可以用五个关键词表征:我、中心、内核、离心、发散。

例:I see the long river-stripes of the earth,
I see the Amazon and the Paraguay,
I see the four great rivers of China, the Amour,
the Yellow River, the Yang-tse, and the Pearl,
I see where the Seine flows, and where the Danube,
the Loire, the Rhone, and the Guadalquivir flow,
I see the windings of the Volga, the Dnieper, the Oder,
I see the Tuscan going down the Armo, and the Venetian
along the Po,
I see the Greek seaman sailing out of Egina bay.

(From *Leaves of Grass* by Walt Whitman)(Whitman, 2009)

10. 群聚意象(cluster)

群聚就是集合,而且也有集中趋势,但并没有或并不强调中心。它的特点可以用三个关键词表征:多数、聚集、灵活。

例:Little drops of water,
Little grains of sand,
Make the mighty ocean
And the pleasant land.

Thus the little minutes,

Humble though they be,
Make the mighty ages
Of eternity.

(From *Little Things* by Ebenezer Cobham Brewer) (黄杲炘，2011a)

11. 流体意象 (flow)

顾名思义，流体的近身来源是水的流动，由此引申为人或物的集群移动、时间的流动、金钱和财富的流动、言语的流动、事件的流动等。

例：Who has seen the wind?
Neither I nor you:
But when the leaves hang trembling,
The wind is passing through.

Who has seen the wind?
Neither you nor I:
But when the trees bow down their heads,
The wind is passing by.

(From *Who Has Seen the Wind* by Christina Rossetti) (Rossetti, 2009)

12. 转换意象 (transformation)

转换意象比较复杂，涉及几种不同的近身现象，如一事物变为另一事物 (蛋"变成"鸡)，如一种状态变成另一种状态 (水变成冰)，又如物体迅速的变化 (实物破碎)。

例：All the world's a stage,
And all the men and women merely players;
They have their exits and their entrances,
And one man in his time plays many parts.

(From *As You Like It* by Shakespeare) (Barber, 2008)

[语言审美心理述评]

以往，我们通常只知道使用"形象思维"来分析审美心理，前面提到的"格式塔"一语一般用于知觉分析，间或在思维讨论中涉及，较少用来进行审美考量。认知语言学提出“意象图式”的概念，特别是几位认知语言学创始人提出的数种“意象图式”类型，对于我们研究语言审美问题，分析审美心理，具有跨界的指导意义。“意象图式”的那些类型描述使我们对语言审美心理的具体情况与机制有了更为清楚的表征手段和更为有效的分析工具。过去，我们在陈述读者阅读文学作品的心理细节时只能使用一些笼统的描述语词；现在，我们可以使用意象图式的类型表征，把文学阅读者的意象运演及其过程更加清楚地描述出来。

八、意象图式与语言的形义同体——学习语法是抽象的学习吗

从前面的讨论中，我们认识到：认知起源于隐喻，并以意象图式为基础，人近身的具象体验形成了最基本的意象图式，成为我们认知活动的“路径向导”。意象图式同时也是语言形式和意义的基础，应当说，这与认知活动具有同一性，因此我们在讨论中才把二者分别加以研究。以往语言教师和语言研究者研究语言形式，指的是语音、语调和语法（首先是句法）。人们长久以来将语言形式作为独立的科目进行探究，因此认为语言形式是独立的。这就使人们产生了误解，以为语音、词汇、语法和语义在大脑中都分门别类地“存放”在单独的“库房”里。当语言运用提出任务时，使用者便分别从不同的“库房”里取出语音、词汇，然后从句法库中提取规则，并进行组装，从而产出语句，进而组成语篇。从这个角度去理解乔姆斯基的LAD（language acquisition device），device便被顺理成章地译为“装置”，相当一部分人在该术语的暗示下就会自然联想到言语的“组装机器”。实际上，这就误解了大脑的语言机制与功能。

认知语言学家R. W. Langacker提出了构式语法（construction grammar）的理论概念（Taylor，2002）。学界认为，Langacker提出构式语法是反驳乔姆斯基关注语法形式的论点的。其实，构式语法的价值在于它的语法解释更靠近心理模型和心理机制。构式语法主张“最简语法”和“普通语法”，其实，这些主张与乔姆斯基是一致的。从最简原则出发，Langacker和Taylor都强调最小单位（unit）的概念，他们认为语法只有

三个基本单位，即音位单位、语义单位和象征单位（symbolic unit）。象征单位最为重要，它是音位单位和语义单位的组合。他们明确指出，象征单位是形义的配对体（form-meaning correspondence），就是说，语言的形与义自其生成的那个时刻就是一体化的，就是不可分割的。我国学者认为，作为最小单位的象征单位可以结合为复杂单位，这样的象征单位可以划分为五大类型（王寅，2011）：

（1）垂直的“图式一例示”关系（schematicity-instantiation relation）。所谓垂直的关系，指的是上位和下位的关系，如家具和衣柜就是垂直关系。这个“下位”是具体的事物，用具体的事物去显现上位概念的含义。俄罗斯有谚语说，“An agreement is more valuable than money.（承诺重于金钱）”。这个谚语主要涉及价值关系，它的意象图式 money 是一种例示，价值和具体例示。

（2）水平的“部分—整体”关系（part-whole relation）。部分包含在整体之中，所以称作“水平”关系。丹麦有谚语说，“Art and knowledge bring bread and honor.（艺术与知识提供温饱与尊严）”。这里是以 bread 和 honor 的意象组合来象征财富和地位。

（3）相似的“原型—变体”关系（prototype-extension relation）。这里的“原型”是指已被人们固化了的意象，如 Hamlet 和 Romeo 等，由此构成象征的原型，语言使用应在此基础上增加原型的下位元素，就是所谓“变体”。比如，宋代词人柳永的《驻马听・凤枕鸾帷》有一句说“如鱼似水相知”，鱼水的相依关系就是原型，相知就是变体（戴卫平，2014）。

（4）调变的“联结—整合”关系（collocation-integration relation）。组合不等于整合，这是构式语法的一个重要理念，象征意义最终要由特定语境组合体现出来。特定语境就成为整合的必然契机和基础。

（5）组配的“自主—依存”关系（autonomy-dependence relation）。由使用者所选择的语词、语句乃至语篇是自主结构，习惯搭配是依存结构，两类元素在特定语篇中联手表示或显现作者的象征意义，如老舍的小说《骆驼祥子》，祥子的生活命运及其具体故事是老舍构建的自主结构，在老北京文化氛围中的所有老北京语词、语句都是作者习惯并精选出来表征祥子的处境的具体语词，由此形成一种非常典型的“组配”。其实，任何好的文学作品以及其他语言作品都会构成这样的精彩“组配”。

认知语言学的首创者们都提出了隐喻的重要性，并指出认知的基础是意象图式，从而发展出具身体验的学说。虽然我们从象征单位的语法分析和论述中能够看到意象图式的效能，但是当认知语法学家阐述认知语法具体模型时并没有实证性地将意象图式和认知语法的内在关系阐述清楚。

如果我们把乔姆斯基的转换生成语法的基本框架和认知语法的象征单位有机结合起来，此问题就会得到更为清楚的阐述。前面我们提到的十二类基础意象图式还可以进行简化，简化到人类生活的最基本意象单位（image units）：人、物、动作。如前所述，人类的意象图式是以人自身为中心的。所以，从本源上看，人是一切动作的发出者，由此构成语法学所谓的“主语”，也就是每个人所认定的中心，即自我。人对这个世界所发出的动作，便构成了“谓语”，动作的接受者就是“宾语”。当我们研究人的近身体验时，这个意象就是最基本的意象。

这个以“我”为中心的意象从两个方向认知“我”与外围世界的关系：接受和施予。这两个有方向的动作都会涉及自我中心周围的人与物。唯物地看待这个问题，我们可以确认，每个人的最初意象图式如图 1-18 所示。

图 1-18 基本意象元素

自我和周边的人与物，由动作连接起来，这就是最初意象图式的基本特征。从这个角度看，虽然婴儿最早的言语是单个字词，进而是两个字组成的词，我们不能就此断言人类最初的象征语言单位的核心不一定都是句子。从上面图解的意象图式看，象征单位的核心还是语句。即使婴儿最初只能用一个字或两个字来表征他最基本的需求或意识，其内在的形式与意义都是 SVO 结构[1]（如图 1-19）。这符合人的近身体验的基本模式：自我与周围事物的互动。从这个角度看，婴儿在说单个字词时，他的意象图式是互动的。

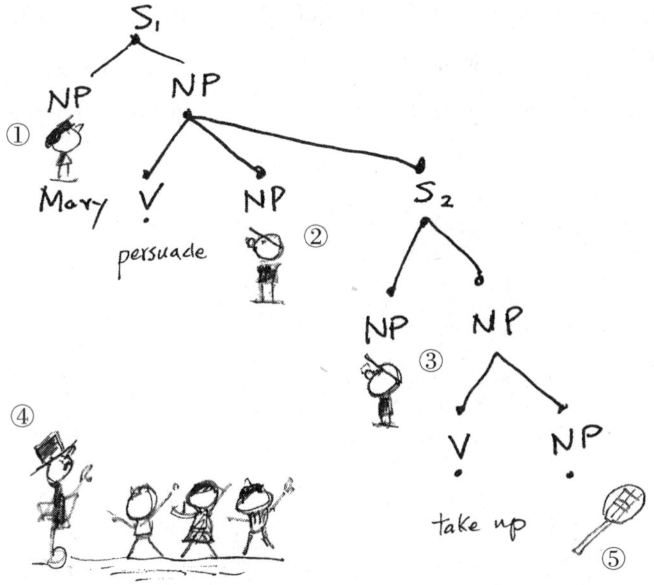

图 1-19 图解 SVO

基于认知语言学概念发展起来的构式语法试图从认知语言学意象图式的概念来阐发一个语法系统，我们从 Langacker 的《认知语法基础》的理论分析中可以看到，他确实是在进行建立认知语法体系，而且在分析象征单位的复杂组合和语义分析时使用数学语言进行表征，他将意象图式在语法构建中的作用分析得过于具体了，这种语法的系统研究与乔姆斯基及其追随者精细化地建构转换生成语法十分类似。当然，Langacker 和其他的构式语法学者认为，他们和乔姆斯基是不同的，因为

[1] S为Subject，意为主语；V为Verb，意为动词；O为Object，意为宾语。SVO结构即为主谓宾结构的简称。

他们对语法的描述是想使语法的运演符合神经元之间的连接模式与"固化"（兰盖克，2013）。

Langacker 和其他认知语法学家、乔姆斯基的转换生成语法构建者，以及系统功能语法构建者 Halliday 都试图提出一个分析型的语法系统，而且采用了类似数学的抽象描述方法。从最简模式和普通语法的理论观点来看，以上三派的语法体系在抽象符号的基础上所建构的体系已经不自觉地偏离了最简语法和普通语法的基本原则。如果说这样的系统描述是为了适应心理的实情，那么所谓最小象征单位是不能与单个神经元相对应的。从语法研究的实用价值的角度看，显然上面提出的三种语法体系的抽象表述方式并不适应实际应用的"口味"，因为经过调整的夸克语法和章振邦的英语语法有更多的读者，而上面三种语法很少有人能够读完。

第四节　审美心理学与语言学习

在前面三节里，我们研究了与语言学习密切关联的三个基本理论问题，即脑工作的生理机制、情绪的生理机制和基于隐喻的语言认知机制，涉及当代学术前沿特别关注的三大问题，即思维的本质、情绪的本质和语言(及语法)的本质。我们讨论和研究语言教育的艺术鉴赏和审美问题，必须从实证的层面（而不是从思辨和理论模型的层面）厘清这三个基本问题。在上述论证的基础上，我们现在就可以研究一下语言学习的审美问题，即用认知神经科学和认知语言学的研究成果重新审视语言学习的审美价值和语言审美在语言课程发展的功能与地位。

一、中国语言教育的审美意识——我们应当继承哪些优良传统

把中国文化发展进程和英美国家的文化发展进程进行比较，我们会发现中国文化发展进程有五个突出的特点：完整的民族国家形成早于欧美国家；礼乐之邦的文明传统源远流长；汉语言发展在推进文明进程中从未中断；多民族聚集形成持久而强大的凝聚力；中华文化立足主体地位并多元化地兼容其他文化的营养。这些特点有多方面的支持因素，中国几千年的语言审美教育意识和传统对以上特点的形成是有特殊贡献的。

中国的英语教育者就很有必要认真研究这些特点，并在教学理论思考和课堂实践活动中融入中国的语言审美传统。中国本土人和英美本土人在历史的族群发展机制上是有差异的，因此，我们无论是在心理语言特征上看，还是从中国学生成长需求和核心素养发展路径上看，都有必要坚持吕叔湘先生所说的一个基本的学习原则，即“中国人学英语”。在这方面，我们的英语教学就有必要贯彻中国的语言审美思想。概括地说，以下几点是重要的：

1. 天人合一的宏观美学

中国古代有天人合一的宇宙观，认为宇宙是宏大且无限的，人是宏大宇宙的有机组成部分。我们的审美教育应当以这样的宇宙观为基础，这恰

恰是核心素养所要求的正确的世界观，同时也是健康的人生观的基础。

2. 太极的均衡美学

中文是讲究平衡的，这与汉字的特征有直接关系，这样的平衡意识渗透在中国源远流长的语言教学之中。我们从传统的中国启蒙教材（俗称“蒙学”，如《百家姓》《三字经》《千字文》）的语言格局中就能够清楚地看出来。

3. 礼乐的道德美学

中国的古代哲人（即诸子百家）虽然有各自的世界观和人生观，但是他们普遍认同语言和音乐是有不可分割的关系的。孔子学说特别提出了“礼乐”的道德与教化作用，应当说，礼乐学说是世界上最早的语言审美理论之一，而且具有长久的生命力。

4. “风、雅、颂”的象征美学

我国最早的诗歌总集《诗经》开创了独具风格而且长盛不衰的文学理论，这样的文学理论是以“风、雅、颂”为基础概念的。从当代哲学和美学的角度看，“风、雅、颂”是世界上最早的象征美学。将具体的器物车马服饰物品和山川花草鱼虫赋予人类认知和情感的蕴含，并称为“名物”（研究者把人工的“物”称为“人工名物”，把自然的“物”称为“自然名物”）。我们可以把“名物”这个词语理解成哲学概念和社会学概念，也可以理解成美学概念。这样的概念应当引入语言审美理论之中。

5. “士”的儒雅美学

语言审美教育可以向中国传统文化中“士”的概念吸收一些积极的元素，这种基于精神表现“士”的美学，可以概括为三点：一是在“济世”信念的基础上构建宏大志向之美，二是在“独善”信念基础上成就自己一生的完善之美，三是在“洁身”信念基础上坚守身心统一的风度之美。

6. 民间的乡土美学

中国的美学传统中还包含为各代学人所熟知的乡土美学。中国的历代语言艺术作品都不乏乡土意识和乡土审美体验的美学意象，如楚辞、乐府诗歌、陶渊明的田园情趣、宋代的话本文学作品、元代以后的传奇与戏剧作品等。这些作品以及与这些作品直接相关的文学评注形式，都是乡土美学的文脉。

二、审美动机——为什么语言教育不可忽视审美

近几年来，基础教育界和社会各界人士对素质教育、公民教育、人文素养和科学素养给予了更多的关注。在英语课程标准和课程设计中，作为核心素养重要方面的审美素养应当受到语言教育的课程研究者的高度关注。基础教育界谈审美教育时的话语倾向是明显地聚焦于音乐和美术学科的（冉祥华，2008），提高未来人的审美素养是贯彻素质教育原则精神的题中之意，各个学科的课程设置都有必要将审美素养视为课程整合的共同目标，并纳入课程体系的顶层建构之中，即使数学、物理学、化学、生命科学和天文学也应当把审美教育摆到重要的位置上。语言教育则是审美教育的重点领域，即使是音乐和美术的审美教育也需要语言审美的有效支持。

1. 中国的审美教育与课程设置

中国具有注重美育的久远传统。孔子提出的“六艺”（礼、乐、射、御、书、数），全部贯穿着美育。蔡元培说：“吾国古代教育，用礼乐射御书数之六艺。乐为纯粹美育；书以记述，亦尚美观；射御在技术之熟练，而亦态度之娴雅；礼之本义在守规则，而作用又在远鄙俗；盖自数以外，无不含有美育成分者。”（高叔平，1997）深究之，即便是“数”，也有美育元素在其中。

正式引入美育（即“审美教育”）则是近代中国的事情。王国维提出：“教育之事亦分为三部：智育、德育（即意育）、美育（即情育）是也。”（张纯美 等，2014）我国审美教育研究者大多认为，“审美教育”（aesthetic education）的提出者是德国诗人席勒。1931 年蔡元培在《二十五年来中国之美育》中讲：“美育的名词，是民国元年（1912 年）我从德文的Ä sthetische Erziehung 译出，为从前所未有。”（高叔平，1984）学界认为，德、智、体、美“四育”并重思想的正式提出者是蔡元培，有的研究者指出蔡元培主张科学和美育并重，是对美育与德、智、体三育辩证关系的概括，由此奠定了我国现代教育方针的基础。

中华人民共和国成立初期，我国新民主主义的教育方针是“四育”并举的，1951 年 3 月 31 日马叙伦在第一次全国中等教育会议上的闭幕

词中提到 :“我们明确了普通中学的宗旨和教育目标，必须符合全面发展的原则，使青年一代在智育、德育、体育、美育各个方面获得全面发展，成为新民主主义社会自觉的积极的成员。”在社会主义建设的不同时期，我国的教育方针有“德智体几个方面都得到发展”的提法，也有“德智体美劳”的提法。改革开放以后，1999 年 3 月 5 日的政府工作报告提出：“大力推进素质教育，使学生德、智、体、美等方面全面发展……”

当前的课程发展趋势表明，学校教育已经越来越重视美育，幼儿教育和小学教育已经出现了丰富多彩的美育活动，不少知名幼儿园和小学大力推进美术、音乐、舞蹈和戏剧等特色教育。很多以英语教育为特色的小学把音乐、美术、戏剧和诗歌诵读融入英语学习活动之中，基于美育的课外展示活动方兴未艾。但是，当前某些学校课程设置在体现我国教育方针上仍存在一定程度的“美育边缘化”倾向。高中课程限于高考的压力，审美体验活动已经很难提到毕业年级的日常学习活动中来，即使是准备报考艺术类院校的学生，技能训练的重压也很难使他们进入怡然的审美境界。2002 年一项“中小学美育状况”的地区调查数据显示，学校美育课程设置还大多局限于艺术类课程，未能形成美育课程的系统化；在对美育性质的认识上，36.8% 的教师认为美育就是艺术教育；师范类教育尚不重视美育课程，具体表现是相当一部分非艺术类院系未能将美学和美育课程确立为正规课程（刘丽霞 等，2002）。此类情况在近几年有所改变，但美育课程在部分师范院校的课程设置中的地位仍有待提高。

二十世纪课程发展的现实情况把学科分立体制下的课程整合留给了二十一世纪的教育者来解决。到目前为止，虽然越来越多的人已经意识到学科分立的状况是造成学生学习负担过重的一个重要因素，但由于总体课程设置和学科课程设置在目标分类学的技术衔接上仍存在不同程度的“断层”，所以，课程的全面整合尚待时日。可喜的是，当前高中课程标准的研制正在努力解决相关的深层问题（如思维目标的跨学科覆盖的问题），我们希望在此次课程整合的努力下能够系统地加入审美教育目标。

在研究课程整合问题时，我们有必要注意美育的普遍性问题。蔡元培把美育提升到“立人”和“立国”的高度，他的依据是美感具有普遍性（陈望衡，2000），所以他主张从两个方面做到“五育”并举，一方面是加强音乐、美术、舞蹈、戏剧、文学等课程的美育功能，另一方面则是在一些普通学科里渗透美育（高叔平，1997）。由此，我们可以认识到，语言教育（语文和外语）在这两方面都涉及审美问题。当前，语言教育在实践中仍然难于普遍地纠正只重字词句法知识的倾向，尚不能把语言知识学习纳入语言审美体验之中。这种现状告诉我们，仅仅一般性地号召“渗透”审美因素，显然是不够的。语言课程很有必要从顶层设计入手，设置审美教育的子系统，旨在把审美教育观念贯彻到具体目标的微观层面上，更为彻底地解决课程整合中的审美教育实践问题。

蔡元培关于审美活动的普遍性是与其超脱性相辅相成的，他在留学德国期间，接触了康德的哲学和美学。他认为，世界分为现象世界和实体世界，而美育介乎二者之间，是现象世界和实体世界的桥梁，因为美感有普遍性，可以破彼此的偏见；因为美感有超越性，可以破生死利害的顾虑。所以他说：“纯粹之美育，所以陶养吾人之感情，使有高尚纯洁之习惯。”（高叔平，1984）他用文学意象对此做了隐喻：“一瓢之水，一人饮之，他人就没有分润；容足之地，一人占了，他人就没得并立。这种物质上不相入的成例，是助长人我的区别、自私自利的计较的。转而观美的对象，就大不相同。”

道德的建构与人的完整性密切相关。近代美育的提倡者王国维提出“完全之人物”的概念，并把这个概念与梁启超的“新民”概念以及鲁迅的国民性批判进行了比较，认为这些都可以帮助我们理解蔡元培为何把完整人格培养视为“道德理想”的美育思想（李健 等，2011）。

语言教育以它的书面和口头篇章为载体肩负着道德教育的重要使命，在很大程度上，语文和外语的篇章应当以优秀的内容和优美的修辞传递道德的故事和信息。《读者文摘》之所以持续地受到英语读者的青睐，与其中真善美的道德故事有直接关系，我们的课程标准应当系统地提出这方面的目标，我们的教材应当增加这方面的内容含量。

2. 基于认知神经科学的审美教育观

随着脑科学实验和神经心理学的实证与实验研究成果的增加，我们认识到审美活动与大脑的发展有非常密切的关联，而且这种关联对人来讲十分重要，其重要性可以归纳为以下五点：

（1）审美共情体验。审美共情体验的研究涉及审美体验具身化（embodiment）的神经机制、身体感觉、动作和情绪的具身模仿（embodied simulation），以及伴随的相应大脑机能的激活状态等几个方面，这几个方面是审美体验的基本要素。实验研究表明，这是一种普遍存在的机制（Freedberg et al., 2007）。这项研究告诉我们，审美活动（包括语言审美）有助于提高学习的心理活度，提高脑工作效能。

（2）视觉审美神经基础假说。这与神经美学（neuroaesthetics）这一新兴学科的崛起有关。最早提出这个新兴学科名称的是视觉神经科学家 Semir Zeki（1999）。这一假说推进了人类对审美的脑机能定位的研究。神经美学的实验研究表明：审美判断能够激活多个脑区，包括内侧额叶皮层、两侧前额叶皮层腹部等。视觉审美是人类视觉经验的重要组成部分，是复杂的心理过程，如此的视觉审美加工可区分视觉刺激的诸多基本属性，自动分离某些视觉元素并且与其他视觉元素组合而形成统整视觉表征（Zeki，1999）。这些研究成果提升了阅读研究者对阅读心理活动的认识，提示语言教师意象运演和审美体验在阅读教学中的重要作用。

（3）审美活动促进认知发展。斯坦福大学的 Elliot Eisner（1998）鉴别了审美活动促进学生认知的几种能力：对关系的知觉，注意细微差别，多途径的解决问题，过程中有效转换做事目标，在没有规则的情况下进行决策，使用想象作为内容的来源，接受操作具有局限性的现实，从审美角度看待世界的能力。Elliot Eisner 所列的这些能力，有相当一部分是可以归入英语课程目标“学习策略”板块中的认知维度的。

（4）审美本能与生存本能并存的假设。语言学家在研究圭亚那在地域上各自分离的一千种地方语言时发现，那里的每个部落虽然语言不同，但是它们都拥有基于审美特点的音乐、视觉艺术和舞蹈。专业研究者认为，这表明审美活动是人类的基本活动，这些审美活动的本能特征与人类谋求生存的本能几乎是等同的（Diamond，2006），这些活动也是语言发展的基础。

（5）莫扎特效应（the Mozart effect）。Frances H. Rauscher 和 Gordon L. Shaw 等人对八十四名大学生所进行的研究显示：这些学生在听了莫扎特 D 大调钢琴奏鸣曲十分钟后，他们的时空推理能力得到了明显改善，这种能力在一小时后便趋消退（Rauscher et al., 1993）。其他研究者认为，在教学中，莫扎特效应有助于培养学生的创造力。这一研究的初步成果对语言教师有两点启示：一是语言的音韵审美体验是重要的；二是伴随音乐的经典篇章阅读有助于意义理解和长久记忆的保持。

3. 审美心理学：功利动机与审美动机

自二十世纪六十年代以来，语言教育的主要理论指导是应用语言学（含语言习得），语言运用成为语言教育的核心概念，这一理论概念极大地推动了语言教学的改革进程。无论在语言课程的制定方面，还是在教材的编写方面，"运用"（use）一语都给语言教育模式带来了巨大的变革。但是，正如那句具有哲学意味的格言所告诉我们的，"一种倾向掩盖着另一种倾向"。我们现在有必要对这"另一种倾向"予以更多的关注。

情绪心理学告诉我们，人类情绪可以分为两大类：一类叫"功利性情绪"（utilitarian emotion），一类叫"审美情绪"（aesthetic emotion）。基于这两类情绪，便会有两类不同的动机。前者是对人的外部事件做出有目的的回应，在语言方面，就是"用语言做事情"，从而达到生活的、职业的和人际沟通的现实目的。几十年来，我们改革英语教学的总体思路都是循着这个线索推进的。后者的典型特点就是"去功利化"。Scherer（2004）对此做了确切的表述："更准确地讲，审美情绪不是与计划、目标、生理需求、个人与社会价值或解码某一特定情景一类关注点相关的。这类关注都是与功利性情绪相关的，而审美情绪并不具备功利性情绪的组织结构。"

Scherer（2005）提出了"组合过程理论"（component process theory），把情绪的成分分为五类，即认知成分、生理激活成分、外部表情成分、行为倾向成分和主观经验成分，并就这五类成分，将审美情绪和功利性情绪进行十分具体的比较。结果发现两类不同的情绪在五个方面都有明显的差异，限于篇幅，这里不做详述。通过这样的实证性比较，我们可以清楚地看到，审美情绪和功利性情绪在反应机制、组合结构、心理强度、情绪指向等各个指标上都各有特点，而且，从某种意义上讲，后者的心理强度有时要大于前者。语言教育工作者和研究者在重视功利性情绪的同时，要考虑如何有效地激活审美情绪的问题。最近几年优秀的语言课堂教学观察数据告诉我们：审美情绪反应明显少于功利性情绪反应。

4. 语言审美与语言功能的本意探究

最近五十年来，语言教育受到“交际”概念的重大影响，尽管交际语言教学方式（communicative language teaching）已经被其他教学模式或路径所替代、同化或融合，但“交际”（在其他领域通常译为“沟通”或“传播”）作为语言基本功能的思想始终是深入人心的。追究本源，语言基本功能（有学者称之为“宏观功能”，即macro-functions）的阐述者主要有K. Bühler（1934）、R. Jakobson（1960）、J. R. Searle（1969，1975）、K. R. Popper（1972）和M. A. K. Halliday（1975）。Guy Cook（1994）对这几位探讨宏观语言功能的研究者的说法进行了分析比较，Cook认为，Halliday概括语言的两个基本功能，即概念功能（ideational function）和人际功能（interpersonal function），与其他几位研究者提出的功能大体具备对应关系，唯独Jakobson提出的诗化功能（poetic function）与其他研究者提出的功能没有对应关系。Jakobson本人没有对此进行具体的解释，Cook认为Jakobson所列的这种语言功能是聚焦语言形式的一种功能。R. Hasan在论述语言艺术的著作中提到儿童对于无语义韵律诗的痴迷现象，此点可以支持Jakobson的这一概念。人类对于语言形式本身的偏好比较突出地表现在以下三个方面：一是人类对语言游戏的喜好，二是人类对文字艺术的喜好（包括书法和文字的装饰之美），三是对诗歌形式的喜好。一个典型代表就是十七世纪英国诗人Alexander Pope，他对语言的韵律有一种天赋，且有一种持续一生的本能冲动，他的名言是：“我自咿呀学语就痴情韵律。”我国古代诗人李白，在中国诗歌史上，对语言形式的天才表现也是典型例证。如此的案例都可以支持Jakobson的“诗化功能”概念。这种语言功能就是语言审美功能，它是以人类远古语言审美本能为基础的。

5. 语言文学审美体验贯穿语言学习历程的始终

在中小学英语教学的研讨中，存在着一个貌似“公理”的假设。英语审美，特别是英语文学审美的前提是一定词汇量和语法知识的积累与增长。没有这个前提，遑论审美。《义务教育英语课程标准（2011年版）》强调“英语课程具有工具性和人文性双重性质”，已经促使小学英语教学大量引入歌曲歌谣，锐意改革的学校在戏剧和诗歌鉴赏方面也有了多样化的尝试。十几年英语课程改革的丰富实践表明，语言难度不一定是英语文学审美体验的前提条件，不同阶段的英语学习的难度不同，可以有不同水平的文学审美体验。笑话、故事、短剧和诗歌都可以成为英语文学审美体验的文本载体。在新一轮的课程改革中，应当适时地提出文学审美的概念，强调文学审美的育人功能，揭示文学审美的道德建构功能，逐步改变把文学视为文科课程和把文学单纯理解为娱乐活动的片面观念。在高中阶段，由于存在高考和升学的客观压力，语言课程（语文和英语）有必要引导教师关注文学审美在建立崇高理想、强化社会使命、磨炼人生意志、陶冶健康性情、培养博大爱心等方面的重要功能与作用。

6. 语言文学审美体验有助于中小学生情感的健康升华

中小学生处于青少年生理和心理的重要发展时期，审美教育不可或缺。语言文学审美活动作为青春期情感的正能量，在很大程度上影响着他们一生的精神生活。语言教育者有时未能对学生在中学阶段的两次心理巨变予以高度的重视。第一次心理巨变发生在初中，即性萌动期。大部分学生的第二次巨变发生在高二，即青春期情感发展的关键期。在这两个时期，语言教师最有可能成为学生情感健康发展的引路人，甚至精神导师。语言教师大多是借助文学审美活动（特别是文学阅读活动）实现这角色之间的转化。依据精神分析心理学的理论，青春期的性冲动需要一种崇高的或优美的方式来得以表现。弗洛伊德将其称为“升华”（sublimation），他认为升华的一个主要途径是文学审美。高中生大多有强烈的文学倾向，“升华论”可以解释这一普遍现象。我们认为，在高中的英语教材中应当增加优秀文学作品的分量，这样做有助于高中学生青春期情感的健康升华。

三、毕达哥拉斯的几何美学——语言审美与几何图形有什么关系

毕达哥拉斯是古希腊早期哲学的代表人物，他的一个非常著名的哲学论点是：宇宙的和谐就是数的和谐。他认为，一切事物的形状都具有几何结构，几何结构是与数相对应的，即点、线、面、体。毕达哥拉斯的这个哲学论点对美学有重大意义，它说明了古希腊美学具有结构性、形体性和造型性的特征（汝信，2014）。此哲学论点对古希腊后世的哲学家的影响可以从柏拉图的学园门口挂着的“不懂几何学不得入内”的牌子看出。

由毕达哥拉斯“数”的理念衍生出来的语言审美应当以结构性、形体性和造型性这三个原则为语言审美基本的指导思想。

第一，语言审美的基础应当建立在结构性之上，因为语言的口语形式和书面形式的差异最终统一在语言的内在结构上。乔姆斯基的转换生成语法显示了语言结构的几何美感：和谐、平衡、张力。

第二，语言审美与基于实体形状的具象有密切关系（上一节已有论述）。语言审美总是和具象与形体有密切关联的，汉字的结构就是最典型的例证（见图 1–20）。

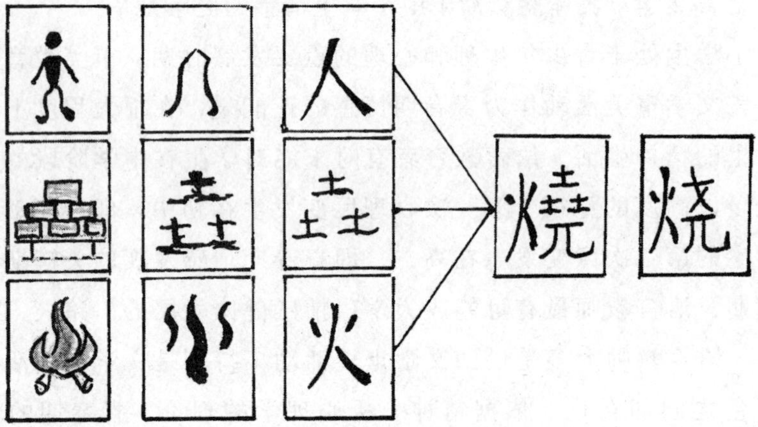

图 1–20

第三，语言审美与造型的关系充分体现在语言的意象上。虽然毕达哥拉斯所说的几何图形美比较突出地反映在古希腊造型艺术上，如雕塑，但是，建筑的意象鉴赏在很大程度上可以转移到语言结构中来，书法艺术即为一例（见图 1–21）。

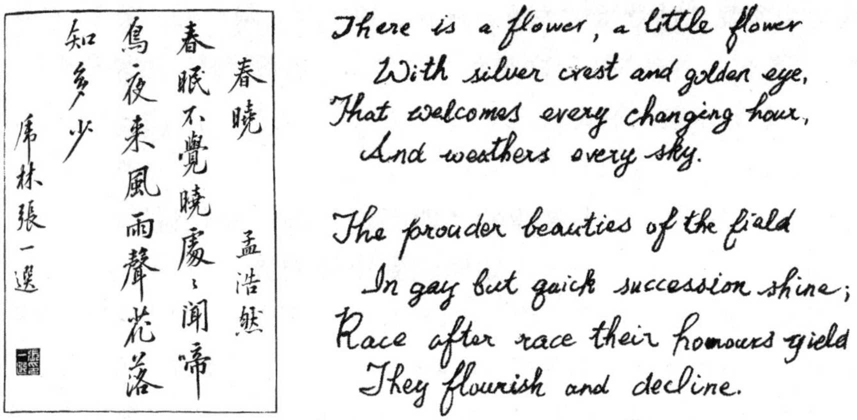

甲　　　　　　　　乙

图 1–21　书法造型之美（汉语草书与英语花体）

四、柏拉图的理式美学——语言审美的顶层概念是什么

我国美学家朱光潜在论述西方美学史时提出了对柏拉图的“eidos”（即 idea，理式）的理解：“柏拉图所谓‘理式’是真实世界中的根本原则，原有‘范型’的意义。”“最高的理式是真、善、美。”（亚里士多德，1980）因此，我们可以说，审美的顶层概念就是“真、善、美”三位一体的组合。从语言教育的角度看，务实的语言运用概念与鉴赏语言的真善美，二者究竟是什么关系？很久以来，语言学习被工具论所主导。工具，不是握在手中或摆在眼前拿来鉴赏的，而是用来做生活中的实际事情。不可否认的是，学习语言是为了学会在生活中做事情时进行必要的沟通，但是语言的功能远远不止这一点。

就语言审美而言，“真”“善”“美”的基本含义是什么？先说“真”。语言的“真”主要体现在真实的认知、真实的情感和真实的表征上。真实的认知是指语言的产出应当反映真实的情感和真实的表征，所以不能虚夸，更不能撒谎。真实的情感是指语言的交流应当反映说话人的内心状态，而不是虚饰的或被掩盖了的情感。真实的表征是指用最恰当的语词来反映真实认知和真实情感，这就需要用到表达的艺术和修辞的技巧。再说“善”。在这里，“善”主要是指语言运用的道德尺度。语言是人与人之间沟通交流的主要方式，其中会涉及修辞技巧。任何语言的运用都应当有道德的标准，从这个意义上讲，审美的基础应当是道德，即在人际沟通中所显现的尊重、关爱、宽容、理解等。最后说“美”。在这里，“美”主要包括语言的内容之美和形式之美，包括情感、境界和格调。美是真与善的艺术表现形式。

五、亚里士多德的“四因说”与“净化说”——人如何达到审美境界

亚里士多德提出了本体论美学，核心是“四因说”，即形式因、质料因、动力因、目的因（亚里士多德，1980）。形式因的“形式”不同于我们现在理解的形式，它意指存在于物内的一般性，但同时强调“个别蕴含一般”。从形式因的角度来理解语言审美，就是说任何典型的语言作品都应当是很好的审美对象。质料因是指美的内容，我们可以理解为自然界的物质，也可以理解为人的生活。动力因强调质料与形式的整体结合不是静态的、固定的，而是动态的，动态本身具有动因。从动力因的角度来理解语言审美，我们可以从人们外在的活动和心理活动中去找寻动力。目的因是指一切运动都有其目的。我们不要把这个目的误解为是我们平时做事的目的，而要从因果关系的角度去理解目的。

在审美的功能方面，亚里士多德还提出了“净化说”，他在谈论音乐时指出音乐的目的有三个：教育、净化和精神享受（亚里士多德，1980）。亚里士多德的“净化”概念是为了舒缓、疏导和宣泄过分强烈的情绪。他认为，不同的音乐曲调可以调节不同的情绪状态，在这个调节中，音乐可以让消沉的人振作起来，让过于紧张的人身心舒畅，由此在这种音乐审美的感受之中，人的内心得到净化。其实，音乐审美的净化功能，语言审美也同样能够达到。语言也有同音乐的曲调、节奏、旋律相似的特性。

六、西塞罗的修辞美学——修辞仅仅是为了生动、准确地表义吗

古罗马哲学的重要学派是斯多葛学派，西塞罗的美学思想受到这一学派的影响。斯多葛学派提出美的基本构成元素包括比例、尺度、匀称、和谐、得体。美学史研究者认为，“斯多葛学派将‘得体’这个概念引入美学，是他们对整个古代美学的一项贡献”（范明生，2013）。首先提出这个概念的是斯多葛学派早期领袖巴比伦的第欧根尼，在陈述演讲的五

个优点时，他列举了纯正、清楚、简明、得体、特色。他认为，纯正是指没有瑕疵，不粗俗；清楚是指“用容易理解的方式表达思想”；简明是指“在说明现有的主题时不使用不必要的词语”；得体是指“适宜于主题的风格”；特色是指“避免非规范方言用语”。按照这样的理解，以上五大优点实际上可以概括“得体”的全部内涵。

古罗马修辞学的长足发展与古希腊的共和政治有直接关系。因为城邦内任何要约定公众的事情，都需要进行公开的辩论，所以古希腊人特别重视辩论和演讲活动。此外，古希腊人特别乐于进行哲学与逻辑思考，这就使他们十分重视辩论和演讲的艺术，由此促成了修辞学的发展。古希腊智者派哲学家十分重视语词的力量。到了古罗马时代，西塞罗继承了这种重视修辞学的传统，并发展了一种修辞的美学。

西塞罗提出了“合式”（希腊语 prepon，拉丁语 deconrum）的概念，它在罗马美学中占据着重要地位。西塞罗从合式的基本概念出发，提出了美学的五个要点。这五个要点都与修辞学有关，因此，也就可以理解为语言审美的五个基本原则。一是秩序。从语言审美的角度看，我们可以把秩序先理解为“次序”，最小的次序单位就是语词。接着我们可以将秩序理解为语句，最终体现在语言表义的形式与意义的有机结合上，即由语序（word order）所反映出来的逻辑次序（logical order）。二是适度。西塞罗所说的适度，包含了第欧根尼的“得体”的概念。适度，用我国古代文学家宋玉的说法就是“增一分则过长，减一分则过短”。语言的审美在三个层次上都以适度为最佳：适度的选词、适度的语句、适度的语篇。三是始终如一。这与演讲艺术有直接关系，我们可以将其理解为语篇的逻辑整合，包含一以贯之的意义焦点（或称为“主题”）、前后的逻辑配合等。四是和谐的结构。语言表达的结构应当体现出整体的和谐，我们可以将其理解为形式与意义的和谐、语素之间的和谐、整体语篇的和谐。五是适宜的组合。这一点可以归入上一点。但是，适宜理应还包含语篇（包括演讲和文章）要适应特定的语境和特定的对象。所以，最后这一点是互动的准则。

七、维特鲁威的建筑美学——语言形式构成有什么样的审美价值

维特鲁威是古罗马的建筑家，生活于恺撒和奥古斯都时代，著有《建

筑十书》。他的美学理论与西塞罗的修辞美学有异曲同工之妙，特别体现在他提出的建筑审美六要素上。其实，这六要素同样适用于语言审美，见表 1–2。

表1–2

要素	建筑审美	语言审美
法式	建筑结构	语言的结构（词法和句法）
布置	基于建筑结构各部分的安排	基于句法的具体措辞与修辞
均衡	建筑各部分的平衡	语句语篇各组成部分的平衡
比例	各部分的适度安排	语词的恰当搭配
适合	审美原则与观赏习惯的统一	语言审美与鉴赏习惯的统一
经营	适当地运用材料和场地	适合特定语境和人群的口味

从表 1–2 我们可以清楚地看到，建筑审美和语言审美有很强的对应性。其实，道理很简单：建筑的结构就是语言结构的隐喻（汝信，2014）。

语言的建筑之美还包含了语句和篇章结构的美，从表面上看，这是一种形式美，但是，如果我们完全抽取了意义，那么语言的那种形式美也就不存在了。比如白居易的“日出江花红胜火，春来江水绿如蓝”具有凸现出来的对仗形式美，但是，如果抽出了“江花”与“江水”，抹掉了“红”和“蓝”的颜色，那么这一句话的美也就消失了。所以说这样的建筑美，六个要素都是形式与意义的合成之美。

八、卡斯特尔维屈罗的“三一律”——语境的最基本元素是什么

卡斯特尔维屈罗对戏剧创作提出了“三一律”，即情节、时间和地点的整一性。“三一律”坚持情节必须单一且前后连贯，事件发生的时间必须在十二小时以内，地点自始至终不能变换。以现当代的小说和戏剧观点和理论来看卡斯特尔维屈罗的“三一律”委实是十分幼稚的，但从语言初级教育的文本审美角度来看，“三一律”能给我们很多启发。审视初级英语的语料，我们可以发现一些违背“三一律”的现象，比如，在部分小学英语的简单会话中，我们能看到地点却看不到时间和情节，或者

看到的情节、时间和地点不匹配。

例：A：What time do you get up?

B：I get up at 6:30.

A：What do you do then?

B：I clean my face and brush my teeth.

A：After that, what do you do?

B：I eat breakfast.

A：What do you eat for breakfast?

B：I eat bread, beef, pork and I drink coffee.

以上对话就违背了“三一律”。A没来由地问B起床和早饭之事，B不厌其烦地回答。另外，作为一名小学生，这样的早餐过于丰盛，不知为何会设置这样的对话。其实，师生都知道这是因为学生要进行词汇与句型练习，在练习中，学生要把学过的词语都用上。

同样是对话。下面的实例则完全不同。

The Mole：Couldn't you ask him here—dinner or something?

The Rat：He wouldn't come. Badger hates society, and invitations, and dinner, and all that sort of thing.

The Mole：Well, then, supposing we go and call on him?

The Rat：Oh, I'm sure he wouldn't like that at all. He's very shy, he'd be sure to be offended. I've never even ventured to call on him at his own home myself, though I know him so well. Besides, we can't. It's quite out of the question, because he lived in the very middle of the Wild World.

（Grahame，1993）

好的语篇在情节、时间和地点上是完全符合“三一律”的，而这样的微型语言作品就具备审美功能。

Venus and the Cat

A cat fell in love with a handsome young man, and begged the goddess Venus to change her into a woman. Venus was very gracious about it, and changed her at once into a beautiful maiden, whom the young man fell in love with at first sight and shortly afterwards married.

One day Venus thought she would like to see whether the cat had changed her habits as well as her form, so she let a mouse run loose in the room where they were. Forgetting everything, the young woman had no sooner seen the mouse than up she jumped and was after it like a shot, at which the goddess was so disgusted that she changed her back again into a cat.

(from *Aesop's Fables*, Chapter 147)

九、康德的无功利美学——什么是美的鉴赏

鉴赏判断是康德美学的核心概念。它的原意是“滋味”“口味”“品尝”“趣味”等（蒋孔阳，2014）。康德认为，鉴赏判断有三个特征：一是不等同于认知；二是不等同于客观判断；三是直接与情感判断有关。他指出，鉴赏判断的要点可以用“四无”来概括，即无功利、无目的、无概念普遍性、无概念必然性。我们不可以用当今的语义来机械地理解康德所说的意思。如前所述，认知神经科学的研究已经从神经元连接与活动机制层面印证了康德这些论述的深层所指，即镜像神经元的效应和默认网络的内部机制。康德的“四无”可做如下解释：第一，审美的核心特征是鉴赏；第二，审美是身心的另一种状态，这种状态与外部功利刺激引发的状态有本质区别；第三，审美与情感密切相关；第四，审美不一定需要理性与逻辑的参与。

康德把美的艺术分为三种类型：语言的艺术、造型的艺术和感觉游戏的艺术（汝信，2014）。在语言的艺术中康德首推演讲和诗学。演讲是知性的事务活动，它被作为想象力的自由游戏来推进；诗学则是把自由游戏作为知性的事务活动来阐释。当人们对语言的形式和内容本身进行鉴赏体验时（包括鉴赏与自我鉴赏，即听、读、说、写），就像自由的游戏完全去功利化，审美体验也就产生了。造型的艺术比较好理解，主要指雕塑和绘画。

感觉游戏的艺术则是一个非常有深度的概念，康德在《人类学》中提出了两个与此相关的概念：“模糊表现”和“艺术游戏”。他认为模

糊表现不是模糊概念，（人们可能）有一些表象，但自己没有意识到它们，这样的表象叫作模糊表象。洛克不承认这样的表象的存在（蒋孔阳，2014），但是，这样的表象显然是现代心理学家承认的一类表象。弗洛伊德会把它们归于无意识或次意识之中，认知语言学家则会将它们归入意象图式，神经科学家很可能会把这些模糊表象认证为镜像神经元的某些反应机制。感觉游戏的艺术的另一个内涵就是康德的所谓“艺术游戏”，这里的“艺术”不是我们现在理解的艺术，而是指各种“幻象”，也就是认知语言学说的“意象图式”。从这个意义上说，不管是认知语言学的“意象图式”，还是神经科学的“镜像神经元”和“默认网络”，都可以证明康德所说的“感觉游戏的艺术”在大脑中的存在，由此可以明白审美体验的心理特性。

用上述观点和分析来总结我们的语言教学和语言教育观，我们会发现其间需要更多审美意识的参与，需要更多艺术体验的依托，需要更深刻的完整品格的培养。

十、黑格尔的辩证美学——为什么语言学习者首先应当研读经典作品

艺术探究讨论的不仅是语言教学中所涉及的狭义的艺术问题，也不局限于和语言有关的文学和艺术种类。用黑格尔的美学可以论证艺术的宽广内涵：语言美的基本特征就是黑格尔所说的艺术美的五个基本特征（黑格尔，1979）。

一是感性和理性的统一。黑格尔认为，艺术必须以感性世界为源泉，具体的、个别的感性形象是审美的前提。形象性和实象性是人的感性接受的前提，但这样个别的感性实象并不是艺术审美本身。语言的审美也是如此，语言所表现的美是感性形象，是个别的、具体的、特定的形象，但语言的这些形象反应又必须脱离其原始的素朴形态，而有隐含的理性内容，如经典的寓言、经典的诗歌、精美的散文等，它们的审美价值就是感性和理性的统一体。

二是内容和形式的统一。黑格尔说：“艺术的内容就是理念，艺术的形式就是诉诸感官的形象。”这里的“理念”指的不是抽象概念，而是

指艺术要反映和表达高于生活实际的精神。根据黑格尔的这种美学原则，语言学习过程中的语言审美只有在内容与形式高度统一的语言作品中才能实现，这样的语言作品应当是语言的经典。比如词法和句法，我们在语言教学中有两种处理方式，一种就是分析和讲解的方式，另一种就是以典型语篇的方式进行学习和鉴赏。前者很可能没有审美含量，后者就可能有较高的审美含量。

三是普遍性和特殊性的统一。生活中原初的东西和自然里原初的东西，都具有特殊性。但是孤立地去看它们，我们无法发现其中的普遍性。提取特殊的典型，这种典型首先是特殊的，但是它们更能够典型地体现出普遍的、本质的、共通的品质，这样特殊的东西就是普遍性和特殊性的统一，就是审美对象。隐喻和象征都是普遍性和特殊性的统一体。

四是必然和偶然的统一。黑格尔的辩证法认为自然界所有事物都是必然和偶然的统一体。我们可以用一条自然的河流为例来说明这个道理。河流的形成没有人为的规划，河流的发源地就是由多重的偶然促成的必然而开辟的起点，河道的每一处弯都是必然与偶然“合作”的自然精品。这个道理也适用于语言的使用。语言的使用是双重的必然和偶然，比如作家写一部小说是必然和偶然的统一，他的小说的内容形式也是必然和偶然的统一。语言审美的对象应当是这双重的必然与偶然的统一体。人为制作的成分越多，必然和偶然的对立统一就越少，也就越没有语言审美的价值。语言学习者每天读这样的语言材料，就很难得到审美体验。

五是理想和现实的统一。我们现在常说的“艺术源于生活，高于生活”，就是黑格尔的辩证美学观。用黑格尔的话来说，“只是由于这个缘故，理想才托身于与它自己融汇在一起的那种外在现象里，享有感性方式的福气”。我们可以把这种美学观念理解为融汇着崇高与道德的审美理论。

十一、席勒的完整审美教育——为什么人的审美境界应当是完整的境界

德国的诗人、戏剧家和美学家席勒提出了审美教育问题。虽然他的

美学论点已经是三百年前的事了，但有的要点依然适合现代教育的原则。

美学史研究者认为，席勒美学的核心概念是人性的完整。他认为近代社会的科学划分和专业分工导致了人性的分裂，他在《美育书简》里说："现在，国家与教会、法律与习俗都分裂开来，享受与劳动脱节、手段与目的脱节、努力和报酬脱节。永远束缚在整体中一个孤零零的断片上，人也就把自己变成一个断片了。耳朵里所听到的永远是由他推动的机器轮盘的那种单调乏味的嘈杂声，人就无法发展他生存的和谐。"席勒提出了完整的审美教育体系，有以下几个要点。

一是由自然的人变成审美的人。席勒认为，人由自然的人变成审美的人，就是要达到感性和理性的统一。他认为，感性的冲动，是生活的冲动，是自然的人的冲动；理性的冲动，是审美的冲动。因此，美就是感性与理性的统一。我们理解席勒的美学思想，自然的人与审美的人的区别就在于自然的人是功利的人，审美的人是进入非功利境界的人。语言审美教育应当实现这种感性和理性的审美整合。

二是美与艺术是同一的。在美与艺术的问题上，席勒也提出了游戏的概念（上文提到关于康德"感觉游戏的艺术"的论述）。他认为只有当人充分是人的时候，他才游戏；而且，只有当人游戏的时候，他才完全是人……在它上面将建成审美艺术和更困难的生活艺术的整个大厦。

三是强调崇高的概念。席勒论述崇高的概念，核心目的仍是在审美教育实现人性完整的基本宗旨上。实现崇高的路径主要是文化修养，文化修养包括身体的修养和道德的修养。席勒以美和崇高为中心，为审美教育描述了一个逐步升级的提升境界，即结构美—秀美—尊严—崇高。

在语言教育中，也涉及完整的语言（the whole language）和完整的人（the whole person）的问题。如果语言教育仅仅把语言学习视为交际的工具，认为学习一门语言仅仅是为了获取实际的功用（如谋职考核、工作需求、出国需求等），那么语言学习就不是完整的学习，学生也不能在学习中成为完整的学习者。只有引导学生进入语言审美境界，学生才可能以完整的人的身份去学习完整的语言，从而获得身心的完整发展。英语教育与核心素养所要求的课程整合，即是以完整的语言教育参与到

完整的身心成长之中。（汝信，2014）

十二、克罗齐的艺术语言统一论——艺术与语言的本质关系是什么

我国美学史家范明生认为，西方美学发展可以分为三个阶段：从古希腊罗马时期到十六世纪（即中世纪）是本体论美学阶段；从十七世纪到十九世纪是认知论阶段；二十世纪是语言学阶段。伯格曼说："所有的语言哲学家都借助精确的叙述语言来表述世界。这是语言学转向，是日常语言哲学家和理想语言哲学家在方法论方面的基本出发点。"这个重大的转向意味着，人们开始懂得哲学和美学的所有事情都不可能离开语言的参与，也不可能摆脱语言的局限。维特根斯坦坚持这样一种论点："全部哲学就是语言的批判。"他甚至断言："哲学家的大多数问题和命题都出自我们误解我们语言的逻辑。"（范明生，2013）

在美学与语言学的关系问题上，进行系统论述的第一人是意大利哲学家和美学家克罗齐（Benedetto Croce）。他在《作为表现的科学和一般语言学的美学的理论》中指出，人们孜孜以求的语言的科学——一般语言学，就它的内容可化为哲学而言，其实就是美学。任何人研究一般语言学，或哲学的语言学，也就是研究美学问题。为此，他特别强调语言学与美学的统一并提出了以下五个理由：第一，语言与诗和艺术是一致的；第二，语言学和美学的研究对象都是表现；第三，语言学所要解决的问题和它所犯的错误与美学相同；第四，从语言的起源与发展看，语言同艺术一样都是心灵的创造；第五，既然语言是心灵的创造，语言也就同艺术品一样具有独创性和不可重复性。

十三、车尔尼雪夫斯基的生活美学——如何鉴赏生活中的语言美

俄罗斯十九世纪的哲学家、思想家和文学家车尔尼雪夫斯基提出了"生活美学"的理论。他认为，美是生活。任何事物，凡是我们在那里面能看得见依照我们的理解应当如此的生活，那就是美的。任何东西，凡是显示出生活或使我们想起生活的，那就是美的。理解车尔尼雪夫斯基的生活美学，我们需要了解十九世纪末俄国的思想动态，当时的先进知识分子都期待着一种新生活，这种期待在契诃夫的小说和戏剧中有生动

的表现。由此观之，车尔尼雪夫斯基所说的“应当如此的生活”就是指这种“新生活”。从审美角度来说，这样的“新生活”应当是基于健康素养的理想生活，对于当今的语言教育审美思想应当有指导意义。

语言教育应当回归生活，应当回归什么样的生活？现在的语言课程内容，特别是作为外语的英语课程内容，参照了生存英语（survival English）的思路，旨在为基本的物质生活奠定最起码的英语基础。从培育完整人的角度看，这样的课程定位是远远不够的，那么，我们就应当参照车尔尼雪夫斯基的生活美学概念，贯彻三个基本的美学层次。第一个层次是承认美的本质存在于我们的生活之中，但这并不意味着我们的世俗生活都是美的，都有审美价值。第二个层次是那种依照我们理解的应当如此的生活样式就是美的。这应当是新的、理想的生活。第三个层次是那种具有审美价值的理想生活应当是扎根于现实生活中的自然、淳朴而高尚的生活。

语言教育应当从车尔尼雪夫斯基的生活美学中汲取营养，因为这三个层次都与语言学习是一体的，健康的生活，必然伴随着健康的语言，伴随着健康的语言审美。这使我们想到了陶行知的生活教育思想，他的生活教育植根于平民教育之中，提倡教育的生活本质和质朴本质，生活教育包括五个关键词：理想、劳动、生活、学习、智慧。从车尔尼雪夫斯基的著名小说《怎么办?》中，我们可以得出新生活的美学理论符合社会主义的美学原则。

十四、维特根斯坦的语言分析美学——为什么语言审美包含在生活方式之中

从理论上讲，美学界只是把维特根斯坦的美学称为“分析美学”，但从他的著作中可以看出，他是把哲学、美学正式与语言分析结合起来的思想家。也就是说，到了维特根斯坦，哲学研究才真正看到哲学和美学与语言是统一的、同一的。今天看来，维特根斯坦这种启示有两方面：一方面是严格的“语言分析”哲学方法论，对于美学要澄清语言迷雾来说，无疑具有“正统”的影响作用，早期分析美学基本上是在这一轨道上发展的；另一方面，维特根斯坦的“语言游戏”“生活形式”“家族相似”等一系列“开

放性”概念，却在分析美学那里得到“误读性”的继续阐发，从而丰富了分析美学的系统，并偏离了分析哲学的传统思路。（刘悦笛，2008）

我国学者刘悦笛（2006）指出，维特根斯坦提及“想象一种语言就意味着想象一种生活形式”，“生活形式”被认为是语言的“一般语境”，语言在这种语境的范围内才能存在，它通常被视为“风格与习惯、经验与技能的综合体”。所以语言的运用终将决定于与之相匹配的“生活形式”，它才是人类存在的牢不可破的根基。由此看来，我们可以彻底地重新认识生活和语言的关系：生活和语言并不是互相需要的关系，它们终究是两回事。所以，人们在学习中可以获得语言的技能和生活的技能。但在维特根斯坦看来，事情并非如此，人的“生活形式”与人的“语言运用”实际指的是一回事，生活形式是人的最基本的活动方式，一切语言游戏包含其中和语言之外的人的某些身体状态和行为也包含其中，审美活动也就包含其中。从中我们可以看到另一种分析美学的“三一律”：生活、语言和审美的三位一体，这与车尔尼雪夫斯基的“生活美学”是相互支持的。（维特根斯坦，2015）

十五、语言审美的教育价值——为什么语言学习者需要有审美体验

研究人类发展史中哲学家、思想家和文艺家对美的研究和阐述，使我们认识到，人类一直在寻求超越功利的审美价值，审美是人类精神生活的重要组成部分。语言教育应当谋求学生在实际运用和审美体验两个方面的均衡发展。母语教学和外语教学贯穿小学和中学十二年的学习生活，这是人的一生中最美的时光，语言审美体验具有不可忽视的教育价值。

1. 审美体验促进终身发展

人一生的健康发展应当是在生命的各个时期的完整的均衡发展。这个“完整”包含着三层基本意思。第一，在每一个发展阶段，人的身心都应当在思想、道德、思维、情感和行动几个方面实现均衡发展；第二，人的身心在各个年龄阶段之间都应当实现均衡过渡；第三，人的身心在社会互动中均衡推进。在这三个方面，审美经历和审美体验都起着重要作用。

2. 审美体验促进道德完善

自尊、关爱、担当和守信是道德教育的必修课题，当人们受到物质

利益的吸引时，功利欲望是不能单靠人的克制力来加以规约的，审美心境则因其有超功利的效能而能将人从物欲的迷途中解救出来。亚里士多德强调的审美三功能（教育、净化和精神享受）与此是相关的。我们理解，所谓“净化”指的就是去物欲和功利的过程，在这个进化过程中，自尊、关爱、担当和守信得以形成，人的道德得以完善。

3. 审美体验促进身心健康

在人的生命过程中，大脑的发育过程是十分重要的，神经学家在强调大脑的生理本能性的同时也强调大脑的可塑性（plastic）。神经科学家指出，在生命的最初几个月和几年中，人的亿万神经元增长都会继续。它们通过复杂的组织形成了人类正常的神经系统。（加扎尼加 等，2015）我们平时所说的人的身心发展，首先就是以大脑发展为主的神经系统的发展。人在接受基础教育的过程中，审美体验可以促成并加强神经演化的愉悦基础，而这样的愉悦基础需要审美体验的有力支持，因为审美体验为身心提供了一种完整的和谐。正如贝多芬所说，因而每一种真正的艺术创造都是独立的，比艺术家自身更强大……音乐将心灵与一种完整的和谐联结起来。每一单个的分离的观念自身就是对和谐的感觉，而和谐就是统一。（朗格，2013）

4. 审美体验促进逻辑思维

人们通常是把审美和思维分开来看的，朱光潜先生对审美与思维的辩证关系做了很精彩的论述。他指出：“我们分析美感经验时，再三说明它是单纯的直觉，这一点最容易引起误会。”他引用美学家克罗齐等人的“创造的批评”的概念，指出了美的创造者（如作家和诗人）、美的欣赏者（如读者）和美的批评者（如理性的思考者）是“一气贯通的”。他认为，“创造和欣赏根本只是一回事，都是突然间心中直觉到一种形象或意象，批评则是创造和欣赏的回光返照，见到意象之后反省这种意象是否完美”（朱光潜，2015）。由此，他对审美体验与理性思维（“创造的思维”包括审辩性思维，即“批判性思维”）进行了生动而准确的概括：“创造是造成一个美的境界，欣赏是领略这种美的境界，批评则是领略之后加以反省。领略时美而不觉其美，批评时则觉美之所以为美。不能领略美的人谈不到批评，不能创造美的人也谈不到领略。批评有创造欣赏做基础，才不悬空；创造欣赏有批评做终结，才抵于完成。”（朱光潜，2015）由此，我们可以认识到审美活动和审美体验对发展思维能力的好处。审美体验本质上就是把纯概念、纯语词在大脑中的运作变成有血有肉、有声有色、有音有韵的意象运演，它与学生们在数学课上的符号运演相得益彰，形成全脑工作的协调。

5. 审美体验促进情感修养

近些年来，国际上对意识的研究已经提升了层次，并提出了“意识心智”（conscious mind）的概念。查默斯（2013）认为，人的整体意识状态与情绪是密切关联的，“一种快乐心境的闪现，一个沉闷忧郁的倦怠，一股怒火中烧的激动情绪，一种因后悔而导致的伤感，所有这一切都会深刻地影响意识经验”。审美体验可以引导学生感受黑格尔所说的艺术美的本质特征，即他所说的“五个统一”：感性和理性的统一，内容和形式的统一，普遍性和特殊性的统一，必然和偶然的统一，理想和现实的统一。这五个统一有助于促成学生的良好的情感修养：高尚、健康、优美、抒情、均衡。

6. 审美体验促进完美修辞

十九世纪七十年代交际概念的普及与流行，使得英语语言教育更加注重实际运用。这一方面推进了英语教育的实用性改革，另一方面也相对弱化了修辞教育。纵观修辞发展的历史，我们可以看出一个螺旋式的演化图式：修辞问题在经历了简约化—繁复化—简约化的演化后，现代修辞学家正在往更深的层次上发现认知功能、情绪功能和审美功能。这一点，我们可以从修辞学中关于“风格”问题的界定看得非常清楚（从莱庭 等，2007）。

法国修辞学家 M. Riffarterre 说：“风格是加在语言结构表达之上而不改变其意的着重，这种着重或者是表达的，或者是感情的，或者是审美的。也就是说语言做的工作是表达，风格做的工作是着重。”（从莱庭 等，2007）显然，语言教育不仅要涉及表达，还要涉及“着重”。“着重”就是语言学习者要领会的语言的灵魂：浓墨与淡彩的配合，即修辞审美的佳酿。莫里哀认为风格就是“人的秉性，存在方式”。这就把修辞的风格和人的本性、个性及其特定存在联系在一起了。这意味着文如其人，学生鉴赏其修辞也就是鉴赏其人格。朗格认为风格就是“个人在具体创作过程中的整合方式”（从莱庭 等，2007）。据此，学生借助修辞审美体验可以学到在创作中进行自我陈述的整合方式。

有些教师在进行英语教学策略定位时，心中潜藏着的一种认知——卷入语篇的修辞鉴赏，就势必加大语言的难度。这其实是误解。话语分析表明，在十分普通的话语运演中，甚至是儿童的浅显的话语运演中已经包含了丰富的修辞手段了。我们审视一首英国代代相传的儿歌就可以看到儿童语言的修辞特征。

Three Young Rats

Three young rats with black felt hats,
Three young ducks with white straw flats,
Three young dogs with curling tails,
Three young cats with demi-veils
Went out to walk with three young pigs
In satin vests and sorrel wigs,
But suddenly it chanced to rain
And so they all went home again.

（Thomas, 2010）

这首童谣让我们倍感亲切的是，我们每个人都曾痴迷和享受过这种童年语言游戏的修辞乐趣，它也从一个侧面显示了“修辞即风格”和“风格即人格”的语言审美体验。

本章小结

本章从认知神经科学、认知语言学和美学三个方面探究了语言教学的艺术问题，即语言审美体验问题。在语言教学实践中，语言运用的概念已经深入人心，而且已经在很大程度上推进了课堂教学的改革，并取得可观的成果。与此同时，我们也有理由以更大的热情来关注语言的审美问题。审美心理学告诉我们，人的基本动机可以分为功利性动机和非功利性动机，即审美动机。人的本性中包含着很强的“能量”，它驱动人不仅谋求生存和事业发展，也意欲以同等强度去审美。人的思维、情感、行为和语言的运作是整体的运作，这样的整体运作就构成了人的心智的完整性。这些运作的完整性是以人的神经活动为基础的，所以，关于语言的所有研究都应当建立在生理机制的完整性上。认知语言学告诉我们，人的认知基于隐喻，隐喻性的认知是通过意象图式实现的，所以，任何抽象的概念都以意象的运演为基础。这些为我们研究语言教学的艺术与审美问题提供了理论基础。追述美学研究的历史，介绍审美体验的主要问题，可以为我们具体地探究英语教学中的艺术与审美问题做必要的理论铺垫。最后，我们提出了语言审美体验的六种教育价值，即促进终身发展，促进道德完善，促进身心健康，促进逻辑思维，促进情感修养和促进完美修辞。人的核心素养就是人在一生的品格完善中和适应社会中最需要的素养。审美素养是核心素养的有机组成部分。本章所呈现的三个理论探究是后续论述的基础。

第二章 阅读：视觉输入的艺术体验

信息的视觉输入包括文字信息的输入，但不仅限于文字信息的输入。就英语教育而言，我们研究的视觉输入的主体是文字阅读，同时伴随着其他视觉信息的输入。从认知语言学和审美心理学的角度看，视觉输入绝不仅仅是文字符号的输入，而总是伴随着各种外界的和内部的因素的同期输入。所以，即使我们在本章所关注的主体是文字阅读及其审美过程，我们需要涉及的也不仅仅是文字符号本身。根据第一章的大脑整体运作的原则可知，英语阅读活动和视觉的审美都会涉及大脑整体运作的各个方面，至少包括知觉、意象、思维和审美四个方面。

文字阅读会形成某种知觉（perception）。学生在读前、读中和读后究竟有哪些知觉？这些知觉是什么？它们在阅读过程中有什么变化？这些问题非常有趣。但是，究竟哪些因素参与了这种知觉的构成，本章将进行深入的追问。

文字阅读，当然会不可避免地涉及文字本身，却绝不仅仅是文字本身。因为一个语篇的文字串通常会被读者"破解"，变成我们常说的"意义"。但是，"意义"有什么含义呢？ 这是一个极为复杂的问题。心理学家认为，这其中涉及一个非常重要的因素：意象。

不管是阅读引发思维，还是思维引发阅读，思维都是阅读的伴侣，尽管有时思维不一定需要阅读陪伴。要想讲清楚这个问题，就必须突破“形象思维”和“抽象思维”的二分律定式，并将这二者“糅合”起来。本章先尝试从认知心理学来解释阅读与思维的关系。然后，再来专门讨论语言的视觉审美问题，即视觉输入的艺术体验问题，主要讨论语言视觉输入的艺术设计与艺术体验的具体活动。

第一节 解析英语信息的视知觉

外界信息进入大脑，是要经过感觉通道（sensory channel）的，德国心理学家赫尔姆霍茨提出，感觉通道可以分为视觉、听觉、嗅觉、肤觉等通道。语言信息的输入主要有两个通道：听觉通道和视觉通道。本章研究的是视觉通道。语言的视觉形式主要是文字，能被人接受的文字有几种情况：单个文字被接受，一个简单的文字串被接受，多个文字串组合成的语篇被接受。本节主要研究的是语言文字被人的视觉所接受的各种情况中与语言视觉审美体验直接或间接相关的问题，可以把这些问题都理解为阅读的问题，即学生在接受书面语篇时的审美经历。我们使用“语言的视觉输入”这个术语，而非“阅读”一词，是因为视觉输入的概念所涵盖的内容要大于、多于、广于阅读所涵盖的内容。生理心理学家研究表明，人的大脑皮层（cortex）的感觉区域（the sensory areas）可以分为三类：初级感觉皮层（primary sensory cortex）、次级感觉皮层（secondary sensory cortex）和关联感觉皮层（association cortex）。这样的皮层功能决定了人的各种感觉之间构成分离与勾连的复杂关系。人脑对这样的分离与勾连随时都在进行整合，这恰恰是研究视知觉和阅读的前提。不能简单认定阅读只与视觉相关，它是人的各种感觉的“集散地”。

一、知觉与理智——阅读需要知觉还是理智

任何视觉的审美过程都与知觉有关。首先要了解：什么是知觉？在日常交流中，知觉与感觉经常混用，甚至会被合并为“感知”。此外，知觉还会被理解为“意识”，如说某人“失去了知觉”。这些用法在一般语境中无可厚非。但是，在专业的心理学讨论中，或者在涉及人的内心活动的描述中，知觉有确切的定义，它是指个人对于事物的直接反映，进一步说，它是个体选择、组织并解释感觉信息的过程。这个过程不仅仅是接受外界信息那一刻对事物的反映，而且是个人多种感觉协同作用的结果。知觉在很大程度上依赖于人的主观态度和以往的经验。

关于知觉的研究，心理学有三种理论。第一种是格式塔理论。“格式塔”（Gestalt）一词是这种知觉理论的第一特点。第二种是知觉的推理理论。它是指假定知觉可以预测外界刺激的性质，具有适应外部环境的功能。第三种是心理物理对应理论。该理论认为知觉无须假设和推理过程的参与，因为刺激本身已经相当完整，足以产生知觉。传统心理学把知觉分为四类：时间知觉、空间知觉、运动知觉和错觉。J. J. Gibson（1950）提出人类有五种基本知觉系统：定向系统、触觉系统、气味系统、听觉系统和视觉系统。语言的视觉输入，显然属于视知觉系统。

语言学习中的审美艺术体验，是与知觉密切相关的。中国古代的诗文鉴赏，便涉及对美文的“神思”，如《文心雕龙》所说的“古人云：‘形在江海之上，心存魏阙之下。’神思之谓也”（刘勰，1959）。从中我们可以体会到，语言审美是涉及人的内在感受的。

在知觉的研究中，人们十分关注知觉和理智的关系。柏拉图是这样描述知觉和理智的关系的，“心灵很像眼睛：当它停留在‘真理’和‘存在’照耀的地方，就感知和理解，并且放射出智慧；一旦它转向昏暗模糊的或变化和消亡的东西，它就只好对其做出鉴定，他茫然不知，四处摸索，一会儿这样看，一会儿又那样看，智慧也不知到哪去了”。柏拉图说的那种“昏暗模糊的”状态，其实就是人的感觉和知觉的初级状态。把感觉、知觉和理智分割开来的看法充分体现在十七、十八世纪的理性主义者身上，如Duns Scotus。他认为：“感官获得的信息是混乱不清的，需要理性对它们梳理和澄清。”（阿恩海姆，1987）

二十世纪中后期的心理学和美学研究使人们逐渐认识到，大脑内感知觉和理智具有较为严格的分工的流行哲学是不确切的。感知觉和理智在大脑活动机制上往往是不可分割的。在语言信息的视觉输入问题上，知觉（如构建和完形）与理智活动（如概念和推理）在很多情况下是一回事。

二、语言的形式知觉——文字本身在阅读中意味着什么

人在语言学习中是不断地发展自己的语言知觉的，我们首先需要研究的是语言的形式知觉，即人对语言符号的形式产生的知觉。我们可以

用格式塔心理学的核心概念“格式塔”来解释和描述语言的形式知觉，即语词形式的知觉（听的知觉和读的知觉）。

格式塔心理学的三个特征：完形、变调、简约。语言的形式知觉和语言的形式审美都体现在这三个特征之中。

先说完形。其实英语教学界对“完形”一词是十分熟悉的，但这里说的完形，不是 cloze，而是 configuration。考夫卡把艺术品看成是一个格式塔，即一个“完形”。他认为，艺术品的各个组成部分都相互依存，处在一个有机体结构的统一体之中，他把好的艺术品称为“优格式塔”。依照认知心理学的理论，所谓“格式塔”大体相当于“意象图式”，就是人在对输入信息进行“概念化”加工时所形成的某种“框架”。当我们接受一种不完整或不完备的图形时，我们会用已经形成的“图形”（或称“意象图式”）来进行“完形”。这时我们说的“完形”，在认知机制上与学生做“完形填空”（cloze）试题是一样的。

图 2–1

图 2-1 显示了“完形”的基本原理。当看到只有局部显露的物体形状时，我们认为它是某物、某形状、某结构。我们原来在头脑中存储的“形”（即某种知觉）对这种局部显露的物体起了“完形”的作用。从这个意义上讲，称高考的那种文段填空题型为“完形填空”是符合格式塔心理学的。

再来说说变调。格式塔心理学认为“格式塔”的构架具有很强的主观性，其中一个理由就是这里所说的“变调”。大脑中的“格式塔”不是外界形状的忠实且客观的反映，而是经过主观加工的变调反映。这就是说，人在接受外界某种构架时，大脑根据某种（或某些）主观的因素而对客观的构架进行了“改造”，这种主观的“改造”与五个因素有关：一是个人的特点（首先是性别与个性），二是个人的以往经验，三是社会的影响与个人态度及关注倾向，四是个人的信念和思想，五是个人的需求（内在的和外在的）。“One can see what he/she wants to see, what he/she likes to see.”就是这个道理。

最后说说简约。大脑中的“格式塔”永远是被简化的构架。上面说的五个主观因素合在一起，就像过滤纸一样，把主体认为“没有必要或没有趣味”的那些信息过滤掉，只留下主体认为必要的或有趣的信息。这里所说的“主体认为”，并不一定指个人能够意识到的情况。总之，格式塔是经过个人意识过滤之后的信息组合，即被简约的信息组合。

语言的形式知觉也是在格式塔基础上建立起来的。如果我们把语言的意义暂时排除在外，那么，这种知觉只和语言学习最初接受的文字图形有直接关系。学习者初次接受的文字组合不同，他们形成的语言知觉也就不同，大体可以分成以下几种情况。

第一种情况：单个接受字母和字母的读音（如图 2-2）。

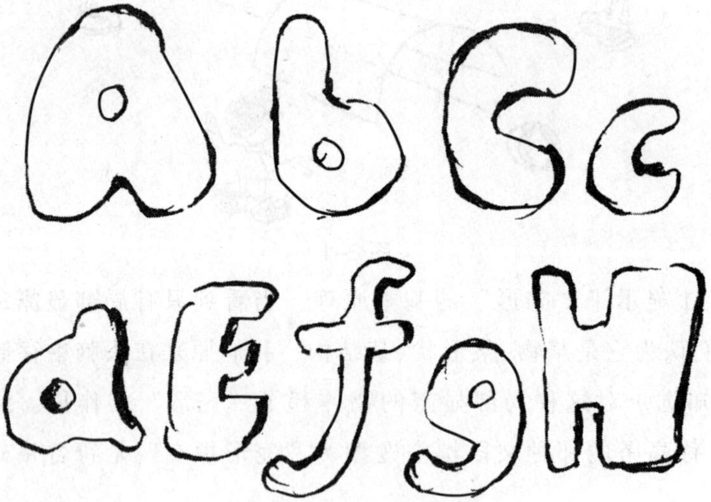

图 2-2　单个的字母图形识别

第二种情况：字母系列的整体呈现及读音（如图 2–3）。

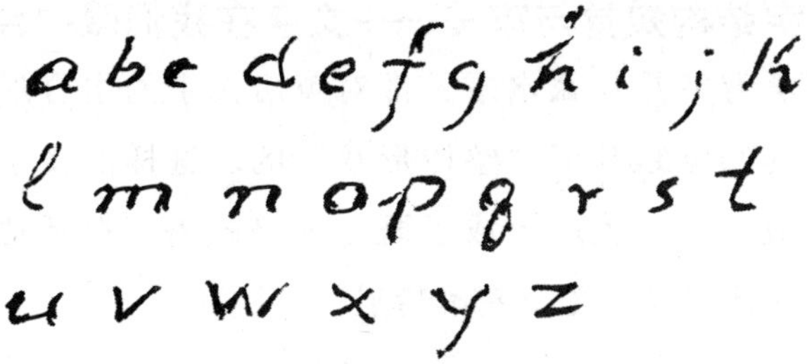

图 2–3　英语字母的系列呈现

第三种情况：简单语句整体呈现（如图 2–4）。

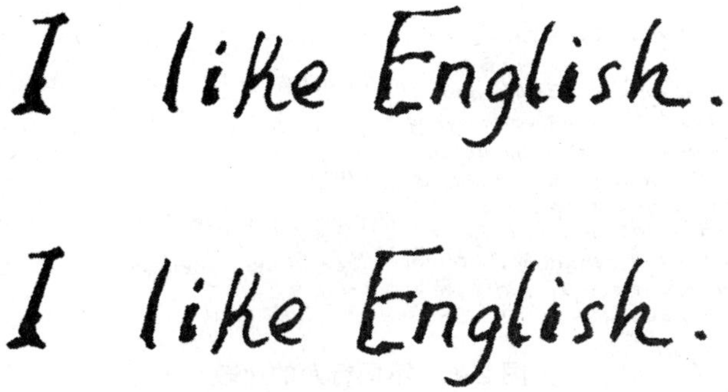

图 2–4　I like English.

第四种情况：微型语篇的整体呈现（如图 2–5）。

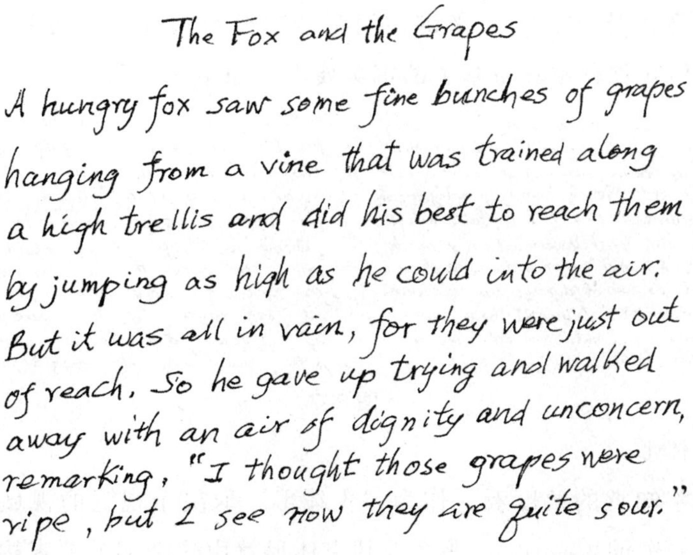

图 2–5

三、文字结构知觉与审美——文字在我们眼中会是什么

不管英语学习者是什么水平，都对英语文字的组合形式有特定的知觉。英语文字的知觉是基于“整体形状”的。这样的文字输入经验在不断的积累中形成定势，也就形成了既定的格式塔，概括地讲，这样的英语文字的格式塔具有以下几个基本特点。

1. 行距

英语文字知觉首先是由行距确定的。不管是怎样的文字组合，只要行距有变化，学生的文字知觉就会不同，如图 2-6 所示：

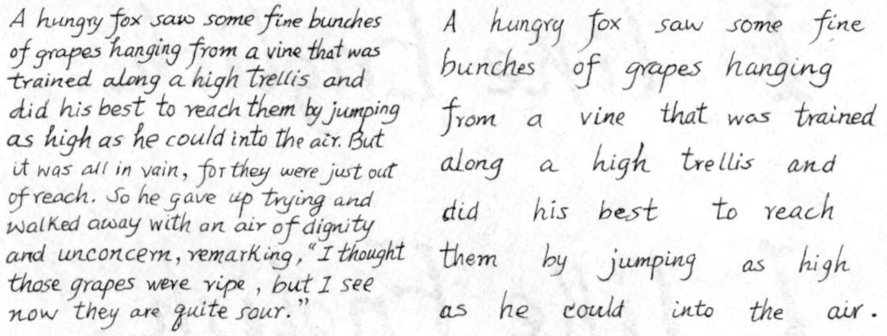

图 2-6　不同行距的比较

2. 间距

拿词汇或词组来说，间距不同，其审美效果就不同。更为重要的是行距和间距的比例，一般来讲，间距若与行距相等，或间距大于行距，文字的整体知觉就不具备基本的审美要求，如图 2-7 所示：

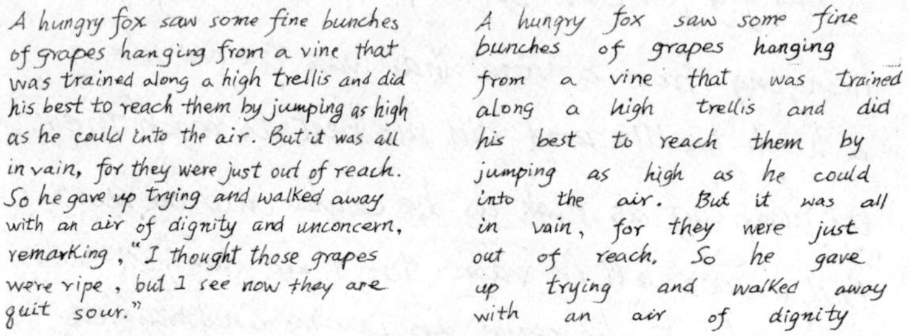

图 2-7

3. 主体形

从文字知觉的角度看，作为“主体形”取决于视觉的视域。如果视域仅仅是一个词（word），那么，其主体形就由这个词的要素构成。如果视域是一组词，则主体形就由词的组合构成，两种情况如图 2-8 所示。

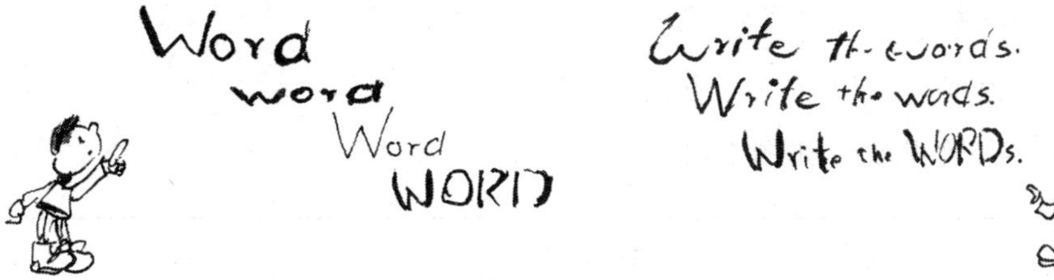

图 2–8

文字的主体形涉及几个具体的特征要素：一是主要构图特征，二是长短特征，三是首字母，四是结尾字母。学习者的英语文字知觉还与英语的字母组合有较大的关系，因为如果学习者有了字母组合的视觉训练经历后，他们就会把熟悉的字母组合（如 -ar-，-ou-，-ere，-are）视为一个整体（即格式塔）。从这个角度看，在初级阶段的学习中，字母组合的训练是十分重要的。即使没有专门的字母组合训练，学习者随着英语文字图形经验的增长，也会逐步形成文字组合的格式塔。根据我对二十世纪八十年代所任教班级学生的调查，学生对于 ar，ou，ao，tion/sion，st/str，an/am，br/tr 等元音或辅音的字母组合首先形成格式塔。

4. 弯曲度

这是英语文字与汉语文字的一个根本性区别，体现在以下三个方面（以手写体为准）：一是英语文字以曲线为主，汉语文字以直线为主；二是英语文字中较多“圆形”，而汉语则较多“方形”，所以人们把汉字俗称为“方块字”；三是英语文字和汉语文字的变体也有巨大差异。以上的区别与两个语种历史形成的巨大差异有关。

5. 倾斜度

在印刷体的英语文字中基本上没有倾斜度的问题（除非某些特殊字体和斜体），但是，从手写文字的形式知觉看，倾斜度是文字视觉整体知觉（即格式塔）的要素之一（如图 2–9）。

图 2–9

6. 均衡程度

均衡程度包括以下三个方面。

（1）离散程度（如图 2–10）。

图 2–10 图解：不同离散度的两个实例

（2）空间分布程度（主要指文字所占空间是否平衡）。书面材料的空间分布对学生的视觉接受有整体的“引导”作用，需要学生认真阅读的语篇应当占据空间分布的主体和核心位置，过多地增加图画及关于阅读的参考文字说明，会降低主体语篇的“醒目”程度。教材的版面设计在谋求多样化布局的同时，会在无意中弱化主体语篇的“醒目”程度，所以应当加以注意。

（3）文字大小比例。一个书页的视觉接受，与接受者对该页面的总体知觉是相关的，页面设计者要从整体知觉上注意页面不同功能的文字的大小比例，主体语篇的字号与其他文字的字号要有一定的对比效果，旨在突显主体语篇的视觉功能。

以上六个特点应当引起教材编者和教师的注意，它们决定了学生在英语视觉中接受不尽相同的文字的知觉结构，所以在教材和其他学习材料的文字设计中，应当采取多元标准，不宜局限在特定字号的单一规范之中。

四、语句结构知觉与审美——语法意味着什么

首先，我们要了解一个基本的前提，即人对某种语言的结构知觉必

须以对这种语言的形式有无认知为前提。如果一个人完全不认识英语，则他对特定英语组合的视知觉就会是纯粹表面形式的线状排列。这表明，英语语句结构的视知觉必定首先与语言的形式相关。下面这首英语诗歌选段，就算你基本不懂它的意思，照样可以获得一种结构视知觉。

例：'Wele wote we,' sayd sir Cawayne,
'That we are of the Kyngis kynne,
And Laucelot is so mykylle of mayne,
That suche wordys were better blynne;
Welle wote thou, brothyr Agrawayne,
Thereof shulde we bot harmys wynne;
Yit were it better to hele and Layne,
Than were and wrake thus to begynne.

（Tolkien，2013）

这是因为人对一门略为知晓的语言会获得一种不涉及语义的价值判断，实际上就是对于某些常见的功能词汇（又称结构词汇，即虚词）的句法功能的价值判断。依照这种只涉及语言形式（即句法功能）的价值判断，我们获得了上面那些诗行的结构知觉。

语句的结构知觉具有三个基本特征：构式、关联、层次（王寅，2011）。

（1）构式（construction）。英语语句结构知觉的关键有两个：一是组句的关键动词，亦可称核心动词，即第一层次的最基础的那个动词。二是与核心动词直接关联的主词和宾词。构式是关联和层次的基础。

（2）关联（connection）。一个语句的词语排列顺式本身绝对不包含任何关系的暗示，词语的排列顺序和词语的长短都无法向接受者提供任何实质性的信息以使接受者发现词语之间的内在关系，因为这种联系必须参照语词的意义。当接受者领悟语句中的语词的意义（不一定是确切的）时，接受者就会参照以往经验和基础的意象图式，迅速确认语词之间的关系，如图 2-11 所示：

图 2–11

（3）层次（hierarchy）。依照认知语言学，“hierarchy”一词包含两个基本含义：层次和等级（或上下级）。乔姆斯基的转换生成语法更加偏向层次或层级的含义，如图 2–12 所示：

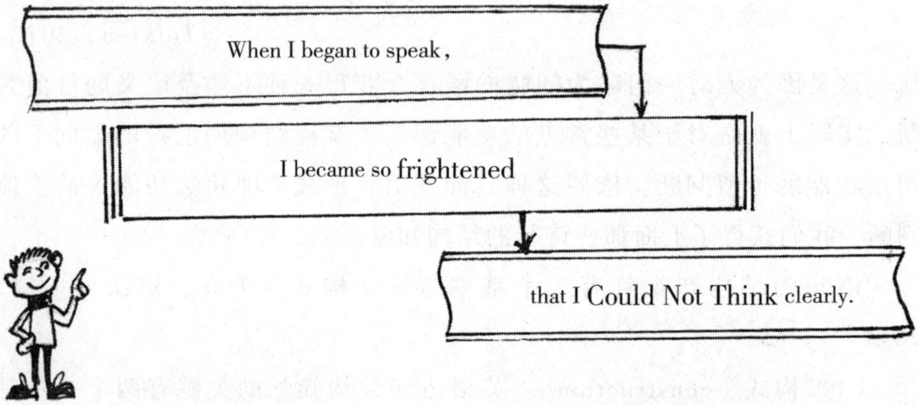

图 2–12

第一章第四节介绍了古罗马建筑家维特鲁威对建筑结构的审美感受。不难发现，建筑结构的知觉和语句的结构知觉都是以同类型的格式塔为基础的。如果建筑具有审美价值的话，那么语句结构也同样具有审美价值，因为它们的意象图式具有一定的相似性。

语句结构知觉很可能被英语教师理解为语法学习。从一般意义上看，这样的理解虽有一定道理，但也存在误解。语句结构知觉与语法概念的认知至少有以下几点区别：第一，语句结构知觉是以图像为基础的，语法概念则可能是一种语言的解释或定义。第二，语句结构知觉的形成不需要规范的逻辑运演和推理，而语法概念则可能是基于逻辑推理的。第三，语句结构知觉天然地显现着语句内部成分之间的关系，而语法概念则必须通过术语的推演和解说才能建立起各成分之间的关系的概念。第四，语句结构知觉可以和典型语句实例相结合，便于学习者理解。语法概念也可以伴随实例，但有可能“仁者见仁，智者见智”。第五，语句结构知觉可以直接用于语言的实际运演，而抽象的语法概念不能直接用于语言的实际运演。这是语法的理论概念与语句结构知觉最大的差异。第六，语句结构知觉更具备语言审美要素，语法概念通常不能直接引导审美体验。

由此我们不难认识到，对于语言形式（包含语法）的视觉审美是有可能的，也是随时都可能发生的。但同样是所谓“语法”学习，从结构知觉切入就可能促成语言形式的审美体验，讲解语法概念的抽象语辞，就可能阻隔了学生对语言形式的审美体验。

五、语篇结构知觉——语篇形式意味着什么

英语学习者所形成的语篇结构知觉多少会涉及某些并非十分清楚、十分确切的语义元素，如不熟悉的关键词，起形式构成功能的词（如介词、连词等）。在这里讨论的读者还没有完全读懂语篇内容信息时形成的结构知觉包括以下要素：一是标题。不管读者是否真正理解了标题，作为标题的文字会给读者以视觉的冲击，并由此形成包含着很大的猜想成分的联想。二是起始语句（含标题）。大量阅读经验表明，文段的起始语句很重要，起始语句会给读者留下很深的印象，由于阅读理解才刚刚开始，所以读者能清楚地确认这样的印象。三是分段的层次感。初步浏览了起始语句之后，段落就成为此时语篇知觉的组成部分。四是逻辑关联词语（logical connectors）。在阅读理解活动还没有正式地、专注地启动前，读者会在快速浏览中识别逻辑关联词语，如 and、so、then、therefore、because、that 等。五是关键词语。这里主要指重复出现并被不断提及的词，比如《格林童话》*The Brother and Sister* 中不断出现 the brother 和 the sister 以及代词 he 和 she，此童话文本的结构知觉中便卷入了这两个关键词。六是熟语。对英语初学者而言，熟语和陌生语会在阅读的结构知觉中形成鲜明的对比，这就成为大部分初学者的语篇结构知觉的组合元素。七是“附

加”成分。所谓“附加”成分是指汉语标注、配图、表格、图示等。

上述语篇的结构知觉元素既有很大的确定性，又有很大的随机性。确定性是指所有这些元素都是读者的关注点，因为读者对这些最熟悉，它们会被首先注意到，而且这些元素最具标记特征。随机性是指读者究竟最先注意到什么，最先忽略了什么，注意到的元素有可能使读者联想到什么，所有这些都是或然的。

在真正涉及意义的理解之前，我们有必要这样细致地去研究语篇的结构知觉的理由有以下三点。一是语篇的结构知觉尽管是朦胧的、随机的，但它们总是会成为意义理解的起点，况且这样的知觉肯定会被后续的阅读理解活动所矫正。二是语篇的结构知觉中包含着某些对意义理解至关重要的元素，这些元素会给予读者以快速意义理解的直接导向，所谓凭语感进行理解判断，其间就不乏此类元素。三是初学者的语篇结构知觉会有很大的随机性，并且很有可能误导后续的阅读理解。但是，随着阅读体验的持续积累，学习者的语篇结构知觉会有很大的提高，语篇结构知觉会成为很敏锐的阅读直觉。这一点恰恰是阅读能力强的学习者所不可或缺的品质。

六、语言结构知觉的发展——学习者的语感是如何提升的

语言的结构知觉不仅仅是文字形式的结构知觉。在实际的语言心理运作中，语言形式与语言意义是分不开的，所以语言的结构知觉必然会同时涉及语言形式和语言意义。如果对语言学习者接受语言视觉信号的过程进行持续的观察，我们会发现，任何语言学习者的语言结构知觉都是发展的。具体体现在以下两方面：一是学习者在接受一篇文段时，结构知觉随着阅读的深入而得以发展；二是在学习过程中，学习者语言结构知觉得以发展。

首先谈谈第一种情况。在阅读某一语篇的最初阶段，学习者的结构知觉会依次经历以下进程：一是单纯的语篇形式知觉。完整的文本形式、自然段落、熟悉和陌生的词语以及其他因素的偶然介入。二是零散的语义成分与形式知觉的混合。在阅读理解的初期，部分关键词和其他相关词的意义开始介入阅读理解活动，语言的形式知觉在意义的介入之后得以改进和矫正，从而达到阅读理解的酝酿期。此时心理运作的质量是很

重要的，一些理解的失误就可能在这一阶段产生。三是语言形式与意义相融合的结构知觉。这是阅读理解的最终判断阶段，被调整的语言形式知觉推进了阅读者对语法结构的价值判断，从而改进了阅读初期的语义理解，删去了阅读初期结构知觉的某些失误，最终促成了语言形式知觉和语义知觉（含意象）合为一体。

下面是格林童话中的一段歌谣，教师把这段歌谣发给学生，让他们快速阅读。

Sing every one,
My story is done,
And look! Round the house.
There runs a little mouse,
He that can catch her before she scampers in,
May make himself a very very large fur-cap out of her skin.

快速阅读后，教师要求被试学生完全依照自己的理解画出简图来，几分钟后教师获得如下结果，如图 2-13 所示（仅随机抽取学生样例）。

图 2-13

这几幅小图画显示：能够获得此歌谣较为完整的结构知觉的学生，能够准确抓住 mouse 一词；没有获得完整结构知觉的学生只是主观地捕捉歌谣中的个别语词，他们当中即使有人看到了 mouse 一词，也不会想到该词与 fur-cap 和 skin 的关系。当结构知觉引导学生组合出这个歌谣所描述的意象时，审美体验即刻发生，一种愉悦感在心中油然而生。

第二节 解析英语阅读的理解过程

英语阅读的质量在很大程度上取决于阅读的过程。在一般人看来，人们的阅读过程大体相似:眼睛注视着文字,然后依次“扫描”文字,在“扫描”过程中，认字、认词、认句、认语段或篇章，并将字、词、句的意思叠加起来，便构成了阅读的理解。其实，阅读过程远没有这么简单。首先，就读者个体的特点而言，不同的人，就有不同的阅读过程。性别、性格、年龄、习惯、经验和信念构成个体阅读的六大差异，语言教育者实在不可忽略这一点。其次，就阅读行动过程本身而言，启动机制、字面扫描、读速调控、行为操作、随机调整和问题解决步骤又构成阅读行动推进的六大差异。最后，就阅读心智过程而言，激活水平、记忆储备、直觉导向、意象运演、情绪曲线、思维机制（即逻辑建构）构成了阅读心智过程的六大差异，这是阅读的内心过程，本质上就是认知神经的运演过程。教师在这方面需要有充足的专业学识，进而在实际教学中深层次地改进阅读指导方式。

本节将从上述的个体差异、过程差异和心智差异入手进行粗略的研究。

一、阅读的艺术体验是个性化体验——享受阅读，每个人都一样吗

我们在这里研究的语言视觉体验，主要是指阅读体验，尤其是容易被教师忽略的艺术体验。在英语教学中,很多人都谈论过“reading for ...”的问题。在 language use 这个核心概念的引导下，我们更加重视 reading for use。因为语言是工作和生活中交流时不可或缺的工具。阅读的艺术体验不是少数爱好文学的学生的体验，而是每一个学习者的体验。阅读的艺术体验的核心特征是什么？这种体验与 reading for use 的本质区别是什么？我们有必要进行一番讨论。

阅读的艺术体验不同于阅读的功利体验。英国十九世纪的诗人柯勒律治（Samuel Taylor Coleridge）在阐述浪漫主义美学原则时精确地论述了阅读的艺术体验与功利体验的根本不同。一是心灵。柯勒律治认为，

艺术是人类独有的，因为艺术的全部素材来自人的心灵，艺术作品包括文字作品是由心灵产生的。柯勒律治这里论述的是艺术作品的内容，他认为“如此反映人的独特心灵的文字作品，传输给特定的读者，并继而引发的特定体验，也应当是独特的”。二是意象。柯勒律治认为，艺术家在处理意象时总是使之受到一种主观的激情的制约，引发独特的联想，从而形成一种从独特中提炼出来的独特的和谐。精彩文本都基于独特的和谐，读者需要用独特体验来品鉴这样的和谐。三是思想。柯勒律治强调艺术的思想深度和活力。他说，一个人，如果不是一个深沉的哲学家，就绝不是一个伟大的诗人。因为诗就是全部思想、热情、情绪、语言的花朵。四是情感。柯勒律治十分重视情感的力量，认为激情被联想所激发而产生和谐，这样的和谐又产生一种令人愉快的激情，就这样把它的情感变成它回忆的对象，因而净化了心灵。阅读者需要在阅读中复制精彩文本中的独特激情，而这样的复制，绝对不是统一格式的课本分析与主题思想的概括所能实现的，而只能是个体在独特体验基础上的“回忆”（张玉能 等，2013）。

心灵、意象、思想和情感，就是功利性阅读和审美性艺术阅读的区别。每一个作者和读者内心深处的心灵、意象、思想和情感都是不同的，所以，阅读的艺术体验必须建立在个体差异的基础上。

二、个体差异是研究阅读体验的基本出发点——有没有相同的阅读者

教师在推进英语阅读教学时有一个潜在的且十分牢固的信念（belief）：以读前、读中和读后的既定模式来规范学生的阅读行为。“读前—读中—读后”的阅读教学模式是开展阅读教学的一种方式。然而，一旦教师将其模式化，使之成为推进所有阅读活动的“公式”，就容易忽视阅读活动的个体差异，由此抽去了阅读教学的“灵魂”。

1. 性别差异

学习者的性别差异，是教师应当最先注意的差异。在阅读活动中，需注意以下要点（谢弗，2004）：①视知觉和空间能力（visual/spatial abilities）的差异。阅读活动与视知觉及空间能力有很大的关系，比如，女生阅读视野集中，浏览精细，但整体关照往往不够，而男生阅读视野宽

广，但浏览粗略，细节关照不足。②数理能力（mathematical ability）的差异。男生在逻辑推理和问题解决策略方面略优于女生，男生在把握语篇内在线索上有时会显示优势，而女生在细节运演方面则略优于男生，她们更倾向于发现词语的具体关联。③活动水平（activity level）的差异。男生更加喜欢外在的行为表现，在内省的静观方面不如女生。在阅读活动中，男生倾向于把自己的理解外显出来，相对缺乏对语篇的安静体悟，女生则更擅长静静地阅读并缓缓地做出反应。④冒险精神（risk taking）的差异。女生天生对陌生的语境缺乏安全感，而男生相对愿意接受陌生语境的挑战，在面对陌生文本时，女生的阅读信心可能弱于男生。⑤情感敏锐程度（emotional sensitivity）的差异。女生的情感发展在幼儿期就显示出略微早熟的优势，所以，她们在阅读中更倾向于用"心"来理解，而男生可能更乐于用"脑"来理解。⑥遵从程度（compliance）的差异。男生在遵从师长和他人指导上通常弱于女生，这必然会影响男生接受阅读指导的程度。女生愿意听从教师和父母关于阅读方面的指教而稳步前行，而男生则更喜欢自主的阅读。教师了解这一点，将会有助于调整阅读教学的指导策略。

2. 性格差异

性格是指一个人稳定地表现出来并足以解释其行为的性情特征（Sternberg，2004）。性格的差异表现在语言学习的各个方面，自然也包括阅读活动。不同类型的性格直接影响着阅读活动及其理解机制（Celce-Murcia，2001）。①外向型和内向型（extroverted/introverted）。外向型的学生在阅读时更愿意从外部得到驱动力，他们的阅读活动更加依赖外部动机，如外部挑战动机、问题解决动机、现实环境刺激等。内向型的学生在阅读时倾向于接受内部驱动，乐于享受阅读理解本身的乐趣，即使没有外部的问题解决驱动，当他们遇到好文章时，也很享受阅读的快感。②随机直觉型和感知序列型（intuitive-random/sensing-sequential）。随机直觉型性格的学生在阅读中不讲求阅读程序，相对注重直觉的阅读理解和自主性的问题解决与判断。而感知序列型性格的学生在阅读中重视当下感受和现实判断，并注重依据具体事实（语篇中的语言事实）进行理解和判断。③理智型和情感型（thinking/feeling）。顾名思义，在阅读中，性格上趋于理智的学生更愿意依据文段语言所显现的信息要点进行逻辑判断，而较少受到情感的左右。情感型的阅读者往往“跟着感觉走”，他们往往偏重于“我觉得如何”，或者“我凭语感如何”。④封闭式判断和开放式判断（closure-oriented judging/open or perceiving judging）。有的阅读者的理解与判断是基于语篇范围内的理解与判断，不太擅长对语篇的深层内涵进行开放的猜测。而开放型的阅读者反之，喜欢超越语篇本身，乐于探测语篇隐含的意义和延伸后的可能信息。

3. 年龄差异

尽管一位英语教师授课对象大多是同一年龄段的学生，但是，他依然有必要了解这个年龄段的学生阅读的特点。可以概括为三点。

（1）注意关键期的阅读能力发展与阅读过程的关系。1～10岁是语言发展的关键期，在这一时期，接受英语（作为外语）的敏锐度高于10岁以后。所以，在这个关键期，培养学生接受文本的规范和兴趣，比认识更多的单词要重要得多。不同年龄段的学生的阅读过程有很大的差异，所以如果硬性引入固定的阅读，以此来规范处于关键期的儿童阅读者，那么这恰恰忽略了儿童的语言发展关键期的本质特点。

（2）注意阅读兴趣指向的差异。阅读兴趣指向对阅读理解过程有很大的影响，不同年龄的学生的阅读兴趣有不同的指向。高学段的学生会逐渐养成慢读和精读的阅读兴趣指向，低学段的学生大多数都粗知大意，少数讲求精准，如果对这一学段的学生要求精准，不少学生就会失去阅读兴趣。整齐划一的阅读方式（如刻板地讲解课文）大都是与不同学年段学生的个性化阅读相违背的。

（3）注意阅读态度的差异。有什么样的态度就有什么样的阅读过程。随着年龄的增长，学生的阅读态度有明显的变化，这与他们的认知发展和情感成熟程度有密切关系。小学生，特别是低年级的小学生，阅读时持整体鉴赏的态度，生动和鲜明是他们乐见的，在语言或内容上稍微受阻，他们的阅读态度就会发生变化。只要顺应他们的这种性情，就会促成真正的审美体验。中学生需要挑战。他们对按部就班的阅读兴趣不大，对考试的刺激，也是不得已而为之，课上的程序性阅读活动，以及为了应对考试的阅读训练，他们只能被动接受。只有具有智能挑战的深层次篇章，他们才会以鉴赏的态度去研读。但要是生词过多，他们的态度也会立即改变。

4. 习惯差异

习惯与个性有关,与历来的阅读经历有关。要想促成阅读的审美过程,就要顺应每个阅读者个体的独特习惯,教师要善于观察学生,以便了解他们的阅读习惯。阅读习惯有以下几个关键点。

①姿势。学生的姿势,各有不同。小学生刚入学时,老师喜欢进行规范性的姿势训练。其实,在阅读姿势上,不必强求一致,但要适当纠正不良的阅读姿势,如离读物过近。②关注点。有的学生首先关注细节和词语,有的学生直接切入核心内容,不同的阅读者有不同的阅读关注点,这样的差异没有好坏之分,不需强行矫正。③鉴赏角度。面对同一个文本,不同的阅读者会从各自不同的角度进行鉴赏。在课堂阅读活动中,教学设计已经把阅读步骤设计好了(如读前—读中—读后),学生只能遵从教师的预设,但如若这样的固定设计违背了学生习以为常的鉴赏角度,那么阅读的审美体验就会大打折扣,甚至会消失。④情绪定位。每一个读者一旦进入阅读过程,必有特定的情绪产生,这就是"情绪定位"。情绪定位是一种稳定的心理现象,是教师必须面对的心理习惯问题。教师在进行阅读教学时,特别是在促成阅读审美心态时,要注意对学生自发的情绪定位减少人为干预,因为情绪定位对阅读的过程体验有很大的影响力,不适当的人为干预最终会破坏读者的审美体验。

5. 经验差异

儿童从识字开始,到小学和中学,积累了十几年的阅读经验。但是,我们较少从个体差异的角度对这些阅读经验的积累加以研究,通常只关注儿童阅读经验的共性,而忽视其个性。阅读经验的差异主要有以下几个方面:①近身他人的差异。儿童长期接触的近身人物(父母、祖父母、保姆等)有无持续发生的阅读行为,有无关于阅读的话语影响,对儿童后续的阅读经验影响巨大。②近身读物的差异。儿童身边是否有读物,有多少读物,是否注意到这些读物,是否有持续新增的读物,都与儿童的阅读经验有关。③近身互动的差异。儿童与读物的互动频率如何?时间长度如何?与他人共同阅读的经历是怎样的?这三方面是儿童阅读互动经验的主要构成因素。④获取信息的渠道和通道的差异。渠道指儿童获取信息的社会来源，如近身人物的指导、行动效果的输入。通道是指心理接受的感觉方式，眼耳鼻舌身五种接收通道。儿童通过读物获取的信息总量与他们通过其他渠道和通道获取的总量之间是什么比例？将习惯于行动或听觉接收外界信息的孩子，与习惯于视觉和图文接收外界信息的孩子进行对比，不难看出，他们在阅读理解过程中有巨大的差异。⑤真实阅读总量的差异。真实阅读分为两类：一类是通过阅读真实地解决生活中的问题，即功利性的运用；另一类是真实地经历了对文本阅读的鉴赏体验。教师分析作为授课对象的学生时，要考虑哪些学生真实阅读总量多，哪些学生真实阅读总量少。只要教师认真观察这两类学生的真实阅读行为，就会发现因量的差异而导致的差异是巨大的。

6. 信念差异

阅读者的阅读过程会接受某种牢固的信念的指导，它们不一定是正确的指导思想或原则，但是对阅读过程起根本性的指导和指引的作用，学生在入学之前或许就已经形成了某些关于阅读的信念，如“开卷有益”“必求甚解”“不求甚解”“精读”“生词是拦路虎”“遇到生词查字典”等。有些信念学生无法清楚地加以表征，但它们都在明里暗里指导着学生的实际阅读过程。我们应当知道一个不可改变的事实：每个阅读者的阅读信念都是特定的。

三、观察并理解学生阅读行为过程的差异——有没有相同的阅读行为过程

阅读质量的提高在某种程度上取决于阅读行为过程的改进，这就是说，一个人的外显的实际阅读表现（包括连续的外显阅读行动），会直接或间接地影响阅读理解的水平。阅读行为过程有六大差异。

1. 启动机制的差异

阅读行为是如何启动的，不同的学生有各自的方式与机制。学生启动一次阅读行动的外在驱动力和条件是什么？通常阅读教学的正规启动方法是提出问题，并以此作为阅读的动机。在教科书中我们经常会看到，编者设置一两个问题，旨在“激发”学生的阅读动机，让他们“带着问题开始阅读”。其实，这种安排有时会带有主观性，学生个体启动阅读没

这么简单，真正的阅读动机启动也不会如此整齐划一。阅读行为常见启动的真实心理:①到了阅读的时间了，我该阅读了。②依照课堂常规步骤，我们应该完成文段的阅读。③大家都开始读了，我也读吧。④我愿意参加课堂上的讨论，所以先要认真读一下语篇。

这些常见的启动机制，未必能真正点燃学生阅读的激情。以下几种启动机制更能激发学生的阅读冲动：①现在同学们都在谈论这一问题，这篇文章就是关于这一问题的，我需要读一下。②看这篇文章的题目，提法很特别，是说什么的？让我来读一下。③我最喜欢这个栏目里的文章，选一篇来读读。④某人曾经推荐过这篇文章，需要拿来研读。⑤本文出自经典作家之手，有必要读一下。⑥我正在找这篇文章呢，今天恰巧碰上了，要好好读读。

前一组启动心理是课堂常见的启动心理，后一组启动机制是实际生活中的启动心理。经过比较，后面的启动心理可以引发更加积极主动的阅读。不同的学生在不同的环境中，在不同的心态下，其启动心理是有明显的个体差异的。

2. 字面浏览的差异

学生阅读行为一旦开始，就会直接涉及眼睛对字面的扫描。阅读研究者对阅读者的字面浏览的视线路径进行了记录，现场采集信息显示，不同的人有不同的字面浏览路径，而且差异很大。根据教学经验，结合某些扫描路径的实证材料，把学生的字面浏览分成三类：有序型、跳跃型和混合型（即有时跳跃，有时有序），如图 2-14。

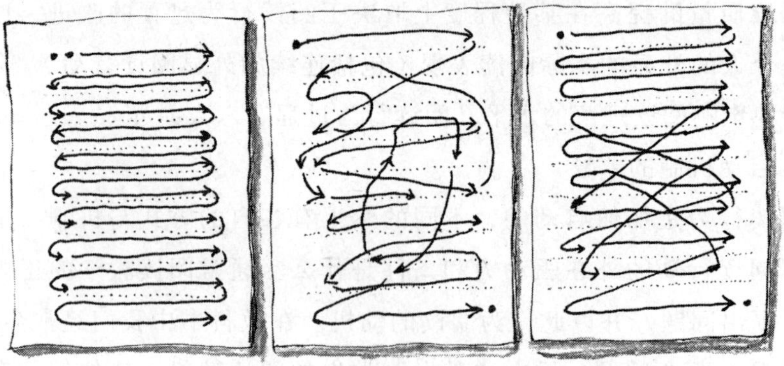

甲　　乙　　丙

图2-14　有序型（甲），跳跃型（乙），混合型（丙）

这三种类型的形成原因与学生的学习方式（精细型和粗放型等）、以往的经验有关，也和获取信息的目的与动机有关。

3. 读速调控的差异

不同的阅读者，不同的阅读活动，阅读速度不同。根据多年的教学观察，可以得出一个初步结论：每一次阅读的读速变化及控制与两个基本因素直接相关：阅读的个体驱动力和随机阅读理解的质量。粗略地看，学生的阅读速度变化与调控存在以下三种情况。

一是课堂中的被动型阅读。课堂上学生的阅读行为通常有被动性，教师的指令是学生阅读的主要动因。在这种情况下，读速相对平稳，速度逐步加快，但缺少目的驱动，调控幅度很小。这样的读速控制反映出来的问题是学生阅读时的心理活动水平相对不高，即兴奋程度不高。二是带有功利目标的问题解决型阅读。带着现实问题阅读，阅读者的读速控制幅度明显增大，读速的变化也较大，这些都是功利驱动的结果，因为聚焦于功利目标直接关联的信息点，所以在特定节点上就会停下来，而在次要的词语上，就会一带而过。三是审美型阅读。审美型阅读在读速调整模式上与前面两种大为不同，其阅读表现出的特点是：总体上语速是缓慢的，且呈现为匀速。在审美关注点上停留时间较多，如果通过访谈，我们可以了解阅读者此时的内心状态，应有两个特点：愉悦水平高，意象运演活跃。

4. 行为操作的差异

阅读行为主要涉及阅读姿势及其变化、阅读的角度及其变化、阅读距离控制、阅读行动的专注程度等因素，学生之所以在这些细微行为上表现出明显的差异，与他们的阅读动机、形态、日常行为习惯有关。在观察学生阅读行为变化时发现一个有趣的现象，一些学生微小的习惯性动作（比如转笔）的速度、幅度及其变化，能够揭示他们阅读思维的随机进程。需要注意的是，虽然学生的微小行为能够透露阅读时的内心变化，但是不同的学生外显的细微行为及其揭示的内心情况都是有差异的。

5. 灵活程度的差异

阅读者在处理阅读文本上所表现出的灵活程度也有明显差异。有的学生依照一定的习惯或规矩进行平稳阅读且少有变化，比如他们可能在阅读时不会“分心”去观看周围的事物，不会观察别人的阅读情况，不会与伙伴交换意见；有的学生则有很大的灵活性，甚至在阅读中表现出“漫不经心”；有的学生还会选择适当的时机，进行书面标注。

6. 问题解决步骤的差异

通常带着问题进行阅读，都会有既定的功利目的：问题解决，宽泛地说，包括完成测试中的阅读题。从这个角度看，任何有目的的阅读本质上都是问题解决，但是，不同的学生在解决问题时所走的路径（即常规步骤）是有差异的。逻辑型的学生重在依照既定步骤推进阅读理解过程，并最终解决阅读需要解决的问题。依靠速读和直觉的学生在问题解决方面可能并不侧重清楚的步骤。

四、观察并理解学生阅读心智过程的差异——阅读理解的过程是一样的吗

研究阅读过程的心智问题，其实就是获取阅读者外显信息的实证，以揭示或解释阅读者阅读理解过程的心理步骤。这样的心理步骤，不是简单的获取记忆信息的过程，不是简单的分析加工过程，也不是简单的逻辑推导过程，更不是简单的筛选过滤过程，但在其阅读心智过程中却又在不同程度上且在不同机制里包含着这些过程。

1. 激活程序

激活程序是一个唤醒阅读动机的程序，是一个快速传导的程序。由于多重刺激因素，阅读者的大脑神经被“激活”。由于不同学生有不同的心智现实状态和心智传导机制，所以，学生在任何一个文本阅读中的启动与激活速度，都是不同的。教师发出指令“现在开始阅读此文”，有的学生立即开始阅读，有的学生还在定神，有的学生甚至还没有进入起码的专注状态。当然，那些立即开始阅读的学生，未必就一定比缓慢启动的学生有更高的阅读实效。

2. 记忆储备

这里说的记忆储备是指两种不同的储备，一种是指学生在阅读之前在语言知识方面的储备，比如掌握的词汇量，在这方面有不同的记忆储备，就有不同的阅读质量。另一种是指暂时记忆的随机储备，就是说，阅读

的理解程度和速度可能要取决于读者暂时记忆的储备情况。

3. 直觉导向

在阅读过程中，直觉和理智通常是交替出现的，在不同的阅读者的头脑里有种种差异。比如，直觉和理智的成分不同，直觉和理智在进行实际理解判断时的作用不同，直觉和理智的交互影响效应是不同的。需要注意的是，有的学生在随机的阅读理解活动中习惯于用逻辑判断和理性思考来确认直觉引导出来的判断，有的学生听任直觉掌控理性思考，这两者没有好坏之分，各有利弊。

4. 意象运演

人们通常认为，阅读过程就是支持意义理解的思维运演过程。其实，这是一种片面的看法，是对阅读的一种误解。任何阅读的心理运演都是以意象的运演为基础的，即使阅读抽象文章（如数学论文），没有意象的参与也是不可能的。意象运演在阅读理解过程中是至关重要的心理加工过程，后文还会专门进行论述。意象运演的个体差异至少有以下情况：

①意象都有接近实象的成分，但是接近的程度有明显差异。②意象的基本“色调”（如明朗还是阴暗）及其变化是不同的。③意象的运演过程是不同的，过程的各个环节的组合也是不同的。④意象的组合机制与成分都是不同的。⑤意象的缩小、扩大、变化与延展幅度与水平都是不同的。⑥意象中的“我”肯定会参与到意象运演之中，但采取的方式和程度都是不同的。⑦意象的审美水平有明显差异。⑧意象的整合境界有明显差异。⑨意象的文化特征有明显差异。

5. 情绪曲线

阅读时的情绪可以分为两大类：一类是积极阳光的（sunny），一类是消极的（rainy）。不管是被动型阅读，带有功利性的问题解决型阅读，还是审美型阅读，阅读时的情绪都会影响阅读理解的质量。由于这个问题对学生的阅读有着深刻且广泛的影响，下面大体研究一下阅读者在阅读过程中的几种情绪曲线（图 2-15 至图 2-19）。

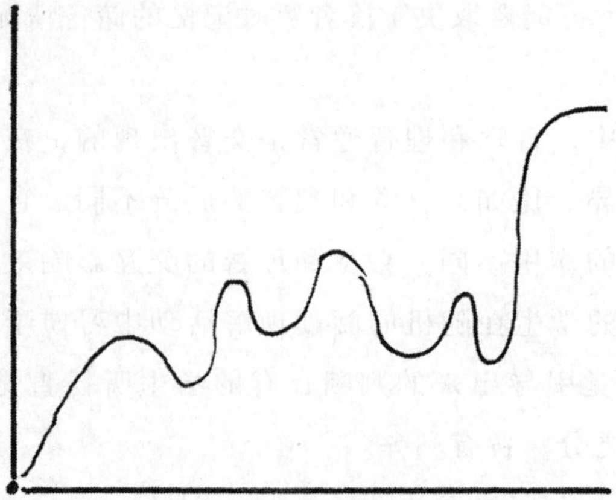

图 2-15　因阅读顺利而形成的正情绪曲线

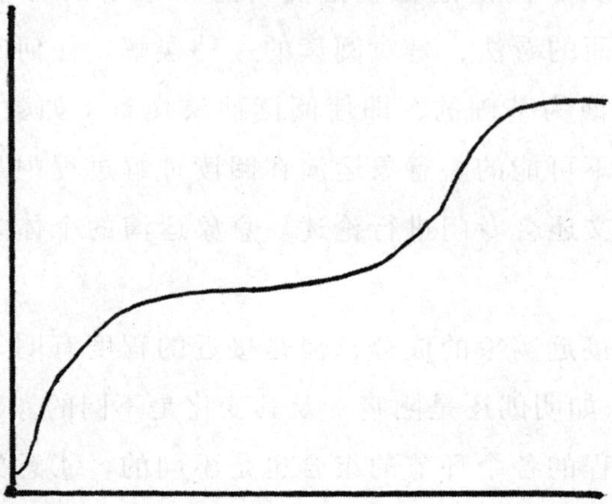

图 2-16　因触动审美愉悦点而形成的正情绪曲线

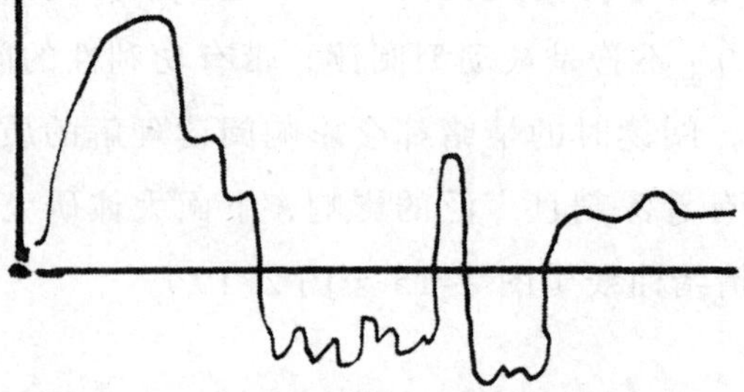

图 2-17　因语词挫折引发的负情绪曲线

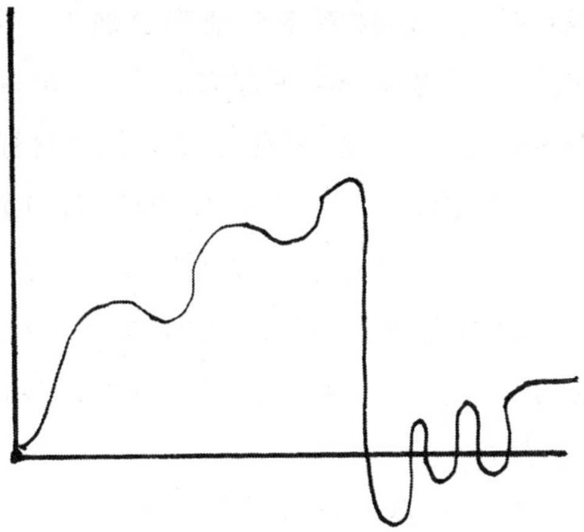

图 2–18　因逻辑线索中断而引发的负情绪曲线

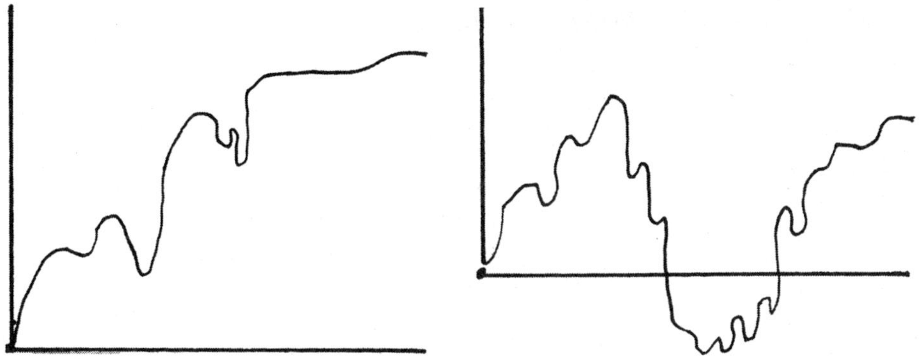

甲　　乙

图 2–19　因触动过往生活经验而形成的正情绪曲线（甲）或负情绪曲线（乙）

6. 逻辑建构

逻辑建构和意义建构在阅读过程中是一回事，无论阅读什么文章，都是逻辑与意义并行的。没有意义，就谈不上逻辑；没有逻辑，意义就因为失去关系和次序而失去了存在的必要。如果一定要把逻辑与意义划定界限并研究它们的关系，那么可以这么理解：逻辑就是把意思（ideas）排出特定的次序，并借此而显示出一个意思（an idea）与另一个意思（another idea）之间的关系，而意义则应当理解为被逻辑（即特定次序和特定关系）整理出来的意思。阅读中的逻辑构建有以下几种情况：一是叠加型逻辑建构。把一个个词叠加起来，把一个个句子叠加起来，适当进行次序的调整，并在此基础上认识各个意思之间的关系。此类逻辑建构面对复杂的文章就会显得十分无助，陷入语义纠缠。二是结晶型逻辑建构。信息被不断注入，阅读者不断地理解加工，但并不一定进行有次序的逻辑建构，最后当意思完全集聚起来时，全篇逻辑框架在“一瞬间”形成。三是先导型逻辑建构。经验丰富的阅读者“胸有成竹”，早已在心中存有各种不同的逻辑架构，并以此作为“先导”，对当下文本进行“探查”和“试用”，并适当更换架构或对架构进行调整，最终完成当下文本的逻辑建构。四是演进型逻辑建构。一进入文本内容，读者就开始粗略地尝试建构，随着阅读的深入，在原来的逻辑架构上逐步进行演进，最终形成当下文本的逻辑构架。

需要着重说明的是：在逻辑建构中，教师需要系统地教会学生使用心智图，心智图会帮助学生更加能动地推进自己的意义或逻辑的建构过程。有关心智图的理论和做法，下面还会进行具体的讨论。

第三节　解析英语阅读的意象运演

一、阅读误区——文字表层输入：仅仅有文字的意象，是真实阅读吗

关于视觉输入的语言教学问题，首先要考虑的是关于真实阅读，还是非真实阅读的问题。学生阅读的篇章就有真实和非真实之分，我们可以用实例来研究一下这个问题。

Reading 1

She is a new teacher. Her name is Nancy. She comes from London. She is very beautiful. She has a round face and long hair. She has big eyes and a small mouth. She is very tall. We all like her. We all like English.

这段话是介绍自己的老师的，但是，作者叙述自己老师显然停留在无特定表述动机的水平上，作者只是为了写而写，没有特定情境的驱动，语句选择也不受特定情境的制约。

Reading 2

I have a new teacher. I know her. She lives near my home. When I read an English story in the garden yesterday, she asked me in English, "What are you reading?" I told her the name of the story. I thought her English was good. She was kind to me. Today, she teaches us! I am very excited. She says hello to me first. I feel proud! My friend Mary asks me, "She knows you!" I say, "Yes!"

这个语篇与前面的语篇不同，作者描述的是一次特定的经历，写的是一个特定的新英语老师，为此，其选材和措辞也都具有特定性。

只有文章真实，才会有真实阅读。真实文章应当符合以下几个基本条件：一是有明确的读者，而不是泛泛的读者；二是有明确的信息内核，即写作的主旨；三是有特定的行文方式，而不是公式化地提供没有特点的信息；四是有明确的作者态度；五是有符合以上特点的修辞方式。只有当学生的阅读文本具备以上几个基本条件，教师才有可能促成学生的

真实阅读。需要注意的是，在课堂教学中，即使学生阅读有真实元素的文本，也有可能停留在文本的表层，未能深入到文本的深层意义。

图式理论可以揭示真实阅读（即深层阅读）与表层阅读（字面阅读）的根本区别。

文字刺激会激活阅读者的图式。被激活的图式有三类：第一类是文本形式的图式，即主要有文字组合形式构成的图式；第二类是有意义参与的图式，本质上就是与意义对应的意象图式；第三类是混合的图式，即文字与意象混合在一起的图式（如图 2-20）。

甲　　　　　　　　　　乙　　　　　　　　　　丙

图 2-20　纯文字的意象（甲），形象的意象图式（乙），文字与形象混合的意象（丙）

It went many years,
But at last came a knock.
And I thought of the door
With no lock to lock.

（by Robert Frost）

（顾子欣，2015）

美国诗人 Robert Frost 这首题为 *The Lockless Door* 的诗的前四行，学生阅读起来基本上没有字词的障碍，但是，单纯表层的文字图式基本上没有形成意义的理解，即使处于混合状态的那种图式，依然是单个词语及其意义的简单拼合。只有比较完整的意象图式才能达成读者对这首诗的理解。

从语言审美的角度看，鉴赏性阅读与深层次阅读也有区别。专注于语篇的词语本身（如文字形式，修辞风格与技巧），专注于汲取语篇中有价值的信息，这两种情况也是不同的。一位非常著名的英国女作家Virginia Woolf（2000）对此阐释得淋漓尽致："首先让我们澄清一个关于爱学习的人和爱读书的人之间的由来已久的混淆，有必要指出的是，这二者没有关联。一个饱学之士是一个整日伏案、独自专注的学者，他游走于群书之间旨在倾心求索真理之一得。如若他痴迷于阅读，学问心得便会于指尖流逝掉。而一个读者，则务须在阅读之开端即检讨其欲望，如果他意在求知，意在解惑，意在成为专家学者，则他无异于亲自毁掉那种更人性化的、更'去功利'的纯粹阅读与鉴赏。"

由此可知以下几个关于文字本身和语篇内容真实阅读的深刻思考：①阅读可以促成两类本质上不同的过程，并促成两类不同的领悟。②用心灵去阅读文字组合本身和用智慧去阅读文字所传输的内容（包括事实和道理），过程与效果都是不同的。③学习者的阅读和读者的阅读都可以同样专注，但是，二者的激情是不同的。④"得鱼忘筌"是学习者阅读的特点。学习者只关注文字所负载的有用信息，即使是学者，也是如此。⑤"胶柱鼓瑟"是读者的特点。

另外，伍尔夫的论述并未涉及语言学习本身，如果要研究语言学习者则要通过阅读来学习特定的语言知识，那将是另外一个问题了。虽然伍尔夫不认同为读而读（reading for reading），但从鉴赏的角度看，为读而读自有其特殊的审美价值。读伍尔夫的意识流小说 *Mrs Dalloway* 的开头，立刻会被她的文字本身所吸引："What a lark! What a plunge! For so it had always seemed to her, when, with a little squeak of the hinges, which she could hear now, she had burst open the French windows and plunged at Bourton into the open air."。

二、阅读过程中的意象变化——为什么文字激活图像才是真的阅读理解

如果我们从阅读引发的意象运演的角度来研究阅读过程的话，就会发现在阅读者对文字进行顺序加工的进程中，有一个意象图式建构的过程，或者说是意象图式的"修改"过程。阅读者开始进入文本时产生的意象图式与阅读行为完成时的意象图式有诸多差异，这些差异是符合阅

读理解的机理的。没有如此的意象图式的修改过程，也就没有真实的阅读理解。修改的方式最终决定着阅读理解的质量。

以往，人们通常将形象思维和抽象思维一起称为“配对概念”，形象思维与抽象思维在语义运用上是分离的，形象思维专指意象运演，抽象思维专指概念或符号运演。近些年的认知语言学研究有不同的看法。Turner（1998）指出，文学中的意象被人们集中在典型诗歌上，人们认为诗化意象（poetic imagery）即为诗之灵魂与美之源泉，被封为“语言艺术的精华”。但他认为此种观点把意象这种心理活动局限于文学（特别是诗歌）之中，因此也就大幅度地“窄化”了意象活动的普遍价值。Lakoff 与 Turner（1989）坚持：“语言意义就是意象，或者至少与意象密切相关。”

认知语言学认为意象不是散文、小说、诗歌等文学形态的专有物，而是语义的核心构成成分。从语言哲学和语义学的角度看，没有意象就没有语言的意义，理论的语言产品也不能例外。由此观之，阅读是离不开意象的，阅读过程就是意象运演的过程。

下面以狄更斯的著名作品《圣诞欢歌》（*A Christmas Carol*）第一节的内容来说明文本输入在阅读者头脑中引发的意象运演及其变化。

1. 阅读者首先获得的意象是“马莱（Marley）死了”

“Marley was dead, to begin with. There is no doubt whatever about that. The register of his burial was signed by the clergyman, the clerk, the undertaker, and the chief mourner. Scrooge sighed it. And Scrooge' s name was good upon' Change, for anything he chose to put his hand to. Old Marley was as dead as a door-nail.”

不同的阅读者会因为内心不同的阅读状态而生成不同的初始意象。上一节强调的阅读理解个性化，小小的一段开篇语已经有所体现，引发的意象图式已经很不相同：① Marley 和 Scrooge 是什么关系？②这些人都同等重要吗？③关于名字重要还是不重要？④ a door-nail 仅仅是一个比喻，还是对下文另有深意？

对初级水平的阅读者而言，首段中的陌生词汇在很大程度上会影响意象的运演和运演后的效果。不过，不管阅读者是否面临着生词，推助理解的意象运演都一直在进行着。教师在备课时虽然对不同的阅读理解有所估量，但通常他们最初的意象运演不会如此不同，他们想得更多的是如何引导学生正确地理解，而这正好构成了阅读教学的战略性偏离。

2. Marley 与 Scrooge 的关系

"Scrooge never painted out Old Marley's name. There it stood, years afterwards, above the warehouse door: Scrooge and Marley. The firm was known as Scrooge and Marley. Sometimes people new to the business called Scrooge Scrooge, and sometimes Marley, but he answered to both names. It was all the same to him."

这一段将使不同的阅读者对 Marley 和 Scrooge 的意象有所丰富，但丰富的方式可能是不同的。仅就纯文本的阅读而言，部分文本的输入引发的意象直接受制于阅读者的经验和当下的想法，如果不继续阅读下去，阅读者不会准确定位 Marley 与 Scrooge 的关系。

3. Scrooge 进入独处的阴暗房屋

"Scrooge took his melancholy dinner in his usual melancholy tavern; and having read all the newspapers, and beguiled the rest of the evening with his banker's-book, went home to bed. He lived in chambers which had once belonged to his deceased partner. They were a gloomy suite of rooms, in a lowering pile of building up a yard, where it had so little business to be, that one could scarcely help fancying it must have run there when it was a young house, playing at hide-and-seek with other houses, and forgotten the way out again. It was old enough now, and dreary enough, for nobody lived in it but Scrooge, the other rooms being all let out as offices. The yard was so dark that even Scrooge, who knew its every stone, was fain to grope with his hands. The fog and frost as hung about the black old gateway of the house, that it seemed as if the Genius of the Weather sat in mournful meditation on the threshold.

Now, it is a fact, that there was nothing at all particular about the knocker on the door, except that it was very large. It is also a fact that

Scrooge had seen it, night and morning, during his whole residence in that place; also that Scrooge had as little of what is called fancy about him as any man in the city of London, even..."

这一段文字引发的是阅读者的空间意象图式，阅读者逐步形成的空间意象图式有可能是千差万别的运演图式，不同阅读者会有不同的意象。

房间的基本气氛和结构，都和文本中的词语相关，是某些关键词在引导阅读者的意象运演。这样的运演是随机完成的，阅读者自己可能 都不会清楚地意识到。只要关注这些意象可能的运演机制，教师就会明白自己应当做什么，不应当做什么。比如，教师喋喋不休的讲解就是对学生自主“成像”体验的干涉与剥夺，而教师允许学生相互描述一下自己的意象运演，或者仿照上面的图式画出自己的意象图式，就可能是足以让学生受用终生的阅读启示录。

4. Marley 的亡灵造访 Scrooge（第一节的核心内容）

"...Scrooge, having his key in the lock of the door, saw in the knocker, without its indergoing any intermediate process of change-not a knocker, but Marley's face.

...and yet that face of Marley, seven years dead, came like the ancient Prophet's rod, and swallowed up the whole. If each smooth tile had been a blank at first, with power to shape some picture on its surface from the disjointed fragments of his thoughts, there would have been a copy of old Marley's head on every one."

阅读者依靠前面几个层次的意象运演的积累，加之排除陌生语词的障碍，这一部分的意象形成应当减少了随机性。尽管不同阅读者的意象运演仍然是有明显差异的，但是，其基本的构建是大体相同的。没有前面的随意性意象运演，也就没有这里所显示的大体趋同的意象图式。日常的阅读教学活动有时不能给学生足以构建自主意象的时间和机会，代替这种自主意象构建体验的是教师的讲解，是促进立即产生正确理解的辅助手段和明显的暗示。这样做反而影响了学生对信息与意象的自主构建。

5. Marley 与 Scrooge 的对话（显露出整个故事的冰山一角）

The same face: the very same. Marley in his pigtail, usual

waistcoat, tights and boots, the tassels on the latter bristling, like his pigtail, and his coat-skirts, and the hair upon his head...

Scrooge had often heard it said that Marley had no bowels, but he had never believed it until now.

...

"How now!" said Scrooge, caustic and cold as ever. "What do you want with me?"

"Much!"—Marley's voice, no doubt about it.

"Who are you?"

"Ask me who I was."

"Who were you then?" said Scrooge, raising his voice. "You're particular, for a shade." He was going to say "to shade," but substituted this, as more appropriate.

综上所述，《圣诞欢歌》第一节的核心意象（即 Marley's ghost）经过作者的反复铺垫，到这里算是基本完成了，阅读者在不断地探索与修改过程中依照各自的经验也随机完成了意象运演，这一意象构建过程，如图 2–21 所示：

图 2–21

呈现意象运演过程及其演化情况的目的是从内部机理上显示意象运演及其随机体验的重要性。这一过程既是阅读者对文本的认知过程，又是阅读者对文本的鉴赏过程，二者合在一起，就是文本阅读的审美体验过程。真实的阅读需要这样的过程经历，如若忽视这样多彩而随机的意象构建过程，教师的教学安排有可能会冲淡这样的体验过程的真实经历。

三、阅读过程的意象审美分析——如何知道学生在阅读时的鉴赏活动

研究阅读过程中的意象运演与审美体验，需要对形形色色的意象进行分类。心理学家对人脑中的意象及其运演进行了不同的分类，比如记忆意象和想象意象的区分，有意识意象和无意识意象的区分，涉及不同感知通道的听觉意象、视觉意象、运动意象的区分，涉及社会群体的个体意象和集体意象的区分。此外，皮亚杰提出了复写意象（以眼前事物为参照的意象）、再现意象（以过去感知事物的意象为参照的意象）和预见意象（设想行将发生的图像）的区分。

认知语言学提出了“意象维度”的几个概念，对我们分析阅读中的意象不无帮助。

第一维度是刻画程度。Langacker（1987）认为，语言表达的意义归根到底是在意象的刻画基础上实现的，所谓“刻画”指的是事物的轮廓，特别是人脸。为什么涉及脸？因为脸最能显现一个人的首要特征。从这个意义上看，意象的第一维度涉及的就是语言所指的轮廓特征。

第二维度是详细程度。构成意象的刻画点可能是由“微粒”组合而成的，恰如照片的“点数”，这便有“粗微粒”和“细微粒”之分，而这种详细程度则与意象输入、生成和存储的不同情况直接或间接相关。

第三维度是突显程度。用“粗细不同的微粒”可以说明意象结构中某些构成因素之间突显程度的差异，那些突显程度最高的微粒组合便是意象特征的明显显现。意象的特点是由突显与不突显的微粒对比显示出来的。

第四维度是视角。视角包括视点（viewpoint）、指示功能（deixis）和以人作为主体的主观性（subjectivity）。意象的视角比较好理解，是指接受语言信息（声音与文字及其语境）的切入方向不同，包括经验的视角、感知的视角、理智的视角等。指示功能，这里的“指示”与我们在语法中说的指称有些类似，但比语法中的指称内涵要更丰富些。主观性既包括作者表述意思时的主观出发点与态度背景，也包括给予作者意识上的

主观态度和情感等。

阅读过程中的意象运演和其他情境中意象运演有所不同，其关键就在于人在阅读过程中的意象运演是依赖文字的，也就是说，阅读过程中的意象运演是意象和文字的混合型运演。这种运演的特性可以用图式的办法清楚地表现出来，如图 2–22。

图 2–22　阅读中的文字 + 图像的运演图解

结合意象关于四个维度的基本概念，从阅读角度看，和意义理解密切相关的意象可以分为以下六类：

一是文字图版混合意象。这是表层阅读意象，这样的意象基本上是阅读材料的印刷版面的图像印刻，伴随着零散的模糊意象，这些模糊意象一般是由阅读语篇的孤立语词所引发，不可能获得零散的模糊意象的整合，因为，阅读者还停留在文字的表层。由于此类意象没有整合出有价值的意义来，所以，它们也不会产生意象运演的正体验，情绪的指向是困惑和无奈的，因此，也就没有审美体验。

二是图文定向型意象。这是语言学习的定型意象，和语言学习的功利性驱动有直接关系。阅读者的核心目标是达成准确理解，给出试题答案，所以这种意象运演本身是受到应试的功利驱动的，其目的和过程都会在正确理解的范围内实行意象运演，超出这种目的的审美意象运演通常不会发生。功利动机的驱动指挥阅读的情感朝向测试问题解决，恰恰是这种指挥的效应，阻碍了审美体验的情绪状态的发生。

三是石化意象。这种意象运演的基础是阅读者原来已经存储了成形的“记忆意象”,在阅读过程中,读者会产生两种互相影响的信息加工过程：一种是用石化意象（即原来存储的记忆意象，有可能是某些优秀作品所铸就的意象）去比照阅读材料所反映出来的意象，并加以编码；另一种是把语篇刺激所产生的未必完整的意象碎片用化石型意象来整合，然后进行理解，如果与阅读者心中的理想化的化石型意象吻合，阅读的意象审美体验就会产生，反之阅读者就会放弃审美动机，仅仅停留在理解而已，进而做出主观的批评与审辩（如图 2–23）。在文学鉴赏中，遵从石化意象运演导向的鉴赏者只认为符合自己的化石型意象典型的作品是美的。认定经典作品（如狄更斯的小说）的阅读者可能会因为伍尔夫意识流小说的意象塑造没有狄更斯的经典而无法进入审美鉴赏境界，但对伍尔夫的散文则能够进行审美鉴赏，因为她的散文可能符合经典散文的审美石化意象。

图 2–23

四是动态建构型意象。这种类型的意象运演与第三类成为某种程度的对照。第三类是以非动态为主要特征，而第四类则是以非化石为主要特征，二者都可以产生审美体验。动态建构型意象及其运演具有灵活建构的明确趋势，特点是形成—修正—调整—再修正—逐步完善（如图 2–24）。

图 2–24

从意象审美体验的效能看，第四类未必一定比第三类好，比如某人虽属于石化意象审美类型，但由于他的化石“图版”非常丰富，并且具有很强的专业标准，那么，他在鉴赏过程中会高效能地用石化意象图版对作品意象进行准确对应，并迅速进入良好的鉴赏境界。这比一个没有经验的审美者在作品的刺激下进行意象的动态建构的审美水平要高出很多，反之亦然。

五是客观扩散型意象。阅读肯定是有过程的，在这个过程中，意象在发生变化，也就是第四类动态地建构意象。但是，阅读者未必是依照阅读信息的输入程序来进行意象建构的，自由联想远比我们用“建构”一词所表征的心理情况要复杂千百倍，阅读材料中的词句肯定会触发各种意象的勾连，并呈现某种扩散型态势，这就会形成扩散型意象的运演，这种运演本身就会成为审美体验。

六是主观扩散型意象。另一种扩散型意象运演是主观扩散型意象运演，特点是：其扩散式意象运演并不是完全依赖于文本语言本身，可以视为一种随意性较大的扩散型意象运演。这样的运演虽然也是在阅读文本时发生的，但是阅读者更愿意在自己的主观动因驱动下去实行后续的意象运演。如果学生按照这样的运演模式进行阅读，他们不会在意自己是否准确地理解了文本的原意，但他们有更强更深的自我审美体验，有可能成为写作的前奏。他们是在阅读作品的启发中去创作自己的作品的。很多著名作家都会有这样的主观扩散型意象运演，并“运演”出精彩的文学作品。

四、阅读审美体验中的问题分析——什么因素阻碍真实鉴赏

2010—2015 年，笔者进行了一系列的课堂观察，其中一项重要的观察是：学生在阅读时有没有真正的审美体验？观察涉及 206 次课堂活动，时间长达 8240 分钟，参与的中学生为 2250 人，小学生为 5100 人，共计 7350 人。在这些课堂观察中，笔者特别予以观察的一项就是：“学生是否在鉴赏语篇？”初步统计结果表明，带有语篇鉴赏情绪状态的活动约占全部课堂时间的 23%（即 1890 分钟左右），其他时间（约 6350 分钟）基本上不涉及语篇鉴赏，只涉及语篇理解，而且，在语篇理解中，自主理解仅占 35%，其他时间大都用于教师指导下的理解活动。从观察统计信息可知阻碍学生进入审美体验的因素，大体有以下九个。

（1）学校课程对语言审美没有明确的目标定位。英语课程目标通常被定位于获取英语知识和训练英语的听说读写技能，忽略了语言审美目标。我们在课堂观察中采集了60份教学设计方案，只有5份提及与语言审美目标有关的话语。

（2）语篇内容尚缺足够的审美元素。目前教学所使用的阅读语篇，为了适应话题的要求，内容、难度、单元语言知识学习的项目和容量往往受到一定限制，教学选篇的制约就比较大了。优秀的语篇，即使是童话、寓言和故事，也很少能在以上几个方面都同时适合教学规定，所以，真正优秀的语篇在课堂教学中入选的概率是比较低的。而能够在难度、长度（含字数）、话题、语言知识和信息容量上都适合上述要求的语篇，其审美含量往往要打折扣。

（3）语篇的修辞尚不足以激发学生的审美情绪。英语课堂教学常需考虑通俗易懂，所以，无论在词语还是在句法选择上，都趋向于平直简单的修辞标准。而美文不一定在措辞上过分雕饰和繁难，但是，美的修辞元素是必要的。其实只要内容合适，陌生词汇不过多，很多经典篇章都可以作为小学和初中教学材料。

（4）课堂没有提供足以引发语言审美体验的常规与期待。日常教学有明确规定的教学目标，教学目标多为显性的知识技能目标，缺乏包括审美体验在内的隐性目标。而且这些目标从学年、学期、单元、单课（lesson）直到单节（period or class）都有整齐划一的规定，较少涉及语言审美体验期待，这样的常规决定了课堂教学缺少审美元素。

（5）课堂教学设计没有为学生留出足够的语篇鉴赏时间。我们研究一定数量的教学设计方案，发现有的方案细到分秒，但是，我们却较少看到这些方案中能够给学生预留出足够的语篇鉴赏时间。如前所述，审美心境需要学生从做事的功利性活动中逐步向鉴赏性活动转移，这样的转移需要时间。

（6）教师自身较少具有语篇鉴赏的内在动力。实现课堂中的鉴赏性阅读，除了需要有可供学生鉴赏的经典篇章，还需要教师做出鉴赏的榜样。从某些课堂观察中我们注意到，只有教师自己在阅读生活中具有鉴赏的习惯和品位，他才能把鉴赏的气质和品位带到课堂上来。

（7）注重知识学习和考试训练的主导思路影响课堂的审美方向。多年的常规教学注重知识学习和应对考试，使教师形成了牢固的追求显性知识和短期考试成绩的教学意识，并由此形成隐藏于心的主导思想，这一主导思想使教师大多以短期的知识达标为工作中心，所以，我们较少见到课堂教学把主要的时间用来组织语言的审美活动。

（8）教师与学生缺少语言审美的共鸣。很多教师是有审美素养的，而且也能够在适当的教学情境中把这种素养带到课堂活动中。但是，因为年龄、经历、学识和个人成长环境的差距，教师的审美情趣未必能够与学生形成审美共鸣，这就影响了课堂上的群体鉴赏。如果课堂上仅仅满足于个体鉴赏，那么审美激情就会受到较大影响，审美效果也会受到局限。

（9）学生之间没有共同进入审美体验的经历和经验。课堂的语言审美活动是需要由教师去组织和引导的，这样的引导可以使审美情趣在一个人群中获得强化，并因此使深度审美成为可能。独自鉴赏固然是一种很好的审美境界，但是在课堂教学上，共赏效应才能达到普遍的审美感染。

第四节 经典语篇审美及评价方法

一、经典语篇是阅读教学的第一要素
——教材的文选应当朝什么方向改进

对语言学习者而言，语言的视觉输入首先要看教材中的文选。以往的教材（如《泰西三十轶事》《泰西五十轶事》《开明英语读本》)，都是循例精选优质篇章。检阅二十世纪七十年代以来的英美教材，我们会发现，情况发生了越来越大的变化。

概括起来，这样的变化有几个方面：一是版面明显具备了多样化的设计。依照出版行业的说法，二十世纪九十年代以来国外的英语教材实现了版面的革命。大开本，多重的板块切分，立体的功能效果，有声有像的整体配置，是现当代教材的显著特点。二是语言运用活动有了很大的空间，有了突破性的革新。由于“语言运用”（language use）成为英语课程的核心概念，这些外版教材虽然仍然设置主体语篇，但亦将更大精力投入到活动设计之中，试图通过活动来体现真实的语言运用。既然注重真实运用，教材编者就要更多地考虑增加与学生直接相关的、多结合学生生活的内容。三是语篇的内容大幅增加了日常生活的元素，日常生活成为语篇内容的主流。语言运用的核心思想连带地驱动教材编者走入日常生活，甚至明确提出“回归生活”的口号。这样，日常起居、穿衣吃饭、待人接物、休闲娱乐、节假聚会、环境交通和远近旅游，就成了每套综合性教材的主流内容。四是英语风格偏向于实际应用，高年级的选篇则更加重视反映当代情况。由于贴近日常生活，教材语篇的英语风格也不同于二十世纪八十年代以前的教材，内容的实用性使英语语言更加直截了当，更加清晰明确，更加平实自然。出于实际运用的目的和简单易懂的考量，“转弯抹角”“个性突显”“隐忍含蓄”的行文风格基本上退隐了。五是出于贴近现实和降低难度的多种考虑，选篇呈现了厚今薄古的趋势。时文占绝对的优势，选自报刊（经过改写）的文章大大多于选自经典的文章。

我国英语教材历来重视语篇，而且坚持以经典篇章为主的选篇原则，尤其是高中英语教材。比如，2005 年审查通过的人民教育出版社出版的高中英语教材有相当数量的篇章引介了狄更斯、哈代、勃朗特三姐妹、米切尔、乔治·艾略特、海伦·凯勒的作品，同时还引入了莎士比亚和萧伯纳的戏剧片段，此外还介绍了中国传统文化故事，如越王勾践、屈原等的故事。

在“立德树人”以及核心素养学生发展观的指导下，我国英语教材的未来趋势应当在选篇方面加强以下几个方面的工作。

第一，教材选篇在保持语言运用的同时，有必要加强文学性。因为文学性是人文性的集中体现，提高文学性并不意味着把选材重点单纯放在文学冲突的曲折情节上，而是借助文学形式和文学形象增强理想、信念、道德、情感的育人功能。

第二，教材选篇在保持日常生活的实用性的同时，有必要增加选篇的经典性。当然这并不意味着所有以往的经典都可以入选。讲究经典性，就是为了从经典作品中提取有益于中小学生健康发展的内容元素。

第三，各类教学资源（特别是海量的练习册）在引导学生注重实际运用和提升应试能力的同时，有必要重视选篇的审美性。第一章已经讨论了人对语言使用的功利性动机和审美动机的强度和重要性问题，在某些学习的语境中，审美效应的学习效能不可低估，有时，学生对经典语篇的审美体验可能对他们的终身语言素养产生深刻的影响。

二、教材语篇的评价尺度——什么样的语篇是教材的优质语篇

在英语教学研究的专著中，有的研究者已经提出过综合教材和阅读教材的评价标准，但是，我们更需要专门评价教材语篇的评价标准体系。从 2010 年开始，结合教材的语篇实证分析，依据系统功能语言学的语篇分析方法提出语篇分析理念，并结合具体语篇的分析成果，从而构成一个相对系统的语篇质量评价方案。这个语篇评价方案包括六个方面，涉及各类要素的评价指标，现做简要陈述。

1. 教育期待（expectation of education）

（1）社会教育（祖国、家庭、道德、公民、规则、法律等）。

（2）品格教育（责任、忠诚、毅力、诚实、关爱、严谨等）。

（3）科学教育（观察、实验、取证、论证、判断、审辩、存疑、科学知识等）。

（4）情感教育（体验、认知、表征、调整）。

（5）审美教育（静观、沉思、鉴赏、体验、分辨、核查、比较、评判等）。

（6）语言教育（语言知识、语言技能、逻辑思维、修辞意识与手段）。

2. 文化语境（context of culture）

（1）物质文明（生产方式、生活方式、人与自然的关系、发明与发现等）。

（2）政治制度（政治制度、法律概念、战争与和平事件、著名政治家、革命与改革等）。

（3）信念信仰（哲学、理念、信念、理想等）。

（4）历史文化（事件、人物、故事、言论、变迁、风俗习惯、著作等）。

（5）民族与国家（民族发展进程、迁徙与融合、国家制度、社会活动等）。

（6）语言交际（语种、影响与变化、沟通方式、人际关系、文化异同等）。

（7）语类（语言与人群、语言与习惯、语言作品、语言风格、语体差异等）。

3. 情景语境（context of situation）

（1）话语范围（主题、话题、话语内容等）。

（2）话语基调（人际活动涉及的人际关系，以及相关事件等）。

（3）话语方式（口头表达、书面表达、网络沟通、微信沟通）。

4. 语篇意义（textual meaning）

（1）显性意义（语词语句的意义、语篇的字面意义等）。

（2）隐性意义（语篇表层未涉及的意义、隐喻意义、象征意义等）。

5. 衔接机制（cohesion）

（1）非结构性衔接。

①语法手段：照应（指称、比较），替代与省略，情态（对应、接续、对比）。

②词汇手段：概括（重复、同义、反义、转义、上下文），例证（对等、命名、相似）。

③语音手段：级阶（音位、音节、音步、语调），方式（重复、配对、对比）（张德禄，2012）。

教材和学习材料中的语篇会涉及上述元素，但是，由于教材和学习材料中的语篇不可避免地要涉及教学要求和教学指导信息，所以，它们和教学以外的语言材料肯定是有区别的。

（2）结构性衔接。

①概念结构（物理、心理、关系、行为、话语过程及存在状态）。

②人际结构（语气结构）。

③谋篇结构（平行对称、主位—述位、已知—新信息）。

④跨类衔接（语法与词汇、语法与语调、词汇与语调）。

结构性衔接在任何语篇中都有特殊性，因此上述指标不可能全方位地体现在一个特定语篇之中，各有侧重是所有语篇的真实特征。

6. 语篇信息（the information of the text）

（1）信息度（已知信息与新信息的比例）。

（2）信息的真实性（符合现实事实、符合历史事实）。

（3）信息的相关性（与阅读情景的相关性、与读者的相关性）。

（4）信息的清晰性（对读者而言的清晰程度）。

（5）信息的知识含量（社会与自然的新知识）。

（6）信息的智能含量（逻辑结构的复杂性）。

前三个为基本要求，或者说各类语篇都应当遵循的要求，即讲真话，说事实，求整合。在这一点上，语文教学一贯提倡的“准确、鲜明、生动”比较准确地表达了语篇信息的基本要求。在此基本要求以外，还涉及语篇的知识含量和智能含量的问题，不同的语篇会各有侧重。

7. 语篇形态（the format of the text）

（1）呈现环境（介质、伴随物等）。

（2）行文方式及结构。

（3）版面结构。

（4）媒体配置。

以上是依据系统功能语言学的语篇构成理论提出的七个评价标准领域的总述，下面我们就几个重要的问题进行细说。

三、评价语篇的文化语境——文化语境包括哪些评价指标

英国人类学家 Malinowsky 提出了“文化语境”的概念（Malinowsky，1923），这个概念对语篇分析具有很深远的指导意义。因为凡是真实语篇都会在不同程度上包含文化语境的元素，经典语篇的文化语境成分就有集中反映，经典文学作品则更是如此（张德禄，2012）。依据语义学的基本理论，语义实际上是由语境决定的，所以，我们可以认定：No context，no meaning.。

文化语境元素可以具体分为以下七个领域。①历史环境特征：历史人物姓名、宗教语词、历史事件名称、历史事件过程、历史作品、历史实物等。②文明特征：时间定位、时代名称、语言文字特点、地域文化特点、文化物品、文化活动、文化标志与符号等。③意识形态特征：社会发展阶段、阶级构成特点、政治信念、政治用语等。④地理环境特征：地理位置、地域条件、气候特点、生物生长状态、自然现象（如火山、地震等）、自然变迁等。⑤物质生活特征：生产工具、生活工具、交通工具、住房及居住环境、饮食、服饰等。⑥人的群落特征：人种特点，民族属性，亲族关系与过程，社会互动特征，社会群体结构、关系与冲突。⑦社会契约特征：社会制度、社会习惯、社会风俗、社会禁忌等。

四、评价语篇的情景语境——情景语境包括哪些评价指标

依照系统功能语言学，情景语境是文化语境的当下显现，是基于具体话语环境的话语事件的当下运演，是在语言沟通事件中支配语义选择的因素集合体。系统功能语言学认为，情景语境有三个基本变项，即话语范围、话语基调、话语方式。话语范围是指话语事件所涉及的谈话主题和基本内容的范围。话语基调是指话语参与者的基本态度、基本关系，如角色定位、亲疏程度、正式程度等。话语方式是指书面交流、口头交流、传输形式（如面对面的交流、微信沟通、借助其他媒体等）（张德禄，2012）。

评价书面语篇的情景语境也是十分重要的，它是确定语篇真实性的

重要指标。由于语境直接决定语义，所以没有具体的情景语境条件的语篇，应当视为非真实语篇。根据系统功能语言学提出的三个基本变项，情景语境的具体评价指标可分为以下八个方面。

（1）场合：事件定位、地点定位、具体自然条件、具体社会环境条件、具体生活环境条件等。

（2）场景：语篇涉及事件的具体背景（如火车站），语篇事件中的近身环境（如车站人群拥挤），在场的人群（参与语言运用的人、倾听者、旁听者、无关者等）、在场人群的心情与态度、话语参与者的心情与态度等。

（3）动机：作者动机（功利性动机、非功利性动机，但不涉及教学动机），作者成篇的内心驱动（潜在欲望、随机欲望等）、人际关系的外在驱动力（作者因为某人或某群人表达的特定话语）、现场驱动力（现场情景促使说话人进行话语表现）、知识信息驱动力（有告知他人所不知的内在欲望）。这里提及的“动机”具有双重意义：一是指作者写作本篇的动机，二是指语篇中涉及的人的话语动机。

（4）人际关系：作者的社会定位、作者心中的读者以及作者与读者的关系定位、作者对读者的预期态度、作者认定的读者对自己的预期态度。

（5）互动规约：信息的传递条件、信息传递的局限和信息传递的既定规则，作者主观设想的情况不一定是实际发生的信息传递情况。比如，日记只是记录自己的日常生活，而非让他人获得日记中的信息。但是，日记就有一种存留信息给后人阅读的潜在规约，如胡适的日记。直接为教材撰写的语篇也有潜在的互动规约，其中最为普遍的规约就是写出来供学生去学习语言，比如中国的蒙学作品《三字经》就有明确的教育互动规约。

（6）思维：主要指作者传递信息的逻辑思维、作者对读者的思维预想，其中包括智能手段的运用（如隐蔽信息），逻辑手段的运用（如三段论），作者认知过程的表述，作者引导接受者的认知过程，假想争论，真实争论，制造争论等。

（7）情感：是指作者传递的情感和文本内容涉及的情感，包括决定作者情感的具体条件、决定读者情感的具体条件、文本内容中涉及的情感元素、作者与读者的真实情感关联、作者写作中的情感过程和变化、读者的情感体验过程等。

（8）效果化结构：主要指作者期待的效果、实际的效果、可能的结果所构成的效果结构，具体包括作者期待的行动效果（引发一种行动）、情感效果、智能效果、社会效果、教化效果（如道德箴言）等。

在情景语境中，系统功能语言学还提到一个与上述八个方面并列的评价指标，那就是语类（genre）（张德禄，2012）[164]。在语篇分析中，语类是语篇结构的最高层次，又称“语体”。教材能够涉及的语类是多样的，其中包括寓言、童话、神话、笑话或幽默、传记、传奇、故事、戏剧、童谣、歌谣、诗歌、散文、杂文、小说、文学报告、日记、笔记、书信、便条、电子邮件、广告、海报、图表等。

五、评价语篇的教育期待——教材语篇的内容应包含哪些元素

在我国教育方针的指导下，英语教材的选篇历来都注重“立德树人”的基本原则，主体选篇都是健康向上的。在处理育人和语言学习的关系上，选篇通常是以语言学习为基本出发点，兼及育人目标。从课程整合的角度看，从核心素养赋予语言教育的育人功能上看，教材的选篇应当全面系统并深入涉及学生的身心成长。我们有必要扩宽视野，深层次地涉及学生的身心问题，从而大幅度提升语篇选择的教育期待。

（1）社会教育元素。包括祖国的相关知识、爱国意识与行动、爱国人物与事件、国际视角与理解、全球意识（如和平、环保）、道德规范与事例、安全意识与知识、生态意识与知识、法制观念与意识等。

（2）品格教育元素。包括责任、自尊、诚实、正直、关爱、守信、宽容、坚持与操守、严禁与规则、理性与理解、人际沟通与和谐等。

（3）科学教育元素。包括观察意识与方法、实验意识、经验与程序、逻辑思维规范、逻辑思维工具、定义、推理与判断、实证、结论、界定、存疑、概念与方法、解决科学问题程序与方法、基本科学常识等。

（4）情感教育元素。包括基本情绪认知与体验、情感事件、情感故事、情感调控经历、情绪变化曲线的体验、文学作品中的情绪情感经历、人与人之间的情感传递与相互影响、个体在群体中的情感生成和变化等。

（5）审美教育元素。包括呈现审美对象、组织审美过程（使学生进入审美状态）、标定审美焦点、提供审美作品（文学、绘画、雕塑、音乐）、培育审美趣味、展示经典审美范例（如某经典诗篇产生过程）、综合审美体验（如融会图文与音乐于一体）、指导鉴赏过程、评价美的作品、生活审美经历等。

（6）语言教育元素。包括语言知识，语言技能，语言与思维，语言与情感，经典作品阅读、分析与鉴赏，形式逻辑知识与方法，修辞知识与修辞技能等。

六、评价语篇的衔接与整合——什么是完整语篇

评价语篇的衔接和整合（cohesion）是对语篇语言质量的评价，是系统功能语言学关于语篇分析的核心内容。评价一个语篇的语言质量分两个基本的方面：一是结构性衔接与整合，二是非结构性衔接与整合。

（一）评价语篇的结构性衔接

1. 概念整合

系统功能语言学提出“概念元功能”的说法，主要是指语篇的及物性（与语法中及物动词的“及物”概念无关），即“把人们在现实世界的所见所闻所作所为等若干过程（process）进行范畴化，并指明与各种过程有关的‘参与者’和‘环境成分’”（胡壮麟，2005）。Halliday 把语篇所显示的信息内容称为 ideational function，中国学者把它译为“概念功能”。这样汉译后，反而不好理解了。从评价语篇的角度来看，系统功能语言学的“概念功能”就是指语篇内容所包含的几个基本方面，用 Halliday 的表述，就是 material process（物质过程）、mental process（心智过程）、relational process（关系过程）、behavioral process（行为过程）、verbal process（言语过程）和 existential process（存在过程）。如果我们关起门来，在系统功能语言学这个“家族”里讨论语篇分析问题，只要界定清楚这六个过程，还是很好用的，也是很有用的。但是，把这用来评价语篇的内容整合，人们就会有些疑问，比如关系过程与行为过程，无论在行文上，还是在内容陈述上，或是词语运用上，都是交叉的，关系中必有行为，行为中必有关系，如果单从词语和句法上说，这二者终究是交叉的。

基于对语篇的实际分析工作体验，融会系统功能语言学“概念功能”的概念和六个过程的内涵，我们就可以提出一个可供实际操作的“结构性衔接”的评价标准。①做事的系列：时间条件、空间条件、事件（范围、动因等）、做事主体、做事步骤、操作环节、做事结果或结局、可能的后续事件。②存在的系列：实体与非实体、平稳状态（过去、现在与将来）与演变状态、突变与嬗变、有形与无形、存在的内在特征等。③连接的系列：人与人的连接、人与实体的连接、人与状态的连接、实体与实体之间的连接、状态与状态的连接、其他任何可能的连接。④内心的系列：心灵、情感、思维、逻辑、态度、感知、内省。⑤想象的系列：幻想、神话、童话等非真实的系列。⑥元系列：这里是指涉及语言本身的系列，即指语篇本身所涉及的内容是语言问题本身，所有语言学、修辞学、语篇学的文本内容都是元系列的内容。

2. 人际整合

系统功能语言学在结构性衔接方面所说的“人际功能”主要指说话人或作者究竟是在怎样的社会关系基础上建构语篇的，反过来，听者和读者通过语篇中的人际功能的各种因素来判断和确认说话人和作者完成这个语篇都涉及哪些人际功能的元素（胡壮麟，2005）。在评价用于教学的书面语篇时，我们需要把系统功能语言学的理论阐述转换为可以实际操作的评价指标，主要评价指标有以下几点。

（1）作者的自我角色定位。这主要指作者以什么身份“面对”读者，其中可能包括教导者（如领导对下属、长辈对晚辈）、叙事者（如说书人、案情陈述者）、行动实施者（如法官告知当事人做某事）。

（2）作者与读者的角色定位。这主要指作者是如何认定自己与读者关系的。角色定位与关系有三种：一是明确的角色定位，比如个人书信的角色定位，教科书某些文章的角色定位，都是明确的定位。二是不明确的定位，一篇散文就不一定有明确的读者角色定位，但是，即使如此，作者心中仍然模糊地存在某类读者，比如，我们很难说美国意向派诗人狄更生的一千多首诗（生前绝大部分未发表）都没有读者定位。三是宽泛的读者定位，比如幽默小品、笑话、传说、传奇等。四是全方位的读者定位，比如宣言、公共文件等。

（3）作者态度。这主要指作者是以什么动机开始语篇写作的，进而相应地采取什么样的基本态度。不妨用“上、中、下、远、近、强、弱、动、静”这 11 种空间隐喻来衡量和描述作者可能采取的态度，如图 2–25。

图 2–25

说明　上：作者以自身为上，对待地位低于自己的读者。

中：作者以不高不低的平视态度对待读者。

下：作者以自身为下，对地位高于自己的读者。

远：作者以自身为基点，将读者定位于趋远的关系。

近：作者以自身为基点，将读者定位于趋近的关系。

强：作者以自身为基点，对读者施与趋强的影响。

弱：作者以自身为基点，对读者施与趋弱的影响。

动：作者在语篇信息传播上试图对读者有所改变。

静：作者在语篇信息传播上不试图对读者有所改变。

（4）作者和读者共处的故事或事件。这主要指作者在写作时设想或实际存在的某种形式的事件，也可称为“故事”。有些事件是很具体的，如作者发表对一件事情的看法和评议，有些事件则是十分宽泛的，如作者发表一首小诗，背后未必有一个真实的事件做基础，但作者心里终究是有一个背景的，虽然可能十分模糊。

（5）作者确认的交流基调。这主要指情态和意态（胡壮麟，2005）[146-147]，包含着作者对语篇涉及的各种信息的认定程度、接受程度、必要程度等，既有作者的情绪情感因素，又有认知因素，还有审时度势后对信息透露方式和程度的潜在估量（多说还是少说，说什么，不说什么等）。

3. 文本整合

文本整合主要指语篇篇章本身的整合，系统功能语言学称之为“谋篇功能”，并提出谋篇的三大功能，即主位结构、信息结构和衔接（胡壮麟，2005）[161-195]。为了实际评价的需要，结合系统功能语言学的这三大功能，提出以下四个方面的文本整合指标。

（1）主题贯通。语篇的质量取决于其整合水平，这是我们评价语篇质量的重要准则。尽管现代派意识的盛行已经逐渐冲淡了主题意识，如戏剧中的“去冲突”，意识流文学作品的“去情节”，甚至“去思想”，但是人们对语篇的主题意识，是恒久不变的。就基础教育的语篇而言，主题教育概念就是至关重要的概念。所以，我们评价语篇的谋篇质量首先要看它在主题贯通方面做到了什么程度。

从审美的角度看，未必主题贯通好就足以成就好的语篇，它只是前提，是谋篇的前提。只有在主题贯通的前提之下，我们才可能谋求语篇的艺术质量，即审美的品质。以下三项都与语篇的审美品质有关。

（2）逻辑关系。有序性是审美的基本元素之一。语篇的有序性是指在主题贯通的基础上，需要好的逻辑结构，本质上就是从整体上构建好的逻辑关系。这主要包括有序的时间系列、有序的空间系列和有序的时空匹配，在此基础上，再加上并列关系、包容（从属）关系、交叉与错落安排和同质与异质拼合，从而成就逻辑的艺术结构。

（3）显性信息的整合。语篇信息可以概括为事实（fact）和想法（idea）两大类。事实包括实体、状态、过程和现象，想法则包括作者主观世界的一切，如情感、态度、价值、评议等。语篇的任务就是要在主题贯通和逻辑构建的基础上把这些组织起来，并达到整合的水平，主题贯通和逻辑关系都是为整合服务的。

（4）隐性信息的整合。好的语篇都不会是显性信息的表面化整合，因为作者借助显性信息的整合要进一步加强信息的深度、广度和厚度，这些都隐藏在显性信息之中。好的语篇的质量在很大程度上要看隐性信息的深度、广度和厚度，把三者结合起来，就是语篇隐性信息的内在整合水平。

（二）评价语篇的非结构性衔接

1. 语法衔接手段

语篇的语言必须由语法来实现关联，即我们常说的连字成词、连词成句、连句成段和连段成篇。这种“连”首先要用特定的语法手段来实现，常见的语法连接手段有 8 种。

（1）指称，指要表征的人物与事物。

And as the tales of the Round Table are full of this lady, Queen Guenevere. It is well that anybody who reads this book should learn how she became queen.

（2）替代，指已经被指称的人物或事物，后续以某种语法手段加以替代。

Meanwhile King Arthur had rested himself at the abbey, and afterwards he rode to Camelot, and was welcomed by his queen and all his knights. And when he told his adventures and how Morgan le Fay sought his death they longed to burn her for her treason.

（3）一致，指保持上下文指称和陈述的一致，从而避免前后矛盾。

We have, therefore, in this island today a very large and powerful military force. The force comprises allout best-trained and our finest troops, including scores of thousands of those who have already measured their quality against the Germans and found themselves at no disadvantage.（Heffer, 2011）

（4）照应，指后文提及前文涉及的事情，相互呼应，旨在保持语篇的整体性。

Tom was bright enough to do satisfactory school work, but he refused to apply himself to the assignments. If he had his way he would read all the time. He resented criticism. He was antagonistic toward the other children—complained that they picked on him. (Axline, 2012)

(5) 强调，指在一般性的表达中凸显出支持主题贯通的某些重要的意思。

Octavius: Why, it is just because she is self-sacrificing that she will sacrifice those she loves.

Tanner : That is the profoundest of mistakes, Taby. It is the self-sacrificing women that sacrifice others most recklessly. Because they are unselfish, they are kind in little things. Because they have a purpose which is not their own purpose, but that of the whole universe, a man is nothing to them but an instrument of that purpose. (Shaw, 1903) [61]

(6) 省略，指为了凸显主要意思而舍弃那些不重要的、不必要的，甚至会干扰主题的信息。

"How many miles to Babylon?"

"Three score miles and ten."

"Can I get there by candlelight?"

"Yes and back again!

If your heels are nimple and light,

You may get there by candlelight." (Rackham, 1994)

(7) 重复，指为了表述的特定需要，对于某些信息点用某种语法手段进行复现。

The goat answered, "I am so full, I can not pull."

Another blade of grass—ba! Baa!

And the goat answered,

"How can I be so full, There was nothing to pull." Though I looked all about me—ba! Baa! (Grimm et al., 1993) [150–151]

2. 词汇衔接手段

语篇中的文字除了用上述的语法手段实现关联，还会使用词汇手段实现关联，我们在评价某一特定语篇时，应当结合语法衔接手段来检查该语篇究竟是怎样使用词汇衔接手段的，这方面的评价指标主要包括以下几点。

（1）重复。这里所说的重复，是词汇的重复，而不是句法的重复。在某些语篇里，重复使用某一词语，能够起到很好的篇章整合效果。如 Martin Luther King 的著名演讲 *I have a dream* 就使用了双重重复手段，即句法的重复和词汇的重复。

（2）定义。定义的语言本质就是以系动词实现两个不同词在语义上的对等，所以，我们可以用数学的恒等式概念来比照定义手段，它也是双重的衔接手段，但更侧重于词汇衔接。

（3）释义。释义实际上是定义的一个特殊的小类，它与定义有一个相同之处，即其主位和述位都带有"恒等"的性质。

（4）同义。就语篇整合而言，同义手段（不是指同义词）十分重要，所有文章的修辞与表义的多样化都必须在同义的水平上进行，否则，语篇的整体水平就必然被弱化，甚至被部分破坏。小学生尽管会使用他们能够知道的词汇组合成一篇小文，但是我们读起来觉得很幼稚，或者说从词语形式完整的角度看，它们在表义上是零散的。其中一个重要原因，就是他们还不太会自始至终地使用同义手段。

（5）反义。反义手段与同义手段在语篇整合上的价值是相同的，同义和反义配合起来使用，这样的语篇犹如严整的经纬编织，具有很好的审美价值。

（6）近义。近义就是使用相似的语义。选择具有相似语义的词语来配合某一个或某一些特定词语的使用，必然会达到语篇整合的效果，因为某些特定词汇和与其相近的词汇交替出现在语篇中，读者就会更好地、更确切地构建语篇的整体意思。

（7）转义。近义和转义其实都是特定词语在不同的微语境（即邻近的上下文）中以扩展或改变语义来重复，通过这种转义性质的同词语之再现，作者得以实现整合全文的目的，很多经典篇章都善于使用转义这种语义黏合手段。

（8）隐义。作者在显性的词语运用基础上，以深隐于词语表层之下的意义来加强语篇的语义含量，这有点像一棵树苗为了土壤上面一层的枝叶生长而加固根系的深延。（张德禄，2012）

3. 语音衔接手段

书面语篇本身不完全是视觉形式的呈现，任何书面语篇都会有语音衔接手段，这个问题在诗歌上显得更加典型。美国著名诗人 Robert Frost 在接受采访时说："I just say catchy. They（指诗）stick on you like burrs thrown on you...You don't have to try to remember them, It's from the ways they are said."。这里的 catchy 就是指诗歌的语音形式之美。Frost 又说："The Meter seems to be the basis of—the waves and the beat of the heart seems to be basic in all making of poetry in all language—some sort of meter."。诗人在这里强调的是一种几近"天成"的音韵意识的自然流淌，是一种对语言内在声音节奏的恰当把握。

从阅读语篇评价的角度来看，我们要注意以下指标（张德禄，2012；胡壮麟，2005）：

音步是指词语、句子中隐含的在声音上的轻重缓急（扬与抑的配合）。语调是指语篇中词语组合出来的线性系列的高低起伏。重复是指配合句法和词汇的重复而产生的语音重复。匹配是指包括韵律在内的各种语音系列的呼应。对比是指包括节奏在内的各种语音系列的反差。

七、评价语篇的信息结构——如何理解语篇传输的信息

语篇传输的信息就是我们一般所说的语篇内容。我们用信息的概念就可以更加深入具体地评价语篇内容的各项指标。语篇研究者（唐青叶，2009）引用 H. P. Grice 的成果，提出了四个准则，即质量准则（信息的真实性）、数量准则（充足的信息容量）、关系准则（与情境和读者的相关性）和方式准则（确切清楚的表述方式）。在这四个准则的基础上，这里再加入语篇信息评价的其他指标，分述如下。

1. 信息的目的性

信息的目的性是指语篇提供的信息要达到的目的。教材中的语篇就是为了语言学习的，这似乎是不说自明的事情，实则不然。因为语言的基本功能不是单一的，而是多样的。历来的语言学家对语言基本功能的界定也略有不同，但是不管我们采纳哪一种功能理论，都可以在一个基

本点上达到共识，即信息的目的性是多样的。下面，我们可以参照功能语言学家的功能分类。

（1）Halliday 的三功能说：概念功能（ideational）、人际功能（interpersonal）、语篇功能（textual）。

（2）Bühler 的三功能说：表征功能（representational）、表达功能（expressive）、意动功能（conative）。

（3）Searle 的四功能说：表征功能（representational）、委托功能（commissives）、表达功能（expressive）、宣教功能（directive）。

（4）Popper 的四功能说：描述功能（decriptive）、元语言功能（metalinguistic）、表达功能（expressive）、信号功能（signalling）。

（5）Jakobson 的六功能说：表征功能（representational）、元语言功能（metalinguistic）、应酬功能（phatic：practical & social）、表达功能（expressive）、意动功能（conative）、诗化功能（poetic）。

教材的语篇选择通常会考虑上述各学派的功能理论，综合教学与文学因素，灵活调整语篇信息的目的性。中小学英语教材的语篇有必要在上述各个功能方面取得更好的平衡，如 Jakobson 提出的“诗化功能”，就是其他语言学家忽视的，而此点，恰恰就是本书重点研究的内容。

2. 信息度（informativity）

语篇研究者把信息度分为三个等级：第一等级是一个语篇包含的信息是读者已知信息或意料中的信息；第二等级是一个语篇包含的部分信息是读者未知信息或意想不到的信息；第三等级是一个语篇包含了太多的未知信息，而且没有加以解释（唐青叶，2009）。由此我们可以知道，服务于教学的教材语篇在把握信息度上是十分重要的。

3. 信息的真实性

这是语言教育的篇章应当特别注意的一项评价指标，包括以下三个要素：一是信息的可靠性，即信息的来源真实。语篇的信息从哪里来的，来源是否真实可靠。用于英语教学的各种语篇，特别是教辅读物的语篇存在来源真实性的问题较多。二是信息的真实性。事实、过程、现象和引用话语，都应当是真实的。三是信息传输形式的真实性。这包括信息细节的选择、语言表征方式、表述的语气、修辞手段的运用等。

4. 信息的准确性

在真实性的基础上，语篇传输信息还有准确性的问题，就真实报告类的语篇而言，主要看传输的信息符合客观事实的程度；就文学类语篇而言，主要看作者基本创意在语篇表述上的准确程度。

5. 信息的相关性

主要指作者所传输的信息与读者的关联程度（包括读者角色定位），内容是直接涉及读者，还是间接涉及读者，还是表面不涉及读者，只是让读者去体会或评议。比如儿童作家谋篇时就特别要考虑儿童的关注倾向、兴趣焦点、理解水平等。

6. 信息的清晰性

这里说的“清晰性”不是指越清晰越好，而是客观地看语篇的清晰性是在怎样一个基准上。有的语篇可能是隐藏的信息多，显露的信息少，这样的语篇的清晰性就低，但很可能是好语篇；有的语篇可能是隐藏的信息少，显露的信息多，它的清晰性就高，但未必是好语篇。

八、评价语篇的呈现形态——如何分析语篇的视觉形式

人在阅读时并不注意语篇的呈现形式，但是，这并不意味着呈现形式对阅读者的心态没有影响。耶鲁大学有一位学者卡斯顿（2012）写了一本研究莎士比亚及其著作的书，特别谈到了阅读者与语篇的特定呈现形式的密切关系，他反驳一位大力提倡电子阅读的教授时说：“尽管电子文本的潜力激动人心，电子技术似乎不可阻挡，但书的韧性有可能被严重低估了。我们或许生活在印刷术的晚期，但是现在看似过时的书的技术完全有可能表现得比许多人想象的更为强大。”他指出，阅读者品味作者用墨水写在大页纸（foolscap）上的原诗，与阅读诗人的全集中的“同一首诗，与阅读诺顿选集中的文本，或网上的文本，都不是一回事”。所以，他认为“文本的呈现方式和模式本身不可避免地成为诗歌意义结构的一部分”。我们从卡斯顿论诗歌文本推而广之，便足以知道，任何文本（古老的历史文献、典章制度的公文、近代的散文、当代的杂文等）的特定呈现对阅读者的阅读意象运演和审美体验，都是阅读过程的有机组成

部分。用这个概念去改进教材和读本，或许我们会看到一个真正的阅读变革时代的到来。如果我们现在走进新型的书店，我们就会意识到，新的文本呈现形态具有传统与当代结合的审美倾向，读者手里拿到一本袖珍的诗集和美妙的配图时的审美感受，与坐在电脑前或低头看手机的阅读情趣是有很大差异的。这都是阅读材料呈现形式需要深入研究的问题。评价文本呈现形式，可以参考下面的评价表（表 2-1）。

表2-1

呈现环境	周边信息形态：报刊的版面、纸的品质和书的品相
	相关文章：字体字号及文字的编排结构
	照片和图画的形式与内容
行文的形式和结构	标题与正文
	图文配合
	汉语标注
	意义提示
	提示手段
	注解
版面结构	配图的质量和风格
	表格或图表的明细程度
	旁注的学术水平和适度水平
媒体配套	配音
	图片或照片

第五节　课堂视觉输入的艺术设计

课堂的视觉输入虽是一个具有广阔研究价值的领域，但也是很容易被忽视的领域。随着多媒体产品的广泛介入和互联网技术的普遍影响，课堂视觉的通道、结构与机制已经产生了潜在的变化。值得我们注意的是，这样的变化带有很强的随机性和随意性。现代技术正在演变为主导者，计算机辅助语言学习的功能正在发生质的变化，互联网技术试图全面地改变人类生活，也试图全面改变学校教育。在这种形势下，课堂教学应当怎么办？是否也要全面实现互联网化？这是值得思考的问题。

根据认知语言学的“具身体验”概念，英语课堂的视觉输入应当遵循以人为本的原则，教师应尽力创造一种有利于学生直接的具身体验的艺术审美环境。本节将集中讨论英语课程视觉输入的艺术设计问题。

一、绿色的课堂视觉输入——学生在课堂中阅读有什么感受

绿色课堂是想借助“绿色”来表达一种氛围，一种宽松和自然的氛围，一种适合学生进行欣赏与审鉴活动的氛围。它应当能够促成两种基本的知觉：一种是自然环境的知觉，一种是求学求知的知觉。后者是由书籍、书房和图书馆的某些意象构成的，虽然课堂中不一定会有图书馆那么多图书，但是，教师有必要为学生创造某种条件，让他们联想到书房和图书馆。

从阅读的角度看，理想的绿色课堂视觉输入具有以下特点。

（1）显示语篇的文化环境。所有的真实语篇最初都显现在一个特定的文化环境与条件中，也就是那个特定语篇最初发表时的物化条件：写在什么样的介质中，具有什么样的视觉样式。这是语篇审美的前提要素，比如莎士比亚的剧本最早的对开本（卡斯顿，2012）大体可以视为莎剧原始的呈现样式，展示这样的原始样式会轻而易举地把语篇的文化特征显露给学生读者，而这一点对于学生接受特定的语篇是很重要的。呈

现特定语篇的物化版面元素，并不意味着学生学什么文章都要印成最原始的出版形态，如让学生阅读司马迁的《史记》，没必要搬出仿制的竹简来，但是，让学生在课堂中感受到重点研读的语篇的文化环境，是必要的。

（2）显示语篇的作者特征。一些经典篇章有必要显示作者的特征，不应仅仅包括作者的外貌特征，还应包括作者的居住环境、交际活动、兴趣爱好。此类信息可以通过多种方式提供给读者，如展示百科全书的特定书页、作者小传、作者的生活照等。

（3）显示语篇的原始来源。有些不涉及特别的历史文化特征的语篇，也有必要呈现语篇的来源，比如它们最初发表的版面设置，最初发表时的报刊的原貌，甚至最初的文稿。

（4）显示语篇的原始状态。我们现在呈现给学生的语篇，通常是经过重新编辑的文本，这似乎是一种大家公认的常态。但是，从语篇的具身体验角度来看此问题，就有必要做深层次的考量。一是考虑经典语篇在上下文呈现上的特定人文微环境。所谓“特定人文微环境”，指的是篇章呈现给读者的介质条件，比如《格林童话》的英译原本，或较早的版本，有图有文，有特定的印制形式，这些都可以传输特定的人文信息。如果我们承认英语教学的学习语篇有必要增加经典篇章，那么我们就需要连带考虑经典篇章在文本呈现上的特定的人文微环境。二是考虑特定语篇自有其特定的文字组织结构。特定的语篇自有其文字的组合结构，包括字体、字号、行距、段落等的外形构成和全文本的外形构成。以中国经典诗歌的文字组织结构为例来说明，中国古代的五言或七言格律诗的竖排结构是与它们的阅读视知觉密切相关的，而且这样的文字组织结构显然可以传输一种中国传统文化的视知觉。三是考虑特定语篇的图文视知觉。中小学的中英文阅读语篇会涉及图文结构，教师可以使用教材的现成图文呈现形式，也可以出于课堂教学的特定需要，自行设计图文结构。

在此基础上，我们可以提出一个对课堂环境进行进一步改造的设想：让课堂环境更接近小型图书馆。这样的课堂设计不是表面化的墙面装饰，而是具有实质内容的图书馆环境设计，有以下几个要点：

①精选书目。学校组织语文教师和英语教师联合完成学生的阅读推荐书目，力求所选的书目基本上涵盖几个学年课程所规定的必读、选读和拓展阅读的项目。这项工作必须由专职教师合作完成，入选图书应超越课程标准和教材的底线要求，为各类学生提供广阔的选书和选篇的空间。②重视图书版本选择。当前的学校图书馆一般都是批量购入，多有存在相对忽视版本的情况，有的学校图书馆甚至没有特定的精选书目要求。③建立课堂阅读规则。如果在课堂上建立微型图书馆，学校就要指导和帮助教师制定课堂阅读规则，比如为了保持教室里的图书分类摆放，学生就要养成把用过的图书放回原处的习惯。④设置阅读区域。如果教室的空间允许，教师有必要设置带有“学园”性质的阅读区域，但前提是学生要有良好的读书素养，在既定区域内保持应有的安宁，这种读书气氛十分重要。⑤指导必读与选读。当下的教室虽有设置图书角的，但图书大多并未经过课程的专业筛选，也没有把必学课程与教室内的图书选目结合起来，进行统筹运作，从而导致在学校教室的图书有可能形同虚设。⑥实行家校协作的读书与图书选目机制。教师应当在学校的统筹中发展家校协作的读书机制，教师和家长鼓励学生自由选择书籍。

这里要特别强调三点：第一，不要总是说看书可以去学校图书馆，学校和教师都应当注意到学生与图书的关系也存在具身体验效果问题，学校图书馆远离学生，很难起到促进读书的作用。第二，不要用网上图书馆代替纸质书籍的具身功能。第三，不要用泛泛的书目来替代专业教师精选的配套书目。

以上关于课堂图书馆的三维立体设计构想，在学校还没有形成传统。随着互联网的发展，纸质图书馆的构想更容易被搁置一边，但是，从本书所提倡的学习的视知觉概念看纸质图书馆的课堂构建，应当说是与互联网资源发展并重的。

二、语篇内容与心智深度——为什么说语篇犹如“冰山”

我们在前一节关于语篇质量评价的讨论中，已经详细地研究了语篇内容的质量评价指标。现在，我们再集中研究一下语篇的心智深度问题。关于语篇的表层和深层，我们可以提出一个冰山隐喻，如图 2–26 所示：

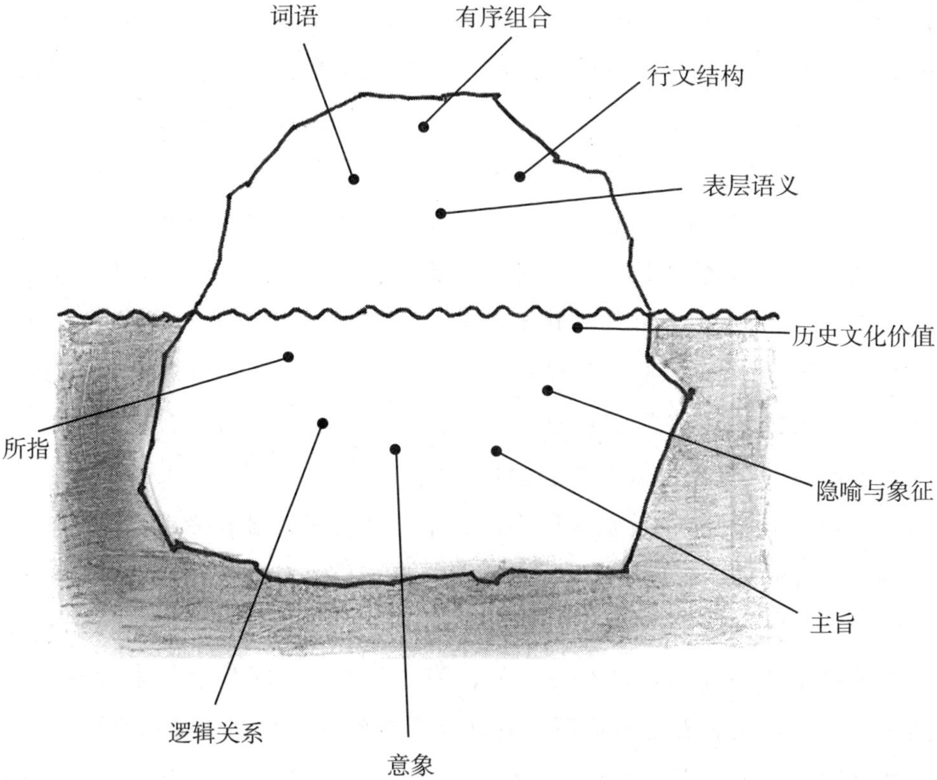

图 2–26　语篇的冰山隐喻

语篇的意义就像冰山一样，其显露部分是语篇的表层结构及其信息，被隐藏的部分是语篇的深层信息。从英语学习的角度看，阅读者进行阅读能力的锻炼重在对深层信息的挖掘和解读。

语篇的表层部分（即显露部分）包括以下几点：

一是词语及其在句法规则下的有序组合。二是词语及其句法组合所构成的表层信息的线性系列，即我们所见到的一行行文字。三是由语句组合而成的语段，以及由语段所构成的语篇。四是语篇所形成的“几何结构”。五是词语或语句或语篇所显示的表层语义。

这些显露部分的元素配合起来，形成一种蕴含着深层语义的表层语义，这正是读者需要探求的。

语篇的深层部分（即隐藏部分）包括以下几点：

一是词语合成的表层语句语义所暗示的所指（事物、现象、人物及其他事物之间的特定关系），如济慈《咏大海》（*On the Sea*）（顾子欣，2015）中所涉及的shores，cavern，sound，shell，wind，sea，ears，melody，brood，sea-nymph。二是语篇涉及的所指被作者理解的或编制的逻辑关系。如济慈《咏大海》中被诗人组合起来的wind，sea，sound等"所指"事物的逻辑关系，这样的逻辑关系不是客观事物之间的自然而然的关系，而是诗人为了构成自己聚焦的意象而"人为地"编制的逻辑关系。三是作者意在勾画的意象元素以及这些元素的组合，使全篇形成一个完整的意象。在有些并不精彩的篇章里，这样的整合虽然存在，但是它们或不完美，或不完备，或没有独特价值。四是服务于作者主旨的意象元素或其他信息元素的特定组合，这样的组合通常会被统一在作者的主旨之中。在有些篇章里，这样的主旨就是通常语篇教学中所说的"主题"。但是，主题和主旨是有区别的，主题往往可以被作者或文章分析者用特定语言清楚地表述出来，而主旨不一定能够如此表述出来，比如T. S. Elliot的《荒原》（*The Waste Land*）的主旨就很难用简单的语言加以表征，但这个作品并不是没有主旨的，诗中意象元素和信息元素的组合显然有很深的意义。五是语篇深层意义范围之外的隐喻和象征意义或价值，比如英国诗人布莱克（William Blake）的名诗《老虎》，中国翻译者（顾子欣，2015）谈到了老虎的象征意义，"老虎象征何物？有人认为是指法国大革命，有人认为是对上帝创造力的歌颂，众说纷纭，尚无定论"。但是，尽管无一定论，作者还是有所象征的。六是语篇的历史文化价值。可以肯定的是，服务于阅读教学的语篇，不一定都要有历史文化的深层元素。但是，教材和教学的选篇应当吸收一些具备历史文化元素的语篇，引导学生进行深层的研读，比如丘吉尔的著名演讲"*Blood*，*Toil*，*Tears*，*and Sweat*"（Montefiore，2005）。

以下是济慈《咏大海》（*On the Sea*）全诗（画线部分是具有深层含义的词语）。

It keeps eternal whisperings around
    Desolate shores, and with its mighty swell
    Gluts twice ten thousand caverns, till the spell

Of Hecate leaves them their old shadowy sound.
Often'tis in such gentle temper found,
That scarcely will the very smallest shell
Be mov'd for days from where it sometime fell,
When last the winds of heaven were unbound.
Oh ye!who have your eye-balls vex'd and tir'd,
Feast them upon the wideness of the Sea;
Oh ye! whose ears are dinn'd with uproar rude,
Or fed too much with cloying melody——
Sit ye near some old cavern's mouth and brood,
Until ye start, as if the sea-nymphs quir'd!

三、视觉输入的环境因素——何时何地何因
阅读一篇文章，感受都一样吗

阅读的视觉输入不可忽视环境因素，因为它们直接影响学生的阅读心态和体验。当前的课堂阅读相对习惯了在一种十分相似的环境下运作。相似的课堂活动，相似的读本，相似的启动条件，并因此促成了相似的过程和相似的结果，这种相似性很难更大限度地激发学生的阅读情绪和动机。

具体地讲，这里主要涉及的环境因素是时间、空间、氛围和启动的事件（含动因）。

1. 时间（time）

学习过程是由时间的序列构成的，阅读的时间因素主要看阅读活动发生在学习过程的哪一个节点上，并要看阅读的时间是如何推进的。

2. 空间（space）

学生的阅读有两个空间：大空间和小空间。大空间主要是指教室。在课堂教学中，学生是在一个群体空间中启动阅读的，这个空间（包含其中的人）会对学生个体产生正面或负面的影响。静谧和谐就可以促进良好的阅读体验过程，不必要的话语、声音或走动就会影响阅读体验。教师在这个大空间的行为也是一个重要的环境因素，关注还是不关注，

等待还是暗中催促，对学生的阅读体验都会产生直接的即时影响。小空间是指学生个人的静止活动空间。学生的坐姿、活动空间、课桌上的文具或物品的摆放，也会潜在地影响阅读体验（如图 2-27）。

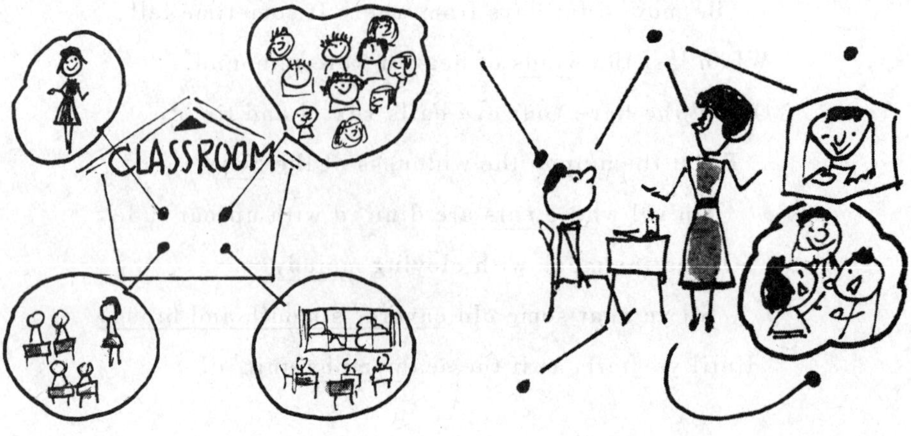

甲　　乙

图 2-27　大空间的要素（甲），小空间的要素（乙）

3. 氛围（air）

氛围是由教师心态定位、群体情绪趋势和指向、行为影响的总和决定的。主导气氛的仍然是教师，教师的心理定位决定了教室的气氛，在教师的心理定位中，教师的期待十分重要。教师的这些心理因素最终决定了群体情绪趋势与指向。

4. 启动事件（event）

学生的阅读动机由外因刺激引发，或由某一实际事件引发，或由语篇本身引发。只有真实地感受到“我要做一件事了”，或真实感受到“我要读一篇有趣的文章了”，学生才会产生阅读动机。

四、语篇视觉输入过程的设计——教师应当如何呈现语篇

“绿色视觉输入”的概念是教师进行语篇视觉输入的总体指导思路。在总体思路指导下，教师在课堂教学中呈现语篇时应注意以下问题。

1. 确立师生共认的“经典读本”

这里所说的“经典”（classic）主要是指那些被任课教师和学生共同确认的、应当反复研读吟诵甚至背诵的语篇，既包括人们公认的那种经

典（如莎士比亚《李尔王》片段、狄更斯《双城记》片段、彭斯的短诗等），也包含被师生共同认定的其他类型的精彩篇章，比如时政、经济、科技、励志、法律、金融等优秀的健康语篇。这种由师生共认的经典读本应当具有以下特点：①符合“冰山隐喻”的主要指标，它们都有出色的、深刻的内涵；②包含非常丰富的核心素养元素，综合来看，经典语篇所含核心素养元素的密度、广度和深度都高于普通语篇；③拥有经时间考验的人类智能元素，所以更加适合培育学生敏锐的阅读思维；④深含更多的人类美好品质元素，如诚信、正直、坚定、责任、关爱、宽容、毅力、勤奋、机智等。

“师生共认”是指这样的经典阅读系列读本就应当由教师亲自挑选，学生积极参与，这本身也是促进教师与学生共同发展的有效途径。

2. 规划连续的阅读体验过程

教师比较常见的阅读活动设计是以独立语篇为主的阅读理解活动。所谓“独立语篇”指的是所选语篇之间没有内容的关联，间或有话题的集中安排，但是，语篇内容是各自独立的。这是当前阅读活动的一种通用模式，而且，这样的模式往往是以高考或中考试卷中的阅读题为主体篇章，也就是说，隐藏在这样的阅读活动背后的是备考的功利动机。基于语篇审美目的的连续阅读体验过程的教学设计应该加以提倡。

3. 实施读本的自主设计

在日常教学中，教师通常是使用规定的阅读练习册，这样的练习册不能有效支持语言的鉴赏体验，因为练习册的内在目标是备考。所以，有志于推进语篇审美的教材编者、学校教研室和教师可以进行读本的自主选篇。一是重视选篇策略。读本的第一特色就是“选学”的特色。选文有两种策略：一种是“超市购物策略”，即到“超市”（即图书室或书店）去挑选自己中意的篇章；另一种策略是“调查策略”，需要尽人之所能，实施“一网打尽”的原则，然后从中选择最中意的。尝试实践语篇审美的教师应当采取后一种策略。这样的策略在中国传统文史教学中被称为一门很专业的学问，即由《昭明文选》开创的选学（朱自清，2008）。二是实施文本素材的调查。所谓“素材”指的是初选的原始材料。素材的来源最好能够做到有大跨度的时间覆盖，适度选择中国原典文化内容，侧重英国文化，兼顾美国文化，尽量保持原文原态，力求第一来源，标明文献来源。三是维护篇章的多品种覆盖。教材编者或教师在选择经典语篇的种类上应注意均衡分布各类品种：寓言、童话、神话、史诗、传说、诗歌、格言、演讲（含片断）、名人或历史人物语录。四是读本的全部语篇均须从素材中截取（寓言除外），截取的参照标准有以下几点：①符合核心素养中的某一点或某几点内涵；②意思完整；③顾及上下文的内容元素；④有利于延伸；⑤知名或经典段落。

4. 读本的内容深度

从语篇审美的角度看，“通俗易懂”不是选篇和改编的准则，有必要对语篇内容深度进行综合性考量。

一是读本语篇总量的60%～80%应适当设置理解“障碍”，避免让学生读起来“一目了然”。各级别的阅读篇章都应当对学生具有结构和信息的双重挑战，只有这样才能够真正锻炼学生的阅读智慧。二是读本选篇应特别注重将篇章内容建立在典型语境之上，篇章作者应当具备典型写作动机，篇章内容应当负载典型事件和人物以及典型过程。达不到典型标准的作品不选，一般化篇章少选，如一般性的介绍、对某种社会事件或现象的评议。三是鼓励在选篇中设置深层次的文化蕴涵，吸收深层次的智能元素。学生初步理解后，会在特定的情节或措辞中发现在初次阅读中被忽略的文化元素。学生在完成了无障碍阅读后，可能会忽略某些深层的逻辑秘密，在深入阅读后，学生方能发现这些隐藏的逻辑元素和智能元素。注重在叙事中埋藏人际关系的隐含元素，为教师进一步引导学生去发现深层的东西提供语篇条件。选择足以激励学生去解决特定问题的篇章，这些问题应当隐藏在语篇中，且应有不同的解决方法，以此诱发学生读者启动审辩式思维活动。四是适当选取一些作为文化常识的寓言、神话、历史人物故事或历史事件等，这些常识是作为基础知识纳入读本的。对某些适合英美幼儿水平的童话、幽默故事和生活叙事的素材加深其认知难度，避免阅读内容的低龄化倾向。教材编者和选编自主读本的教师应当注意发掘以下信息点：一般读者不知道的出处；一般读者不知道的某些细节和前因；历史上不同的说法，不同的版本；其他民族或国家相似的故事；曾被某历史人物或作家引用过；破除习惯性的理解，发掘原来的意思或新的深层次理解。

5. 阅读鉴赏体验的微行动指导

人在行动时都有微行为（micro-behavior）。每个做活的工匠都懂得，活的质量最终由干活的微行为决定。阅读也是这样。我们应当注意以下几点。

一是个性化的阅读姿势。教师比较重视统一的正确的阅读姿势。但并不是每个学生都适合同一种规范的阅读姿势。二是阅读材料的"品相"。"品相"是中国藏书人的行话，指的是书的外观质量。在课堂中，教师很少想到阅读材料的"品相"问题，因为长久以来，学生用的阅读材料只有教科书和练习册。阅读者的鉴赏性体验是与这些读本的"品相"相关的，它的象征意义是：手持什么品相的读物，直接成为人的品位的标志。三是阅读工具的摆放和使用。看一个人在阅读时如何摆放他的工具，就可以知道他是怎样的阅读者。我曾经读到过一位著名作家的阅读小故事，他在一次社交活动中偶然与一位外交官员的太太谈起了读书，这位太太想显示自己的学者品位，便对作家说："我每天晚间睡觉前都要读书。"作家问："那您在阅读时手中有笔吗？"这位有教养的太太立刻知道自己的炫耀是愚蠢的。在阅读的微行为中，用笔标注，用关键词做笔记，用纸签锁定书页中关键信息的位置，这是学生在阅读中必须学会的事情，课堂上应当进行训练。

6. 鉴赏性阅读过程的内心引领

教师指导学生在阅读中的内心体验，是阅读审美的重要条件。阅读可以分为功利性阅读和鉴赏性阅读。一个人去读投标书，虽有阅读理解，但其功利目的是评估标书的专业质量，其审美含量是微乎其微的。在引导学生鉴赏美文时则应当特别关注他们的内心体验，教师可注意以下几种策略。一是教师示范。依据镜像效应的原理，教师进入语篇的鉴赏心境是学生随之卷入鉴赏活动的必要前提。教师要把美文的体验真实地显示给学生。二是鉴赏评点。教师首先把最佳的鉴赏点抽出来让学生"观赏"，这很像艺术鉴赏家向徒弟们指点艺术藏品的绝妙点。三是圈点示范。中国有句俗语叫"可圈可点"，此语源自中国文学作品的评注传统，比如《红楼梦》就有各种点评本子，最好的是脂砚斋评点和护花主人评点，这个模式可以借鉴到英语鉴赏性阅读中来，教师可以向学生展示自己的圈点性书评。四是意象图解。教师可以示范自己的研读意象图解，就是把自己阅读中产生的意象展示给学生观看，然后让学生模仿这种图解。在不同类型的阅读课堂上引用此法，即使对于小学低年级学生也有极佳效果。

本节重点研究了语篇的视觉输入与加工的问题，提出了“绿色的课堂视觉输入”概念，并对这种视觉输入的课堂改革进行了较为详细的陈述。课堂视觉输入虽然主要是语篇的“文字输入”，但是从结构知觉的角度看，文字的输入具有完形趋势，而且会同时涉及语篇形式与意义的整合问题。

第六节 绘本阅读的艺术设计

绘本具有悠久的历史，在东西方文化中，很早就有用连续的图画表现故事情节的做法。中国古代关于孔子事迹的图画，关于忠孝节义故事的图画，都是绘本的前身。在西方历史上，古希腊罗马神话故事和各国民间传说，也都是以连续图画的形式出现。本节将对绘本的动因进行一些探究，同时对绘本的编制和教学提出一些建议。

一、儿童心智成长与绘本阅读——为什么绘本经久不衰

人类历史表明，人对连续的图画具有长久的兴趣，从岩画到故事插画（如中国古代的木版画、西方的铜版画）到连环画（俗称“小人书”），人们对视觉叙事高度痴迷。到了近现代的欧洲，绘本成为儿童教育的不可或缺的亲密伴侣。

1. 人类的视觉本能

旅美人类学家王海龙从视觉人类学的角度指出，对图画的兴趣是人类的视觉本能，这种本能与人对图画的需求直接相关。他以黑猩猩为例来说明这个问题，实验表明黑猩猩把对形象的挑剔放在生存需要前面。他认为，黑猩猩优先接收直观形象是依据“视觉上的‘熟悉’和‘顺眼’的原则”，而这个原则在一个特殊的实验中甚至超过了“活下来的本能需要这个最根本的原则”。（王海龙，2016）

2. 人类的文化意蕴

从视觉上讲，人类的表义活动最早是以图的形态和形式进行的，古代的岩画和雕塑遗存证明了这一点（Harviland，1990），这些视觉图画、图形或图像具有祭祀、游戏、记录、装饰、审美等多种文化功能。人类接受图画具有深刻而久远的文化需求。

3. 集体表象

据精神分析心理学的研究，人的内心深处都从祖先那里继承了精神遗产，荣格把这种“遗产”称为“集体无意识”（collective unconsciousness），这是生物进化和文化历史发展过程中的“心理沉积物”，是脑结构中遗传性的“存留”，而这种“存留”的一个重要形式就是“集体表象”（Jung，1981），我们可以把这种沉积的“象”理解为一种原型（archetype）。从这个角度看，每个人大脑最深处是由原始沉积的图像组成的，绘本实际上是唤醒了儿童的这种内存。

4. 视觉的直觉

人有认知的本能欲望，这样的欲望在很大程度上依赖“视觉的直觉”。阿恩海姆（1987）将柏拉图的两种认知方式概括为逻辑的和感性直觉的。这种感性的直觉是以视觉的图像为基础的。视觉人类学研究指出，文字虽有歧义，但终究是有一定范围规定的，图画也有意义，能引发多种意象运演，图画可以直指人心（王海龙，2016）。依此而观之，儿童在认知本能的驱动下首先选择图画形式的意义解读，绘本的魅力即在于此。

5. 简单法则和精确法则

世界万物太过复杂，没有任何人能够完全理解并完全掌握所有的现象和规律，但人们总是追求一种确定性的认知和判断，哲学家是如此，儿童也是如此。格式塔心理学家指出，人类认识世界遵循两个法则：一是简单法则，即把复杂的万物及其运作都简单化；二是精确法则，即对原本模糊甚至混沌的世界万物进行精确的概括。这两个法则看上去是相互矛盾的，要同时践行这两个法则典型的例子就是圆。世界上有各种环状事物，但并不存在一个简单和精确的圆。所以优秀的数学教师在开始数学课时会告诉学生，精确意义上的点、线、面、体和圆在世界上是不存在的（布鲁墨，1987）。认知的这种通性也表现在儿童热爱绘本上，因为绘本大都是运用简单和精确的原则来展示故事的，图画则直观而形象地加强了这种简单性和精确性。

6. 关闭法则（tune out）

我们对于身边经常出现的事物会“熟视无睹”，形成“司空见惯”的“关闭”定位，心理学家称之为tune out。我们“关闭”了“熟视无睹”的身边事物之后，就会有选择地接受那些特殊的事物，绘本在特殊的事物中显然是更具吸引力的（布鲁墨，1987）。

7. 形象-背景法则

依据关闭法则，我们对习惯性的连续刺激实行关闭的心理定位，由此成为新鲜事物的背景，这样，我们就会对背景中的出色形象加以特别的关注。当图画出现在我们身边那些习惯性的刺激之中时，身边的熟见事物就会成为背景，而特殊的图画就会成为人的关注对象。这就是人很乐于接受特殊的图画的心理原因，而绘本则是特殊图画中更有特点的连续图画。所以，根据形象-背景的法则，儿童就会立即兴奋起来，而绘本中的有趣故事，又会鼓舞他们持续地兴奋下去（布鲁墨，1987）。

以上这些因素足以解释为什么绘本会经久不衰。

二、绘本的教育作用——绘本给儿童带来哪些长远影响

绘本的教育作用不可低估。由于人们对绘本的原初兴趣始于童年，所以，绘本就会给儿童带来长远的影响。

绘本可以为思维能力发展奠定基础。长久以来，人们习惯把形象思维和抽象思维分割开来，以为形象思维与艺术能力有关，抽象思维与科学能力有关。其实，这是一种误解。著名的艺术心理学家阿恩海姆（1987）在他的《视觉思维》一书中指出视知觉是思维能力的基础。

绘本可以为创造性思维发展奠定基础。绘本是由故事组成的，这些故事不同于常态的日常生活，它们可以向儿童生动地展示常态生活中见不到的超常联结、奇特联结、隐喻联结、象征性联结、拟人联结，可以向儿童展示典型过程、非真实过程和微观过程，从而锻炼儿童的超越现实生活的时空想象力（李静纯，2013）。而所有这些功能，绘本都不是通过抽象的言说完成的，而是通过特殊形态的视知觉刺激完成的，所以，阿恩海姆指出视觉图像是创造性思维的基础。

绘本可以让儿童感受基于视知觉的立体陈述。绘画本身是一种陈述，绘本把独具特色的绘画串联起来，造成一种良好的视觉接受效果。如果能够在此基础上增设“说书人”的生动语言，视觉和听觉还会强化这样的效果。

绘本的图解功能可以同时实现艺术教育和科学教育。绘本在用图画讲故事的过程中向儿童传输艺术形象及其逻辑模型。一个经典寓言既是

一个独立存在的故事艺术，同时又是一个独立呈现的逻辑模型。在这个寓言里，我们无法把显性艺术形象和内在逻辑模型割裂开来，儿童只需接受这样的视觉呈现的寓言，他们就同时接受艺术教育和科学教育。

绘本具备观看和理解的训练功能。人们理解自然、社会和自身的两个基本途径是听和读，通常是借助语言完成的。理解能力的早期发展需要直觉意象的有力支持，一方面来源于儿童日常生活的所见、所闻以及其他感觉输入，另一方面来源于图像特别是绘本。N. R. Hanson曾经指出，人们的不同观察，并不单纯是对同一个知觉对象做出不同解释的问题，而是要求视觉的“谷物”（信息）进入理性的“磨盘”来解决，这个隐喻十分生动地显示了观看与理解的关系（阿恩海姆，1987）。

绘本具备说明图的科学思维效用。我们研究过畅销不衰的绘本（如牛津大学出版社、剑桥大学出版社等出版社出版的成套绘本）的内容与形式，它们有一个共同特点：在生动形象的图画展示中都有非常明确的增删，增设了清楚的逻辑线索，删去了可能影响读者“视线”的次要元素，所以，它们都具备思维导图的某些作用。阿恩海姆把这称为“说明图”，他试图论证“（视）知觉与概念性思维之间的统一”。他认为，“理解和领悟均发生在意象领域中，然而只有当它的形态结构本身能够形象地暗示其有关特征时，上述假设才能成立”。

综上所述，我们可以得出一个结论：在儿童早期的思维发展过程中，视知觉是不可缺少的结构性基础，抽象不起源于抽象，而是起源于形象，在这方面，绘本具有明显的优势。

三、绘本的意象特征——为什么儿童痴迷绘本

儿童痴迷绘本，其根本原因涉及认知神经机制。大脑和眼睛的特殊神经关联遵循连续性原理。大脑在感觉过程中能量转换的生理机制是大脑从眼睛接收信号的过程，这是一个生物化学和电化学过程。实验显示：人在被隔绝了外界的视听触闻味的感觉刺激数天后，让大脑完全进行内部运作，结果此人产生幻觉，而且幻觉和不良感觉会持续若干天（布鲁墨，1987）。这样的实验表明，大脑不仅能够大量接受图像，而且还本能地乐

于接受图像，并对感觉所摄入的信息进行内在的加工，大脑还特别乐于享受这种加工的过程与当时产生的生理效果。大脑的这种“自娱”倾向是基于以下三个原理所起的作用。

1. 素材压缩原理

视觉的感觉输入是要经过筛选的，有人理解为“过滤”，有的心理学家则称之为“素材简化”（process of data reduction），实际上，它是过滤、压缩、浓缩、简化、稀释的加工过程。绘本恰恰是经过专业人士事先进行了这种特别精致的过滤、压缩、浓缩、简化和稀释等加工而成的。

成年人可以从素材加工中获得快乐，大脑也需要这种加工的快乐。儿童本能地具备这种寻求快乐的动机，但是，他们需要成年人把那些混合的原始素材加工为“半成品”后方能享受这样的快乐，绘本恰恰就是这样的“半成品”。

2. 形象融合原理

人类视觉的一个基本作用就是将两眼得到的两个视网膜图像融合在一起，并坚持单一形象，这就是“形象融合原理”。绘本为儿童设置了连续的形象融合样本，是儿童本能最愿意接受的一种。周围事物纷繁复杂，儿童的视觉只能放弃绝大部分，而关注最佳的形象融合。

从脑神经的“加工本能”来看，外界任何信息都可以进入脑加工过程，但儿童更倾向于清楚、完整、特点凸显的意象。绘本为儿童提供的意象具有突出的形象融合特点，而且这样的融合是排除了一切次要元素的简约型融合，它们与儿童日常生活的视觉信息的融合在这一点上是有本质区别的。

3. 连续性原理

大小、形状、色彩的连续性是视觉语言中最有活力的源泉。电影的连续性经历视界太快，一幅画表现出的连续性（如《清明上河图》）又太受局限，绘本的连续性则非常适合儿童的特点：帧的数量适当（不多不少）；动静随意，前后随意；方便回看；元素组合简单明了；具身实感；空间知觉与时间知觉的交叉效应。

绘本的连续性对儿童的“读”和“看”具有多种优势：一是单画的数量适合儿童的视觉接受。图像太多和太少都会影响人们的视觉接受效果。实际上，在一次“看”的行动中，人们的视觉接受呈现出明显的浮动性，数分钟后（不同的人有不同的曲线）注意力渐行衰减，儿童注意力衰减幅度更大（如图 2-28）。绘本的优势在于它们的配画数量通常就使读者在连续观看时保持较高兴奋度。二是动静随意，前后随意。我们细心观察儿童看绘本的情况，就会发现不同儿童有不同表现，或专注前行，或停滞后前行，或多有往返，或时有松懈但终能坚持到底，这样自由而随意的行为，在看绘本时更容易实现。三是方便回看。在阅读中，儿童可以因为想起什么而有意地回看，以便重温或确认刚刚浏览过的图像，这种回看恰恰表明他们正在专注自己的“看”与“读”。四是元素简单明了。好的绘本在编制过程中就完成了一项关键性工作，即去掉故事中的复杂元素，以最简原则将故事的核心成分组合起来，所以，这些绘本都有清楚明白的叙事特点。五是具身实感。绘本的形状和大小通常都会使儿童获得一种良好的具身实感，即“我专心看它”的那种体验。基于此点，好的绘本在绘画形象、色彩和装帧设计上都与普通图书不同，其目的就包含着为儿童读者营造具身的实感。六是时空知觉的交叉效应。一方面，儿童在看、在读、在想象（即意象运演），由此形成一种非现实的时空知觉，另一方面，他们又置身现实的时空之中，两种时空知觉同时运作，构成一种交叉效应（贡布里希，1989）。

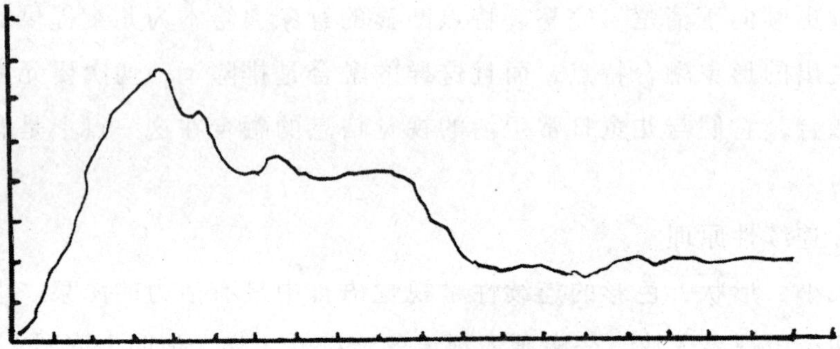

图 2-28

四、绘本的审美特征——儿童是看绘本还是听绘本

德国的康德美学特别强调了审美的去功利特征，他认为美感是人所固有的一种体验，“与其说快乐或烦恼的不同感觉取决于激起这些情绪的

外在事物的性质，还不如说取决于每个人所固有的、由这种激发才带来愉快和不愉快的情感”（康德，2013）。儿童的现实生活（饮食起居）都是满足功利性动机的，他们本能的审美动机需要一种非功利的意象来激活。游戏、图画和绘本都可以把儿童的视知觉从功利体验中分离出来。在绘本中，我们能够找到很多满足人的审美本能需求的元素。

1. 图画叙述中的图画文字法

绘本具有逼真的实感和图式化的表现，这样的图式化表现被视觉心理学视为图的表征与文的表征的有机结合，称为“象形文字式图画”（贡布里希，1989）。审视绘本中的图画，我们会找到多种形式的简约创作手法（如著名儿童连环漫画故事《父与子》），特别符合儿童早期的审美趣味。

2. 戏剧唤起

贡布里希提出了一个很有意思的概念，叫“戏剧唤起”（dramatic evocation）。在读《水泊梁山（1-6）》这部连环画之前，可能许多儿童已经听过梁山好汉的故事，而这部《水泊梁山》无疑再次激活了曾经听故事的经历，所以，审美享受是双重的：一方面在阅读中享受连环画的乐趣，另一方面还享受一人独处时进行梁山好汉形象“电影回放”的高度乐趣。弗洛伊德称之为“白日梦”（daydream），这些内心的意象运演为一生的审美体验奠定了基础。

3. 稳定机制

人对图像辨认具有一种稳定机制（stabilizing mechanism），我们应将其理解为：视知觉的定势；绘本对于日常生活稳定图像的突破；建立新的稳定图像，由阅读绘本促成的稳定图像（贡布里希，1989）。儿童和成年人都可以从这种稳定机制的重建中经历审美体验。

4. 锚固定机制（anchorage）

儿童周围的日常意象是平淡而散乱的，绘本的图画形象作为意象的“锚”深深地钉在儿童的意象图式上，平淡而散乱的原始意象得以聚合在“锚”上，从而产生愉悦感，即审美快感。这就是贡布里希所界定的“锚固定机制”。

5. 学习的激动

儿童首先被绘本的图像所吸引，他们在这种最初兴趣的驱动下，需要运用智能去破解连续图像中所隐藏的叙事密码。由于绘本是专门为读者设置的隐藏的密码，所以儿童肯定能够发挥自己的理解力而一页一页地找到密码。他们也就一页一页地获得一种愉悦，亚里士多德称之为“学习的激动”（thrill of learning）。

6. 瞬间行动（instantaneous action）

绘本虽然是连续的故事，但为什么人们（特别是儿童）能够饶有兴趣地持续“观看”下去？这就是瞬间行动的力量。著名美学家莱辛（G. E. Lessing）在分析经典雕塑《拉奥孔》时说，在永远变化的现实中，艺术家只能选用能产生效果并让想象自由活动的一瞬间。无疑，这就是美学家认定的审美体验的那种一瞬间，如若凝视之，则那一瞬间就会延续下去，鉴赏者就会在这不断延续的一瞬间享受美的陶冶（贡布里希，1989）。绘本的每一页都在创造这样的一瞬间。

7. 静止的图像和运动的眼睛

人看外界事物的视觉机制，真正能够聚焦的视觉宽度并不大，但是，运动的眼睛“帮助”人清楚地见识了更宽的视野，这就是视觉心理学家告诉我们的“静止的图像和运动的眼睛”的视觉效果。绘本可以使这种视觉效果连续地发生，读者自己去把握连续的速度。在这一点上，绘本优于单幅的图画和影视，因为单幅图画让运动的眼睛觉得“乏味”，没有读者所期待的连续，而影视却又绝对不能由观赏者随意控制。绘本既满足了人的连续观看的期待，又给人以控制速度的自由。

五、绘本的故事构思——如何获得绘本故事的创意点

绘本是一种视觉生产，依赖于精彩的创意。绘本作者的创意点来自何处？关键在于故事的构思。

1. 如何启动构思

灵感不会凭空降临，故事创编者必须从生活的某些实象和实象之间的关系中得到启示。绘本故事的构思可以有几个基本来源：身边实物（如种子和树）、自然界的某一现象（如风无形的流动）、动物的某种功能（如春蚕吐丝）、人际间某种关系（如亲情的回归）、特定行为模式（如善行的回报）。

2. 如何选择创意点

构思活动具有蔓延浸染的特性，如果任其蔓延浸染，很容易让思路徘徊不前，构思者举棋不定。解决该问题的有效措施是发挥词语的结晶效应，关键词可以起到结晶的效应，比如你产生了树与根的意象，树与根又可以有各种不同的关联，你最终用关键词把核心的创意点固定在“上下伸展”这个关键词组上，你的故事构思就可以开始了。

3. 如何发展创意点

发展创意点就是围绕关键词（组）向某一个方向展开，并由此形成一种流畅的故事框架，比如你设想到，树的枝干伴随着叶子，向“上”行动，而根却独自向“下”行动，故事便可以由此展开。

4. 如何设置角色

创意点必须找到“附着”对象，这个对象叫作“角色”，比如人物、动物、植物或其他东西，绘本作者赋予它们以人格和特性，一场由故事角色引发的情节便有了着落。接着，绘本作者要确定角色之间的特定关系，这种关系必须与绘本作者设置的原型之间有内在的联系，而且这种联系不能违背原型的本性。比如杯子和水被拟人化，那么它们在故事中的任何特点都不能违背“杯子是水的容器”这个本质的联系，违背了这一点，就算不上是好故事。

5. 如何构建情节

角色必须生动地显现在情节之中，也就是说，角色要行动起来，行动的轨迹就是情节。情节必须以唯一的核心冲突（conflict）为起始点，以冲突的发展为过程，以核心冲突的解决为终结点，冲突的发展必须清晰而有序。之所以强调“核心”二字，是因为编写绘本故事必须坚持一个核心冲突的重要原则，尽量避免出现第二冲突，在影视故事里除了突显核心冲突，还可以伴随某些次要冲突，比如友谊或爱情的冲突等。但是在绘本中，则不建议设置次要冲突，而应集中显现“核心冲突”。

6. 如何处理结局

绘本作者在结局上有很大的自由选择余地，比如可以借助故事新编的发散思维来为《龟兔赛跑》这样的现成故事创造新的结局。但是，不同的绘本结局必须直接紧扣创意点，开头必须回到收尾的点上去，你的故事才能圆满。复杂的文学作品可以有各种各样的开头和结尾，可以不是圆满的。但是，绘本不可以，绘本必须圆满，因为儿童需要看到一个圆满的故事，他们还没有接受多元化开头和结尾的能力。

六、绘本的图画设计——教师能够自己画出绘本吗

绘本的图画设计可以粗略地分为六种：形象-背景写实型、形象-背景写意型、精细漫画型、简约漫画型、简笔形象型和简笔符号型。

形象-背景写实型的特点是精细刻画的故事形象在精细刻画的背景上（如图 2-29）。

图 2-29 形象-背景写实型

形象-背景写意型的特点是约略的故事形象在约略的背景上（如图 2-30）。此种绘本必须由专业美术设计人员完成，其中每一幅图画都称得上是一件绘画作品。

图 2-30 形象-背景写意型

精细漫画型的特点是角色形象是精细的漫画，背景可有可无（如图2-31）。此类绘本使用粗线条的绘画手法，但即使是粗线条，也依然需要写实的基本功。

图 2-31　精细漫画型

简约漫画型的特点是略去了次要形象元素，只留下具备形象特征的元素（如图 2-32）。功夫要下在如何简约上，抓住特点，再简约，否则无法获得良好的效果。教师想达成类似的简约效果，就要善于观察和吸收专业画家的简约手法，学会如何简约人物、动物和事物。

图 2-32　简约漫画型

简笔形象型属于最简约的一类漫画，简到省去一切次要的元素，重在把人物、动物、事物、动作、关系等的最突出特点描绘出来（如图 2-33）。我们从这些简单的图画中可以看到最突出的特点，如猫的嘴、耳朵和胡须，狐狸的头、身体和尾巴，狗的耳朵、眼睛和鼻子等。

图 2-33 简笔形象型

简笔符号型的特点基本上是简单符号的集合（如图 2-34）。

图 2-34 简笔符号型

从写实到简约符号，我们可以从上面的实例中看到简约的手法是如何一步步实现的，教师也可以从中去体会自己进行绘本创作的可能途径。

七、绘本的语言设计——教师如何设计绘本故事的语言

绘本的语言设计主要指视觉语言（即文字）的呈现。其设计的要点

有三个：最简化、关键点题和适度跳跃。

1. 最简化

凡是图画能够表现的，就不必再用文字做附加说明，这是最简化的第一要点。另外，用词亦应达到最简化，但应当保证用词的准确。

以下是一个教师改进绘本的案例（图 2-35）。

① This is Mr Pen.

② This is Mr Pencil.

③ Mr Pen sees Mr Pencil.

④ Mr Pen says, "I can draw well."

⑤ Mr Pencil says, "I can draw better!"

⑥ Mr Pen says, "No! Mine is better!"

⑦ Mr Pencil says, "Mine is better!"

⑧ They begin to quarrel.

⑨ And they fight.

⑩ Mr Paper comes.

⑪ He says, "Don' t fight! Both of you can draw well."

⑫ "Why not draw here!"

⑬ "That' s a good idea!" They say.

⑭ They begin to draw.

⑮ Mr Paper praises, "Your picture is beautiful!"

⑯ So they become good friends.

图 2-35

上面这个小故事的图画分割十分细致，但无论是图，还是文，都有过繁的倾向，对儿童读者来说，有三个缺点：一是情节是双线推进的，二是人物过多，三是图画比较平淡。

我们可以针对这些缺点，对绘本进行如下修改（如图 2-36）：

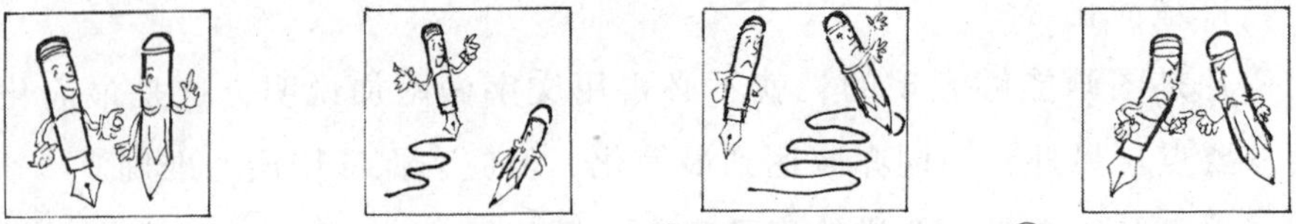

① Mr Pen sees Mr Pencil.

② Mr Pen says, "Look! I can draw well!"

③ Mr Pencil says, "I can draw better."

④ They begin to quarrel.

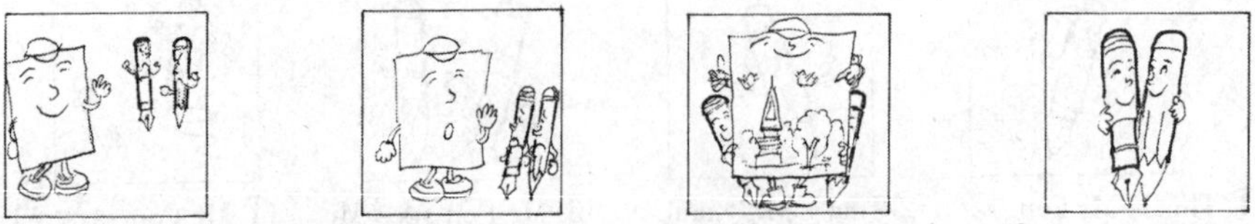

⑤ Mr Paper comes.

⑥ He says, "Don't quarrel. Why not draw here!"

⑦ Mr Paper praises, "Your picture is beautiful!"

⑧ So they become good friends.

图 2-36 简约的故事绘本

修改后的这个绘本故事情节清晰、人物明确、图画简单且富有情趣。

2. 关键点题

绘本中的文字描述应当用在故事和图画的最关键之处。所谓关键是指故事冲突点、情节重要节点、故事的智能点和叙事的结局。

① I'm a cat.

② I have a family.

③ This is my wife.

④ They are my children.

⑤ We love each other.

⑥ I have a good family.

图 2-37

图 2–37 中的小故事的人物和情节都缺乏关键点，整体上给人以平淡无奇的感觉，教师在征求小读者和大读者的意见后，在几个关键点上都做了改进（图 2–38）。

① I' m a good husband.　② I' m a good father.　③ I love my wife.

④ I love my children.　⑤ I work very hard.　⑥ I have a good family.

图 2–38

改进后的这个绘本故事选择了故事的三个关键点把故事分为 6 个情节，并通过 6 幅图画进行呈现，由此收到了观览和阅读的良好效果。

3. 适度跳跃

绘本的文字不宜安排在所有情节上，要学会“跳跃”，不要试图用文字去“搀扶”读者一个一个“台阶”地前行。凡是读者能够想象的地方，就不要再加文字，文字的落点只在图画无法显示的情节上，如图画无法显示的人物的内心活动及状态。

第七节 简笔画的艺术设计

在英语视觉输入的艺术体验中，图画和符号占有一席之地，把这二者有机结合起来，就是我们通常所说的“简笔画”。需要特别强调的是：简笔画不是画，而是符号的组合，这符合视觉心理学所说的“最简单的模式”（minimum model）。贡布里希指出：“艺术并不始于先观察现实然后尽力匹配现实，而是始于构作‘最简单模式’，并根据观者的反应对作品逐渐加以修饰。”（贡布里希，1989）这句话表明了简笔画的久远而深厚的历史根源。

一、简笔画的语言特征——是图画，还是语言

简笔画不仅仅是现代的艺术形态，其起源于人类对意义的原始追求（布鲁墨，1987），简笔画是人类在原始发展时期对意义的最初的图像探索。图像型的语言表征虽然早已被文字所取代，但是，简笔画的符号表义功能已在人的大脑中演化为一种直观表义本能。我们可以依据视觉人类学的研究成果，对简笔画进行一点历史性的学理探究。

1. 前语言的概念

原始人类的表义发展进程中有一个阶段，叫作“前语言阶段”。在这个阶段，人类是用简单的图画作为最初的表义符号进行信息沟通的，史前考古学者已经发现了很多相关的实证。用简笔画作为符号进行语义表达，是这种前语言阶段的典型特征。在这方面，岩画是视觉人类学研究的一个侧重点，虽然遍布世界各地的岩画在年代、表义方式和社会功能等方面还有许多不解之谜（王海龙，2016），但是它们肯定包含了前语言阶段的表义元素。

2. 原始视觉

视觉人类学提出了“原始视觉”的概念，即史前人类的原始视觉并不是写实性质，而是简约性质，即从图像到符号的简约，这应当是简笔画的演化的心理学史前证据（王海龙，2016）。

3. 远古绘画的语法

关于远古绘画的意蕴，学界结合语言学进行了一些具体的研究，有的研究从这些绘画的样本中抽取了语法元素，研究显示远古简笔画最初级的表现是名词，关于人、人的角色、工具、自然现象，而在有些远古绘画中也有动词的表现，还有形容词、副词以及连词的表现，由此构成了简笔画的语法（王海龙，2016）。

4. 语言功能与图画功能

虽然语言学对语言功能有各种不同的说法和界定，但就其基本的心智作用而言，我们可以把语言的功能概括为三类：表现、唤起和描述。图画的功能与纯语言的功能有所不同，可概括为三类：征象（symptom）、信号（signal）、象征（symbol）。所谓“征象”，是指图画可以把人和事物的特征显现出来，比如治病的工具或场所就是医生的征象，黄底色和黑条纹就是老虎的征象。所谓“信号”，是指某对象的征象的符号化，如医生的听诊器、司机的方向盘等。所谓“象征”，是指在某一典型对象中被抽取出来的、适合某一类事物的特定征象，比如荒原的征象象征了心灵在苦难和无所适从中的觉醒（Knoll，1964）。语言三个功能加上图像三个功能，这就是简笔画的功能：代码（code）、图像标志（iconicity）和示意图（diagram）（贡布里希，1989）。

二、简笔画的审美倾向与体验——简笔画让儿童经历了什么

教学简笔画应当从儿童简笔画中吸收营养，因为儿童简笔画中包含着人在成长中的审美元素。柏拉图曾经说过，绘画是“为清醒者制造的人工梦幻”。这个梦幻从儿童时代就已经开始了。英国伟大诗人济慈的名诗《希腊古瓮颂》（*Grecian Urn*）中有一行诗对于我们理解儿童画中萌动的想象力不无启迪：“Heard melodies are sweet, but those unheard are sweeter.”（听见的旋律固然美妙，没听见的更美妙）。那种没有听到或没有见到之处，恰恰是儿童简笔画的审美焦点。所谓没有听到或见到之处就是儿童简笔画画面本身所引发的想象的图像和意蕴。简笔画的审美在本质上就是对想象的梦幻般的体验（贡布里希，1989）。

1. 过程的审美体验：从想象到符号

儿童画图画是一种过程性的审美体验，他们的快感来自从想象到图画符号的表征过程，这个过程的享受是非常愉悦的，因为他们要把头脑里那些并不清楚的意象经过童心的整理，然后尝试用自己认同的图画符号显现出来，所以儿童在这种过程中的审美快乐是把朦胧的想象落实到图像符号的固定土壤之中，当然，他们的最终表现永远是纯朴和原始的，而这一点恰恰是教师和家长未必能够理解的。

2. 过程的审美体验：从符号到想象

儿童观看简笔画是他们画简笔画的一种反向过程，即从图像符号到想象的过程。这就要求简笔画的绘画者（如教师或家长）能动地运用儿童熟悉的图形符号，这样的图形符号应当是儿童熟悉的、可以理解的，因为只有他们认得并理解这些符号，才有可能将符号复原为意象。

3. 让流动的事物静止

在儿童眼前流动着日常生活的各种事物，他们已经司空见惯了（即 tune out），在此种情况下，他们就会有欲望把有些流动的事物精选出来，并赋予它们以力所能及的简约外形。当他们发现自己真的可以这样做时，特定的审美体验便会发生。

4. 让静止的事物流动

让流动的事物静止，是一种体验，反之，让静止的事物流动，也是一种体验。儿童在观看简笔画时就用自己的心智使画面中的静止事物动起来。简笔画中的简单形象，使儿童感觉到操纵静态事物的愉悦，他们用自己的想象力推动静止的画面，这比游戏更有魅力。

5. 把想象的记忆存留在简笔画中

贡布里希认为，人们的语言不可能把外界的某个形象（他指的是故乡维也纳的自然史博物馆）的具体细节都描述出来，而且，即使详细地描述出来，读者和听者也不会再现自然史博物馆的形象。由此，贡布里希以镜子和地图为例，表明图画在再现客观事物时的描绘与符号化的双重作用。依靠这样的作用，我们可以把想象的记忆存储在简笔画的符号描述之中。

三、简笔画的思维元素与智能体验——简笔画是如何促进思维的

我们在上一节中讨论了绘本中的思维元素，大部分也适用于简笔画。这里，我们再特殊地探讨一下简笔画中的思维元素以及学生观看简笔画时的思维过程，旨在告诉教师如何用简笔画促进思维活动。

1. 象征图式

著名哲学家让-保罗·萨特引用思维心理学家弗拉赫的研究成果，深入探讨了所谓思维过程中的象征图式问题（萨特，1988）。我们从“象征图式”的概念上比较容易理解简笔画的思维特征。一般的简笔画应当达成两个基本条件：一是删减客观对象的所有次要元素，二是保留客观对象的核心特征。就我们上一节所说的足以区分事物的独具“征象”（symptom），仅仅这两个条件还不足以激发思维的简笔画，还应当显现出更加普遍的事物特征，即我们说的象征图式的作用。

图 2-39

我们从图 2-39 的简笔画中可以看到如性别特征（烟斗和无烟），咖啡杯和茶杯的特征，幸福与哀愁的特征，人们依靠画出来的简笔画特征来分辨出它们的特点，并对它们进行确切的区分。

2. 思维的图解

萨特用印证弗拉赫的“思维的图解”概念来说明思维是需要图解并且能够进行图解的（萨特，1988）。“清楚”和“糊涂”这两个词语都与图像有关。从某种意义上说，所谓“清楚”，其本身就是隐喻，是以图像为背景的隐喻，人的思维只有被某种图像支持时才会认为“这是清楚的”。所谓“更清楚”，多数情况下指的是图像更简化，这一点已经充分地显示出简笔画的作用。所谓“糊涂”就是画面的缺失，“糊涂”的一个典型特征是缺少界限，而简笔画的一个典型特征就是界限清楚（如图 2-40）。

图 2-40

3. 抽象的两个尺度

阿恩海姆（1987）在谈到视觉思维时指出："绘画与符号，两者都是通过意象描绘'经验'，但它们各自的描绘方式却正好是互补的。具体说来，在一幅再现性的画中，意象的抽象水平比它所再现的经验高得多；而在一种符号中，情况就正好相反。任何符号，其意象的抽象水平，都低于它所代表的经验（或意义）。"从这个论点上看，简笔画可以说是兼备绘画和符号的特点，既形象，又抽象（如图 2-41）。

图 2-41

4. 抽象与形象是一种容易引起误解的二分

阿恩海姆认为："纯粹的语言思维是不产生任何'思想'的思维（thoughtless thinking）的典型。"因为，当我们进行严格的语言判断时，我们说的有不少只是同义的重复，如"一切有机体都能够生长"。他接着论述："那么是什么使语言成为思维不可缺少的一部分呢？这不是语言本身！我们认为，思维是借助于一种更加合适的媒介——视觉意象进行的，而语言之所以对创造性思维有所帮助，就在于它能在思维展开时把这种意象提供出来。"（阿恩海姆，1987）由此可见，那种在教学中总是把抽象和形象分开的做法是不妥的，抽象必须受到语言和形象的支持。

5. 创造性思维是艺术与科学的共同特性

人的思维是不能单靠代表概念的词语进行的，阿恩海姆认为，依赖语言的所谓"思维"仅仅是线性的某种排列，不可能超越这种排列，这就是为什么教师整节课都用言语来讲解各种概念而不能取得良好学习效果的根本原因。在此种情况下，只有少数善于思考的学生立即运用对应的意象快速加以编码，才能实现真正的理解。而大部分学生由于始终都在追随教师进行语言的线性游戏，所以他们并没有实现真正的理解。有的教师会问，为什么最终大多数学生都能成功理解？其实，他们都是在课后自主地运用意象的运演而得以正确理解的。基于此，我们可以认为，任何人的思维都必须伴随着意象运演，他们都需要形象的助推和支持。所以，阿恩海姆说："创造性思维是艺术与科学的共同特性。"（阿恩海姆，1987）

四、简笔画的符号化技术——英语教学简笔画，如何简

英语教学使用的简笔画最初是以线为主的形象表现方式，即所谓"火柴棍人物画"（stick figures），这样的火柴棍是用线为主要手段（如图2-42）。其实，这样的表现仍带有较强的抽象色彩。研究表明，最初的儿童画主要是形状组合的表现。

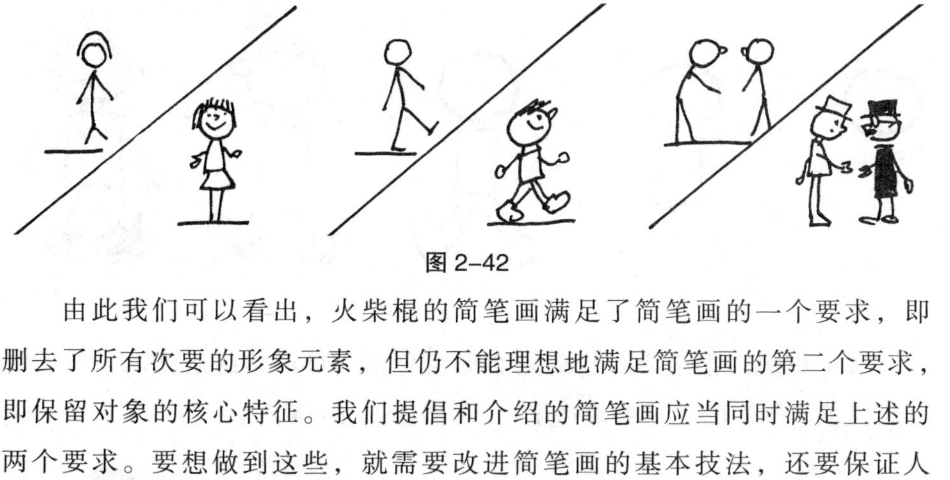

图 2-42

由此我们可以看出，火柴棍的简笔画满足了简笔画的一个要求，即删去了所有次要的形象元素，但仍不能理想地满足简笔画的第二个要求，即保留对象的核心特征。我们提倡和介绍的简笔画应当同时满足上述的两个要求。要想做到这些，就需要改进简笔画的基本技法，还要保证人人都能学会。

1. 简笔画的基本概念

人们通常认为，简笔画依然是图画，需要绘画的技能。其实，简笔画仅仅是一种简化了的意象语言，是一种内心图画的外在摹写，而且是简单的摹写。教师对简笔画应当确立三个认识：①简笔画是儿童曾经使用过并且十分熟悉的表征手段。从这个意义上讲，简笔画是不必专门去

学的。不管是教师，还是学生，学习画简笔画，都意味着对童年表义时代的重温。所以，学简笔画与学美术课中的各种绘画有质的不同，但在艺术和审美感受上又具有共性。②简笔画在语言教育中不仅仅是发挥释义功能，自然也就不是仅仅起插图的作用，它们可以助推思维发展，培育创造力，平衡和调整情感，增加语言学习的审美感受。③简笔画不需要进行过多的绘画训练，但是，简笔画却需要有一些其他的训练课题，教师和学生要想让简笔画发挥其思维、情感和审美的作用，就需要接受某些特定的技能训练。

2. 简笔画的图形组合

简笔画的基础是图形的组合，通过不同的图形和不同的方式，可以组合出不同的形象。学习图形组合，可以分成三个阶段。

（1）初级组合阶段。在最初学习图形组合时，图形可以随意画，组合也有很大的随意性。没有这种随意性，一味地谋求“像”，就违背了简笔画的基本原则。只有随意，才能轻松作画。（示例如图 2-43）

图 2-43

（2）中级图形组合。当初级图形组合基本可以熟练运作后，我们就可以谋求“形”的相对准确性了。（示例如图 2-44）

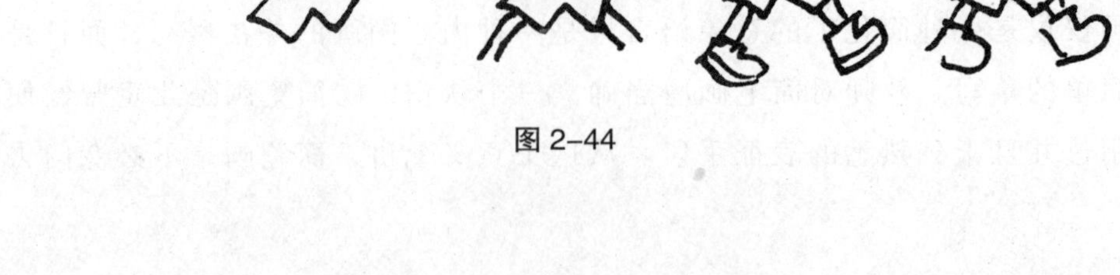

图 2-44

（3）高级图形组合。抓住特征，组合出个性特点来，这是对高级图形组合的要求。特征和传神是基本要求。（示例如图 2-45）

图 2-45

3. 简笔画的象征造型方法

儿童画是具有鲜明的象征功能的（格罗姆，2008），教学中使用的简笔画应当发挥儿童画的象征功能，并翻转过来，促进学生对象征的认知。笼统地讲，象征就是在显示具体对象的特性时让它们同时能够与其他事物共享某些元素，而又不失去自身的特点。实现具体事物特征的象征性，可以进一步分出不同的类型。下面，我们就简述简笔画象征功能的主要类型。

（1）关系的象征。通过对简笔画中的位置和距离的安排，以及简笔画中的面部或其他部位的趋向安排，我们可以表现出各种不同的关系：人与人的关系、人与物的关系、物与物的关系等。（示例如图 2-46）

图 2-46

（2）性质特点的象征。任何人或事物的特点都可以借助简笔画的某些象征手法表达出来，包括大小、长短、胖瘦、冷热、软硬、强弱等特点。（示例如图 2-47）

图 2-47

（3）空间的象征。简笔画可以在小小的画框里表现各种空间的意象特征，比如封闭空间、开放空间、无限空间、有限空间、空间的密度、人与物在空间的移动等。（示例如图 2-48）

图 2-48

（4）时间的象征。简笔画可以用各种表现手段来显示时间的不同蕴含，如过去、现在、将来、时间的长短、速度、频率等。（示例如图 2-49）

图 2-49

（5）数量的象征。简笔画可以表示数量，其中包括准确数量（如 1 ～ 20，但不宜过多）、不确切数量（如 about twenty，nearly twenty 等）和模糊数量（如 a few，some，many，a lot of）。如果说到象征，简笔画可以简单地表现不可计量的数量。（示例如图 2–50）

图 2–50

（6）力量的象征。简笔画可以表现各种力量，如自然的力量、人的力量、想象中的力量、有形和无形的力量等。（示例如图 2–51）

图 2–51

（7）变化的象征。简笔画可以象征性地表示自然的、社会的和心灵的变化，如温度的变化、亿万年间的变化、无法觉察的变化、内心的变化、思想的变化、情感的变化等。（示例如图 2–52）

图 2–52

4. 简笔画的符号表征方法

符号和象征有很大的区别。象征是用某一具体事物的某一个或一组特征来显示与其他事物的某些共同点的一种表征方式。符号则是用某一种标志来显示某一个或某一种对象，所以符号具有确定的代表性。（示例如图 2–53）

图 2–53

在符号表达上，简笔画应当注意把规范和创造结合起来。所谓规范，是指依照惯例使用人们已经通用的各种符号。所谓创造，是指发挥想象力，自主创造某些符号。

5. 简笔画的情感表现

人们都比较熟悉脸的符号，我们还可以将其扩大，用艺术的手段，把人物的表情和姿态结合起来，表现人的感情及其变化。（示例如图 2–54）

图 2–54

6. 简笔画的动作表现

学习简笔画需要改进动作的描绘。动作描述首先需要在心中勾画出一个基准线。（示例如图 2–55）

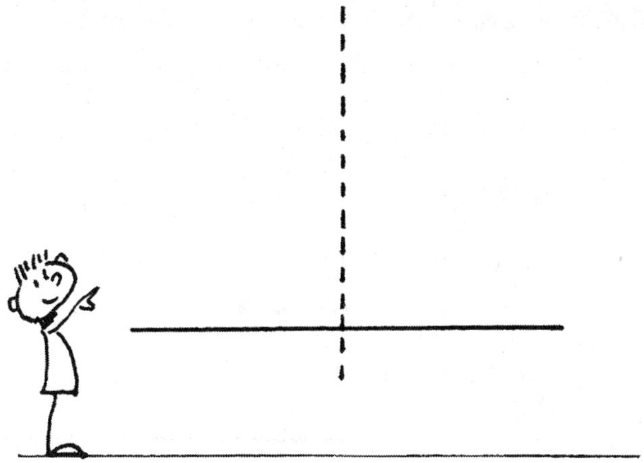

图 2-55

通常师生画图画，都是以心中的基准线为基准，而不做变化的。（如图 2-56）

图 2-56

描绘动作则必须是人物在基准线的两侧变动起来，或者说，让人物或动物的某个部位“偏离”基准线。（如图 2-57）

图 2-57

7. 简笔画的空间表现

简笔画表现空间的基本原则是以二维的各种变化来显示各种空间概念。其中，有些表现元素是会经常在教学中使用的。（如图 2-58 至图 2-66）

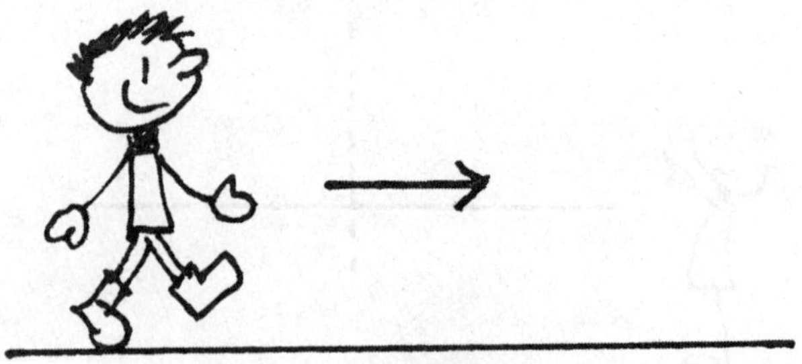

图 2-58 位置移动

图 2-59 距离变化

图 2-60 简笔画形象大小的变化

图 2-61 简笔画画面疏密的变化

图 2–62　重叠与不重叠

图 2–63　简笔画画面繁简的变化

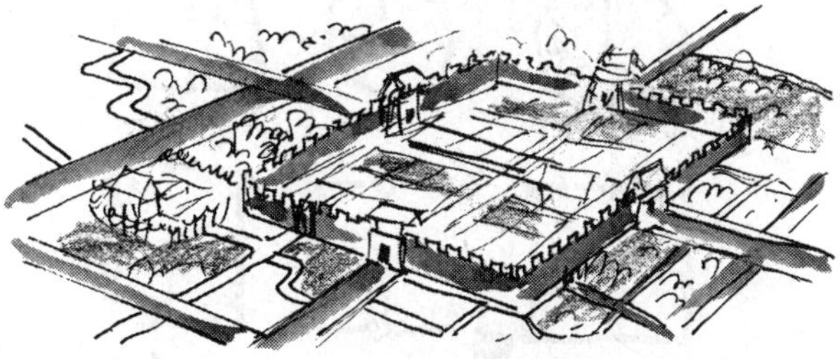

图 2–64　表现大空间：地图式的简笔画

图 2–65　宏观紧缩

图 2–66 微观放大

8. 简笔画的时间表现

我们可以用很多手法表现空间和时间，教师可用以下表现时间的手法。（如图 2–67 至图 2–75）

图 2–67 钟表显示时间

图 2–68 轴线显示时间

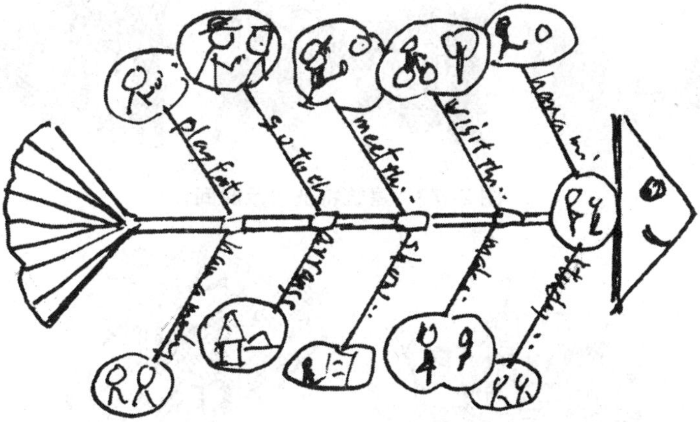

图 2–69　鱼骨图显示时间

图 2–70　太阳和月亮显示时间

图 2–71　连续图画显示时间

图 2–72　衣着样式变化显示时间

图 2-73 建筑特征显示时间

图 2-74 文化标记显示时间

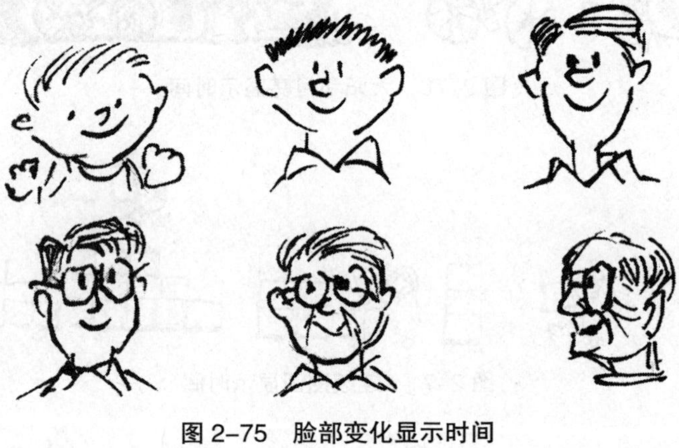

图 2-75 脸部变化显示时间

五、简笔画构图与教学设计——教师如何在教学中使用简笔画

简笔画可以广泛运用于中小学英语的各项活动中，不限于图解语篇和释解语义。我们有必要把简笔画视为另一类特殊语言，把它们和英语语言结合起来，整合起来，加以运用，这样会收到意想不到的效果。（如图 2-76 至图 2-95）

图 2–76　生动显示词汇含义

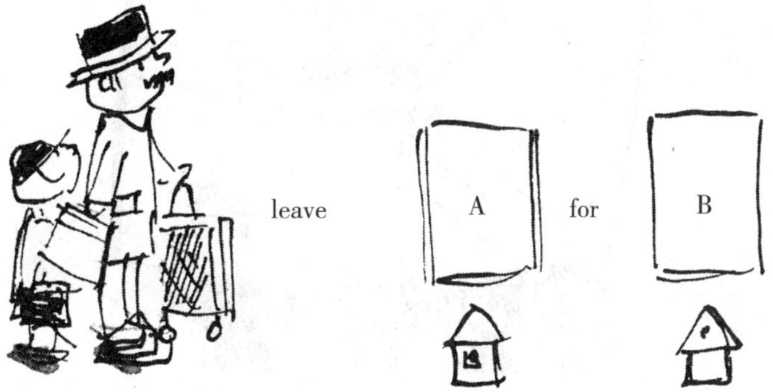

图 2–77　明确显示语句含义

图 2–78　揭示语篇核心意义

图 2-79 设置疑问

图 2-80 提出具体问题

图 2-81 显示语法结构和关系

图 2-82　引发想象

图 2-83　激励口头表达

图 2-84　激励书面表达

图 2-85 引导小组讨论

图 2-86 提供创造性家庭作业

图 2-87 设置戏剧环境

图 2–88　支持心智地图

图 2–89　提供行动游戏

图 2–90　讲述连续故事

图 2-91 美化手抄报

图 2-92 促进人际沟通

图 2-93 规定课堂纪律

图 2–94　活跃微格教学及网络沟通

图 2–95　丰富学习笔记

本章小结

本章从视觉输入的角度讨论了英语学习活动的艺术体验（即审美体验）问题，重点研究了阅读理解活动，也涉及其他视觉输入活动。在研究阅读的信息输入问题时，我们从英语书面语的最小单位（字母）开始，逐一审视并分析了单字、词语、句子和语篇输入的心理机制，并重点探讨了结构知觉，进而用较大篇幅讨论了阅读过程中的意象运演，我们把意象运演视为阅读理解的关键环节，并明确指出，只有好的意象运演才能衍生出好的理解。

由于阅读教学需要好的语篇，所以，本章用一整节的篇幅提供了一个语篇评价的系列标准，这个系列标准的理论依据是认知语言学和构式语法概念。本章还专门研究了课堂视觉输入的艺术设计问题，鼓励教师在语篇呈现、意义理解和审美鉴赏等几个方面做出创新的教学突破。英语学习的视觉输入不限于纯文本输入。本章第六节集中探讨了绘本阅读问题，对绘本阅读的理论支持、心理动机进行了人类学和心理学的分析，这种学科的研究试图在阅读研究领域实现一定程度的突破。视觉输入的另外一个充满活力的领域是简笔画。本章在简笔画方面明确了一个基本观点：语言教学应当深入理解简笔画的理论研究价值，同时有效开发简笔画的教学潜力，并在此基础上，加强简笔画技能的培训。简笔画的技能，不仅教师应当学习掌握，学生也可以运用简笔画显现自己的意义理解和意象运演。

第三章 课堂听说活动的艺术体验

就语言教育而言，在五种感觉通道中，视觉和听觉是语言运演机制的两个主要通道。第二章研究了视觉通道的心理运演和语言艺术审美问题，本章讨论听觉通道的语言艺术审美问题。一般地说，听觉通道的语言活动就是听和说的活动。从真实生活沟通的角度看，听说活动是一种完整的行为运作，听与说是密切相关的。从语言教学的角度看，听和说既涉及整合运作，也偶尔涉及相对独立的听力理解。本章将探讨听说活动的心理分析、听的理解与审美、听说的审美分析、教师提问的艺术审美分析、课堂听说活动的艺术设计。

第一节 听说活动的心理分析

一、听说动机的心理分析——学生参与听说活动的动机是什么

从课堂生活的角度看，学习者的听说动机受到课堂环境、课堂经历与体验的直接影响。课堂教学由三个部分组成：话语、行动、沉默时间（包括有效思考和无效行为）。话语（即听说的互动）占相当比例，而其在很大程度上取决于听说的动机。教师在处理课堂教学过程中所面临的动机问题更多地受到听说动机的制约。影响动机的因素主要有以下三种：一是学程因素（course-specific factors）。它是指学习课程在多大程度上是有趣的、有实际意义的、有吸引学生参与作用的（engaging）。二是教师因素（teacher-specific factors）。它是指教师的个性、修养以及师生关系对学生的实际影响力。三是群体因素（group-specific factors）。它是指一个学习群体（班、小组等）的品质及互动特征对学生学习的影响力。

这三种因素便构成学生的即时听说动机。人的外显活动是直接受制于环境和社会的。有了调动学习积极性的环境和行动，学习者就会得到各种内在的满足。教学观察表明，学生的年龄越小，三大因素的影响力越大。比如，教师的魅力可以较大地激活一个教学班的群体动机，群体动机亦将极大地激活不同个体的动机，个体地位和个体素质的激活程度也是一样的。但有时，在整个教学班的群体动机处于绝对高水平时，少数个体的动机反而会因此降低。

课堂动机对学习的作用突出地表现在课堂的听说活动之中，因为听说活动不仅是课堂的外显行为，而且总是和班集体的动机水平相关。以往课堂的听说设计在很大程度上受到行为主义“刺激—反应”模式的影响。行为主义心理学有一个基本的观念，即奖励比惩罚好。如果是外在的奖励方式，奖励就只对学生的简单行为具有立竿见影的效果。解决复杂的学习任务，即时性奖励不仅用处不大，还会起相反作用。Deci 等（1991）和 Kohn（1993）的研究结果表明，简单的奖励对简单的课业行动和复杂的课业任务都会让人脑做出相应的反应，但两种反应具有极大的差异。

Nakamura（1993）的研究告诉我们，在大脑的中心部分，下丘脑激励系统能产生一种缓和剂（兴奋碱）来激励自身，这种缓和剂还可以缓解压力和疼痛。如果我们的课堂设计是由一系列简单活动组成，安排活动的目的通常是促成由简单到整体的学习效果，如首先让学生听一段对话，然后分段进行练习，最后模仿对话。教师的设计初衷是以每一个简单活动的成功及其奖励来实现"短平快"的激励机制。由人脑科学研究成果可知，满足于分段教学和分段激励的设计方法可能并不能从整体上促成一种内在的激励，即借助下丘脑的自我激励机制而形成自然的兴奋碱。

课堂教学设计要面向全体学生，这可以说是当前课程教学改革的一个重要指标。但是，我们所见到的课堂设计往往隐含着一个不约而同的"公理"：用同样的活动和同样的激励来促成同样的过程，并进而达到同样的效果。

然而，脑科学的研究表明，下丘脑激励机制（即内部的激励机制）是因人而异的。詹森（2006）指出："我们永远也无法得到一个非常公正的系统。学习者的反应依赖于其遗传基因、大脑内特殊的化学物质以及以独特方式改变脑的生活经验。"他还指出："事实上，如果学习经验是积极的，那么几乎所有的学生都通过他们独特的生物学方式产生积极的反应，这使得激励从一开始就各有特色。"

好的听说活动应当从设置合理且多功能的学习环境入手，依据具体的微观环境和人际关系来设计，推出激活大脑特定区域的课堂活动，让学生在这些活动中既能得到简单外部激励的满足，又能更有效地启动内部的激励机制，使得学生各自独特的激励反应得以发挥作用。

动机是情感领域必须关注的事情。1977 年 Dulay 和 Burt 首先提出了情感过滤假设（affection filter hypothesis）的概念。情感过滤假设涉及以下几方面。

一是自我效能（self-efficacy）（班杜拉，2003）。自我效能是指一个人对自己全部能力的信心。这种自信非常稳定，所以有人说马斯洛的自我实现就具有一种超高的自信。所以，我们可以把自我效能理解为人对自己自信力本身的一种自信。

二是动机（motivation）。这里是指外在动机与内心动机的合力，是本能驱动和环境驱动的合力。语言学习和语言表达，只有在双重动机的推动下，才会有强大的效果。一方面是社会的外部动力，即我们通常所说的语言真实运用的动力，另一方面是心理的内在动力，一种基于本能的驱动力。

三是焦虑（anxiety）。焦虑也是一种心理指标。它与人的动机是密切相关的。过弱的焦虑和过强的焦虑都不利于正常的学习活动。在人的情绪运作中，焦虑一直在起作用，适度的焦虑是做好事情的重要心理条件。

四是个性（personality）。所有人都生活在情绪之中，但是，不同的个性在情绪运作、情绪外显程度、情绪强度、情绪浮动曲线、情绪自我调控机制和情绪的社会效应等方面都有不同的表现。这些都必然会影响学生的学习，起到或积极或消极的作用。

五是态度（attitude）。态度本身实际上是一种隐性的评价，是个人对自己、他人、生活和社会的隐性评价。心理学认为，态度由三方面的因素决定：认知、情感和行为。学生如何看待自己、如何看待教师、如何看待学科成绩，都属于态度的范畴，对学生有重大影响。人的态度和情绪总是相互作用的。我们可以把动机分为两类：一是工具动机（instrumental motivation），如把语言当作谋职的一种工具；二是融合动机（integrative motivation），即把学习语言看成是社会文化实际融合的有效手段。工具动机和融合动机都属于功利动机，而不是非功利动机（即审美动机）。认知神经科学家近年发现的默认模式网络（即DMN）显示，当人缺乏功利行动和功利动机时，DMN会从内部自动激活。由此我们可以想到，优秀的听觉语言素材（如诗歌、散文的朗诵、戏剧的独白等）可以引导学生进入沉静的鉴赏状态，从而启动DMN，并获得深度审美体验。

二、听说能力与语言关键期——如何理解“听说领先”的教学方法

由于人们习惯单独谈论英语学习的听、说、读、写，因此大家就相对忽视这四种基本语言技能的内在联系。我国在二十世纪八十年代初期就提出了“听说领先，读写跟上”的教学指导思想。对此不乏批评之声，批评者指出在小学阶段不可忽视读写。其实，只要方法得当并加强教学

的有效性，实施“听说领先”的教学策略是可以收到良好效果的，对读写也会产生长远的影响。

为了进一步弄明白这个问题，我们有必要结合听说能力培养来研究语言关键期。语言关键期，亦称为“多元的语言关键期”（multiple critical periods）。Seliger（1978）列出了以下四个方面。

1. 语音语调的关键期

幼儿接受语音语调，特别是本土方言，比成年学习者具有更大优势，他们对方言中的特征性要素有敏锐感知力。而有些人七八岁以后到一个新地方长期居住，其后二三十年的经历也不足以使他们完全习得当地方言。研究者对语音语调关键期的年龄界定有不同说法，Long（1990）认为是六岁，Thompson（1991）认为是十岁。

2. 句法能力（competency in syntax/grammar）

一般人认为，儿童的句法能力是弱于成年人的。这实际上是一种未被科学验证过的成见或模糊认识。Johnson 和 Newport（1989）的研究表明，儿童的句法能力优于成年人。另有研究表明，句法或语法准确性的关键期大体晚于语音语调关键期，大约在十五岁。有人认为，句法学习主要是在书面语篇的学习中进行理性的认知。实际上，这样的认知是对语法和句法概念的学习，在某种程度上是一种理论语法的学习路径。从心智接受的角度看，儿童习得句法是从语音语调习得开始的。好的听说活动，特别是基于语言审美机制的听说活动（如模仿和表演歌谣），是句法习得与认知的重要途径。

3. 语言熟练水平（language proficiency）

proficiency 是指“a high standard of ability and skill”（《朗文当代高级英语词典》），这里是指在社会沟通活动中所表现出来的熟练的语言运作。Cummins（1981）发现年龄小的学习者在社会沟通中的人际互动能力比年龄大的学习者更强，特别是在口语方面。

4. 语言习得速率（rate of language acquisition）

Krashan 等（1979）和 Snow 等（1978）的研究表明，成年学习者在语言习得速度上较儿童有更大优势。Ellis（1994）认为，这种现象有两个原因：一是成年人具有借助协商领悟语义的丰富经验；二是他们具有更强的认知能力与技能。

基于上述研究成果，我们得出以下结论：一是小学生在语音方面可获得更为明显的发展，“听说领先，读写跟上”的做法适合小学生的心理特点，应当予以坚持。幼儿园至小学六年级的学生口语能力发展很快，极易取得显著成效。二是在关键期内，语言认知能力（含语法认知）是在丰富的感性体验与鉴赏活动中内隐式地实现，对终身语言认知能力的发展有重要作用，但这并不意味着学校应当明示语法的理论概念。三是在语言发展的关键期内，母语发展与外语发展的关系很重要。研究表明，多语种的有效学习同时发生，非但没有干扰彼此，反而具有巨大的促进作用。在多语种学习中，儿童学到了不同语种的转换能力，受益终身。四是在关键期内，听说能力的先行发展对读写能力有内在的促进作用，反之亦然。但是这种相互促进仍然应当以“听说领先”为前提条件。五是意象运演在关键期的语言活动中十分重要，语言审美和语言艺术鉴赏活动应当在小学阶段加大推广力度。意象运演需要戏剧、歌舞和游戏作为支持条件。六是关键期的双语学习活动应当大力提倡“行而知之”，学生应当热起来，全身心欢腾起来。七是从关键期的社会需求上看，幼儿园至小学六年级的学生在语言学习上需要与伙伴共享。他们的社会化本能决定了他们在语言活动中特别需要与伙伴互动，而语言知识学习本身也需要积极的伙伴互动。社会人际互动是语言的基本能力之一。在幼儿园和小学阶段，参与伙伴合作就显得十分重要。

此外，静默学习与鉴赏能力的发展也是不可或缺的。活动与静默是儿童发展过程中相辅相成的两个侧面。在关键期的发展中，人们更加重视儿童外在活动的作用，相对容易忽视静默能力的平稳作用。学会独处，学会静默，学会个人鉴赏，学会融入审美境界，在语言关键期中十分重要，不可忘记。

三、听说的伙伴话语与互动——教师如何了解学生话语

我们研究课堂听说活动有必要注意儿童和少年的伙伴话语（peer talk）。人的早期伙伴话语是在使用母语中习得的，这为他们日后学习第二语言的话语沟通奠定了心理基础。幼儿在家庭中的经历对他们的早期

语言发展起着很大作用。亲子互动（parent-child interaction）是儿童语言发展的一种主要形式（Bruner，1985）。到了学龄期，儿童的语言视野明显拓展了，他们的语言沟通能力将接受伙伴互动的检验，同时也被伙伴互动所推进（Preece，1992；Rice，1993）。英语教师应当注意学生语言发展的这种情况。伙伴互动与伙伴话语对儿童语言发展的实际作用主要包括以下几点。

1. 语言游戏（language play）的操作

我们在语言教学中经常谈到语言运用问题，我们的理解主要集中在现实生活的功利性运用上。实际上，儿童语言应用的一个重要方面是“玩语言”，即语言游戏的实际操作（Dunn，1988）。以一个不喜欢香蕉的5岁女孩的语言游戏为例。

Yuck I hate bananas.

They're icky.

They're slimy.

They're gooey.（Ely et al.，1994）[26]

此类语言并无具体内容和意义，接近胡言乱语，但有韵律。在小学低年级阶段，儿童对语言游戏的兴趣依然占有相当地位，这就是为什么小学低年级的课堂教学需要各种韵律诗。我们可以把这种语言游戏视为儿童的早期语言审美体验。

2. 语言幽默的发展

语言幽默（verbal humour）实际上是语言游戏的一种。语言幽默是儿童加入伙伴群体的必要条件：谁要想成为伙伴群体的积极一员，谁就必须学会这个群体的语言幽默方式（Apte，1985）。随着年龄的增长，语言幽默的方式与内容也不断发生变化。低幼儿童一般把语言幽默停留在语言的声音表层，说一些无意义且奇怪的词语是十分常见的低龄幽默。家长或教师却将其视为“无聊的东西”而加以漠视或嘲笑，这实际上是在打击低幼儿童的语言发展。中高年级的学生则逐步把语言幽默发展到结构与意义的层面，尽情表现他们的语言发展成果。

3. 话语攻击（verbal aggression）的发生与发展

从成人道德修养的立场上看，话语攻击不是一件值得提倡的事情。

用发展心理学的眼光科学地看待儿童的话语攻击表现，是直接关系儿童语言发展的一个不容忽视的侧面。儿童乐于操作语言游戏,实施话语攻击，以此建构（establish）、保持（maintain）并重组（reorder）他们的社会定位（social hierarchy）（Goodwin, 1990；Labov，1972）。发展心理学所发现的关于语言发展的这种必然现象为语言教师提供了以下几点启示：一是教师不应忽视这一现象，不应当用简单的成人社会道德修养尺度来禁止和杜绝这种表现。二是教师不仅应当承认此种表现对学会社会语言沟通策略的发展心理学意义，还应当对此种表现进行道德修养方面的积极引导，即弱化攻击成分，学会社会沟通规则。三是把科学处理话语攻击问题视为儿童成长教育的实践课题。

4. 接受媒体的影响

学龄儿童课外接触大众媒体对他们的语言发展（如增强视觉感受、扩大词汇量、学习语言实际操作技能等）起着越来越大的作用。由于媒体中的语言运用含有多样化的审美元素（如诗句展示、独白朗诵、情感丰富的故事等），儿童的艺术需求在观赏大众媒体作品中得到很大程度的满足。研究表明,《芝麻街》（*Sesame Street*）能够促进儿童读写能力的潜在发展（Wright et al.，2001）。关于电视对儿童语言发展的影响方面的研究指出："Thus, it is not just the amount of time spent watching television but the nature of the programming watched that is the key to understanding television's effects on language development."（Wright et al.，1995）。这段话告诉我们，关键并不在于观看电视的时间量，而在于电视节目的方式和性质，由此方能真正理解电视对语言发展的作用。

这表明大众媒体对儿童语言发展具有重大影响是毋庸置疑的。但家长和学校有必要做好以下几点：一是丰富媒体的多样性通道；二是整体规划可能接受的各类媒体的系统；三是有效过滤有害的媒体因素，促成健康观赏的审美体验；四是全程规划儿童接触大众媒体的机会和时间；五是引入强大有力的教育传媒产品；六是加强课堂媒体的多样化呈现和指导。

四、话语结构的发展——儿童的话语是如何在生活实践中提高的

儿童的实际生活和具身体验是儿童话语结构发展的基础。研究表明，儿童话语结构是对直接语境（immediate conversational context）和非直接语境（decontextualized language）两种语境做出反应的过程中发展起来的。儿童在伙伴互动、师生互动和媒体互动中发展自己的话语结构，这是直接语境反应；儿童陈述和自己有关的已经发生的情况或故事，则是非直接语境反应。这两种方式的话语结构发展都直接影响儿童的终身语言发展趋势和智能发展，因此，这种发展对每个儿童都是至关重要的。我们研究语言审美体验，更加侧重儿童的非直接语境反应。从听和说的语言审美角度看，叙述模式（narrative mode）和理性阐释模式（paradigmatic mode）两种话语结构都值得我们研究（Snow et al., 2001）。

叙述模式是一种按时间发展顺序进行的语言陈述。其最典型的形式是讲故事，它是话语模式早期发展的一种主要形态，如下例所示："I went to her aunt's home, I just said, 'Hi, hello! How are you?' And then, they went to some place else, and I had a party, with a lot of candy. I was happy…"。

理性阐释模式是把语词形式安排在一种系统的组合之中（organizing the forms of words into systematic groupings）。这种话语模式是一种逻辑性结构，以有序的表述显示话语内容的因果、假设、并列、包容等关系。这是与叙述模式平行发展的模式，但在较高学年段才得到健全。如下例所示："I know he's a good father, but he's too strict. I don't like it. But he does a lot this way. I just listen and wait for him to finish. He always talks to me about my study. I am poor at study. I say nothing. Just listen to him. That's it!"。

儿童的叙述模式在初级阶段是松散的、跳跃的，有的研究者把它称为"蛙跳叙述模式"（the leap-frog narrative）（Peterson et al., 1983），如："I went there. I saw them. A dog was there. I liked the dog. He took the dog there, and his mother didn't let him go with the dog. We played with the dog. Very funny. ”。

教师在课堂教学中往往忽视这类话语的发展价值，其实它们正在以松散和跳跃的形式向有序与整合过渡。在第二语言学习中，学生会重复母语学习中的某种表现。了解一些发展心理学的知识，增加这方面的经验，教师就可以利用这种跳跃式话语结构来推进学生的话语发展。

叙述模式的发展表现为儿童从跳跃式话语向有序与整合过渡。儿童话语的另一种结构是流水账式的叙述（chronological narrative）。这种结构实际上已经在谋求叙述的顺序整合，其典型的标志性词组是（and）then，犹如汉语的“然后”，如：“I went into the room, then he stood up, and then I saw a dog，a big dog！ Then the dog looked at me and wanted to“TALK”, and then I said hello to the dog, I patted on the head, and then I wanted to kiss him, but he didn't let me. Then…”。

THEN 式话语结构，在成人的说话习惯中也会以“化石”的形式保留下来。比如我们在日常生活中经常会听到这样的叙述：

“我告诉她不要动那个，她在我走后却非动不可，然后呢，事情就发生了，短路，我回来时看见她站在那里不说话，然后，我问她，‘怎么回事？’，然后她说，‘这个坏了’。然后呢，我发现是短路了，机器不转了，然后，我对她喊起来，然后，她就哭了，在床上坐了一会儿，然后，跑出去了，然后，就一直没回来。”

THEN 型结构将逐步发展成一种更为完善的话语结构，即经典叙述（classic narrative）（Peterson et al.，1983）。研究者在对 5 至 9 岁的儿童所进行的研究中发现，“经典型”话语结构在 5 岁儿童中并不是普遍的，但在 9 岁儿童中则占 60%。这种话语结构已经发展成为完整有序的故事叙述。跳跃、松散的叙述以及过于冗余的流水账叙述在话语发展中逐步被经典叙述所取代。

儿童在发展叙述型话语的同时，也在家庭生活和学校生活经历中进一步丰富话语结构，其中两种重要的形式就是解释和描写（explanation and description）。父母和教师的话语中经常包含解释和描写的话语结构，儿童常在家庭中接受此类话语结构，如“Father：When you cut the meat, the juice runs out of the meat into that little track there. Runs down till it gets to that hole Blu-up！ Fill it right up.（Pause）. That's the way rivers and lakes work."。

同样，儿童在课堂上也在接受教师的此类话语，如"Teacher: Look at the leaves in your hand. What colour are they? Yellow or red or orange. But the leaves on trees are green in summer. They become yellow or red or orange in fall. It's warm in summer. It's cold in fall. When it gets cold, when fall comes, the leaves on some trees turn red or yellow or orange. Leaves fall on the ground. And you pick them up. Now they are in your hand. And they are red or yellow or orange. They are not green."。

当儿童听到这些话语时，他们逐渐习得这些话语的结构。儿童之间使用这些解释和描写时，他们也是在习得这些话语。更为重要的是，儿童在逐步发展话语结构的过程中，也在发展基础的逻辑结构。

表3–1

age	discourse
3	Mum danced.
5	Mum felt happy. She danced.
7	My mother was very happy, so she began to dance.
9	It was Mum's birthday. A lot of people came to say happy birthday to her. She was so happy that she began to dance.

由表 3–1 我们可以看出，儿童在发展话语结构的同时，也在尝试依照逻辑规则进行思考。逻辑结构的发展是与话语结构的发展同步展开的。从某种意义上讲，话语结构中就包含着基础的逻辑结构。3 岁的儿童只是提出了 Mum danced 的事实，并没有用话语显现出 Mum danced 和 Mum felt happy 之间的逻辑关系。5 岁的儿童就会用话语的先后次序说出 Mum danced 和 Mum felt happy 之间的逻辑关系，因为 Mum felt happy，所以 Mum danced。9 岁儿童的话语结构和逻辑结构都有了长足的发展。所以，认知神经科学家平克在谈论语言和心智的关系时说："语言本能的存在意味着人类心智装载着适应性的计算模块。"（平克，2015b）

五、语言审美与音乐审美的比较——如何理解语言和音乐的内在关系

改变各学科的分离状态，实现各学科的整合，被国际课程研究领域的学者视为课程发展的前沿课题。语言的艺术审美和音乐的艺术审美，有什么内在关系？这是美学领域特别感兴趣的问题。《音乐、语言与脑》(*Music*, *Language*, *and the Brain*) 使我们认识到了语言审美和音乐审美的内在关联。

《音乐、语言与脑》的作者是美国认知神经科学家 Aniruddh D. Patel (帕泰尔，2011)。他最早师从世界著名的生物学专家、哈佛大学的导师 E. O. Wilson 研究蚂蚁。他的初期论文是研究蚂蚁，由于他热爱音乐，于是转而研究语言与音乐的关系。作者从构成元素、节奏、句法和意义等几个方面探寻语言与音乐的共同基础。我们能够从书中获得很多关于语言教师改进课程和教学的启示。

（1）意义是语言和音乐的共同审美基础，而且是只有人类才拥有的基础。某些鸟的“歌唱”只是雌性求偶和雄性炫耀支配权的结合，而人的语言表达和音乐表达则是独有的意义，即传输。这两种表达虽然有各自的独特功能和明显差异，但是，表达意义是它们的共同基础。学生在语言实践和音乐实践中对意义的多样化表达方式的感性体验，将为他们的终身奠定多元智能的基础。教师的主要作用不是引导学生感受语言和音乐意义表达的差异，而是让他们感受语言和音乐意义表达的有机融合。这两种不同意义类型的体验，目前在学校的课程中或多或少被分割在语言课和音乐课的孤立运作之中，这恰恰是未来课程整合的创新课题。

（2）儿童音乐能力的发展与儿童早期阅读能力及学习能力的发展具有独特的相关性。《音乐、语言与脑》援引 Anvari 等人 2002 年的实验研究结论：“学习英文的阅读要求把视觉符号和音位对比进行匹配，具有好的语音意识的儿童在阅读学习上具有优势。”又据 Sleve 和 Miyake 2006 年的实验研究，人的第二语言学习能力与音乐能力的发展也具有相关性。相关性的其他研究同样表明，“音乐能力确实可以预测第二语言水平的差异”。这些研究都告诉我们，语言和音乐的概念范畴化具有特殊联系。这

里所说的概念范畴化，指的不是学会语言的或音乐的抽象概念，而是指儿童在感性体验中无意中习得的语言和音乐的共同元素。这样的感性习得，具有终身发展价值。

（3）语言节奏和音乐节奏既有共同的神经关联，也有不同的神经关联。《音乐、语言与脑》一书比较详细地研究了语言节奏和音乐节奏的相似性与差异性。作者结合自己和他人的实验研究，指出："语言节奏和音乐节奏在某些方面是由相似的大脑系统来处理的，而其他方面则体现出较少的神经重叠，即两种节奏的活动又有各自独立的神经传导活动的支持。"这一研究对学校教育的课程整合至少有以下三点启示：一是习得语言节奏和习得音乐节奏对人的完整发展具有基础作用。二是语言节奏和音乐节奏的相似性为语言课程和音乐课程的整合提供了重要切入点。三是语言节奏和音乐节奏的差异性应当成为儿童创造力多样化发展的有效依据。

（4）语言旋律和音乐旋律具有共同的神经关联。我们听音乐时，首先感兴趣的是节奏，接着就是旋律。贝多芬《第九交响曲》第四乐章的《欢乐颂》主题曲，就是经典旋律。《音乐、语言与脑》一书中通过大量实验得出的初步结论是："在结构和加工方面，两个领域的旋律之间存在着诸多联系。"这种联系本质上是神经传导和运作的联系。这个发现十分重要，因为学生体验一种音乐的经典旋律并在大脑中牢固存储，有可能会成为他们感知语篇整体结构的基础。

（5）语言的句法加工与音乐的句法加工具有趋同倾向。《音乐、语言与脑》一书中用足够的篇幅介绍了句法问题。其实，语言和音乐都有句法，二者的句法建构、存储和运作都具有一定的共性。这样的句法绝对不是所谓语法教学中的抽象概念分析，而是人对句法的本能知觉，类似于 Chomsky 的共同语法。语言句法和音乐句法所具有的共同神经基础对人的整体认知建构都有极为深刻的意义。儿童对语言句法和音乐句法的综合体验将被直接用于他们的未来心智演化，并直接影响他们的世界意象、人生意象、认知特征、情感特征以及审美指向。这是核心素养研究的基础理论问题之一。

（6）语言智能和音乐智能是人的多元智能的基础组成部分。加德纳的多元智能从二十世纪九十年代末就被教育界广泛研究，而且早已被很多学校引介到课程设计和教师培训之中。需指出的一点是，加德纳研究多元智能是从音乐研究起步的，这与他早期对音乐的兴趣和经验有直接关系（沈致隆，2004）[31-36]。多元智能是一个整体，教育者运用多元智能理论不可分立地去理解每个智能之间的关系，在教育实践中更不可为它们单独设立课程，也不可把各个学科的功能有侧重地分配到各个智能中去。这种旨在实现多元智能整合的努力恰恰是拆解了多元智能，发展多元智能的正确途径只能是整合。在这种整合的效应中，语言智能和音乐智能是基础。

关于语言和音乐的研究在语言教育的研究与实践领域中足以开拓一种新的综合性探究路径。以往三十多年的英语教学研究，大都在英语教学方法和实践性较强的应用语言学领域的“湖泊”中漫游，我们往往会忽视别有风光的“他乡山水”。其实，这样的一种定式确实限制了我们的探究视野和研究深度。值得注意的是，二十世纪和二十一世纪人文科学发展具有明显的跨学科性质，这同样应当是当前教育研究和语言教育研究的战略趋势和方向。神经科学家王士元先生对此有自己的真知灼见，他说，“多年来我一直有一个愿望：希望能够从语言学、演化论、认知神经科学这三个领域里抽出一些知识来，编成一个连贯有趣、引人入胜的故事”（王士元，2011）。我们语言教育的故事应当是“跨界的故事”。

第二节　听的理解与审美

语言的听觉加工过程和视觉加工过程在输入原理上有很大的不同。这种不同首先体现在共时和历时的区别上：阅读理解是建立在历时基础上的，人的此时所见（现在读到的文字）和人的彼时所见（刚才读到的文字）在一段时间里是可以历时地转换的，读者可以回视刚刚读到的文字，也可以向前跳，去选读后续的文字，甚至可以多次前后浏览，这就是读的理解的历时特征。听的理解则不然，它是建立在共时基础之上的，人的此时所闻（现在听到的词语）和人的彼时所闻（刚才听到的词语）在时间流动中是不可以历时地转换的，听者不可能随意地返回到刚刚听到的话语（除非让说的人重复或回放录音）。

听和读在心理加工机制的共时和历时的差异决定了二者的意义理解和意象运演的差异，并进而决定了听和读的审美体验的差异。由于个性的不同，不同的人在接受外界信息时的侧重指向也不同，视觉优势的人和听觉优势的人在接受言语信息时的理解机制也是不同的，他们的审美体验和审美效果就必然有个性特点，进而影响他们艺术品格的发展。本节拟对听的理解及审美特征进行简要的分析。

一、听的理解的等级分析——什么是“好的听者”

Pat Wileox Peterson 用发展的眼光研究一个好的听者从初级阶段到高级阶段的学习进程，提出了三个阶段的具体目标和相应的活动。值得注意的是，Peterson 把目标与活动分为自下而上（bottom-up）与自上而下（top-down）两类。由此，我们就获得了一个好的听者逐步发展听的技能的过程，这一过程对我们实施听力教学是很有帮助的。

（一）初级阶段听的理解与审美体验

1. 自下而上的听力活动

（1）分辨语句中的调型。

（2）分辨音素。

（3）接受词的尾音变化。

（4）确认音节的结构、音节数和重音。

（5）认识非正式谈话中的添加成分。

（6）捕捉或选择语篇中的细节。

审美体验的特点：审美体验主要体现在（1）、（2）、（3）、（6）上，低龄学生主要鉴赏言语反映出的音乐节奏和特定的乐音之美。

2. 自上而下的听力活动

（1）分辨情绪情感反应。

（2）把握语篇的主旨。

（3）确认话题。

审美体验的特点：审美体验主要体现在（1）上，语言素材应当具有高度情绪化的元素，学生在接受听力材料的情感对话或独白时受到感染，因而获得审美体验。

3. 双向互动的听力活动

Peterson 所指的 interactive（交替模式）不是我们在课堂教学中涉及人际关系时所说的互动，而是指自下而上的加工过程与自上而下的加工过程之间的互动，如图 3-1 所示：

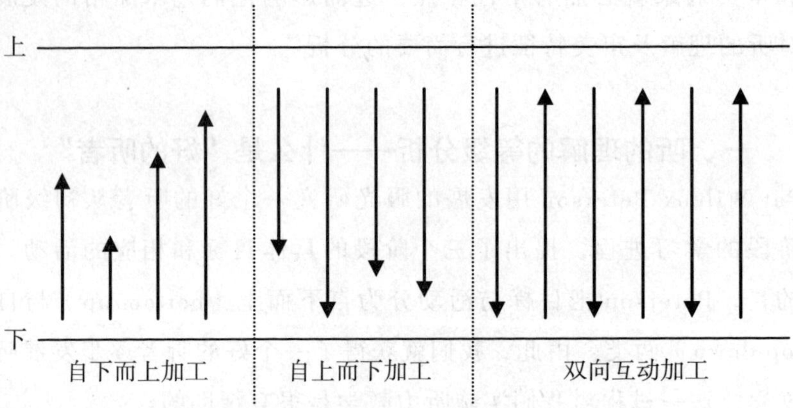

图 3–1

（1）利用话语特征来确定语句是正式的还是非正式的。

（2）确认熟悉词语的所属类别。

（3）比较记忆中已存信息与所听的新信息。

（4）比较所听信息与个人信息。

审美体验的特点：学生的语言审美有时取决于个性特征，或侧重自上而下，或侧重自下而上，或采取双向互动模式。语言审美方式和策略的选择，还与教师的教学风格和语言作品有关。在英语诗歌的鉴赏中，自上而下的策略明显居优势地位，这与诗律的音乐特点密切相关。不同的教师面对不同的学生自然会有不同的安排。但是，不管教师如何实现这三类活动，相对清楚地界定这三类活动是重要的。

（二）中级阶段听的理解与审美体验

中级阶段的学习者经历了三种初级听力技能训练，同时，他们的词汇量和相关语言知识也在增长，更高的听力技能训练已成为可能。

1. 自下而上的听力活动

（1）依据重读和其他语音技能区分实词和虚词。

（2）找到重读音节。

（3）确认语流中的弱化词语和省略音节。

（4）确认语流中词语间的连接与连续。

（5）确认语流中的相关细节，即涉及主旨的关键信息点或信息串。

审美体验的特点：审美过程较少卷入分析活动，重在整体知觉，所以，（1）、（2）在听觉审美体验中并不十分重要，因为它们都带有分析的元素。（3）、（4）、（5）在审美体验中占优势。要注意（5）所说的细节，语言审美鉴赏活动并不是在语流中去确认很多细节，这样的确认本身就很可能破坏审美感受，但某些具备审美因素的细节则恰恰成为审美的关键点，比如诗歌的韵脚，朗诵中排比句的逻辑重音及其情感元素的凸显。

2. 自上而下的听力活动

（1）辨认话语的语域特征和基调。

（2）确认说话人或话题。

（3）探寻主要意思和支持主要意思的细节。

（4）进行猜测与推断。

审美体验的特点：当学生接受文学作品的诵读或情感朗诵时，上述指标都比较重要，比如学生听故事，首先要破解话语基调，然后才谈得上语言鉴赏。而说话人、语域和话题在接受散文朗诵和戏剧表演时就成为理解和审美的基础。

3. 双向互动的听力活动

（1）利用逻辑重音了解说话人的意图。

（2）确认缺失语法标记的口语结构，并建构完整语义。

（3）利用特定情境条件和生活经验促成听的期待，并通过听确认期待是否正确。

审美体验的特点：在听的理解的中级阶段，审美体验也得到深化。深化的标志主要有三个：一是整合鉴赏水平提高，二是完整的意象运演支持了完整语义的生成，三是语音语调的整体鉴赏力正在增强。

（三）高级阶段听的理解活动

高级阶段的听者是接近成熟的听者。根据 Cummins（1981）的研究，中级和高级听者已不是停留在学着听（learn to listen）和听了学（listen to learn）的水平上，他们已能利用听觉输入来获取知识。吸收有一定专业内容的讲座的明晰信息，欣赏有较为复杂情节的文学叙事，鉴赏具有丰富情感含量的散文或诗歌的诵读，已成为高级听者显现听觉理解力的典型表现。

1. 自下而上的听力活动

（1）利用句子重音和语调特征来为完成笔记，确认重要信息。

（2）确认缩略现象、弱化形式和其他口语特点，以区别于书面语。

（3）明确认识到口语中的冗余附加成分，并进行相应的处理。

（4）明确认识讲座中起构架作用的暗示点。

（5）明确认识用于定义的词汇或修辞的标示点。

（6）确认特殊信息点。

审美体验的特点：在这个水平上，学生对语言意义的鉴赏成为审美体验的主导成分，对语言形式的审美体验则起到强化意义审美的作用，语言素材所提供的更为全面的信息有助于意象运演的整合，并使意象具备更强的美学元素。

2. 自上而下的听力活动

（1）利用话题知识预测语篇中的信息。

（2）利用作品（如演讲、故事、戏剧等）在共时行进中提供的关键信息，预测作品的要点和逻辑方向。

（3）探寻作品（如演讲、故事、戏剧等）的主要意思。

（4）了解作者的基本观点。

审美体验的特点：预测信息、探寻主旨和确认作者意图不仅是功利型（即实际运用）理解的一种技能，而且也是审美型理解的一种品格，但二者侧重点有较大差异。功利型理解重在功利点上，如完成某任务、做对某题，审美型理解则有很大程度的心理自由度。以此为前提条件，听者在鉴赏之中享受意象的运演。

3. 双向互动的听力活动

（1）利用短语知识和语篇标记预测演讲接续部分的内容。

（2）对作品内容进行推测。

审美体验的特点：在作品鉴赏的高级过程中，不一定每个人都采取自上而下和自下而上的互动策略，这主要取决于：鉴赏者（学生）对听觉作品的基本态度；他们对该作品的意象模型的熟悉程度（陌生的意象就可能影响审美体验）；他们在意象运演中的情感指向；他们的英语水平等。

需要特别申明的一点是，不管哪个等级的听的理解和审美，都肯定会受到英语知识的制约。这包括语言词汇储备的总量、核心词汇的语义体验深度、句法的熟练程度、句法掌握的复杂程度、汉英句法异同的领悟水平和语言学习的基本策略。从一定意义上讲，这些涉及语言知识的水平直接影响听的理解水平和听的审美水平的提升。

二、听的过程的认知与审美心理分析——如何在听中思考和在听中鉴赏

无论是从意义理解的角度看，还是从听的审美角度看，我们都有必要用微观的眼光研究一下听的过程。李静纯（2005）在《英语教育评价通论》一书中曾把听的技能分为四个区域，即形式（form）、过程（process）、内容（content）和策略（strategy）。微观研究听的过程有三个角度：一是从微技能的角度；二是从内部信息加工的角度；三是从审美意象形成的角度。后两个角度都是从心理过程上看听的活动。这种研究对于课堂教学的技术探究和艺术探究都具有直接的意义。

Richards 提出了一个服务于外语听力理解的语言材料的设计模型，

这个模型把语言的交互和协商（interactional and transactional）两大基本功能和语言运作过程的自上而下和自下而上两种模式结合起来。

语言功能可以分为两大类型，即基于信息传递的语言（language for transactional purposes）和基于人际互动目的的语言（language for interactional purposes）。Transactional Language Function（以下简称TLF）是以传递具体信息为导向的。此项功能与Halliday（1975）提出的表义功能（ideational function）相对应。从听觉通道上讲，给予口头指示，宣布口头信息，确定时间、地点和程序，描述具体过程和事物，询问和提供操作、活动、行为细节等，都属于交际信息。

人际语言功能（interpersonal language function）则是一种社会交际型的功能。此项功能可与Halliday（1975）提出的人际功能（interpersonal function）相对应。在人们的语言交往中，有些活动中的话语过程并不重视具体事物中的具体信息，忽略这些信息的确切性。人们所重视的是建立一种人际关系，揭示一种人际关系，接受或表达一种社会角色定位，显示一种人际和谐程度或冲突程度。

以上这些英语教育研究者在研究语言功能时都只侧重语言的实际运用（功利性的运用功能）。实际上，这些研究者忽略了语言的另一功能，即审美功能。听的语言审美过程是与听的理解认知过程同步进行的，没有理解认知是无法进行语言审美的，但并不是所有的听的理解过程都自动地具备审美因素。下面我们结合信息加工谈一谈听的理解和听的审美之间的关系。

听的理解，从认知心理学的角度看，就是信息加工过程，正如阅读理解也是信息加工过程一样；从语言审美的角度看，则更侧重意象运演的审美感受。我们把这两种过程联系起来进行探讨。

（一）成熟的听者（proficient listeners）在信息加工上具有的特点

1. 多样性（multilevel）

运用多样化的加工手段，既有自上而下水平（top-down level），又有自下而上水平（bottom-up level）；既有整体的听（global listening），又有选择的听（selection listening）。同样进行信息的多样化加工，功利型的信息加工和审美型的信息加工在信息指向（吸收什么信息）、注意焦点

（关注什么信息）、信息整合（形成完整的意思或意象）上都有很大的不同。

2. 互动性（interaction）

听者与信息源、听者与话语情景、听者的经验与所听信息，在听的过程中是互动的。这里所说的互动，不仅包括人际行为互动，也包括了其他类型的互动，比如在戏剧审美活动中的角色话语的互动，在鉴赏视听作品时与作品内容的互动（一种身心的融合），以及群体听众之间的共享性互动。这在演唱会上表现得最为明显。这类多样化的互动方式和审美型的内心激活状态，在以备考为基础的听力练习中是绝对见不到的，其接受效果大为不同。

3. 创造性（creativity）

听者不是单纯机械地接受听觉信号（acoustic signal），而是依据关键信号进行创造性的加工。这里的"创造性"是广义的。在备考性质的听力测试中，也会有创造性加工，比如听力材料的言语本身并未提到但需要听者创造性地推论出来的信息，如对话人的关系、对话发生的场景等。

由于审美体验有大脑神经的镜像神经元参与，听者语言审美的创造性加工有几个突出特点：一是活跃的思维传导。信息连接具有广度，脑神经激活水平高，信息点的连接不限于某一个狭小区间之内，所以学生的思维传导便具有发散趋势，传导速度加快，传导敏锐性增强。二是生动的意象运演。在镜像神经元的助推下，趋内的神经活动增加，经验存储中各种生动的意象图式都可能被激活，听者的想象力可以在更大的激活水平上推进意象运演，在学生的头脑里，语言的声音信息就足以让心智的"影片"上映。三是鲜明的个性指向。在神经元连接广度和深度增大的情况下，学生的个性需求和个性能量也被激活，所以审美境界可以放飞学生的个性。这就使他们的深层次理解具备了个性特点。四是恒定的情绪状态。在审美境界中，听者的鉴赏情绪被激活，但这不意味着在作品的声音催化下，听者就能达到高度的昂奋状态，审美体验所唤起的其实是一种恒定的情绪状态。比如，在《春江花月夜》的曲调中，学生听唐诗《春江花月夜》的吟诵，便是典型的恒定情绪状态支持审美体验的例证。五是主动的境界追求。功利型听的理解是以完成既定的信息提取为目标的，目标一旦达到，理解活动也便停止了。听的审美体验则不限于此，学生在听的过程中会主动"追求"美的声音境界。声音终止后，学生还会根据渐渐隐去的声音“后象”，继续主动延续审美境界的回放。我国古代经典《列子·汤问》说：“昔韩娥东之齐，匮粮，过雍门，鬻歌假食。既去而余音绕梁欐，三日不绝。”此之谓也。

以上所描述的是理想的成熟听者，其实各类真正的初级听者（true beginners）并不具备成熟听者信息加工时的特点。他们获得这些特点需要一个递进的发展过程。研究者对这一过程进行了实验观察，并揭示了一些重要的规律。

（二）听的理解层次

Anderson（1985）在著作《认知心理学及其启示》（*Cognitive Psychology and Its Implications*）中分析了听的理解的三个层次。

1. 知觉加工层次（perceptual processing）

听的理解的本质是对听觉信号进行解码（encoding）。听觉信号与意义的关系见图 3-2。

图 3-2

但是，听者的理解过程（即解码过程）并不是对每一个听觉信号进行解码，从而直接获得意义。（如图 3-3）

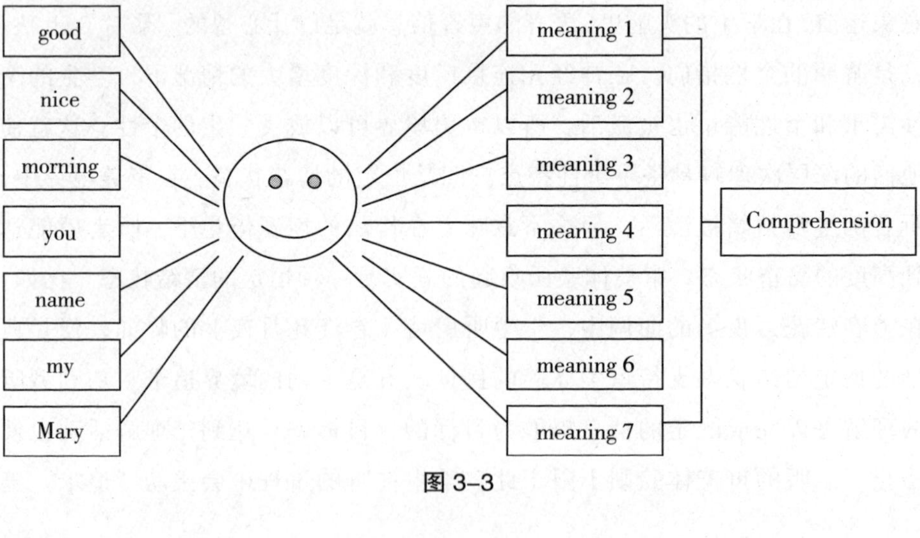

图 3-3

事实上，单个听觉信号在听者的加工过程中要被组合、调整为有意义的声音单位（meaningful sound units），如“Good morning，Tom./Hi，Mary./Nice to meet you.”。初级听者依据自己的已有语言知识去认定这种有意义的声音单位，同时在语流中进行意群界定（syllable boundaries）和对关键词的认定。

知觉加工层次的听似乎谈不上语言审美，因为这种初级的加工尚不熟练。其实，在初级的听的体验中，学生会从整体上接受某一作品的语音语调，接受它的音韵美。这时，语言形式审美先于意义和意象审美。

2. 语义加工层次（paraphrasing）

paraphrasing 原指语境中的句法分析，但它不是一种句法形式的分析，而是结合语境和词语的句法分析形成意义的基本单位（meaningful units），实质上是语义加工。无论是功利型理解，还是审美型理解，语义加工都是基础。但是，在审美体验中，有时关键词语比句法更为重要。比如，英国诗人 William Blake 的名诗《老虎》（*The Tiger*）中的第一句“Tiger，tiger，burning tiger”，又在最后一个诗节的第一行重复，这样关键词就起到了重要的作用，因为它们作为独立成分，不需要进行句法分析，也能够在听者的头脑中产生极具特色的“老虎”意象。

3. 应用加工层次（utilization stage）

依据知觉加工和语义加工，听者检索长期存储的记忆库，以获得已存信息和新信息（即正在获取的听觉信息）的联结。一旦产生这种联结，听力理解也就实现了。

Anderson 所提出的成熟听者听力理解信息加工三层次是同时且交替进行的。成熟听者们依据听力具体过程的需求，采取相应的策略，有目的地交替运用这三个层次的技能。但就一个发展中的听者而言，这三个层次在发展中便形成三个阶段。这三个阶段对听力训练具有基本的指导意义。关于这个问题，McLaughlin 等人（1983）的研究和发现也表明，听力的发展呈现出上述阶段性。

McLaughlin 等人注意到在听者能力发展的最初阶段，知觉加工以自下而上为主。初学者在听的过程中需要更强势的有意注意（conscious attention），这样，他们通常没有足够的精力去进行高层次的理解加工，也就是说，他们无法顾及语义加工和应用加工。但是，在多次低层次的理解加工之后，初级听者的知觉加工即可自动进行，速度和效率均有了质的变化。因此，有意注意便可以相对减弱。只有在此种情况下，初级听者才可能进行高层次的听力理解活动，即自上而下的加工活动。用Anderson的概念来讲，就是语义加工和应用加工。

以上研究成果有助于我们了解听的认知机制和审美机制，表明语言形式知觉、语境和语义认知、意象运演和审美体验，实际上可以看成是几个交叉的心智活动领域。

形式知觉和语境识别是功利型和审美型听觉活动的基础。语义破解是功利型听觉活动（获取实际应用型信息）的核心要素。意象运演是听觉审美体验的核心要素。功利型和审美型听觉活动的心理活度、广度和深度都是不同的。功利型听觉活动更为重视获取准确的信息，而审美型听觉活动更为重视享受一种境界。

三、听的理解的类型分析——听力都是完成同类的理解任务吗

从信息加工的层面上看，学生听力理解活动可以分成不同的类型。Sinclair从信息加工的效果上研究这个问题，提出了成果（outcome）的概念。他认为交际成果（communicative outcome）本质上是一种基于某种预期得以实现的真实任务。Morley（1965）根据Sinclair的概念，提出了六种成果的类型。

（1）行动实施（listening and performing actions and operations）。学生听录音后画出一幅画，做出全身反应（TPR，即Total Physical Response），实施一组操作动作。比如，听后操作一种新型的数码相机，听一段路径说明后出发去目的地等，都属于此种类型。其核心特征是具体执行某种行动。

（2）信息转换（listening and transferring information）。学生接受听的信息，了解信息要点后，把听到的信息转换成其他信息形态，如听到信息后填写表格、转述故事、记录讲话等，属于此种类型。

（3）解决问题（listening and solving problems）。依照Morley的说法，解决一个用听觉通道传递的智能问题（游戏和猜谜）属于此类听

力成果。但 Morley 只是从一个狭窄的角度来界定解决问题。从心理学的理论概念来说，解决问题不仅仅包括 Morley 所讲的游戏和猜谜。在现实生活中，人们遇到的各种问题大体上是属于这一类，如听取当事人的陈述、提供问题解决的方案等。

（4）综合评判（listening，evaluating and manipulating information）。学生依据所听信息而做出结论、实施决策、总结概述、预测、整理散乱信息，均属此类。

（5）协商互动（negotiating meaning through questioning/answering routines）。凡属在社会互动中的听觉信息加工，均属此类，如对所听信息进行阐释，为了某种目的探寻细节，就所听信息而开拓性地探寻更多信息（如案例调查）等。

（6）审美娱乐（listening for appreciation）。Morley 所列的这一类型的听力效果实际上不一定特意要求学生做出规定的反应，如听歌、听故事、听戏剧。这类活动虽然在教学中可以起到沉浸式的效果，但它们的效果往往是隐性的。

笔者在 2001 年启动的教育部基础教育英语评价试验项目中收集了约 2000 例课堂中小学各学段教学活动和教材设计，其中听觉通道的活动为 520 例。基于对这 520 例所做的要素分析（factor analysis），笔者从信息加工的角度上对听力活动进行如下分类。

一是语境识别型（identifying settings）。听者仅对所听到的信息进行语境识别，即确认是谁（who）对什么人（whom）为了什么（why）在什么情况下（when and where）发生听觉信息，一般不必具体地确认信息内容（what）。人们在日常交流活动中经常对所听信息进行此类加工，实际上，这是一种粗加工形式。

二是社交互动型（social interaction）。此种类型的听觉接受一般不会就所听的内容进行认真加工，而是借助话语交流来确认交流对象的身份、态度、情绪。在信息加工过程中，参与人都试图显示、建立、发展某种社会交往的关系，以此作为进一步交流的基础。此种类型的加工方式显然要以语境识别型为前提，因为参与人在达到上述交际目标之前首先要对话语的情境要素进行确认。没有这一条，既定的人际社会互动目的就无法达到。

三是现场反应型（giving immediate responses）。除社交互动的惯常反应（usual responses）外，特定情境的话语参与者还需要在听觉信息加工的过程中做出即时反应，比如对劝说或建议的回应、对具体事实的确认、对不清晰环节的落实、对重要措辞的修补、表示歉意或满意等。在实际生活中，这种现场反应是在话语行进中随机发生的，对话语不断行进起着阻碍或推动的作用，因此，它们是口头话语建构的不可或缺的链接组件。在教学中，特别是在听力检测项目中，这种现场反应可以从话语链条中被提取出来，成为 2 ～ 4 个轮次（turns）的小样本。学生所要做的则是对某一话语表现做出反应。学生的这种现场反应还不能被视为话语建构的连续的现场反应。

四是行动操作型（listening for acting）。此种类型实际上就是 Morley 所界定的行动实施。学生的听力理解（即信息加工）最终要落实在他们的行动上。与 Morley 的行动实施分类不同的是，我们把属于以行动方式做出的信息加工反应，均归入此类。

—Drawing. ☆

—Filling in forms.

—Matching pictures or photos.

—Carrying out steps in an action process.（e.g. doing a science experiment）☆

—TPR ☆

—Choosing. ☆

—Playing a game. ☆

—Making things.

—Searching or finding out.

—Using tools.

—Changing things.

—Locating. ☆

—Pointing to something specific.

—Exchanging.

—Combining.

—Listing.

五是分析型(analysing)。如果我们把一种话语表现看成是一个整体，那么，凡是要求听者对这个整体的各种组成要素进行提取或拆解的，均属此种类型。比如，确认一个故事的不同人物，探寻一段描述的具体事实（时间、地点、行动、过程等），提取人与事物的具体特点等。这种类型的一个突出特征是对信息细节进行拆解式的逻辑加工。

六是综合型（ synthesizing ）。这是与分析型相对应的一个类型。分析型是把整体拆解为组分，综合型是将具体组分归为整体。对零散听觉信息点的概述、总结、归纳、梳理均属于综合型信息加工，比如总结一段听力材料的主旨，归纳它的要点，调整散乱信息的逻辑顺序，探寻一个信息群的关键词等。

七是评判型（ evaluating ）。这种类型基本上等同于 Morley 的综合评判成果类型。从信息加工的教学意义来看，总结归纳的活动反应必然有评判，但依据心智逻辑（ mental logic ）的分类，不宜将二者归为一体。评判型的听觉信息加工包括以下六点：① making decisions；② identifying the social value of the information；③ identifying the cognition value of the information；④ identifying the affective value of the information；⑤ finding out the logical mistakes；⑥ predicting the results of the transformation of the information。

八是问题解决型（ problem-solving ）。问题解决是人类信息处理的核心社会作用，也是教育的高位目标。从信息处理的心理机制看，问题解决包含了以上七种听力活动信息加工的类型。因此，它是一种高度综合的信息加工过程。这类听觉活动的结果应落实在问题解决上。为了恰当区别问题解决型的加工类型，把问题解决界定为实际社会生活的范围内更为合理。

四、听力理解的审美模式——如何引导学生进入听力的鉴赏境界

在英语课堂上，教师是否能引导学生进入听力的鉴赏境界？从理论上说，似乎没有任何问题，但从实践上看，大部分课堂都只能使学生的

心理状态停留在一般的认知水平上，即记忆—识别—认知—理解。如何让学生获得较好的审美体验呢？下面，我们以听觉信息加工模式为基础，研究听力理解的审美模式问题。

了解听力理解的基本模式有助于教师从整体上把握听力理解的心智原理。所谓“基本模式”指的是功利型理解和审美型理解共同需要的基础模式。在这里，我们介绍三种。

1. 加工说

有的研究者将听力理解过程视为加工过程，即“加工说”。他们认为，听力理解的过程本质上是听者对说话人所传递信息的“再生产”过程。说话人将信息转换为某种语言形式传递给听者。听者将其加工为相应的信息，由此“再生”出意义。听力的功利型理解在加工基础上解决问题。听力理解的审美体验，虽然包含信息加工和意义解码，但教师并不要求听者去解决问题，而是在信息加工基础上用心灵对语言的声音质量和意义的内在美进行鉴赏。这里带有评估、评判的意味，但品鉴并不是作为明确的功利性任务来完成的。

2. 意义建构说

还有的研究者更为强调听者的目标定位及其已有的内部意义构架，有的研究者更强调听者的主观建构，认为与其说听者是在接受意义，还不如说他们是在建构意义。如果听者的主观定位有误，他对听力材料就会产生误解。在日常生活中，听者与说话人经常发生的理解误差这一点可以支持这种说法。审美体验中的意义是由意象运演来体现的。意象运演本身既是意义的建构，又是审美的愉悦体验。指向审美的意象运演本身就是一种身心愉悦的享受。这是功利型理解和审美体验的一个根本性的区别，在育人的领域中，审美体验所起的作用是不可低估的。

3. 随机决策说

有的研究者把听力理解的自控加工（controlled processing）和自动加工（automatic processing monitoring）视为一体化进程。在此基础上，他们强调听者的积极角色定位和整体监控。他们认为，听者在听的过程中的随机决策和基于过程反馈的随机调整是听力理解的重要环节，也是其主导机制。在审美体验中，我们避免使用“决策”（decision-making）

这个词语，因为决策是实现特定的功利性目标的手段和程序。这里提到的“积极角色定位”和听者参与其中的“主导机制”，在审美体验中则显得更加重要。审美心理学的研究表明，审美过程就是主体（人）的一种自发的自主的创造过程。由于这种自发自主的创造过程伴随着主体（人）的“随心所欲”的心态，所以为外在功利目的所做的决策并非必要的。

我们可以融合以上三种说法而形成集决策、建构、再生为一体的听力理解模式（见图 3-4）。

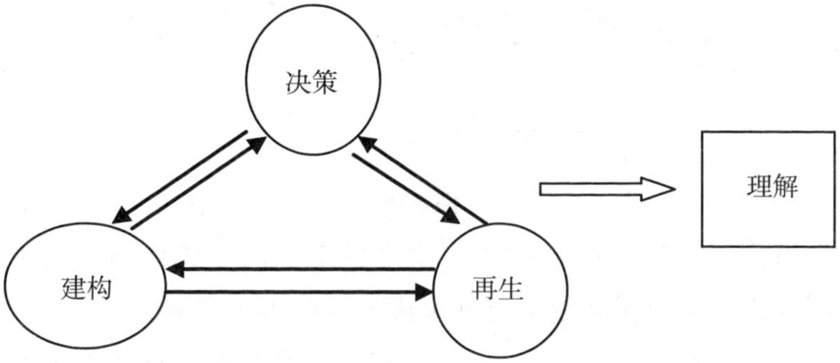

图 3-4

这个模式包含了可以涵盖初级听者到成熟听者在听力理解过程中的不同机制。

一是决策→建构→再生。听者基于理解进行决策，然后在接受信息时因决策而进行建构，并在此基础上再生说话人的信息。

二是决策→再生→建构。听者基于理解进行决策，并据此再生说话人的信息，然后在监控中调整决策，修改再生的信息，如此循环，以完成建构。

三是建构→决策→再生。听者先建构意义，依据意义生成对决策进行加工，并据此实现对说话人信息的再生。

四是建构→再生→决策。听者先建构意义，依据这一意义寻求确切的再生，然后再行决策，以此指导新的理解。

五是再生→决策→建构。听者首先依据接受的听觉信号以再生说话人的信息，进而确定决策，在循环的“再生 + 决策”中实现意义的建构。

六是再生→建构→决策。听者首先依据接受的听觉信号再生说话人的信息，并依据已有的信息对再生信息进行调整，完成意义建构，并在这一过程中形成决策，以指导行进中的理解加工过程。

一个成熟的听者在运作以上六个机制时是交替的、快捷的、有效的，每一个机制运作的准确性将决定听力理解的作用。

我们可以融合意识定位、意象运演和动态创生三个概念来理解听力理解的审美体验模式（见图 3-5）。

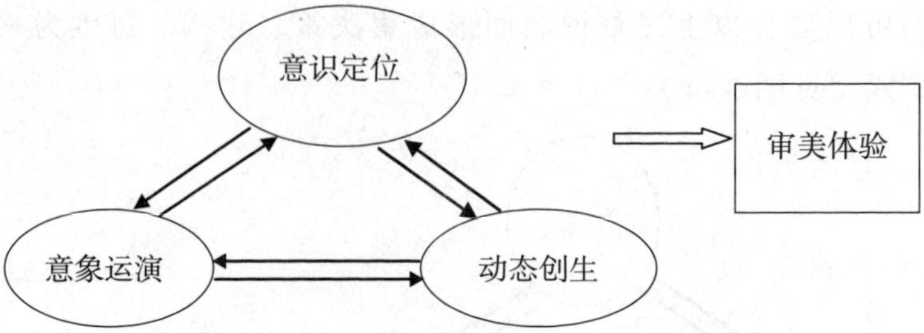

图 3-5

这个模式也可以包括不同语言水平的学生的审美体验机制，具有不同个性特点的学生则在听觉审美上生成不同的审美境界。

一是意识定位→意象运演→动态创生。听者先在总体意识上对听力材料进行心理定位，从而确定自己的鉴赏态度，然后便会有特定的意象被激活，接着会产生不同形式的“白日梦”，听者会自主地创生惬意的意象。

二是意识定位→动态创生→意象运演。听者在意识定位的基础上，产生主观性很强的“白日梦”，即开始创造主观的意象，然后继续运演下去。这样的审美体验过程，应当带有更大的主观性。但此种审美体验可能具有更强的创新趋势。

三是意象运演→意识定位→动态创生。听者在所听语言声音刺激下开始意象运演，然后在自己的意识经验中对作品进行定位，同时对主观的意象运演进行必要的修正和调整，在此基础上，听者进行个性化的意象创造。

四是意象运演→动态创生→意识定位。听者先进行意象运演，然后进行自主的完善，在此基础上，依据听到的信息从整体意识上进行调整和修正，最后实施定位。

五是动态创生→意识定位→意象运演。听者首先依据接受的听觉信号进行发散性的创生，然后调整语篇的定位（特别是进行语类的定位）（胡壮麟，2005)，即确定语篇的风格、类型、态度、情绪等，并继续进行意象运演，生成恰当的意象。

六是动态创生→意象运演→意识定位。听者首先依据接受的听觉信号进行个性化的创生，并依据已有的内存对创生出来的信息进行调整，本质上形成意义和意象的动态运演，在持续行进中形成意识的定位。

听力理解和听觉审美本是一个老课题，研究听力心理机制和课堂教学的文章著作并不少，但绝大多数的研究都是以实用目的为主，比如为听力测试，为完成日常生活中的听力任务，为实际解决涉及听的具体问题，为完成综合性的课题探究，均以实用目的为终极目标。本节在研究功利型听力理解的基础上，重点探讨了语言听觉研究经常被忽略的一方面，即去功利的审美型听觉体验。如欲实现培育健康向上的完整的人的教育目标，就有必要对语言听觉审美问题进行深入的研究。

第三节　课堂话语：听说的审美分析

从某种意义上讲，课堂的内容、课堂的境界、课堂的情绪、课堂的行为互动以及课堂资源和媒体的传输，都需要凭借课堂话语来进行。改进课堂话语，改变课堂话语结构，提高课堂话语的整体水平，是课堂教学研究和语言审美研究的重要课题。

一、话语轮次与轮次转换——为什么学生有必要学习话语的艺术

研究课堂话语，教师首先需要了解的是话语轮次（turn）和轮次转换（turn-taking）。

通俗地看，轮次就是"你有来言，我有去语"，一个"来言"和一个"去语"，就是一个轮次。Leo van Lier（1988）用图形向我们展示了话语轮次的操作，由此可知一个单位轮次的基本构成（图 3-6）。

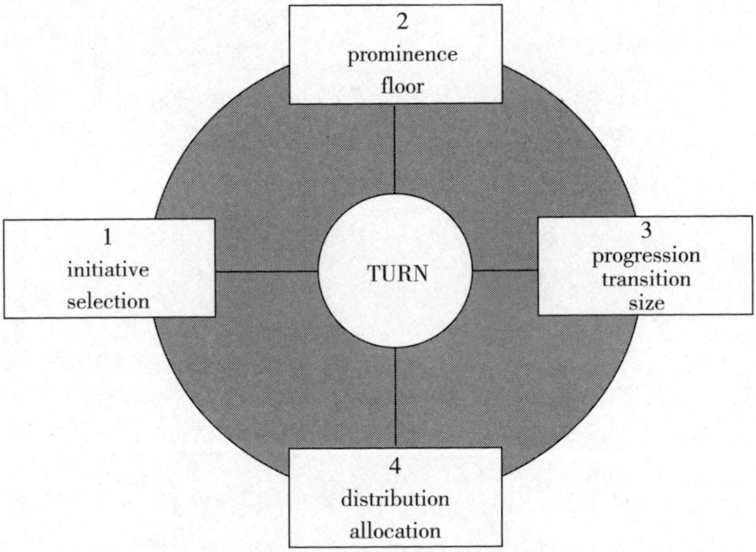

图 3-6　话语的轮次单位

首先，说话人在会话中主动提出话题，就像牌戏中的"主动叫牌"一样。在主动叫牌后，说话人行使自己的话语权，以声音或其他手段形成话语的突显部分，以引起其他人的注意。

然后，进入话语的进展阶段，话语轮次的准备转换或已开始。

最后，进入本轮次的收尾部分。话语的轮次转换即要发生，另一说话人即将开始说话，由此再转至第一步。

什么是轮次转换？专家对此问题有不同的界定和解释。简单来说，轮次转换指的就是在口头话语交流中说话人的话语更替。课堂话语的轮次转换分为两种类型，每个类型又有一些亚类。

（1）后续的转换（prospective）。此类是指下一个说话人紧跟着前一个说话人的轮次。

一是分派型转换（allocating）。上一轮次说话人直接将转换分派给后续的轮次接替者，这种话语转换受前一轮说话制约。例如：

T：Okay, so... David, when did you find time to make it?

L：Yesterday evening.

此种转换可直接由特定话语引起，也可用体态语言或十分微弱的暗示引起。Allwright（1980）把它称为 specific solicit（特殊请求）或 personal solicit（个人请求）。

二是征求型转换（soliciting）。上一轮次说话人请求或暗示下一轮次说话人接转，但并未特殊指定哪一位。例如：

T：Shall we open the textbook and turn to page 23?

L1：Page 23.

L2：Page 23.

L3：Page 23.

我们所见到的课堂话语多以这种形式类推下去，教师是话语轮次的主导发动者，也是接转话语轮的指派者。

三是结束型转换（ending）。在本话轮之后不再形成接续的话轮，或是因为说话任务已完成，或是由于其他原因，话语结束了。例如：

T：Your classroom is too dirty.

S1：Cleaning is just beginning.

T：Look! Who smoked here?

S2：(Silence).

（2）回溯式转换（retrospective）。话语轮次重新分配给前面已接过轮次的说话人，或者是以非定向分配的形式涉及已接过话轮的说话人。例如：

T：David, just now you said you were experienced in this field. What do you think about this matter?

S1：I think it's good...

值得注意的是，近年发展起来的微信话语与现场发生的课堂话语有本质的区别：一是课堂话语具有共时性，而微信话语实际上是文字交流，具有明显的历时性。二是由于微信话语具有历时性，所以说话人（实际上是"写话人"）有充裕的时间进行思考，而且可以控制交流的时间。三是如果是多人的话语交流，则在一定情况下，不是"来言"接"去语"，而是交叉重叠地接转。（见图 3-7）

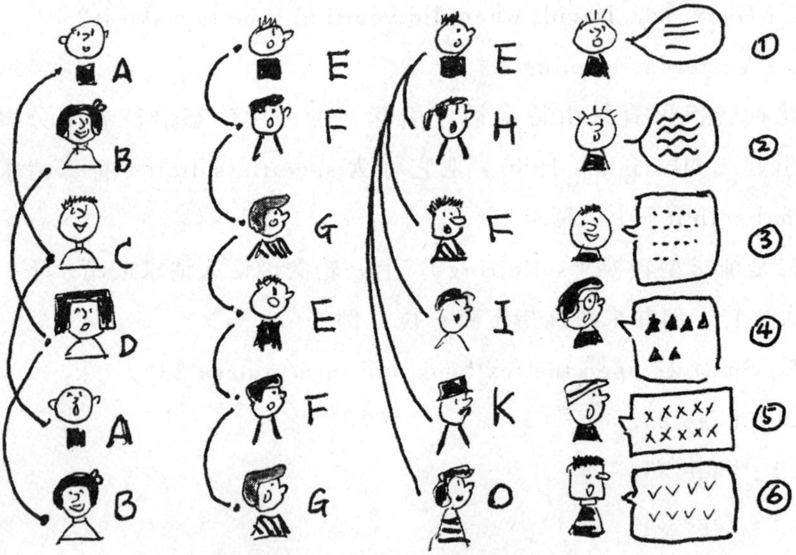

图 3-7 微信话语的轮次转换

不管是课堂话语，还是微信话语，如果涉及审美鉴赏，则通常不会有密集的轮次转换。视听审美体验的推进速度一般是缓慢的，只有速度缓慢，审美的心理境界才能形成。而课堂上为了追求效率，学生的审美体验就不容易发生。

二、课堂语言审美要素分析——如何评价课堂语言

从广义来讲，课堂语言包括辞令语言（verbal language）、体态语言（body language）、符号语言（sign language）、时间语言（time language)、空间语言（spacial language）等。辞令语言就是我们平时所讲的语言，狭义的课堂语言就是口语，而体态语言、符号语言、时间语言以及空间语言在很多情况下可以代替辞令语言，蕴含某种信息，能传达某种思想，这些语言在我们的课堂上也会经常看到。下面，我们选择与课堂话语有密切关联的几种语言结合话语的审美问题进行具体的探究。

在语言教学尤其是英语教学中，评价课堂语言的首要标准就是语言的真实性。当前，有的中小学教师在课堂上已经渐渐习惯使用课堂化的语言，较少考虑具体语境中的多样化语境转换、语义转换及其审美功能。有的教师在课堂话语上渐渐出现“化石化”倾向，即以同样的语音、语调、语速发出不同的话语。这种课堂“化石化”语言的主要特征有以下几点。

（1）发音太清晰，忽略了真实的语速。在语速很慢的情况下，学生一般都能听清听懂。但是这样会影响学生对连读、弱化、重音、语调等方面的理解和把握。这样的话语定式不利于学生对真实话语的体验与习得。

（2）语言的停顿不是以语义为单位，而是以单词或词组为单位。为了让学生“听懂”，有的教师课堂语言并未做到以意义为单位，而是故意将长句拆解成了单词或词组，并放慢速度，迟缓地说出，这样做不仅破坏了话语的整体性，而且也破坏了连贯表达的美感。

（3）在选词上趋于对应母语词语，在句型上趋向借用母语句法结构。如果我们将外语教师的语言记录下来并进行分析的话，有一种隐蔽的习惯便会显露出来：教师常使用那些和汉语句型结构相同的表达方式。当英国人说“In the sea，once upon a time，O my Best Beloved，there was a Whale，and he ate fishes. He ate the starfish and the garfish，and the crab and the dab，and the plaice and the dace，and the skate and his mate，and the mackerel and the pickerel，and the really truly twirly-whirly eel.”（Kipling，1993）的时候，学生虽然未必会马上明白这段话中的某些词语或某些修辞手法，但会被带入典型的英国文化氛围之中。

（4）较少使用添加语。我们在课堂上使用的语言常常比较正式，很少使用小品词、感叹词、口头语等，看似语言“没毛病”，但有可能“过滤”了人在讲话时常有的随机情感元素，反而降低了语言审美的效果，拉大了课堂语言和真实语言之间的差距。不过，我们也要避免另一种倾向，即为了模仿一些流行元素，故意添加多余的语气词（如aha），拉长尾音，增加“名人”的口头语（如well，you know，you see，say，then，that is等），进而降低课堂话语美感。

（5）较少考虑情感的注入和动作的协助。有的教师较少将情感因素注入语言中，较少运用适度的动作来增强语义表达的情绪色彩。从课堂语言审美体验来看，教师的惯用语实际上已经把自己的真实品格、真实素养和内在情感的潜在元素“屏蔽”于课堂之外，学生有亲历教师的完整品格的内心需求，甚至特别需要自己来鉴赏一位具备导师素质的理想偶像。这是学生通过课堂话语进行生活审美的心理需求，教师应当改进课堂话语以满足这样的需求。语言课堂显然需要课堂语言的有力支持，语言课堂的语言应当具备学养传输、语言示范、教学沟通和审美鉴赏这四项功能。为此，语言教师有必要从几个方面提升自己的课堂话语。

①语体。谈话对象不同、情境不同，遣词造句也不同，这就是语体问题。不同的语体要适合不同的谈话对象和谈话情景。例如，在非正式场合中可以用口语化的语言，而在正式场合中就要用比较正式的、标准的语言。这是评价语言真实性的首要指标。学生的语言审美体验对语体的特定性有很高的需求和敏锐的选择。教师只有通过接触大量的美感含量高的文学作品（如散文、诗歌等）才能够发展自己的英语审美素养，并在课堂话语中在有意或无意中显现出来，从而为课堂话语的审美体验奠定基础。

②语音语调。英语教师的语音语调在专业化过程中很有可能无意中从情绪和审美意识中剥离出来，从而演化为一种纯粹的教学口语。教师的任务是使这种教学口语重新回归到情绪和审美的浸润之中，从而提高课堂口语的审美价值，所以，教师要重新重视音位、音高、音高反差、音色、音色配比等基本审美元素。

③语速。考查语速是评价语言真实性的一个重要方面。当前中小学英语课堂上比较突出的一个问题就是教师语速过慢。有的教师可能会认为语速快了学生听不懂。事实上，比较合理的语速应当是在保证最重要的事情说清楚的基础上，加快速度，使其与真实语言语速相近。例如，“In this class we have a lot of things to do, but the first thing, please look at the blackboard.”，这句话中“the first thing”和“look at the blackboard”教师应当讲慢一点，尽量让学生听清楚，听明白，而其他部分应当很快地表达出来。这并不是说其他部分没有意义，学生会对它们进行内隐加工，从而形成整体理解。

④腔调。语音语调并不等于腔调。腔调是在说话时故意加重音、拉长音，在语言中传达出兴奋、激动、强调、宽容等情绪信息。语言是否具有真实性的一个重要指标，就是要看语言的腔调是否符合说话者的身份、情感以及外部的情境。

⑤转调。语言由严厉转向缓和、由批评转向表扬等类似的对立或相反意义的转调是否恰当也是评价语言真实性的一个要素。教师在生活的特定情境中转调频度要高于在课堂情境中的转调频度，这就使学生较少看到教师的个性特征。

⑥音高。说话的音高是否有变化、是否抑扬顿挫，也可用来评价语言的真实性。实际上，课堂上讲话的艺术，与话语的音高变化幅度有很大的相关性。我们把收集到的课堂话语样本同人们的艺术话语（如朗诵、戏剧片断的表演、话剧独白或对白、影视对白等）进行比较，发现两类话语在音高变化上有明显区别。课堂话语不必完全舞台化或戏剧化，但我们有必要适度地吸收艺术话语的审美元素来改进课堂话语。

⑦添加语。话语的添加成分未必参与话语主旨的表达，但对话语主旨表达有辅助作用，如强化或弱化语势，引起注意，改变现场行为，发泄个人情感，表达个人态度，调整现场关系，修补话语疏漏等。

⑧感叹词。感叹词是话语添加成分的一种。英语教师在课堂话语运用中比较容易忽略恰当地使用感叹词，或是对已经特别习惯的感叹词的过度使用，如 oh，wow 等；或是对自己母语中常用的感叹词的误用。交际语法研究者把感叹词依照情绪表达倾向分为五类：一是用于喜悦、兴奋、赞赏、喝彩的语境，如“Ah! Aha! Bravo! Hurrah! Oh! Ooh! Yippee!”。二是用于厌恶、愤怒、迟疑、怀疑的语境，如“Bah! Eh! Hem! Pshaw! Tut! Ugh! Whew!”。三是用于惊讶、惊异、惊恐、强调的语境，如“Ah! Dear! Dear me! Gee! Gosh! Goodness! Gracious! Well! Whew! Why! Eek!”。四是用于痛苦、懊悔、悲伤、悔恨的语境，如“Ah! Alas! Oh! Ow! Ouch! Woe! Wow!”。五是用于同情、安慰、宽慰的语境，如“Whew!

Woe!”。（熊健衡 等，1985）[136-137]

⑨自然程度。语言流利、自然、不做作，语言的真实性则高。所谓“自然程度”主要指说话人的正常水平，对教师而言，还涉及与学生沟通的亲和程度。教师要通过话语显现出自己的审美情趣和审美态度，这一点十分重要，要求教师自己具备文学鉴赏的底蕴。所以，从教师发展的角度来看，教师的知识结构中有必要加强文学鉴赏经验和具体的文学知识。

以上几方面不仅是课堂沟通效能的重要指标，也是语言审美效能的重要指标。总体上看，教师语言的审美价值既体现在音质本身，又体现在其反映深层意境的水平上，上面几方面的综合效应表达了深层意境的水平，体现了审美的水平。从语言鉴赏角度看，课堂话语包含话语和音乐的关系问题。东西方贤者大都论述过语音和音乐的审美共性。孔子论述“礼乐”，就是对语言和音乐的教化价值的最早隽语，他鉴赏礼乐而三日不知肉味，则是语言与音乐合成审美的最早范例。柏拉图认为，某些音乐形式之所以能起到振奋精神的作用，是源于它们与著名演讲的音调的相似性。先哲们的智慧告诉我们语言的表义性和音乐性浑然一体，而这一点恰恰是语言审美体验的本质特征所在。（帕泰尔，2011）

三、体态语的审美要素分析——如何探究课堂的身体语言

英国侦探小说家柯南·道尔借助福尔摩斯之口对体态语做了极妙的描述：“By a man's fingernails, by his coat-sleeve, by his boots, by his trouser-knees, by the calluses of his forefinger and thumb, by his expression, by his shirt-cuffs, by his movements—by each of these things a man's calling is enlightened in any case...”。

福尔摩斯的这段话表明体态语以及其他符号语言，甚至包括服饰及动作的独特表现，都是重要的信息传递方式。教师借助这些信息传递方式既可以了解学生的内心“秘密”，也可以潜移默化地向学生传输各种有助于教学的信息。体态语可以分为三类：面部表情、肢体信号和行为表现。

1. 面部表情

面部表情在情感交流中的作用仅次于辞令语言，在某些特定情境中的面部表情比语言表达还具有威力。体态语研究专家（Pease et al.,

2004）提出，面部表情或容易判断，或稍纵即逝，或无意识地显露，但这些面部表情都可以影响语言的意义，甚至还会与说话人的真实意图相矛盾，产生特殊的沟通效果。容易判断的面部表情是人们有意表现出来的。这些表情常常是为了传递一种信息（如微笑表示愉快）或者掩盖某种真实的意图（面无表情实际上是为了掩盖内心的不愉快）。面部表情通过面部肌肉的运动而形成，如额头紧皱表明在思考问题，眉毛上扬表示惊讶或惊奇，嘲笑表明生气，下颌震动代表坚定等。稍纵即逝的面部表情常常是无意识显露的，很快就会被其他的表情所掩盖。比方说，当我们与自己不喜欢的人交流时，常常会突然地感到厌恶、生气，但我们会很自然地用其他的情感掩饰这种不愉快。无意识显露的面部表情常常是在一种强烈的情感状态下发生的，如恐惧、生气、高兴或惊讶。在特定情境中，教师需要保持这些表情并向学生传递某种信息。例如，教师经常用生气的表情来控制学生的不良行为，用幽默的表情减缓学生的压力或者吸引其注意力等。特殊的面部表情典型化会有戏剧性的审美效果。

在面部表情中，眼神是至关重要的。眼神交流是最有意义的非辞令语言沟通渠道。眼神可变化、逃避，可以表达憎恨、恐惧和内疚，也可以表达自信、爱意和支持。通过眼神的接触，我们可以启动、延长或停止沟通。课堂上，教师可以利用眼神调控师生的互动。当教师希望某个学生发表见解时，只要和这一学生进行直接的目光交流即可。相反地，当教师想继续讲课时，就要避免这种交流。另外，教师可以通过眼神的交流来判断哪些学生不会回答问题，哪些学生没有完成作业。例如，当学生没有完成作业时，他们就很可能尽力避免与教师直接的眼神交流。直接的眼神交流也可以改变行为，比如，教师在讲课过程中，学生注意力不集中，教师突然停止讲课并以严厉的眼神注视学生，学生就会改变自己的不良行为，集中注意力听课。

2. 肢体信号

头、手以及身体其他部位所形成的各种姿势是一种普遍的传递信息的非辞令沟通方式。比方说，将手放在空中形成某种姿势，可能是为了更好地描述所要表达的意思；别人说话时，点头是为了表示理解；轻拍桌子是为了引起注意。每一种身体动作都代表一种信息。教师要慎用这些体态语，如果使用过多，学生就不能准确地判断所传递信息的重点，还可能会将学生的注意力转移到姿势和动作上而忽略真正想传达的信息。

身体紧张表示缺乏安全感，而体态放松表示开朗、友好。将身体直接倾向于听者，暗示了与听者的亲密关系以及沟通中的安全感。接触也是一种非常有效的非辞令性沟通方式，在小学阶段使用较多，初中和高中阶段使用较少。在小学教学中，适度的接触对形成归属感、安全感、共鸣等都是必要的。初高中生对身体接触的理解和反应已经有了很大的变化，教师应当适应学生的年龄特征和个性差异，适当而慎重地使用这一沟通方式。

3. 行为表现

行为主要是指有目的的活动的具体操作和习惯性的细微表现。比如，教师在师生互动过程中的走动常常促进或者阻碍沟通的进行。教师走向某个谈话者，暗示了教师对这个学生的谈话感兴趣，从而进一步促进沟通。有时，学习环境中身体动作的补充会创造出一种互动的心境和情感。研究者对课堂上学生互动进行的相关研究指出，在 ugly classroom 中教师和学生之间的沟通是单调的，易引起疲劳、愤怒和头痛，产生敌意。然而在 beautiful classroom 中，师生以愉快的、舒适的心情顺利地进行沟通，学生在完成教师指定任务的过程中可以获得精神上的某种享受，课堂表现本身已经包含了审美元素，所以，令人感觉愉快的师生行为表现对课堂沟通、课堂学习和学生的日常审美体验都有很好的促进作用。

四、符号语言的审美要素分析——如何探究课堂的符号语言

所谓“符号语言”，实际上有三种含义：一是标准的符号语言，如具有标准词汇和句法的手语和旗语；二是约定俗成的语义表达符号，如表示胜利的手势“V”；三是小群体中约定的符号，如图 3-8 所示。

图 3-8

这三种符号语言，教师在课堂中都可以加以利用。

（1）手语。教师可以选择表达明确的标准手语符号，让它们发挥特定的表义功能。教师可以把特定的手语作为特定的课堂指令来运用，如表示“I agree.”“Will you listen to me？”“In a low voice，please.”等。我们还可以使用体育运动中的手势符号来表达特定的意思。

（2）约定俗成的符号。教师可以采用人们已经约定俗成的符号在课堂中表达固定的意思，比如利用引号的手势做反语修辞，如图 3-9 所示。

图 3-9

（3）小群体约定符号。在一个教学班里，教师可以和学生共同约定一些只限于小班内部交流的符号（如图 3-10）。学生对此类符号具有极大的好奇心，而且这类符号具有较大的群体凝聚力。

图 3-10

五、时间和空间语言的审美要素分析——如何探究课堂的空间语言和时间语言

教师的时间利用也可以传递重要的信息。例如，教师简单带过一个话题，表明这个话题不重要或者教师对这个话题不感兴趣。学生了解后，除非教师有意为之，否则学生都会无意识地产生同样的想法。

停顿是用来提高沟通效果的另一种时间语言。教师在某一知识点之前或之后出现停顿，是为了强调这一知识点的重要性，学生需要认真思考。然而，长时间的停顿可能反映谈话人的不满、焦虑或不自信。

课上，教师会向学生提很多问题，却常常不会留出足够的时间让学生去思索，期望学生在提问后立即给出答案。一旦学生有所迟疑，教师便公布答案。实际上，如果教师能够给学生多一点思考时间，那么课堂沟通的效果会大大提高。

运用时间语言也是一门艺术，教师可以在特殊时间宣布特殊事情，如在每周一第一节课给出重要的学习建议或指导，并以此为常规；有间隔地重复同一个信息，如向学生强调讲话时要避免使用过多的“OK”；在一段时间内，分步完成一个复杂信息的传播，如分步告知学生听力十项微技能，每次都增加一两个单项信息；对某信息发布进行事先的“预热”，选择恰当时机再发布信息，如教师可以在学生尝试朗诵一首优美的英文诗歌前一周通过教授一些诗歌诵读的技巧来进行预热；在不同的时间，通过不同的信息源发布同一信息，如在一节课开始时提醒学生注意标点符号用法，课上用PPT展示相应注意点，再以作业评语进行适当的重申，以此实现借助不同的学习情境来多样化地强调某一教学信息；将同一信息夹带在各种不同信息中，在不同时间发布，如教师为加深学生对某一个童话故事的印象，就可以把故事的情节片断夹带在其他相关活动之中，使这个故事不断出现在不同的语境之中，或许比集中听读巩固更为有效；在特定时间对某些信息进行特殊发布，如在某个特定的日子告知当天出生或去世的某位著名作家、诗人或艺术家的轶事趣闻，将这些名家的信息与特定时间捆绑在一起；结合节假日进行专题信息发布，如中秋节时教师可以组织听或观看中秋节有关的故事。

空间安排和空间变化同样可以传递信息。教师如何选择站位、如何走动、如何控制与学生的距离，学生如何选择学习的微环境、如何走动，如何用空间移动表述自己的内心需求，这些都是我们要研究的空间语言。具体地说，课堂中的空间语言可以分为两类：正面空间语言和负面空间语言。

正面的空间语言包括：教师站在教室门口表示告知学生“现在上课了，大家请准备好”；教师有目的地走近某学生表明关注此学生，或要询问，或想仔细倾听等；学生与学生之间拉近距离表明想一起做某件事情；学生向教师拉近距离表明想提问题，想引起教师注意，或对教师所言感兴趣等；学生到黑板前讲话，教师坐在学生位置上倾听表明与学生平等相处。

负面空间语言包括：教师站在显眼的位置静默不语表明提醒学生安静下来；学生在座位上有意识地躲闪教师的视线表明不想参与这个活动；教师慢慢地走近开小差的学生表明提醒他们认真听课；学生之间拉开距离表明不愿意交谈；学生与教师拉开距离表示对当下的学习内容不感兴趣，或不愿意交谈；学生略微离开座位表明急于下课，离开教室。

此外，学习环境常被看作是个人的“活动领地”。讲台是教师的“领地”，每个课桌是学生个体的“领地”。每个人只能在属于自己的范围内活动，一般不宜侵占他人的“领地”，进而限制和约束课堂互动，使师生很难达到情感的融合和共鸣。改变教室的空间格局，将会有效地改变师生的空间意识和群体观念。

六、课堂话语声音的审美要素分析——如何看待话语的声音效果

我们经常传递声音信息，声音信息包括语音的舌位、气流和口型所形成的声音高低、长短、大小和宽窄，还包括这些因素的不同组合、声音流转的方式与结构、人对声音的习惯性知觉。声音信息的传递是通过声带振动发出的声音来实现的，我们利用声音的各种元素不仅可以精确地传递信息，还可以了解说话者的意思、意图和情感态度，甚至获得说话人的某种背景信息，如经济背景、教育水平、人文环境等。

学习了语音学的基础知识后，我们会以为存在着标准的语音语调。但是，如果我们客观地反观人们在实际生活中的发音，就会发现实际语

言运用中的语音语调很难达到标准。我们现在已经可以用极为微妙的声音变化来显示或掩盖内心世界的种种情感和心智状态变化。

研究诗歌音韵的专家指出，声音品质具有潜在的表意作用。他们认为"短元音常常会给人以迅捷、躁动、暴力、分裂以及细碎的印象"（王宝童，1998）。以 A. Tennison 的诗句为例，"Dazzled by the livid-flickering forks, /And deafened by the stammer cracks and claps."，这两行诗使用多种短元音表达耀眼的视觉效果。他们还认为"宽元音（需要宽阔口型发音的后元音）有时被用以表达'宽阔'和'凹陷'的效果"。以弥尔顿的《失乐园》（*Paradise Lost*）中的诗句为例，"So high as heav'd the tumid hills, so low/Down sunk a hollow bottom, broad and deep."，这两行诗的宽元音就给人一种广大或深阔的感觉。

声音信息包含三层意思：一是不同的词语有不同的语音语调，可以传达不同的显性语义；二是语音本身在组合起来并在语言结构之中运用时，具有某种潜在的意蕴，传递某种信息；三是同样的信息以不同的语音语调说出来，所包含的意义也会有所不同。我们应当去理解并注意语音语调在传递的信息中产生的影响，学着使自己想要表达的意义与真实目的一致。在课堂里，并不是所有的声音信息都具有审美价值，只是特定的有声语言才具有特殊的审美价值，这就像只有特殊的话语在特殊的情景中才会显现出美。这需要我们对教师和学生的话语进行具体的审美分析。

七、教师话语的功能分析与审美分析——如何提高教师话语的审美水平

教师在课堂中的话语具有多种功能，或是为了调控课堂行为，或是为了传输学习信息或知识，或是为了谋求课堂综合效应。从课堂话语的审美角度看，有些功能是可以注入审美元素的。

1. 调节课堂行为

①指令。凡是教师引导学生产生某种行动的语言都是指令性语言。指令性语言一般是一些祈使句和疑问句，如"Come to the blackboard.""Will you sit down?"等。②指导。凡是教师告诉学生某

件事情怎样做或某个问题如何解决时使用的语言均属于指导性语言，如“You can draw a line, and then fold it.”。③宣告。凡是教师郑重其事地通知某件事情，如活动规则、评价结果等时使用的语言均属于宣告性语言，如“Now I want to tell you…”。④组织协调。教师对某个活动或任务进行具体安排时所使用的语言就是组织协调性语言，目的是使学生所从事的活动或任务具有整体性或系统性，如“Everyone here must remember…”。⑤协商。学习活动需要各种协商，需要双方达成一致，如“Can you repeat?”“Will you give me an example?”就是协商性语言。⑥批评。批评是指教师在课堂活动中对学生所犯错误和缺点予以指出、警示并帮助其改正，如“Do your own work. Don't look at your partner's.”。批评的程度可轻可重。教师对学生应多表扬，少批评。⑦制止。教师明令禁止学生不恰当、不合理的动作或行为时使用的语言就是制止性语言，如“Don't do that!”“No speaking!”。⑧抱怨。抱怨是对不满的事情或言论做出的反应，如“Oh, you bothered me.”“You are too late.”。

教师通过话语协调人际关系，对学生了解社会行为、学会社会礼仪和认识社会规约都有作用。这虽然不直接涉及审美教育，但是学生获得审美体验的先决条件。一个群体如果失去了社会行为认同意识，放松了社会纪律约束，那么群体成员的认知与审美也就失去了底线。

2. 传输学习信息与知识

①询问。教师在征求意见或者了解情况时所说的语言属于询问性语言，如“Can you tell me what happened there?”。②鼓励。教师为了激发和勉励学生继续尝试、继续努力所使用的语言属于鼓励性语言，比如“Come along!”“Go on!”“Don't give up!”等。③呼应。教师对学生的行为提出看法和意见，通常发生在学生话语之中或之后，或在学生的行为之时或之后，属于呼应性语言。如“Well, you can do like that.”“OK! I will help you when you need.”。④评价。教师对学生的行为表现做出评价时所用的语言就是评价性语言，如“Good!”“Excellent!”“Wonderful!”“You are the best!”“Well done!”“You need more practice!”等。评价性语言应当分出一定的等级，教师要根据实际情况合理运用。⑤反对。教师不赞同或不同意学生的某种观点或

意见时所使用的语言就是反对性语言，如“No. I don't think so.”“I am afraid you are wrong.”。其实，反对有时是一种艺术手法，是教师引发学生思考的一种技巧，教师暗中扮演反对学生看法的角色，旨在引发课堂的讨论。⑥反驳。教师以自己的理由来否定学生与自己不同的意见时所使用的语言就是反驳性语言，如“Sorry, Tom. I have to say...”。教师的反驳可能是真实的反驳，也可能是一种特殊的角色设定。⑦质疑。在课堂交流中，质疑可能有多种预期的功能，除了直接质疑，还有激励、挑战、故意刺激等效果，如“Why don't you do like that?”“How can you solve the problem?”。

学生在课堂上的审美体验是广义的，不限于语篇意境与修辞的鉴赏，还会涉及思辨。要想促成课堂师生之间的话语卷入思辨，就必须熟练运用上述这些看似简单实际深藏着艺术技巧的话语功能。

3. 谋求课堂综合效应

①解释。教师对学生不理解的图画、语句、事件、活动和指令等所做的说明属于解释性语言，如“Why should we remember this rule? We must know three basic supportings...”。②分析。分析的本质是将整体拆解成部分，便于理解。教师在讲解单词、句型、文章时所说的语言多用分析性语言，如“This sentence is made up of three parts...”。③介绍。教师为了使学生了解和熟悉事件、活动、人物等具体情况所说的话语属于介绍性语言，如“The story happened in 1891 and the people in Paris...”。④陈述。教师有条理地说出想要表达的想法如意见、观点、看法等时所使用的语言属于陈述性语言，如“My suggestion is that everyone in the group should...”。⑤描述。教师用形象的语言把事物的具体情况和细节表现出来时所使用的语言是描述性语言，如“The boy was walking along the street. Suddenly...”。⑥模仿。按照某种句型、话语或声音做出相同的反应时使用的语言是模仿性语言。⑦示范。教师说一句话，供大家学习和模仿，这个过程就是示范。⑧重复。学生没有听懂的句子、没有理解的故事，教师再重复一遍或几遍，此类话语多为重复性语言，如：“Can you understand the phrase? I'll repeat it.”。⑨情感表达。教师用语言表达和抒发高兴、忧愁、烦恼、幸福等各种情感时所用的语言属于

情感表达性语言。⑩提示。教师将学生在活动中没有想到的或想得不完善的地方提出来以引起学生注意，多用提示性语言，如向学生提示课文要点。⑪暗示。教师不明确说明，而是用含蓄的语言向学生传递想要表达的意思，可以使用暗示性语言。

教师在一节课上的话语未必涉及上述所有功能，但应当是多样的。如果教师的课堂话语只是集中在少数几种功能上，那么其课堂话语就会呆板固化，影响课堂学习效果。

如果从高境界审美的角度看教师课堂话语艺术，课堂话语可以分为两个基本的层次：语言学习的一般层次（即知识技能获得的层次），认知和审美的层次（即审辩、想象和鉴赏的层次）。法国启蒙时代的哲学家伏尔泰提出过想象的两种形式："一种只保留事物（本身）的简单印象，另一种则以成千种方式将获得印象予以分配和组合。前者是'消极想象'，后者是'积极想象'。"英语教师话语不应当只满足于引发消极想象的基础层次上，而应当提高其审辩与审美层次，促进学生的"积极想象"。

八、学生话语功能分析与审美分析——如何评判学生话语的审美水平

学生在课堂中的话语受到多种因素的影响。他们接收教师的话语，对教师的话语做出反应，这是学生话语的第一层次，即被动反应层次。学生能够主动进行个体参与，如行动参与、认知参与、情感参与，这是学生话语的第二层次，即主动参与层次。学生主动与教师和伙伴进行合作，共同参与行动、参与认知、参与情感活动、参与审美鉴赏和审美体验，是学生话语的最高层次，即审辩与审美的层次。下面，我们分别对三个层次进行简述。

1. 被动反应层次

①呼应。学生对教师提出的要求、指令、意见等做出反应。②答问。教师提出问题，学生做出回答。在通常情况下，教师的问题不太复杂，学生只需做简要回答。③重复。学生为了记忆、理解或强调，重复语句或单词，或者跟读单词、词组或句子。④模仿（机械性模仿）。学生按照某种句型、声音等做出相同的反应。⑤背诵。学生凭记忆将自己记住的

短文或文章读出来。

2. 主动参与层次

①朗诵。学生带有感情地读出文章或短文。②质疑。学生对不理解、不明白的事情提出疑问，如“Miss Li, can I ask a question?”。③设问。学生有时会以设问的方式向自己的伙伴提出问题，如“Will you answer a question about the story? Why didn't the fox prevent the goat from drinking the water?”。④协商。学生与教师或其他同学就某个活动或某件事情达成一致的过程，如“Shall we do it this way?”。⑤询问。学生向教师或同学征求意见或打听情况，如“What should I do?”。⑥指令。学生给教师或同学提出某种要求以开始某种行为，如“Tom, stand here. Don't move.”。⑦求助。学生向教师或同学请求帮助，如“Can you help me?”。⑧伙伴私语（peer talk）。两个或几个学生悄悄谈话，积极的“私语”与课业相关，但消极的“私语”可能与课业无关。⑨抱怨。学生对不满的事情或言论做出反应。

3. 审辩审美层次

①讨论。学生与教师或学生与学生之间针对某个问题交换意见，相互分享，或达成一致，或产生分歧。②争论。学生之间意见相左，各执己见，互相辩论。③反驳。学生说出自己的理由来否定跟自己意见不同的人的观点。④共鸣。学生之间或师生之间在鉴赏活动中产生同样的想法或感觉，并尝试表达自己鉴赏的内心体验。

从目前的课堂情况来看，学生的呼应、模仿、答问、重复等话语所占的比重较大，而询问、求助、讨论、协商、质疑等话语比较少。在进行课堂教学观察时，教师可据此对学生的课堂语言做出评价，如果谈话类型不平衡，教师就要做出相应的调整，这样不仅能提高学生课堂语言能力，而且能提高课堂质量。

第四节　教师提问的艺术审美分析

一、教师提问的艺术分析——如何评价教师提问的艺术水平

提问是一种艺术，就像其他艺术一样，也是可以鉴赏的。一节精彩的课堂活动中的精彩提问会给我们美的享受。学生在这样的课堂活动中，也会产生良好的审美体验。如果教师提问不当，就会影响学生的学习兴趣，伤害学生自尊心，让学生反感，从而破坏了课堂的审美气氛。所以，我们有必要研究课堂提问的艺术。

1. 提问的水平

教师提问时是有教学期待的，这种期待可以有不同的认知层次，比如询问一个简单明确的事实就是初级认知层次；激发学生做出综合性解答就是高级认知层次。学生对教师提问的回答也就有各种不同的认知层次。根据布卢姆目标分类学中认知领域的六个水平（Bloom，1952），我们可以把教师提问分为以下六个层次。

（1）知识层次。这里的知识不限于语言知识，主要是指涉及课堂内容的具体事实（fact），所以这样的提问是针对简单事实，如“Where do you live?”“What's your hobby?”“What's your favorite food?”“When did the story happen?”等。这样的提问在教材中的“Listening and reading”之后经常会出现，学生容易做出回答。但是，过多就会影响学生参与课堂活动的兴趣。

（2）理解层次。理解层次的教师提问，目的不是让学生简单陈述知识，而是需要学生在认知加工的基础上进行回答，如“Is it right to say that any fight needs bravery?”，这一提问并不是对某个事实的判断和陈述，它需要学生思考并根据自己的理解来回答。再如“What does the word mean?”，这是一个知识层次的提问，但“What does the word mean in the story?”就上升到理解层次了。

（3）应用层次。应用层次比理解层次要求要高，学生理解知识点之后才能加以应用。应用层次的提问要求学生将陈述性和事实性的知识进

行组织和加工，运用于问题解决过程中。例如“How would you plan a menu for a family of eight people for one week?”，这个问题就是考查学生运用知识解决具体问题的能力。学生仅仅理解食品方面的单词是不够的，还必须有所筹划，有所构想，有所安排。

（4）分析层次。分析是将整体拆解成部分，在理解各部分的基础上理解整体。例如回答“What are the primary features of the landscapes around the school？”这个问题，需要学生把学校周围的景观都观察一遍，然后对最主要的特征进行描述。这就是分析层次的提问。

从总体上说，以上四个层次较少涉及审美因素，即使涉及审美对象（如一篇优美的散文），学生也未必能够进入审美体验状态，因为审美体验的切入较少卷入碎片化的知识。

（5）综合层次。在对综合层次的问题做答时，学生不仅要具备相关知识，而且还需要结合自己的实际经验进行整体的认知。例如，从“What makes young children get interested in this painting?”这一问题我们可以看出，综合层次的提问较难回答。

（6）评价层次。从认知角度看，提问的最高层次就是期待学生对学习内容做出自主性和综合性较强的回应，这样的回应带有评价的性质。从审美的角度看，问题也会涉及评价，带有审美倾向的评价就是一种审视。审视包括审辩和审美。审辩在这里主要是指包含整体评价的深入认知，审美指的是靠理性认知或知觉进行整体的鉴赏。这个层次的提问水平有高低之分。低水平提问，比如“Do you like the food?”“Did you enjoy the class?”等，学生可以直接以“yes”或“no”来回答。高水平提问，比如“Do you agree to the writer's conclusion？ Tell us why.”就不能仅仅以“yes”或“no”来回答，需要发表自己对于这件事情的见解。

以上六个层次的界定是依据目标分类学的通用界定。我们还可以介绍另一种侧重心理操作的问题分类，这种方法将问题分为四种。

（1）事实型问题。事实型问题是针对客观知识或事实进行的提问，相当于上面提到的知识型提问。例如，回答“Which art work do you like best?”这一问题，学生可能要从几个艺术作品中做出自己的选择。

（2）经验型问题。经验型问题的回答需要学生综合已经学过的各种信息。例如，“What kinds of attractive factors does this essay consist of in your opinion?”这个问题，就不是可以简单回答的，学生需要做出的结论性陈述是基于比较复杂的综合性认知的。从这个角度看，即使纯粹的语言审美也同样需要以经验为基础的认知元素的支持。

（3）产出型问题。产出型问题是一种开放式的问题。学生回答这种问题时，需要充分发挥想象力，进行创造性思考，得出各种结论。例如，提问“What was the author's intention to write the story?”，提出此类问题时需要有一个先决条件，就是学生需经综合性思考方能做答。如果正在鉴赏的文章已经有了问题的相关答案，学生只需从中找出答案而不必进行思考，那么该问题就不属于产出型问题。

（4）评价型问题。“What do you think of the beginning of the essay?”就是一个评价型问题。评价是一种高水平的活动，学生不仅要理解评价型问题涉及的全部内容，还要经过对比、分析、推理、判断等过程才能得出合理的答案。这种类型的问题对中小学生来说难度较大。如果教师能够有目的地引导学生思考并经常练习，学生也可以很好地作答。此类问题不应当仅仅涉及理性的认知，还应当涉及感性的、直觉的审美。

以上两种分类是从认知和审美的综合角度来评价提问的水平，这对于评价教师的课堂语言有很大的借鉴意义。如果教师经常使用知识型或事实型的提问，就很难达到开发学生智力和培养学生语言审美能力的目标。用“提问水平”这一概念来评价教师的提问和学生的回答，有助于区分课堂教学质量的高低。在课堂教学中，教师应当根据具体情况合理使用不同层次的提问。

2. 提问的类型

提问的类型大致可以分为三种，即聚焦型提问、激励型提问和探索型提问。

（1）聚焦型提问。这种类型的提问是教师针对课堂上学生正在学习的具体内容而提出的。聚焦型提问不应仅限于对简单事实的核查，而应当依据课堂活动的具体情况，针对学生在现场的认知表现，聚焦有深度的问题，并能施以巧妙的设问。

（2）激励型提问。教师往往采用连续提问的方式帮助学生解决自己学习中的实际问题。连续提问具有一定的引导和提示作用，学生每回答完一个问题就向最终的目标前进了一步，这种类型的提问是激励型提问。很多有经验的教师都能够设计出有效的激励型提问。有些语言作品的内在鉴赏需要教师分步引领，使学生逐层深入地领悟其丰富的内涵，激励型提问就是一种很好的方法。但是，我们不能在每个探究点和审美点上都使用这样的提问。

（3）探索型提问。这类问题对学生来说难度较大，要求较高，学生需要在实际的尝试过程中解决问题。有经验的教师常常会将一个探索型提问预先分解成一些子问题，然后用这些子问题对不同的学生进行提问，最后将学生的答案综合起来归纳出结论。

从教师在英语课程上提问的实际情况来看，一般激励型提问和探索型提问较少，聚焦型提问较多。这样的课堂教学对学生语言能力的培养尤其是语言审美能力的培养有很多不足之处。问卷调查是一种比较有效且客观的对教师的提问水平进行评价的方法。评价问卷可以从以下几个方面进行思考：问题是否清楚？每次提问是否只问一个问题？连续提问时是否有内在逻辑性？提问是否循序渐进？问题分布是否合理？提问后是否有适当的停顿？教师是否认真倾听学生的答语，对学生的答语是否有恰当的反馈？不同的问题在学生中间是否有合理的分布？问题的难度是否有适当的把握？问题的广泛程度如何？提问方式是否有变化和随机调整？

如果教师的提问与评价问卷中的很多要求都不相符，那么教师就有必要对自己的提问艺术进行改进。

二、教师课堂设问的技巧——如何提高教师提问的艺术水平

在课堂话语研究中，教师的课堂设问始终是研究者感兴趣的话题。据研究者 Sato 在六节 ESL 课中观察统计，共得到基于内容的语言课堂中涉及各种不同类型的问题 938 个。这使研究者开始质疑关于课堂话语的 IRF（Initiation-Response-Feedback） 或 IRE（Initiation-Response-Evaluation）的常规模式。课堂话语研究者认为，教师的课堂话语技巧是可以细分的。不同的研究者提出了不同的设问技巧，教师很有必要具体

了解这些技巧。

通常，设问可以分为四类。

（1）事实性问题（factual questions）。这类问题涉及 what, who, whom, when, where，如"What can you see in the picture on page 16?""When was the writer born?""Would you like to tell us what happened in the event?""What was her name?"。

（2）推理性问题（reasoning questions）。此类问题是一种推导性的问题，如"Why did you say so?""What made them unhappy?""Can you tell us the real reason for that?"。

（3）开放性问题（open questions）。这是一种粗分类，因为很多不需要提供设置好的答案的问题都算是开放性问题。这类问题还可以分成四类。

一是涉及师生或其他人的个人信息的问题（personal questions），如"Did you happen to see the picture somewhere?""What do you think about it？"。

二是涉及当事人现场感受的问题（emotional questions），如"How are you feeling now?""What's your attitude toward these things?"。

三是联系实际现场操作的问题（instrumental questions），如"Did you forget to bring your notebook?""What's wrong with your computer？""Can't you find it in the file?"。

四是社交性问题（social questions）。此类问题通常是涉及课堂上的实际行为互动的问题，这类问题不一定需要学生以话语形式回答，而是需要学生进行课堂行为的调整、改变或改进，如"Will you do it yourselves?""Would you like to talk about it in groups?""Why didn't you read the text more carefully?"。

Kearsley（1976）提出了教师设问的具体技巧（见表 3-2），他将设问技巧分为两大类后，又将其细分。

表3–2

类型	亚类	举例
回看性问题（echoic questions）	1. comprehension checks（理解性检查） 2. clarification requests（澄清式要求） 3. confirmation checks（验证性检查）	All right? OK? Does everyone understand? What do you mean? I don't understand. What? S: Carefully T: Carefully? Did you say 'he'?
认知性问题（epistemic questions）	1. reference（查询） 2. display（展示） 3. expressive（表达） 4. rhetorical（修辞润色）	Why didn't you do your homework? What's the opposite of 'up' in English? It's interesting the different pronunciations we have now, but isn't it? Why did I do that? Because...

Kenneth D. Moore（1992）从各学科通用的角度提出更为具体的五类设问技巧。

一是焦点式问题（focusing questions）。此类问题能把学生的注意力集中到特定课业上来。教师使用这类问题是为了使学生集中注意力，引发他们对某一问题的思考，激起他们的兴趣，如“The boy was standing in the middle of the hall. What was going to happen to him?”“What will the next actress look like? Will you keep on watching the video?”。

二是提示性问题（prompting questions）。在课堂教学中，提问失败的情况是经常发生的，如“T: What is 5 plus 7, Pat? S: I don't know.”。如果由教师回答这个问题，那么提问的目的就没有达到。所以，这时教师可使用提示性问题，如：

T: What is 5 plus 7, Pat?

S: I don't know.

T: Well, let's see if we can figure it out. What is 5 plus 5?

S:（Pause）10.

T: Right. Now, we want 5 plus 7. How many more than 5 is 7?

S：(Pause) 2.

T：Good. So, if 5 plus 5 is 10 and we add 2 more, what is 5 plus 7?

S：12.

T：Very good, Pat.

三是细查和深入探究的问题（probing questions）。如"What do you mean by that?""Will you explain it in detail?""Can you explain more fully?""Why do you say that?""Are you sure there isn't more?"。

四是求同性问题（convergent questions）。如"Which of these plants is tallest?""Who is president of the United states?""What is 5 plus 3?"。

五是离散性问题（divergent questions）。如"What can you tell us about Russia?""What would it be like to live in London?""What do you suppose will happen to the lost dog?"。

三、教师提问的表征技巧——如何提高教师表征问题的艺术水平

前面，我们研究的是问题类型和问题设问的技能技巧。此外，还有一个需要探讨的问题就是问题本身的表征艺术。

教师在课堂上如何表述自己的问题，涉及以下几点：如何提问？何时提问？问什么类型的问题？如何安排问题的次序？用什么话语提问？

Craig Kissock 和 Peter Lyortsuun（1982）提出了教师应当注意的十二点，可供教师在提问时参考。结合英语课堂的实际情况，我们就每一点做一些简要的解释。

（1）提问是否多样化。任何单一的提问形式都会影响学生回答问题的积极性。为此，我们应注意：①提问的类型要多样化；②难度水平要有灵活的变化；③情感态度的处理要多样化；④内容层次要多样化。

（2）问题是否有明确的逻辑线索。当教师就一个问题连续提问时，这一系列问题应当有明确的内在逻辑。教师在组织问题时可以采用以下几种方式：①时间顺序。提问按自然的时间推进。②空间顺序。有规律地涉及空间位置，如由大地点到小地点依次提问。③从整体到局部。先问整体性问题，然后再深入到各个局部。④从局部到整体。从具体的局

部提问，逐步涉及整体，与上一技巧相反。⑤从无序到有序。所提问题可以不讲次序，但这些问题必须有内在的逻辑性。⑥内心认知次序。这要求教师设问有一定的技巧，并要求教师能够体察学生心里对问题的认知次序。教师设定的问题次序与教师实际提问次序可能有所差异，教师最后的实际提问次序应是学生的真实认知次序。

（3）问题是否简明扼要。教师所提问题应当简明、清晰。所以，教师要做到：①提问用语要集中在一个关键项目上，不宜在一个问题中涉及其他内容。②关键用语要非常明确，避免可能的误解或歧义。③问题不宜过长。④不宜使用复杂用语。

（4）问题是否能引发兴趣、激发思维、切中主题。提问应当能引发学生兴趣和激发其思维，提问所涉及的内容应与课文有关。具体地讲，教师的问题应能刺激学生：①探寻已有的知识，并努力找到这些知识；②进行力所能及的逻辑推理；③发掘个人的某种经历和经验；④探索近来一直困惑的问题（热点问题）；⑤进一步理解他们已感兴趣的事物；⑥显示其他伙伴可能不了解的知识；⑦显示对某问题的回应速度；⑧表现自己的课外兴趣点（可能课内尚未涉及）。

（5）学生对问题表述的语言是否熟悉。学生对问题表述所使用的语言的熟悉程度会影响回答问题的效果。表述问题的语言应力求做到以下几点：①目的确切；②情境确切；③所指确切；④学生理解起来没有任何困难；⑤语言难度低于当前学习阶段的水平。教师在提问时所使用的语言要注意几个“不宜”：语句不宜过长；语法层次不宜过多；正在熟悉中的新语言知识不宜过多；不宜照读书面化的问题文本；不宜使用过于概括的词汇。

（6）问题本身是否暗示了答案。教师所提问题应当确保具有探索性，而且探索水平应与学生的认知水平相当。问题的表征不应暗含答案的某些要素。具体地说，教师要注意以下问题：①问题不应完全顺应语篇的语境走向。比如教师在谈人们在什么时候系领带时，已举例明示在非正式场合不必系领带，却还要问“我们在非正式场合一定要系领带吗？”②不应对人尽皆知的常识提问。如当问“Is smoking good for our health?”，若没有特殊意图，问题的答案显然是不言而喻的。③问题不应使用有明显倾向性的词汇，因为有倾向性的词汇本身是对答案的暗示。例如，“Do you want to be a good English learner or a poor English learner?”。

（7）教师的问题是否有负面影响。教师所提问题不应有种族、性别、文化的歧视，不应暗示在场学生刚刚表现出的明显失误，不应用特别简单的问题来提问水平较低的学生，不应暗示学生的生理缺陷。

（8）是否充分利用学生的优势和兴趣。学生在个性、经历、课外知识结构和能力倾向上具有多样的潜质，仅依靠他们对课内学习内容的反应尚不足以挖掘那些深层次的潜质。所以，教师的问题就不应局限在课堂内容的表层上，而要善于激活学生各方面知识和能力，从而丰富课堂的问答含量。

（9）操练性问题是否有助于课文的理解。操练性问题在语言教学中是必要的，此类问题可以包括考查学生对语法的细节理解、对课文结构的理解以及某种句型的实际应用等。但此类问题容易降低学生做出智能反应的积极性，此点应予注意。

（10）问题是否符合教学目标要求。教师的提问应当有效地服务于教学目标，课堂的任何提问都应与教学目标有关。当然，教师的问题在紧扣教学目标的同时，还应当注意联系学生的各种经验，从而使课堂问题更具灵活性。

（11）问题的表述能否有利于学生在讨论中得出解题的答案和达到理解的要求。教师的提问技术应当有利于学生参与涉及实质性问题解决的协商与讨论，也就是说，由教师的高水平提问和学生的高水平回应组成的课堂话语应当明确显示师生们确实是在讨论、探究、协商、解决问题，而且学生能从教师的提问中吸收足够的营养，并能有效地提高理解与应答技能。因此教师应尽力避免：①问答表面化；②问答变成无深刻内容的语言游戏；③问答系列失去预期的方向；④问题明显地复杂化；⑤设定的问题无法解决；⑥问答陷入逻辑混乱。

（12）问题是否能启发学生联系自己的思想和描述自己的感受。教师所提的问题应当有利于引导学生显示自己的逻辑思考、实际经验和认知水平，而不是使这些变得模糊、一般化和公式化。教师的问题还应当有助于引导学生进行审美体验。总之，巧妙的设问应当能够全面深刻地揭示学生在课堂现场的认知特点和情感状态。

第五节 课堂听说活动的艺术设计

课堂活动需要教师来设计，尤其是课堂的听说活动。从某种意义上看，课堂的所有活动都会涉及听说，把听和说合在一起，就是课堂口头交流（oral communication）。其实，读写活动也会涉及适当的听说活动，如口头作文（oral composition）。本节专门研究课堂听说活动的艺术设计，包含语言审美与鉴赏活动的设计。当然，也会涉及一般的听说活动设计。

一、课堂沟通的认知与审美元素——学生如何通过深层沟通获得美的课堂体验

好的课堂，本质上是好的认知、好的情绪和好的审美体验三合一的状态，这样的课堂境界首先需要好的课堂沟通来支持。好的课堂沟通是一个人与人心灵相互照应的享受过程。好的课堂沟通需要从以下六个方面来考虑。

1. 学习环境

课堂沟通首先取决于学习环境（learning environment），学习环境可以分为以下三种：

（1）物化环境。学校的格局、教室的位置、教室的布局、周围的设施等都是物化环境。物化环境是人们进行沟通的基础和背景。物化环境对人的影响不完全是物化的，而主要是精神上的，但这种精神影响是通过近身的物化元素施加的。足够的空间、足够的美的元素以及令人感觉足够舒适平和的感觉效果，都是良好沟通的基础。

（2）人际环境。从校长到教师再到学生，学校中所有的人在交往过程中所形成的一种人际氛围就是校园人际环境。人际环境对沟通的影响非常大。包括校长领导风格、教师群体的工作风格和基本文化素养、学校员工的工作风格和基本文化素养等。从另一方面面讲，校园人际环境还与社区文化直接相关，其中包括家长的文化结构和基本品质。可以说，人际关系的定位决定着课堂沟通的整体环境。

（3）信息环境。在课堂教学环境中充满着信息的传播。信息传播得好，沟通效果就比较好；信息传播不到位，沟通效果就比较差。例如，如果一所学校只以中考或高考成绩为教学的目标，教师、家长及学生的思想和行为都为学生取得优异的考试成绩而服务。在这样的信息环境中，教师、家长都会把时间和精力放在学生的应试教育上而忽视其他方面的教育。久而久之，教师、家长和学生之间的情感共鸣就会越来越少，隔阂越来越大。如果学校的整体信息环境都是趋向于研究、鉴赏、鼓励、诗意，那么学生的整体心态就会接近“学园”状态。师生的整体感觉就会有本质的不同。

课堂沟通的有效性很大程度上取决于学习环境的状况。换言之，有什么样的学习环境就会出现什么类型的沟通。课堂沟通要注重对环境的调整。教学观察者在进行课堂教学观察时，也要放开眼光，看看学校环境的大体情况和课堂气氛，只有这样，才能较为准确地判定课堂沟通出现的问题及其解决方法（Loughlin et al.，1982）。

2. 课堂惯例

课堂教学存在各种课堂惯例（classroom routine），例如学校的作息制度就是一种惯例。教师在上课的时候，如何跟学生打招呼，如何开始上课，如何控制课堂秩序，如何进行课堂提问等行动如果经常以一种固定的形式出现，也会形成惯例。课堂惯例的存在使学生对即将出现的课堂教学行为或活动产生一种期待。如果这种期待与即将出现的行为或活动一致，则有利于课堂沟通。例如，上课铃响了，教师走向讲台，这时学生会立刻起立向教师问好，并知道接下来教师会让同学们拿出书或要检查作业，这就是惯例。这种惯例对于教师和学生之间的沟通会有很大的影响。如果教师突然改变主意，改做一些与原来惯例不同的事情，就会影响接下来的沟通。一般来说，符合课堂惯例的行为或活动有利于沟通，不符合课堂惯例的行为或活动则阻碍沟通。

3. 课堂常模

课堂常模（classroom norm）是基于课堂惯例而形成的。惯例固定下来会形成一种模式，这种模式就是常模。课堂常模对课堂沟通的影响主要看学生的期待与即将产生的行为是否相符，相符则促进沟通，不符则阻碍沟通。例如，某教师经常会在周五放学前给学生留下一些探究性学习任务，要求学生在周末进行一些观察或探究，周一上课时让学生针对周末的探究性学习任务展开讨论，提出自己的想法和结论。一段时间后，这样的课堂常模形成了。学生对周一的交流分享产生了期待。但如果教师突然将周一的讨论取消了，势必会影响之前形成的良好的课堂沟通效果。

学习中的审美体验也会以这样的常模为依托，常模和审美的关系可以概括为以下几点：

①好的常模促进审美体验的产生，不好的常模会起到减弱或破坏审美的作用。比如，上课开始几分钟里，如果班级有安静等待教师的常模，那么教师开始介绍一篇优美的文段时，学生的鉴赏心理便在很短时间内形成，反之则不会形成教师所期待的审美心理。②好的常模有利于激发学生的审美动机，从而进入审美状态，反之学生也就不能进入审美状态。同样的教师，同样的教学内容，不同班级的学生进入审美状态是不同的，这是因为教师与不同班级产生的情感与行为常规存在差异。③合理地打破课堂常模有可能促成审美体验的发生。比如，教师在处理课文时形成了语法分析和逐句翻译的课堂常模，但有一天，教师打破了平淡的讲解课文的常规，与学生一起鉴赏一首经典英语诗歌，学生就会积极进入少见的诗歌审美境界。

4. 课堂噪音

课堂沟通中存在着一个重大的障碍就是课堂噪音（classroom noise）（Fontana，1986）。排除课堂噪音是课堂沟通要解决的一个重要问题。课堂噪音一般分为以下三种。

（1）物理噪音。物理噪音是指现实外界环境中产生的噪音。这种噪音对课堂沟通有一定影响，一般情况下都比较容易排除。例如，学生正在上课，外面的广播响了，学生们听到这种声音，注意力就不易集中，从而影响学习效果。但是，广播声是一种人为噪音，只需学校控制广播的播出时间即可排除。

（2）认知噪音。人们在做一件事情的时候可能都会产生一些跟当前活动不一致的想法，这些想法对于当前的活动来说也是一种“噪音”。比方说，上课时，学生可能会由于随意联想而走神儿，注意力不集中。另外，如果教师所讲的内容比较抽象，学生还未理解时又有别的信息出现，那么学生也会产生认知噪音，进而使课堂沟通不能顺利进行。认知噪音在课堂沟通中经常出现，教师应当积累课堂实践经验察觉和排除认知噪音。

（3）态度、人际关系噪音。人与人之间在态度或人际交往等方面出现的某些不一致或不协调，就是态度、人际关系的障碍，也是影响课堂沟通的重要因素。如果学生对某位教师反感，那么不论教师如何做，学生与教师的沟通都会遇到障碍。例如，某学生觉得班主任偏袒成绩好的学生，对成绩差的学生较为苛刻。这种态度一旦形成，师生之间的人际关系障碍就出现了。在课堂上，不论教师提出的问题有多简单，该学生可能都会觉得教师是在故意刁难他，不肯认真思考和作答，而教师则可能认为他是故意做对，这种情况必然影响课堂效果。态度、人际关系障碍对课堂沟通影响也很大，应当引起我们的重视。

以上三类噪音是影响课堂沟通的重要因素。如果教师具备熟练的观察技能，就可以很好地了解噪音会在什么情况下出现，在什么时候结束，如何进行调控和消除噪音。这些具体的观察技术和方法我们将在后面详细阐述。

5. 课堂情绪

在英语教育领域中，研究者用 affect 来表示“情感”的概念，但是，认知科学和心理学则用“情绪”（emotion）来表示。正如本书第一章所述，情绪可以分为正面情绪和负面情绪两种，它们对审美体验具有很强的引领作用，正面情绪有利于产生良好的审美体验，负面情绪则会阻碍审美体验的产生。在相同或类似的情绪状态下，沟通双方共享的信息越多，沟通越顺畅，审美体验就会越多。情绪对课堂沟通和审美体验的作用主要体现在以下几个方面。

（1）引发、终止或中断课堂沟通和审美过程。沟通的实质是信息的交流。人们在积极的情绪状态下，对任何信息都充满兴趣，乐于接受外界事物，乐于接受别人的观点，这时课堂沟通和审美体验都比较容易发生。反之，如果人们处在一种消极被动的情绪状态下，人们的意识范围狭窄，对外界信息会产生抵触情绪，信息自然不易交流。没有信息的充分交流，审美体验也就很难生成。一般情况下，积极的情绪激起信息加工，促进课堂沟通和审美体验，而消极的情感会中断或终止信息加工，阻碍课堂沟通和审美体验。

（2）决定信息的选择方向。情绪具有很强的过滤作用。人们喜欢哪方面的信息就倾向于接收哪方面的信息，反感哪方面的信息就不愿去接收哪方面的信息。这种选择作用，使得不同的人对相同的信息产生不同的理解。实际上，课堂沟通的成功就是信息加工的成功，而情绪的过滤作用影响了人们对信息的选择，自然就会影响审美体验的发生。语言审美体验是有明显的方向性的。功利的信息沟通决定活动任务实施的功利性，审美体验难以发生。应适当引导学生在非功利的信息方向进行加工，否则审美体验难以发生。比如戏剧观赏者注重冲突情节的展开时，就可能不会进入语言审美体验状态，因此也就不会鉴赏戏剧独白，因为，大部分独白并不是推进情节的主导因素，而是展示角色内心的主导因素。

（3）组织回忆。从某种意义上说，不同的情绪会组织起不同的回忆信息，这些信息是不同形式的沟通的基础，也是审美体验的基础。如果情绪组织的回忆信息与当前信息相符，课堂沟通就容易进行，反之，课堂沟通就会受到影响。例如，教师说："让我们分析一下文章的层次和每个层次的主旨，然后再做选择题。"这时，学生组织的回忆信息都是与做选择题直接相关的知识和经验。当教师对学生说："大家看一看，这篇短文的总体风格与我们上学期学的哪一篇课文的风格更为相似？"学生在教师的引领下组织与风格相关的回忆信息，进入鉴赏过程。

（4）有利于参照积极情绪对事物进行归类。人们对事物会产生一定的情绪，或喜欢或反感。在有意或无意的情况下，人们常常会根据不同的情绪对事物进行归类。比如，小孩子在绘画的时候会用自己喜欢的颜色画喜欢的动物，用自己不喜欢的颜色来画不喜欢的动物。再如，一个小孩子喜欢他的爸爸，不喜欢他的叔叔，那么当他喜欢一个人的时候，就觉得这个人像他的爸爸，而当他反感一个人的时候，就觉得这个人像他的叔叔。这样的情感归类效应对篇章审美有时会起关键性的作用。

（5）可以为社会认知提供输入信息。情绪是一个人理解他人的基础。当一个人具有某种情绪时，他会认同跟他的情绪相同的一些人的想法。

根据这个社会情绪的传导机制，我们就不难理解某些群体审美情绪的形成原因。

（6）影响个人决策和问题解决。人们在不同的情绪状态下会做出不同的决策，找不同的解决问题的方法。例如，下课后，学生对教师的拖堂行为已经很不耐烦了。但出于对教师的尊重，大部分学生还是会坚持听课；而有的同学则可能会直接向老师表达自己的看法，希望老师能让大家休息一下。处于主导地位的情绪对个人的决策和问题解决起着决定性作用。

从以上分析可以看出，情感因素直接或间接地影响着课堂沟通的成败、深度和质量等。不同情况下的课堂沟通影响着审美体验的有无和强弱。

6. 课堂语言

大部分课堂沟通和审美体验都离不开语言，人们在沟通过程中是相互理解还是彼此误解，语言在很多情况下起着决定性的作用。在课堂教学中，教师应该明了什么语言能够促进课堂沟通和审美体验，什么语言会阻碍课堂沟通和审美体验。准确使用语言，才能保证课堂沟通的成功，才谈得上语言的审美与鉴赏。课堂沟通和语言审美能否成功，关键取决于以下六个因素。

（1）概念。概念在这里是指话语或措辞。如果学生知道“反讽”这一修辞的含义，也鉴赏过中英文的反讽实例，那么当教师再次提到时，学生就会自然而然地做出教师期待的反应。所以教师要想促成语言的审美体验，在必要的时候，就要借助语篇的典型例子引入特定的篇章审美概念，比如移情、借代、象征、转喻等。在说到某个概念时，教师心里应该清楚学生是否理解，以及理解的程度。如果教师用学生理解的概念来引导学生的行为，那么学生往往能够按照要求去做，双方的课堂沟通就能够获得良好的效果。

（2）非概念用语。生活中的各种常用语就是非概念用语。很多常用的非概念性用语具有极强的情绪引导作用。比如，教师对学生说：“今天我们要完成一个重要任务，我为大家提供一篇内容丰富且复杂的文章，请大家读完后做阅读理解题。”在这句话里，“重要任务”“复杂”“阅读理解”，便引起了情绪的导向性联想，学生想到的是和考前训练有关的过往经验。如果教师对学生说：“今天我为大家准备了一篇著名的英语散文，作者是英国著名女作家 Virginia Woolf，请大家静下心来欣赏，然后说说你读后的感悟。”在这句话里，“著名”“作家”“静下来”“欣赏”“感悟”，都足以使学生想起以往的美文鉴赏回忆。同样是阅读一篇文章，教师把握和使用的关键词不同，学生被引导的情绪状态也就不同，后一个例子显然更有利于审美体验的产生。

（3）大脑中的图式差异。每个人的大脑中都储存着各种经验，我们将这种经验的总和称为图式。不同年龄、不同经历的人，其大脑图式也是不同的。图式差异是人的思想差异、行为差异的重要原因。如果某个喜爱流行音乐的学生的爷爷和他的一位老师都认为流行音乐是噪音，那么学生会认为他们都很古板，不愿意接受新鲜事物。那么教师要与学生在流行音乐方面进行沟通就可能不是很顺畅。

（4）次序。有的人在提出与别人不同的意见时，常常先褒扬对方的观点，然后再提出自己的想法。这样给对方留有一定的余地，对方也不会觉得这是在跟自己作对，有利于双方进一步的沟通。而有的人则不讲究说话艺术，常常达不到沟通的目的。因此，话语的次序也是影响课堂沟通和审美体验的重要因素。

（5）具体情景。沟通情景影响沟通效果。当所处情景不利于沟通时，沟通目的往往无法达到。例如，当所有的学生都沉浸在运动会激烈竞争的气氛当中时，教师却要学生回到教室上自习，学生的反应可想而知是极其不情愿的。语言的审美更需要具体情景的支持。比如，影院正在热映《爱丽丝梦游仙境》，这时看过该影片的大部分学生沉浸在影片故事中，教师在课堂上引入该故事的英文原著，鉴赏原著中有趣的诗歌，相信他们很容易产生审美体验，其中经典故事热映的外围环境起到了重要作用。

（6）前发事件。前发事件是指沟通或鉴赏前发生的事情。前发事件影响沟通效果。例如，某学生在上一节语文课上因为没有完成作业，被语文老师狠狠地批了一通。在紧接的英语课上英语老师发现这个学生情绪低沉，开小差，于是又批评他。可以想象，这个学生无法继续静下心来听课。反之，如果教师能了解一下情况，那沟通的效果自然就不同了。可见，正确处理前发事件对有效沟通意义很大。

根据以上影响课堂沟通与审美体验的六个方面我们可以知道，学习环境、课堂惯例和常模、课堂噪音、课堂情绪和课堂语言这几个方面的因素决定着课堂沟通和审美体验的趋势、状态和质量。

二、课堂教学过程的认知与审美分析——教师如何优化学生的过程体验

课堂教学的基本质量最终要体现在课堂的具体行动上，而这些具体行动则必定是有时间先后之分的，我们把这个由时间推进的系列行动称为“课堂教学过程”（the process of the classroom learning and teaching）。课堂教学过程是由学生的学习过程和教师的教学过程组成的。在这两个交织在一起的过程中，行为、话语、认知和审美形成了一体化的进程，四条主线不可分割，四个要素相互影响，相互制约。因为四个要素无法分割，所以我们将一起进行简要的分析。

1. 课堂教学的导入方式

课堂教学的导入方式是指教师用什么具体措施开始一节课的。比如，是由歌曲、故事或问题来导入，是展示一个真实的情景，还是呈现一幅有趣的图片等，这些具体的导入方式都可以作为课堂教学过程的观察点。教师对导入方式的这种选择可以有侧重点，比如教师可以组织集体游戏，欣赏电影短片，还可以朗诵优美的戏剧独白或诗歌。

2. 刺激材料的呈现方式

如何呈现刺激材料关系到学生的投入程度及课堂教学效果的好坏。刺激材料可以是以视觉方式呈现的短文、诗歌，以听觉方式呈现的故事、歌曲，还可以是以视听混合方式呈现的电视片段、电影片段等。

在近年的英语教育领域中，研究者在听说读写四项技能外，又提出了 viewing 的概念，这一概念应当引起教师的重视。我们可以把 viewing 理解为一种综合性的材料呈现方式和视觉接收方式，它以视觉的综合性观看为主，并辅之以各种形式的声音（包括乐音和音乐）。viewing 的综合性刺激可以从整体上激活学生大脑中的意象，引起意象的整体运演，为审美体验提供了全方位的感性基础。

相同的教学内容可以采用不同的刺激呈现方式。举例来说，某节课

的主题是“保护环境”，为了引发学生的思考和讨论，教师可以提供一篇讨论环境问题的文章，可以口述某些环境现状，结合文章或现实中的各种问题引发学生探索保护环境的措施。此外，教师也可以为学生提供在某个旅游景点拍摄到的乱扔垃圾、破坏草坪、在墙上刻字、随地吐痰的相关照片。这些生动鲜活的生活照片更能触动学生的语言表达欲望，引发学生的讨论。

3. 教学步骤的执行情况

教学观察者进行教学过程评价的一项主要任务是采集教学步骤执行的具体信息。这包括：整个教学过程是由哪些步骤完成的，各步骤的教学意图是什么，各步骤包含哪些具体的教师行动和学生行动，实际实施的行动具有怎样的成效，各步骤分别占用多少教学时间，各步骤之间的关系是什么等。通过收集这些信息，可以进行教学观察，了解教学步骤执行的真实情况。

4. 教学步骤的随机调整

对教学过程进行课堂观察，既要看计划中的教学步骤，也要看具体执行的教学步骤，然后将二者进行比较，了解在什么地方做了调整，做了哪些调整，为什么这样调整，调整后的结果如何。教学计划会预想到教学实际中的很多问题，但却不能预想到所有问题，所以当原计划的教学步骤不适应教学实际时，教师就必须做出调整。另外，预设的教学步骤并不是越缜密、越详细就越好。如果预设的教学步骤环环相扣，步步衔接，不给教学实施留出调整的余地，一旦在实际课堂教学中出现问题时教师就会很容易陷入被动状态。对教学步骤的随机调整是以教师敏锐的洞察力、准确的判断力以及丰富的教学经验为基础的。教师调整时可以随机讨论新出现的问题，调整活动方式，或删减活动内容，或转换互动结构。观察教学过程的随机调整可以从一个侧面评价教师的教学反思能力和临场机智（teaching tact）（范梅南，2001）。

5. 教学步骤的整体衔接

教学步骤的流畅性直接影响学生上课的审美体验。从某种意义上讲，教学步骤进展流畅能直接给学生以舒适的感觉，并形成上课的美感，其关键在于步骤与步骤之间的衔接。可从以下几个方面来观察教学步骤的整体衔接问题：一是各个步骤之间的界限是否明显；二是两个步骤之间是否有合理的逻辑关联，是否符合逻辑顺序；三是各个步骤在难度上是否体现梯度变化；四是教师和学生的行动是否随教学步骤的转换而转换；五是教师和学生行为转换的适应性如何；六是教学各步骤的执行是否真正能够实现教学过程的整体性；七是学生行动过程的把握与调控。

6. 教学指导时机的选择

在引导学生的认知和审美体验时，教师对指导时机的选择十分重要。比如学生以小组为单位进行一个英语短剧片段的排练，谁承担导演角色，谁直接参与角色演出，教师在一个怎样的时机对小组进行点拨，选择什么方式进行点拨等，这些随机介入都要在审时度势中完成。把握过紧，没有留给学生足够的思考和行动的时间；只注重推进教学进程，而不注重指导；或只有语言指导，而没有行为指导等，这些都是指导时机选择不当的表现。课堂上常常出现这样的情况，学生在表达想法的时候总是情不自禁地看老师的表情。从某种角度来说，这是学生内心深处过分依赖教师或自信心不足的表现。要消退学生这种依赖行为，增强其主动意识，教师应及时采取动作加语言的方式进行指导，如打手势让学生注意黑板或其他同学，同时口头提醒"不要只看老师""面对大家说""要相信自己的答案"等。学生一旦出现类似的行为，教师就进行指导，这样依据小步调整的原则逐渐使学生的行为有所改善。教师的指导应当在关键时刻进行，这样学生的行为才能得到及时的矫正和调整。

7. 示范时机的选择

语言学习和审美活动经常需要教师做出示范以供学生模仿。教师的示范能否得到学生的响应并收到良好的教学效果，其中关键的一点就是示范时机的选择。它同教师指导时机的选择同样重要。教师可以先做示范，也可以在学生行动之后做示范，还可以在学生行动的同时示范。不论选在什么时机，教师都要谋求最佳的示范效果。课堂观察应当关注示范的真实性、正确性和互动性。从艺术审美体验来看，还要特别注意生动性、特异性和典型性。语言示范不一定都由教师来做，运用媒体、组织优秀学生进行示范都是可以的。但不管什么形式的语言示范，时机的把握是由教师决定的。

8. 教学过程中角色的转换

角色转换本身就是一种艺术能力，是一种基于多元智能的艺术能力。教师在课堂上的角色转换需要表演艺术素养，建议师范院校开设基础的表演课。有了表演艺术技能做基础，教师在课堂上的角色转换才能运用自如。这也是一个专项观察内容，包括教师、学生双方的角色转换。课堂教学中，教师可以是指导者、参与者、组织者、指挥者、剧中人及母语使用者等角色。而学生可以是听众、行动者、辅助行动者、旁观者、评判者，也可以是小组中的组织者、领导者，还可以是剧中人及母语使用者等。教师在课堂教学中可以设计多种活动，不同的活动方式和活动内容，要求教师和学生扮演的角色也不同，所以需要教师和学生在不同的活动中根据实际情况及时转换自身角色。很多研究行为心理学和智能心理学的专家都提出，角色转换速度和依据时机转换角色的准确性能够体现出一个人综合能力的高低。教学过程中角色转换应当依据实际情况进行观察与评价，适时、恰当、准确、迅速是评价角色转换的四大要素。

9. 矫正学生问题行为的时机选择

学生的问题行为是会影响课堂教学进程的，它们对于学习的认知、情感和语言审美都有明显的负面效应。所以，教师几乎每节课都要注意学生行为矫正的工作。这里所说的问题行为包括学生干扰教学过程的行为，如不认真倾听、与伙伴闲谈、发出噪音、干扰伙伴学习等；也包括学生不正确的学习行为表现，如指读行为、被动接受提问等。这些行为会影响课堂教学过程的进行，所以教师对这种行为的有效矫正就显得更为重要，而矫正时机的选择便是评价教师教学过程的一个重要因素。我们在观察与评价教师矫正学生问题行为的时机选择时可以遵循以下几条原则：一是看教师是否尊重学生个体，是否尊重学生的自尊心、自信心；二是看教师是否充分考虑教学过程的整体流畅性；三是看教师是否重视对学生问题行为的矫正时间的选择。

课堂观察应包括学生群体行为的矫正。收集学生群体问题行为的具体信息是有必要的，如小组行动迟缓、结对活动消极、全班学生互动行为单一死板、小组之间拒绝配合协调等。同时，还应当观察教师是如何处理群体问题行为的，要具体观察不同的行为是如何发生的，如提醒、调整、引导、示范、制止、协调、现场矫正、随机训练、暗示、指令、指导等。依据学生问题行为和教师处理问题行为的措施的信息收集，我们就可以进一步评价教师在选择恰当措施的时机方面的实际运作情况。

10. 活动形式的组织与转换

任何课堂都是由不同的活动组成的，这些活动形式的组织和转换也是教学过程的一项重要内容。重点要考察教师对活动步骤的组织是否明确，各项活动之间的转换是否流畅，以及各项活动的衔接是否紧密。从课堂的艺术设计与实施来看，活动形式的组织与转换应当注意几个问题：一是活动应当为学生提供足够的艺术体验和艺术表现时间。如课堂经常进行的角色扮演，教师通常鉴于课堂推进时间紧迫，一般都很难为学生提供情绪酝酿的时间，也不会给学生展开情感表现的时间，所以许多角色扮演仅仅是走过场。二是活动形式应当能够适合学生进行个性化的艺术展示，比如读故事、画故事、说故事、演故事，这样的系列活动就比较适合学生进行艺术展示。三是活动形式的组织应当加强课堂的剧场效应。教师要鼓励学生进入角色，提供条件让学生亲身体验特定角色（如提供简单的道具），不同学生要有不同的任务担当。四是活动过程要有明显的空间变化和行为变化。这就要求打破课堂的桌椅格局，为学生的活动提供走动和换位的足够空间。

11. 时间分配

教学过程由教学步骤组成，教学步骤又包含多种活动。在课堂教学时间有限的情况下，如何分配时间是教学过程不可忽视的问题，如教师对每个步骤的时间分配是否合理、是否体现出主次问题。教学观察者在观察教师的教学过程中可以运用时间轴的方式进行记录和分析。要利用好时间轴，就需要对教学过程中的各个步骤进行详细的观察，分清主要和次要步骤，记录主要步骤和次要步骤各自占用的时长。主要教学步骤比较重要，可能需要占用十五分钟，而次要教学步骤具有辅助过渡性质，可能只需几分钟。教学观察者要根据教学步骤的重要性进行具体观察和评判，记录教学过程中各个步骤的具体执行时间，然后对计划时间和执行时间进行比较。

12. 时间的随机调控

计划的时间分配方案与计划的教学步骤一样，在实际执行过程中有可能被调整，这种情况很常见。教学观察者要记录各个教学步骤、特定教学事件以及随机事件所占用的时间，然后与计划的时间分配方案进行比较分析。计划的时间分配方案与执行的时间并非越吻合越好，应视具体情况而论。执行的时间越有利于教学目标的实现，相应的时间调整也就越应当得到认可。

13. 对学生的呼应和激励

对学生的呼应和激励是师生之间的有效互动。应当关注教师对学生的各种行动和表现是如何进行呼应，如何进行激励的。教师可以通过言语、行为和暗示进行呼应和激励。教师对学生行为的呼应也包含着指导。对学生不成功的表现，教师应做出及时的补救，并帮助其调整和提升；而对于学生的成功表现，教师应给予肯定，并激励其争取再次成功。课堂观察要注意教师对学生的呼应和激励是否恰当与合理。

14. 前后环节的呼应

教学过程要保持整体连贯性和行进过程的逻辑性，各个环节要有比较、有推进、有呼应、有衔接，整个教学过程应融为一体。比如，教师导入一个有关环保的问题，在教师的组织和指导下，讨论有计划地进行，各个步骤衔接也很自然、流畅。但是仅仅如此，这节课还不够完整，还欠缺一个关键的环节——教师的总结。学生在讨论和探究过程中会提出各种各样的观点，这些观点或正确，或不全面，或有问题。教师应对学生的讨论做出点评，总结学生的发言要点，提出应深入探讨的问题。这样才能深化学生的理解，启发他们的思维。

15. 流畅程度

不论是一节课、一周的课，还是一个月的课都必须保持整体流畅性。教学过程的流畅性对学生接受教学内容和丰富审美感受有很大的促进作用。比如说，教师对学生已有的知识框架、知识点的难易程度的把握很明确，知道如何设计课堂教学，使教学过程中学生的学习行动都处在最近发展区内。这样的教学过程流畅性很高，学生接受起来也较为容易。反之，教师不考虑学生的实际接受能力，也不考虑知识点的难易程度，那么学生在理解和吸收知识上就会遇到困难，教学过程也就很难顺利进行。另外，在不同课上进行相关内容的教学时，教师要注意几节课之间的有效衔接，保持几节课或几周课的流畅性。除教学设计外，其他要素的准备和组织，如资料、教具等是否合理，也将影响教学过程的流畅程度。

16. 行进节奏

课堂教学过程需要一种有节奏的行进美。活动开始的速度、活动推进的速度、活动中断的时机、活动终结的过程、学习行动的分隔、学习行动的推进速度和各个教学事件之间的停顿间隔等，构成教学步骤的行进节奏。行进节奏过慢，会抑制学生的思维，影响学生连续行动的热情；行进节奏过快，不利于学生养成深入思考问题的习惯。因此，教师对行进节奏的把握会影响到学生的学习质量，也会影响学生对活动全程的审美体验。教学观察者应当注意采集可以体现行进节奏的具体事实并对其进行分析，从而评价行进节奏的适度性。

教学过程是师生双方的共同行为，以上十六点主要是以教师作为观察的关注点。下面将详细列举以学生为关注点进行观察的内容。这两方面内容构成评价教学过程的方法的整体内容。

三、学生个体学习过程的认知与审美分析——如何观察学生个体的认知与审美表现

课堂观察的另一个重要任务是观察学生的行为表现。在一些传统的听课活动中，学生的具体表现往往被忽略，教师活跃但学生表现平平的现象并未引起足够的关注。课堂观察有必要关注学生以下六种个体行为。

1. 对刺激材料的反应

这主要是指学生个人对教师所呈现的各种刺激材料是否关注、是否理解、是否形成认知期待。学生对刺激材料的反应，可以从表情、姿态、行为等多个方面表现出来。教学观察者可以借助录像反复观察并记录学生的外在反应，也可以在现场利用简笔画记录学生的外部表现和人数。

2. 个人学习过程的连续性

学生学习过程的连续性直接决定其学习效果的好差。在课堂上，学生个体并不是总能保持连续学习的状态。教学观察者在关注学生个人学

习过程连续性时应当注意对具体事实的观察，要深入到细微的枝节，不要放过任何关键性小动作，并在观察表的相关项目栏中记录关键性小动作发生的次数。

3. 学生个人学习过程的专注程度

学生的专注程度受学习内容、活动方式、学习资源、学习媒体等多种因素的影响。这些因素组织和实施得越好，学生的专注程度就越高。教师应当选取重点对象进行重点观察。现场观察和事后调查可以结合进行。

4. 思考过程及外在表现

学生在学习中常常有这样的情况，即外在表现很好，及时响应，举止恰当，但是缺乏真正的内在思考。在课堂教学中，教学观察者应该注意观察学生个人进行深入思考的具体表现，还要观察教师对这个过程的指导和调控。观察学生内心的思维活动遵循以下三个原则：一是注意与思考相关的外在表现；二是注意学生回答问题的质量；三是注意学生主动话语和主动行为的质量。

5. 问答的反应

这里着重谈的是在活动进行中的问答反应。教师可以提出以下五种由浅入深的问题：一是涉及表层内容的，二是关于具体事实的，三是涉及逻辑关联的，四是涉及深层含义的，五是关于总体概括的。学生通过回答这五类问题，可以显示出他们现场学习的质量。

6. 对预设教学过程的理解和呼应

预设教学过程是指教师为了实现教学目的而计划实施的一系列步骤。对预设教学过程的理解能够促进学生对教学内容的整体把握。比如，某个教学过程由六个步骤组成，当课堂教学进行到第二个步骤时，学生理解了第二个步骤和第一个步骤的关系，而且预见到了接下来的教学内容，这就说明学生对预设教学过程的理解是到位的。有的学生不重视对教学步骤的理解，而是按照教师的指令一步一步地行动，结果常常在整个学习过程完成后，学生还不明白教师的目的和意图。这在很大程度上是一种机械性学习，而非有意义的学习。这种情况在低年级学生中表现得尤为明显。教师只有掌握了充足的资料，才能对教学步骤做出合理的设计，才能促进学生对预设教学过程的理解。学生的这种理解能力越强，对接下来的学习活动的呼应也就越积极、越有效。学生对预设教学过程的呼应也是课堂教学观察的规定内容。

四、群体的学习表现——如何知道“大家”的课堂体验

在课堂观察中，教师应当区分学生个人表现和教学班级的群体表现，二者是同等重要的。以上主要是对学生个人表现的研究，下面将研究教学班级的群体学习表现。

1. 热身行动的效果

教师常常在教学启动阶段为学生提供热身活动（warming up），为学生从事各项学习活动进行情绪、态度和行为操作方面的准备。热身活动不应是虚设的，必须达到应有的效果。教师要注意观察学生在热身活动后是否达到了由原状态进入预期状态的目的，尤其在心理活度上是否提升到了一个较好的水平。有时，教师进行了很精彩的热身活动，学生也因此热起来了，但后续的活动却不尽如人意，热身活动和后续活动明显脱节，我们应当注意研究此种现象。

2. 学生行动的次数和过程

学生的行动次数就是学生在每个活动中参与活动的次数，如举手、回答问题、指导同伴的次数等。教学观察员通过记录和积累资料，获得指导和改善教学过程的信息。同时，在记录学生活动次数的过程中，要注意观察学生的行动过程，即某个行动如何发起、如何保持、如何结束等。

3. 伙伴互动的次数和过程

这也是对学生群体活动过程的观察。从合作学习的角度来看，学生之间互动的次数直接决定教学效果，影响学生的学习质量。对伙伴互动的次数和过程的评价可以通过学生自我观察的方式来进行。比如，教师设计一份记录互动次数和描述互动过程的评价表格，表格上列有主动发言、被动发言、主动提问、被动提问、征求别人意见等项目。活动开始前或结束后，教师把表格发给学生，要求学生进行记录或描写。这样不仅可获得详细信息，还可以培养学生自我反思、自我评价的能力。这些由观察而获得的信息，可以为教师的教学过程提供具体指导和参照。更

重要的是，学生将自己的行为具体化，可以获得提高自己行为有效性的直接启示。

4. 学习方式的选择和转换

学习方式有多种，不同的学生习惯采用不同的学习方式。比如，有的学生喜欢学习文本材料，有的学生喜欢学习绘本材料，有的学生喜欢以独处的方式学习，有的学生则喜欢以合作的方式学习，这些都属于学习方式的选择问题。学生有哪些学习方式，每个学生适合哪种学习方式，学习中选择了哪种方式等，教师都必须做到心中有数。学生对学习方式的选择有时取决于教师的指导和调控。从某种意义上来说，学生对学习方式的选择能力越强，学习的有效性就越强。当一节课上出现多种学习活动，且这些活动要求学生采用不同的学习方式时，就出现了学生转换学习方式的问题。学生学习方式的转换越有针对性，学习效率就越高。观察学生学习方式的选择与转换需要一定的专业知识和技术支持。教学观察者有必要获取关于学习方式的各种表现的类型学研究信息，然后依据这些专业信息来设定具体的观察评价项目。在观察过程中，应当注意采取清楚明确的行为表现方面的事实，并对这些事实进行必要的专业分析。

5. 对教师指导的反应和行动的变化

学生是否接受教师的指导，教师的指导是否符合学生的实际，这两个方面的相互影响决定学生行为是否能够及时改善。学生对教师指导的反应是不同的，有的学生严格按照教师的指导行动，有的学生可能因为各种原因不遵从教师的指导。另外，教师的指导对学生所产生的作用也不同。教师的指导贴近学生实际，学生的行为变化明显；教师的指导与学生行为相距甚远，学生的行为变化较少。教学观察者可以通过学生的行动是否发生变化，来观察学生对教师指导的反应以及教师指导的有效性。

6. 合作行动的方式和过程

小组合作也有很多活动方式，如金字塔型、交叉互动型、讨论型、漫谈型、分工合作型、合作行动型等。教学观察者对学生合作行动方式和过程的观察应把握以下要点：一是直接采集录像片段，并对录像进行细节分析，同时记录要点；二是重点观察合作活动中的互动表现；三是将各种互动表现综合起来进行分析，进而判定合作的互动结构；四是依据互动结构判定合作行动的类型和方式。

7. 非学习行动的方式和过程

非学习行动是指课堂上学生所做的与学习无关的行动，比如走神、看其他读物、睡觉等。由于教师对所呈现材料讲解得不够深入以及课堂教学内容比较枯燥等原因，部分课堂会出现非学习行动。教学观察者要注意观察学生的非学习行动，对其做出判断，并记录发生次数，描述发生过程，进而提出解决问题的方法，减少发生次数，改善课堂教学，提升教学质量。

8. 问题行为发生的次数和过程

如果教师不注意引导，学生的非学习行动可能会演变为问题行为。问题行为是由非学习行动积累起来而形成的，对课堂教学造成的不利影响更大。教师要重视对学生的问题行为进行观察，并记录发生次数，描述发生过程，从而提出有效的解决办法。

9. 推进课堂教学的行动

如果学生能够与教师全力合作，那么整个教学过程将会顺利地推进和实施。很多学生能够意识到与教师合作的重要性，在课堂上表现出积极配合教师推进课堂教学的行为。一般情况下，教师的指令是围绕教学目的而提出的，学生如果按照教师指令行动，教师计划的教学目的就容易实现。教师要仔细观察学生的这些行为，并给予及时的表扬和鼓励，尽量促成这种行为的再次出现。

10. 阻碍课堂教学的行动

问题行为和非学习行动会阻碍课堂教学的顺利进行。除此之外，课堂上还有很多行为可能影响课堂教学，比如学生的思维定式。教师呈现文本材料，意在启发学生进行探究学习。学生一看到学习材料，就将注意力放在了语言点上。这种认知期待或学习趋向会阻碍学生探究行为的启动和执行，从而影响后续的学习进程。教师要注意观察课堂上有哪些行为可能会阻碍课堂教学，并尽力排除或减少这些行为。

五、课堂综合活动的艺术设计（1）——如何促进学生的有序认知和有序体验

教学步骤是由具体行动组成的事件系列，教学过程虽然与时间有关，但是它不是单线的简单事件系列，而是按时间顺序发生的一系列教学事件构成的整体。课堂的质量在较大程度上由各个教学事件的进展情况决定。如果教师想让课堂活动包含足够的审美元素，那么，教师就应当学会课堂活动的艺术设计。这样的艺术设计是建立在课堂话语和行为基础之上的，包括教师和学生的逻辑操作、认知推进和激情体验。下面将研究课堂活动的推进艺术与审美的关系。

课堂话语和行为顺序包含课堂逻辑认知顺序，逻辑认知顺序直接影响审美体验。教学过程的设计与实施必须以教师清晰明确的教学逻辑思考为基础。教学过程中各种要素之间的逻辑关系直接反映了教师的教学逻辑思考，并影响学生的课堂体验。我们所说的逻辑顺序包括以下几个方面。

1. 内容的逻辑顺序

从语言审美角度看，课堂的艺术设计应当重视内容的品质，尤其是优秀的语篇。实际上，优秀的语篇本身就包含着内在的逻辑顺序，散文、诗歌、短论、故事、神话、寓言，莫不如此。有了好的篇章基础后，还要讲求教学内容在整个过程中的有序安排。这些内容包括语篇的有效呈现和有效输入、语言知识的有效呈现和有效输入以及认知与探究的有效呈现和有效输入。这些内容在教学步骤中要按照一定的顺序展开。例如，课堂学习内容的主体是童话故事《丑小鸭》，教师在内容逻辑安排上首先面临的问题就是如何展开故事的情节，为了让学生欣赏这个著名的故事需要采取哪些具体行动等。

2. 思维的逻辑顺序

思维的逻辑顺序既包括教师展开教学过程的思维顺序，也包括教学过程所引发的学生的思维顺序。教师有自己的教学思考，并以此用演绎或归纳的顺序实施教学行动。教师可以把几个具有并列关系或包容关系的教学活动按照时间先后顺序进行排列。由此引发的学生思维顺序应当

与教师的思维顺序相一致。课堂活动的艺术设计大致是一样的，但艺术设计所涉及的活动具有发散性、随机性和特定性，清晰的教学步骤在运行中会受到一定的影响。正是因为艺术性的语言活动具备这样的特性，教师的活动设计才应当保持内在的逻辑性。教师的思维逻辑顺序和教学编排顺序，应当尽量符合学生参与活动的逻辑顺序。这二者应当具有很高的相关性。

3. 教学信息的逻辑顺序

教学信息的逻辑顺序是指教师编排特定教学要求、教学指导、教学咨询、教学解释与说明、行动指令、资源呈现、课业布置等的逻辑顺序。以下我们探讨三种不同的教学逻辑顺序。

（1）行动类审美活动的教学逻辑顺序。行动类审美活动包括歌谣表现、短剧表演、动作模仿等活动。它们的特点是在行动中认知语言和鉴赏语言，是行而知之，行而赏之。此类活动艺术设计的逻辑顺序需要符合行为操练和行为体验的基本要求，教师要把设计的重点放在行动上，让行为系列具有逻辑性。此类教学的逻辑顺序为图像呈现—课业布置—行动指令与指导—语言与行为操练—行动过程体验—行为展示—教师发挥导演功能。

（2）吟诵类审美活动的教学逻辑顺序。朗诵优秀的语言作品是需要进行教学逻辑设计的，因为学生从接触作品到熟练而充满情感地朗诵，其间有一个过程需要教学逻辑的支持。此类教学的逻辑顺序为作品呈现—提出要求—教师示范—分组排练—组内展示—全班展示—师生评议。

（3）欣赏类审美活动的教学逻辑顺序。前面两类审美活动是输入和输出的双向活动，欣赏类审美活动则是以输入为主的活动，其中包括读的鉴赏、听的鉴赏、视的鉴赏。虽然说欣赏语言作品主要是输入活动，但在课堂教学中，此类活动也要有输出，即在鉴赏的基础上进行评议。此类教学的逻辑顺序为教师引介—提出鉴赏要点—作品呈现—过程体验—教师示范—师生品评。

4. 语言学习顺序

语言学习顺序涉及实现语言学习各项内容的具体顺序，其中包括词汇的学习、句法的学习、语篇结构的学习、技能的学习等。

（1）新学习项目的呈现顺序。新学习内容（如语言知识）通常不是一下子全部呈现给学生，而是由教师遵循一定的顺序依次呈现的。例如，某篇经过简写的经典小说的叙事结构是新的学习内容，其中涉及时间和空间的交叉叙述手法，教师可以根据自己设定的目标（叙事结构）编排小说的呈现顺序，如总体介绍，重点段落内容要点的口头陈述，重点段落的展示等。教师应根据篇章的实际叙事结构有计划、有步骤地将涉及语篇叙事的重点学习内容分步呈现，并根据学生的现状注意分步呈现的层次以及呈现次序的合理性。

（2）新语言知识滚动的顺序。假如教师每周设计一个话题，那么一个月就会涉及四个话题，一个学期涉及至少十几个话题。如果教师不考虑新语言知识的滚动，学生原本获得的知识就会逐渐消退。因此，知识在教学过程中的滚动是巩固、强化语言知识的必要保障。新语言知识滚动的顺序应当依据记忆的规律和语言习得的规律进行合理的编排。新语言知识的滚动幅度和滚动频率设计得越科学，学生习得语言知识的感觉就越好，新知识的进阶次序也就越好。

（3）已学知识接受的顺序。教育心理学研究者强调学生头脑中已有的知识和观念对学习新知识的影响。学生头脑中是否有相关的知识可利用，这些知识是否清晰、稳定等都会影响新知识的学习。因此，已学知识的接受顺序也是语言学习顺序中一个不可忽略的因素。

（4）语言微技能的发展顺序。语言微技能指的是组成听、说、读、写四项技能的具体技能。例如在有限的时间内选出一两项听的微技能作为重点训练目标，如短时记忆能力、捕捉关键词语等帮助理解听力材料中的重要信息的技能。同样，说、读、写技能也都可以分解为一些微技能。在以往的语言教学中，教师通常只是笼统地处理基本技能学习项目，较少考虑语言各项微技能的组合问题。教师在考虑英语语言的学习顺序时应当将这些微技能的训练考虑进去，按照一定的顺序首先训练难度较低的微技能，然后进阶到难度较高的微技能，最后实现各种微技能的综合运用。

（5）学习进阶难度的顺序。在数理化教学中，学科本身的逻辑严谨性已经决定了学习内容进阶难度的顺序。而语言学习则不同，它包含词汇的难度、语句内容的难度、语篇长短的难度、语篇组篇的难度等。因此，语言学习各个方面的综合进阶难度要有合理的安排，否则教学过程就无法顺利进行。难度进阶是一个十分复杂的问题，教材编写、课程设计都要考虑难度进阶问题，但难度进阶顺序的真正把握者是教师，因为只有教师才能具体地知道学生学业进展的实际情况。只有了解了这样的情况，学习进阶难度的把握才会落到实处。

（6）语言运用难度的顺序。学生学习了语言知识，掌握了语言技能之后，还有一个能否运用的问题。语言运用能力是一个不断发展的过程。培养和提高学生语言运用能力的过程也是由简单的单项训练逐步发展到复杂的综合运用。对此，教师也要有合理的安排。例如，要求学生电话通知某人做某件事情，这是一个较复杂的任务。教师可以将其分为一个个简单的任务，如掌握打电话常用语、学会描述一件事、学会告别等，学生掌握了简单的技能后就能逐步发展较复杂的综合运用能力。语言运用难度的顺序是否合理首先要看教材的安排顺序是否合理，其次看教师是否能因材施教。如果教材安排顺序不符合学生的具体情况，教师要及时地进行调整。

六、课堂综合活动的艺术设计（2）——如何在创造性活动中发掘学生潜能

从某种意义上讲，学生在课堂活动中表现的实际水平主要是由课堂活动的设计水平决定的。教师的活动设计越具有主观性和规范性，就越有可能把学生的表现限制在一般的表面的水平上。要想发挥学生的潜能，就必须拿出具有创造性的活动设计来。下面将介绍一些具有创新元素的课堂活动设计。

1. 画—话—演三合一活动

学生首先应当掌握简笔画的画法，基本上做到能用简单几笔画出自己的想法。教师应当首先给学生一个可以自主发挥的主题，这样的主题可以用关键词或短句来呈现，但必须能让学生用不同角度的内容来构思。

2. 偶像表演

所谓“偶像表演”，是指各种“偶”的短剧艺术形式。这类偶像表演有多个品种，如手偶、影偶、指偶、纸偶、泥偶、线偶等（如图 3-11）。

图 3–11

实际上这样的偶像表演是教育戏剧的一部分，它们拥有课堂短剧的所有功能，如实施品德教育、锻炼智能、熟练语言、丰富情感体验等。它们实施起来甚至可以更为简便，且很适合小组合作完成。设计要点如下：

一是教师提供脚本素材，供学生选取片段或进行简写，参照故事情节进行改编。学生也可以选取原作的片段直接用于表演。二是有些偶像表演适合小组实施，在小组内要有分工和实施活动的周密计划。三是适当进行手偶、线偶等表演的技能性训练。四是课堂知识的巩固也可以使用偶像表演的技巧进行，学生在对子活动（pair work）中即可完成。五是教师应当注意排练规范和表演评估，有效的管理措施有助于活动的有序进行。

3. 沙盘戏剧

沙盘游戏起源于英国小说家威尔斯的童年经验，他经常在家和伙伴们一起进行“地板游戏”（Kalff，1966）。这与我们的童年游戏类似。在地板上摆设有轨电车，独自玩“开电车”的游戏，一边驾驶，一边报站。这些活动对发挥儿童的自主规划能力、自主创意、自主话语锻炼都有很好的作用。由威尔斯的“地板游戏”引申出来的沙盘戏剧现在已经成为一种深受人们欢迎的心理治疗手段（特纳，2016）。我们可以把这种戏剧形式引入英语学习中。

设计要点有以下几点：一是由学校或教师制作简易沙盘。二是教师进行沙盘活动的设计，如目标、语言、故事、沙盘活动形式。三是教师指导学生进行沙盘运演。教师应先给出范例，只要学生接触范例，他们就会产生很强的表演欲望。四是学生合作随机地表演沙盘故事。五是在

沙盘形象表演过程中，学生随机进行对话或陈述，但教师有必要为学生提供他们可能用到的句型和词汇。（示例如图 3–12）

图 3–12

4. 意象独白

在儿童语言发展进程中就有所谓“独白发展阶段”（the development of soliloquy），在戏剧语言中也专门有“独白”这一类舞台话语。我们可以把这种话语形式借用到课堂活动中来。具体做法如下：一是教师提出主题，或由学生集体讨论提出主题，后者更佳，并列出清单。二是学生个人浏览清单，选出自己独白的主题。三是教师提供可以自由选择的词语和句型，或由学生小组自主提出。四是学生个人选择并确定主题。五是学生用简笔画勾画出自己想要表达的意思，不必拘泥于特定语言。六是学生在小组中参照画出的意象进行独白，或限时，或不限时。（示例如图 3–13）

图 3–13　意象独白

5. 实物联想故事

这是专业演员或导演接受即兴表演能力测试时使用的一种办法。主考官提供两三种看似没有关系的实物（如一个玻璃杯和一把尺子），被试演员或导演据此述说或表演一个情节或故事。在这种活动中，教师出题很容易，只要找到相互没有直接关系的实物即可。学生表演或陈述故事则需要发挥创造力和语言运用能力。（示例如图 3–14）

图 3–14

6. “白日梦” 活动

此类活动借用了弗洛伊德的“白日梦”（daydream）的术语，与白日梦的某些特征类似。但是，这个活动不能完全按照个人潜意识的随意流露。学生要根据课堂训练的主题在头脑中进行个性化的意象运演，形成一个内心的故事，并借助教师提供的或学生自己组织的语言支架（如特定句型及其与句型匹配的词语）依照自己的意思构成故事，并随机说出来。（示例如图 3–15）

图 3–15

7. “意识流” 活动

此活动的做法与“白日梦”活动类似，特别是在提供语言支架的方法和措施上与“白日梦”颇为接近，但在行为操作和心智操作上，这个活动与“白日梦”活动有一个本质的不同。白日梦是在外界或内心的刺激下所进行的自由想象和故事编制，它首先需要的是无限的想象力。应当说，“意识流”有时也包含此类自由联想，但它是基于现实语境的意识流动，比如，学生听到老师说了一个生活化的活动，学生立刻启动意识流，轻松而有序地想象。为了适当限定意识流的随意性，教师会提供一些语言的支架。（示例如图 3–16）

图 3–16

8. 哑剧配音

这个活动要由小组来完成。小组讨论，构思一个哑剧片段（一两分钟即可），现场表演出来。另一小组根据哑剧表演，进行配音。配音方式有两种：一是一个人同步叙述哑剧剧情，二是几个学生共同参与。实施该活动，需要教师和学生做好各方面准备。（示例如图 3–17）

图 3–17

9. 面具对白

学生戴上不同角色的面具，依照既定的台词（也可以是课本或绘本中的对话）进行角色表演。为了避免流于形式，教师可以要求学生戴上什么面具，就用相应的腔调说话，并努力避免使用本色音，而要用特定角色音讲话。（示例如图 3-18）

图 3-18

10. 有声思维（think aloud）

此活动应当在学生正在进行有目的的“工作思考”时实施，教师要先在某一个特定问题的思考中进行现场示范，让学生看一看什么是有声思维，然后让学生就特定的思维问题进行实际演练。（示例如图 3-19）

图 3-19

11. 间离式对白

“间离”是布莱希特戏剧派别的关键用语，主要是指在戏剧对白过程中出现脱离人物角色和现场语境的话语，相当于在和他人对白中加入旁白，这个旁白是对方在现场“听不到”的。这对于发展学生的沟通能力和对人际沟通结构的认知都有良好的示例作用。（示例如图 3-20）

图 3-20

12. 故事格式塔

格式塔心理学认为人的意识经验背后是以某种有组织的整合结构为基础的，人在认知事物时即动用这种格式塔的整合结构来完成对事物的内心加工，诗人在进行诗歌创作时就会以某种特定的词语组合来与自己内心创作的格式塔相匹配（丁国旗，2011）。其实，教师可以根据这个原理为学生提供某种由特定的点连接而成的故事格式塔。学生则以完形的加工方式用自己的语言把故事陈述出来。同样的格式塔可以指引不同的学生叙述出不同的故事。但是，这些不同的故事都应紧扣既定的格式塔的关键点。（示例如图 3-21）

图 3-21

13. 戏剧格式塔

教师可以用间离式对白进行戏剧格式塔。教师提供格式塔的关键点，学生以小组为单位，根据所给的格式塔合作策划微型戏剧情节，并进行排练，最后完成活动，即展示基于给定格式塔的戏剧小品。（示例如图 3-22）

图 3-22

14. 关键词心智图和简笔画引导的即兴表演（或讲话）

教师根据给定任务的目标，提供几个关键词。学生根据目标要求，在关键词的引领下随机表演或讲话，可以限时，也可以不限时。教师根据给定任务的目标，提供心智图。学生个人或小组，依照特定的要求，在心智图的引领下实施随机表演或讲话。教师根据活动的具体目标，提供简笔画提示。学生观看简笔画，理解简笔画，在简笔画引领下进行随机表演或讲话，也可以小组进行。

15. 六顶帽子

英国著名心理学家 Edward de Bono（波诺，2004）提出一种思维分类的方法，他把群体中人们互动的话语与思维特点分为六种颜色的思考帽。

白色思考帽代表中立而客观，强调客观的事实和数字。潜台词是我们要解决什么问题，有什么信息，还需要什么信息。红色思考帽代表具有浓重情绪色彩的直觉、预感和认知趋势。潜台词是你觉得如何；我不喜欢，认为有问题，可否再想一想其他的方案。黄色思考帽代表耀眼、乐观、正面。潜台词是我们考虑一下这样做的好处，还需要做哪些努力才能完成这个任务。黑色思考帽代表阴沉和负面，注重看事物的反面因素。潜台词是这样做有什么困难，问题在哪里，如果失败了怎么办。绿色思考帽有如草地，充满生机，代表创意和创造。潜台词是还有哪些新的想法，我们为什么不可以开辟一条新路径。蓝色思考帽代表冷静、缜密、控制。潜台词是我们已经做了什么，还需要什么行动来支持。

用六顶帽子组织的课堂活动，可以是个人参与的，也可以是小组参与的。个人参与任何活动都可以手持一种颜色的帽子，进行构思，然后以此种颜色的思维来发表看法，并依照此种颜色的思维提出建议来解决问题。在小组活动中，不同人选择不同颜色的思考帽，并依此而思考问题，发表意见。（示例如图 3–23）

图 3-23

16. 戏剧拼图（drama jigsaw）

这是一种小组活动的方式。班内不同小组分别负责不同的故事或戏剧片段，然后进行整合。在活动中，不同小组承担故事或戏剧编排任务的方式如下。

一是时间分割。每组承担故事的一个情节，这些情节最后能合成完整的故事（如图 3-24）。

图 3-24

二是空间分割。每组承担一个场景的故事，这些场景的故事最后能整合在一起（如图 3-25）。

图 3-25

三是人群分割。每组承担一组人群的故事，这些人群的故事最后能整合在一起（如图 3-26）。

图 3-26

这样的活动既可以在一节课内完成，也可以在几周内完成，但不管完成的时间有多大跨度，教师都要进行精心的构思、设计和过程管理。学生将在这样的群体互动中得到多方面的锻炼，如人际关系的协调、个体和群体思维的锻炼、行动能力的提升、审美过程的体验、艺术创造力的健全与完善。

17. 微型泥塑摄影—动画编制

这是由摄影发展而来的动画编制活动。早在二十世纪八十年代就有进行这方面的尝试，即对真人活动进行连续的摄影，然后把它们组合成连环故事。我们可以在这个创意的基础上加上泥塑，进行多幅拍摄。整个流程均由学生有组织地完成，学生可以分为不同的工作小组，分别承担英语脚本创作、手工雕塑、美工描绘及布景制作、摄影、镜头编辑等不同工序。这是一项各学科融合的创造性艺术活动。

七、课堂综合活动的艺术设计（3）——如何在群体艺术活动中实现伙伴合作

合作艺术活动应当从简单的合作项目开始，在一段时间里，逐步通过实际的合作经历和体验来建构和巩固小组内部的行为模式，并向高级合作项目过渡。

Kagan（1989）提出了几种类型的合作学习模式，可供教师在实践小组活动时参考。

1. 伙伴互教（peer tutoring）

小组伙伴之间相互教授基本概念，这些概念应当是在他们的艺术实践中容易理解且有趣的概念。比如，为了了解“内心独白”这个概念，小组成员需要事先研读教师或学校提供的及网上资源提供的信息，包括取自小说或剧本的内心独白的优秀片段。小组内部可以在此基础上进行讨论。就这一概念而言，拥有资源并已了解该概念的学生就成为了“专家”（expert student）。每一位“专家”可以使用实例、图释、定义、比较、动作等多种方式阐释他所了解的内心独白究竟是什么。这既是学习过程，又是思维过程，还是伙伴的审美共享过程（Fotos et al.，1991）。

2. 思维共享（thinking-pair-share）

学生以问答的方式形成一种可以循环多次的回应圈（response cycles）。首先，教师提出问题，学生认真获取信息；其次，教师为学生提供思考如何回应的足够时间；再次，学生以两人一组的形式讨论如何回应，讨论时要用英语；最后，两人小组的学生在大组内共享回应内容。

3. 拼图活动（jigsaw activity）

每一组的每个成员被分配涉及经典作品内容中的一部分，各组所分配的任务综合起来就是一部完整作品。这样，每个小组就成为某一部分学习内容的“专家组”，各组之间的交流将围绕对各个学习部分的整合展开（Kagan，1989）。

4. 信息差活动（information gap activity）

不同的小组就某一作家或作品了解的信息不同，每一组都可能了解

部分信息，同时又缺少另一部分信息，由此形成信息差。合作活动的任务就是相互交换信息，最终达到弥合信息差的目的。

八、课堂综合活动的艺术设计（4）——如何鼓励学生改进小组互动技能

培育小组互动技能是提高小组学习能力的必经之路。小组互动的水平与小组互动技能的培育和养成关系密切。课堂互动失败的案例在日常教学和课堂教学案例展示活动中占有相当的比例，除少量案例是因为学生自身语言水平不佳外，绝大部分是因为教师急于实施课堂上的即时互动（immediate interactions）而忽视对学生互动技能的长期培育。

小组互动技能的一个重要组成部分是话语技能。这意味着学生个人能够用已知的有限语句来表达意见，但未必能够自如地完成小组中的互动话语。以下是有助于改进小组互动技能的建议。

1. 忍受沉寂（tolerate silence）

教师希望自己的课堂是一个具备话语活力的课堂，但却相对忽视了课堂上的沉寂，特别是在几乎没有学生愿意对教师提供的信息做出反应或在学生表述遇到某种困难的时候。我们收集的课堂话语案例表明，教师对课堂话题过程中的沉寂的忍耐时间平均不超过十五秒，在有教学观察者的课堂上，教师的忍耐时间平均不超过十秒。而在这么短的时间里，即使是希望做出积极反应的学生要将想法顺利表达出来也几乎是不可能的。如果这种情况每天都发生，那么不难想象，学生的口头表意能力的发展会由于教师武断的话语插入而受到干扰。

2. 凝视效应（direct your gaze to any potential addressee of a student's utterance）

在容忍沉寂的前提下，教师应能敏锐地发现那些少数的潜在发言者。不管教师面对的是怎样的教学班，在那几十张脸上教师都能找到少数试图发言者的表情暗示，有时还伴随着想举手的潜在动作。这时，如果教师有任何忽略沉寂的动作暗示，那为数不多的潜在发言者就会放弃发言的机会而听取教师的话语。教师的话语"霸权"就在这种细微的变化中逐渐形成。

3. 慎用话语授权（teach the students floor-taking gambits；do not grant the floor）

细心研究课堂中的话语机制，我们就会发现，学生较少能掌握自己的话语权。这主要是因为在课堂教学惯例或常模中教师已牢牢掌握了话语授权。这种话语授权以两种方式表现出来：一是教师提问，学生举手，然后教师允许某学生发言；二是教师提问，学生不举手，形成“沉寂”，然后由教师指定某学生发言。

4. 鼓励连贯话语（encourage students to sustain their speech）

在尚未养成小组活动或班级活动中的连贯表达之前，学生一般的话语表现有以下特征：一是被迫做简单回应。如“Yes.”“Yes, I see.”“No, it isn't.”，这种简单回应多发生在教师授权话语的情境中。学生之所以简单回应，有多种原因，如没有听懂教师授课内容，没有想到相应的措辞，没有注意当前的信息关键点，更关注教师将要讲的，不愿意自己讲话。二是临时以一两句话搪塞。如“I like English.”“He's good at English.”。学生搪塞的一两个语句往往是教师正在讨论的信息、惯例答语，或者只是接续教师和同学的话轮脱口而出。三是被动做出简单的表述。这样做出的一两句回应，显然不是搪塞，而是针对教师的提问给予确切的回应。四是用母语表示自己不会。比如，“老师，我不知道！”“什么？您问什么？”。

以上四种情况，并不代表学生没有连贯表达的能力和相关知识。课堂话语惯例或常模已经形成，没有教师的有意培育，一两句的话语模式就不会被打破。这些话语惯例或常模与教师的课堂话语习惯高度相关。因为教师往往喜欢以学生的简短回应为跳板（springboard）去继续自己的长轮话语。由此，形成教师与学生一问一答的课堂话语结构。这样的话语结构显然不是学生自主型课堂所期待的话语形式，所以教师应当以各种方式引发学生表达出连贯话语，而连贯话语的前提是学生有连续说话的动机和愿望。

5. 实现个人沟通

群体间的话语并不是一般化的群体形式化交流，在群体话语运作时，个人沟通至关重要，因为每一名参与群体话语的个人都需要从完全个性化的角度获取信息并产出信息。在此种情况下，教师在恰当的话语时机中与每一名参与群体话语的个人进行沟通并实现信息解码是十分重要的。但在群体话语进行的轮次转换中，教师往往更关注话语的流畅行进而忽视了对个体表述的真实呼应。解决这个细微的问题将会对改善课堂上群体沟通的质量有帮助。

九、课堂综合活动的艺术设计（5）——如何训练学生的课堂群体思维

社会心理学发展了一个对后来的社会群体研究颇有影响的概念，即“小组思维”（group think），也可称为“群体思维”。在小组思维中，保持小组凝聚力和团结一致比考虑真实情境中的事实更重要。小组活动的组织者十分关注小组的凝聚力。凝聚力表明了小组成员的齐心程度。图3–27 所表示的是三种不同凝聚力的小组状态：

group 1 凝聚力弱　　group 2 凝聚力略强　　group 3 凝聚力最强

图 3–27

小组的凝聚力与小组思维的构成有直接关系。无论是课堂中的小组还是现实生活中的小组都希望做到“多头一心”（Many heads, one mind.）。这是小组工作的最佳状态。

小组思维的发生需要如下必要条件：

一是攻不破的整体意识（illusion of invulnerability）。小组成员认为和其他小组相比自己的小组是最强者，他们的意识里认为“We can do no wrong.”。这种小组意识在学生的日常小组活动中是缺乏的，但这并不表明，教师在小组培育方面做不到这一点。二是自认正确的道义信念（belief in the moral correctness of the group）。这是指在社会小组决策中“道义在我们这边”的坚定信念。在学习小组中，这种信念可以有两种解释：

①小组成员认为应当这样做；②小组活动任务本身具有很强的道义性，如小组开会研究如何营救遇难者。后一种虽然在学校环境中带有虚拟的性质，但它同样具有使多头变为一心的聚合作用。如果在学校生活中确实遇到涉及道义的问题，那么小组思维具备这一特征就更有真实性。三是自我监察力（self-censorship）。小组成员在参与工作和进行合作思维时需要形成发自内心的自我监察力。他们的思维活动中应包含着“我不能拆台”（I can't rock the boat.）的观念，这使小组成员能够自觉地停止有碍任务执行的话语和行动，也自觉地避免发表离心的意见。四是排斥歧义者的压力（direct pressure on dissenters to conform）。如果背离小组任务执行宗旨的意见出现，小组会形成一种直接的压力使这种意见退缩回去，以保持小组内部的统一，但这并不是指小组内部没有争论和讨论。重要的是，这种压力不可以直接指向破坏一心的任何可能性。五是（意见）一致的错觉（illusion of unanimity）。小组统一思维的另一前提是小组成员的意识中认为小组在整体上是一致的，这种幻想将引导小组高效地走向最后决策。在学生小组活动中，成员有无这个前提，是十分重要的。我们见到的不成功的小组案例，有些就是由于小组成员在意见上趋于自由表达而最终降低了决策的效率，这样的小组活动如果最后推举出一个代表阐发小组意见，很有可能这名代表阐发的是自己的个人意见，而不是群体意见。六是思维监察（mind guards）。上述几点都涉及小组成员如何使不同意见变成统一意见。与此同时小组成员要监督小组组长，使之避免受到各种不利于形成一致意见的负面影响。课堂小组活动应当通过一段时间的小组建构和小组成长，使小组能够逐步具备上述先决条件，以促进小组成员思维的渐趋成熟。

教师可以采取以下措施解决小组思维问题：

一是象征性团队行动。小组整体意识的形成是小组思维建构的重要因素。但是，教师不宜仅仅依靠指导性言语来促进整体意识，外在的说教解决不了小组思维运作的实质问题。教师应当组织一些卓有成效的象征性团队行动，让学生经历和体会小组的团队作用。具体的象征性团队行动可以是学生共同做一个必须把全体成员的行动和思维整合在一起的团队游戏等。

二是思维训练。思维训练可以用思维游戏来进行，教师可以从思维游戏手册中选出不太需要专业知识的游戏让小组共同讨论解决方案。选什么样的游戏并不重要，重要的是引导学生经历、体验并逐步适应小组思维。学生应照下述规则进行：①组长提出问题；②组长要求小组全体成员用 3 ～ 5 分钟各自考虑解决方案；③组长主持小组讨论，注意依次发言；④组长归纳解决方案；⑤小组成员就几个方案进行协商，并确定结论；⑥组长对结论进行确认，或继续下一程序的讨论。如果小组思维已逐步健全，以上步骤就可以简化，重新排序，按小组已适应的步骤进行思考，但组长的作用不可或缺。

三是辩论演习。这是增强小组整体聚合的有效方法，因为小组已经有了实在的对手。辩论的重点在小组内部讨论和决策上，不在辩论本身。小组应开会研究辩论题目，组长预先接受教师的指导，并接受教师提供的可以支持辩论的材料。小组的会议进程就是研究材料辩论要点和辩论策略，在组长的主持下，每一次讨论问题都应有最后决策（decision-making）。

四是副手支持。在执行上面涉及的小组思维任务时，有意设置副手以支持组长工作。在组长较弱的情况下，副手更为重要。实际上，副手起两个作用：一是对小组成员的监控，二是对组长的监控。但是，教师应事先对副手进行培训，明确他们的职责，并告诫他们不要代替组长的职能。

五是示范样本。小组构建与配合是一种艺术，我们在优秀的影视作品中可以找到很多优秀的小组配合案例，简而言之，优秀影视作品中绝大部分群体行为和群体话语的镜头和场面，归根结底，都是广义的精彩小组活动。教师可以下一点功夫，从适合青少年观看的经典影视作品中精选小组合作的经典表现实例，并做案例分析。相信那将是非常生动直观的小组培训课例。

十、课堂综合活动的艺术设计（6）——如何向课堂引进先进的小组合作模式

中小学各个学科的教学普遍使用小组活动，这已经有十几年的光景

了，有必要在实施技术上借鉴 MBA（即工商管理硕士）课程的小组合作模式。学生小组活动的一个尚未重点开发的方面就是群体的艺术审美鉴赏，主要是经典语言作品的鉴赏。在教育模式上，国内外研究相对重视解决问题和实际做事，很少涉及艺术审美中的群体鉴赏问题。其实，有很多专家在研究我们的社会生活中，人们聚在一起工作时的情况。但是，人们聚在一起时的审美则被研究得比较少。接下来将探讨这方面的问题。

我们在这里使用 GI（group investigation）来表示一种成熟的合作学习模式，理由有三：一是 investigation 一语与 survey 有区别，译成"调查"，教师容易把这两个英文术语混在一起，因为它们既相似，又有所不同；二是如果译为"小组调查"或"小组调研"，容易导致泛化的理解，从而相对忽略了此种教学模式的专业特征；三是为行文方便。

从指导思想的角度去追溯，我们可以从杜威的教育思想找到 GI 的渊源。从二十世纪五十年代到八九十年代，这种方法被教育研究者不断发展，进而成为一种成熟的、被广泛应用于课堂教学的合作学习模式。只要略做调整，在语言审美鉴赏互动中，此种合作模式同样可以取得明显的效果。

1. 在英语语言审美问题上使用 GI 需要具备的条件

（1）基于社会生活的课程内容（social-life-based curriculum content）。课程内容应系统地包含社会生活内容，只有在这种社会生活基础上的课程内容才有可能为学生提供研究的空间。在审美领域，研究活动就变成了一种对美的意义的探究。

（2）复杂而精致化的课堂常模（sophisticated classroom norm）。群体的语言审美活动需要一种复杂而精致化的课堂常模，谋求这样的常模甚至比课堂活动本身还重要。这是适合较为复杂的合作学习运作的、熟练的课堂互动常模。参加 GI 的教学班应当知道如何在合作中进行伙伴互动，知道如何获取所需的审美元素，具有一种谋求共同审美的意识。一个人欣赏一篇优美的散文所需要的条件和一个群体共同欣赏一篇优美的散文所需要的条件是明显不同的，其中后者至少应包括以下几点：

一是教师或某位起主导作用的学生提供关于语言鉴赏共同约定的某种信号或暗示；二是启动鉴赏活动的明确话语或指令，群体乐于接受这样的指令；三是适于作品鉴赏的环境和气氛；四是群体成员中大多数人都熟悉的鉴赏程序和鉴赏方法；五是具有基本的审美共识，不过度偏离这样的共识，但不排除个性差异。

（3）以学生为中心的课堂结构（student-central classroom structure）。课堂应当具备以学生为中心的运作结构，包括有效的组织方式和课堂管理方法等。贯彻 GI 模式，需要全班学生主动开始审美的探究，这就要求全班都乐于朝着审美的方向去接受语篇，而不是急切地完成练习题。

（4）丰富的学习资源（rich learning resources）。学生应当有丰富的学习资源，这是学校语言审美群体活动的基础。我国的英语教材经过几十年的探索，特别是高中教材，在篇章组合和活动设计等各个方面增加了实际运用的内容含量，随之也提高了语篇和活动的审美含量。教师应当在教材资源的基础上发挥自主设计的潜能，广泛搜求适合学生年龄特点并有利于他们身心发展的学习资源，特别是语篇资源。出于教学中的语言审美和教师专业能力发展的双重需求，英语教师应当有自主获取资源的意识。这里所说的丰富资源，不仅仅包括网络资源，还包括学校的优质的图书馆资源，以及学生检索的资源。

（5）健康的课堂人际关系（healthy classroom relationship）。健康的课堂人际关系是实施 GI 的社会基础。因为学生的探究活动要求他们在小组活动中能良好地配合工作。从语篇审美的角度看，健康的人际关系同时应包含某种双重课堂人际关系的隐蔽性存在：在有些班级里，师生和生生之间运行着某种双重关系机制，即群体的行政关系与个体的私密关系的分离运行。这样的双重关系会对必须以真实心灵体验为基础的审美共享产生影响。

2. 将 GI 运用于群体审美体验的实施步骤

（1）主题选择（topic selection）。这一步类似于成熟的人文研究者选择自己的人文研究主题。但中小学生在 GI 中不是做专业的研究者，而只是学习去做研究者。选题和指导选题活动本身应当是教师选择的重要审美内容。需要注意的是，学生通常是在教师已确定的大体审美领域（a general aesthetic area）中选择适合自己探讨的小主题（subtopics）。更有指导性的做法是教师提供一部小主题的作品，或列出一些参考的小主题，然后由学生按照自己的观点和兴趣进行选择。小主题确定后，即可依据主题进行分组。教师应在教学设计时预估学生的选题倾向，同时应特别注意小主题之间的内在关系。

（2）合作规划（cooperative planning）。学生与教师共同计划本次GI活动的目的、目标、程序、审美流程和可能涉及的问题。这一步比较容易形成以教师为中心的行动指导，因为学生对教师的经验总是有很高的期待。实施正规的GI应避免出现这种情况，只有基于自主规划的后续活动才是真正的学生自主活动。从合作学习角度看，规划本身是合作学习的既定目标，学生有必要经历这个合作规划的过程。

（3）实施行动（implementation）。学生以探究小组为单位按照第二步制订的计划进行审美的探究活动。在一个教学班里，不同的小组可以有不同的审美探究计划，也就可以有不同的实施行动。这个实施行动包含以下几种可选内容：一是各自呈现已收集的精彩作品；二是为达探究目的而收集相关的作品信息；三是对作品进行初步讨论；四是提出收集信息的不同方法并在小组中进行磋商；五是就某些具体的作品信息和资源进行探讨；六是鉴别不同的信息；七是跟踪本探究过程并进行活动记录，等等。

（4）分析与综合（analysis and synthesis）。这一步是对审美探究信息的加工过程，涉及对信息进行分类，对信息的内容进行概括式分解，对需要的信息点进行归纳等。

（5）效果呈现（presentation of final product）。GI活动应当有明确的产出结果，如果没有产出结果，前面的几步就有可能变成一种漫谈，从而迷失工作目标。GI的直接动机就是要有一个或一组实际效果出来，可能是作品审美体验报告、审美过程陈述、互动与漫谈的记录或录音录像、文件的撰写、笔记的撰写、图表的编制等。

（6）评价（evaluation）。这里的评价是以一种侧重理性的审辩和侧重情绪的体验的有机合成。评价可以由教师来指导实施，亦可由学生在小组内实施。教师应提供具有操作性的评价工具，提出具体的评价项目。学生如果没有具体评价的参照，此步骤就可能流于形式，或只是停留在一般化评价的层面上。这一步的有效性对今后实施GI有很强的指导意义。

相关评价目标可以包括：

What kind of work did you do in this investigation?

How well do you think you worked in your group?

What kind of data did you collect in your own work?

Did you give suggestions to your group members?

Did you agree with other members about the work?

What problems did you involve in solving?

What couldn't you do for the group work?

Were you satisfied with your group as a whole? Why?

十一、课堂综合活动的艺术设计（7）——如何理解审美性的项目学习

项目作业（project work）有两个基石：一个是经验，另一个是协商。项目作业的学习理念是经验性学习（experiential learning）。经验性学习的概念可以追溯到古希腊的苏格拉底和中国的孔子。如果我们稍微了解一下苏格拉底的教学方式和孔子的教学方式，就会知道经验性学习是在开放性课堂中进行的。苏格拉底和孔子确实是在开放性课堂中教育他们的弟子的，他们的教育活动并没有把学生和教师围起来。从《论语》中可以推想孔子的弟子与门人在社会生活中接受导师教导的情景。因此，可以这样说，苏格拉底和孔子的教育方式以及他们的学生的学习方式，乃是经验性学习的根。

奠定现代经验性学习理论基础的是教育家杜威，他相信："课堂应当反映教室之外的社会。"他的女儿 Evelyn Dewey 写了一本书，专门介绍杜威提倡植根于社会活动的经验性学习方式，我们从这本书里可以了解到一个乡村小学的孩子们如何参与社会劳动，如何体验科学实验，如何尝试各种各具特点的农业技术操作，从而看到项目学习的最初形态（Evelyn Dewey，1919）。Kilpatrick 追随杜威关于课堂反映社会的教育思想，认为课堂应当为经验性学习体验提供充分的空间，并提出"项目方法"（the project method）的概念。由此，经验性学习的理论概念就有了一种新的教学方法的系统体现。

在语言教育领域，二十世纪七十年代兴起了交际语言教学（communicative language teaching，即 CLT）。在课堂实践中，人们看到了 CLT 优于以往其他教学方法的某些优势（如直接引入了社会交际的实践活动），但也逐渐看到了在体现经验性学习方面的不足。英语教学研究者有针对性地提出了交际教学的六大问题：其一，“交际的头脑，不交际的身体”（dead bodies and talking heads）；其二，“被延尽的满足，且缺失挑战”（deferred gratification and the loss of adventure）；其三，“缺少创造力”（the loss of creativity）；其四，“缺少交际的机会”（the lack of opportunities for communication）；其五，“缺少自主性”（the lack of autonomy）；其六，“缺少文化意识”（the lack of cultural awareness）。以经验性学习为基础的项目学习可以在很大程度上弥补交际教学的这六大不足。

经验性的另一基石是协商。课堂是由教师与学生携手共建的。这种共建的基础是协商。协商意味着学生要为自己的学习承担更大的责任，同时，教师应适当抑制自己的主导作用且在某种程度上成为配合学生学习的合作学习者（co-learner）。

为了实现经验性学习的有效协商，以下九点做法可供参考：一是确定清楚的教学指导目标。二是允许学生创设自己的学习目标（因人因时因环境而异）。三是鼓励学生在课外使用第二语言。四是提高学生经历有效学习过程的意识。五是帮助学生认定他们自己喜欢的学习方式和策略。六是鼓励学生做出自己的学习选择。七是允许学生生成属于他自己的学习任务。八是鼓励学生成为教师。九是鼓励学生成为研究者。

十二、课堂综合活动的艺术设计（8）——如何实施审美性的项目学习

基于项目的学习（project-based learning）的一个重要体现是项目作业。从项目方法的提出至其在世界各国普遍应用，已近一个世纪。但就英语教育而言，直到二十世纪七十年代，语言教师才意识到了项目作业对有意义的互动（meaningful interaction）和课堂教学改革的价值，项目作业在英语教学上的应用有三四十年的积累，案例经验比较丰富。

由于项目学习具有综合性的过程体验特点，所以，教师可以利用项目活动模式组织各种类型的涉及语言的艺术审美活动，我们分四种类型对这些艺术审美活动进行简要的介绍。

1. 采集型项目（collection projects）

一是采集中国古代绘画(Chinese ancient paintings)。教师组织起来，制定采集计划，分专题采集中国古代美术作品，并把它们介绍给外国朋友，要求作品有代表性，同时要求学生进行作品的信息探究并进行展示。

二是展示世界上最好的书（the best books in the world）。采集项目的核心是"世界最好的书籍"，项目的启动可以从"什么是世界上最好的书籍"的讨论开始，接着在讨论的基础上做出决策，教师可以把学生的讨论向各种审美课题引导。做出决策后，就开始实施最好书籍的采集项目，不同的项目执行小组可以就"世界最好的书籍"提出不同的采集标准，并得到不同的采集成果。最后，可以进行具有一定规模的展示，展示也是项目的组成部分。

三是最伟大的诗人（the greatest poets）。采集"最伟大诗人"的项目探究，学生在执行项目时必须考虑以什么方式完成这个采集任务。学生还可以把诗人换成其他类型的人物，如艺术家、作家等。

2. 表现型项目（performance projects）

一是讲故事比赛（who is the best tale-teller）。这是以传统故事为主要内容的项目活动。讲故事比赛只是设定的一个结果，重要的是过程。全班组成小组，进行故事会的筹划，如进行项目规划、设计项目流程和制定比赛标准。这一切都在锻炼学生的综合实践能力。

二是诗歌活动（the poetry event）。学生聚集起来，在教师指导下，把组织诗歌鉴赏与朗诵合二为一，把诗歌阅读、鉴赏、朗诵和表演合在一起，用项目管理的方式，系统推进项目的每一个活动。这是一种很好的群体审美的表现型项目实施。

三是演剧项目（drama-project）。一个英语短剧的舞台演出就是一个完整的项目实施，也是对学生的综合行为能力和综合审美体验的锻炼。有关话剧的内容和形式问题，我们还要在第四章详细研究，此处只是重点介绍项目学习的流程和方式。

3. 主题型项目（theme project）

一是为班报撰稿（essays on the class newspaper）。由学生参与全程设计与管理，创办班级报纸，突出散文鉴赏与评价。项目工作包括创办报纸的全部流程，锻炼学生的新闻行动能力。报纸的主体内容是散文作品鉴赏，学生可以发表作品，评论作品，也可以推荐作品。

二是采访表演者（report on interviews with performers）。本项目实际上是配合表现性项目活动。既然学校有表演者，也有刊物和报纸，学生就可以确定一个主题，并进行采访。

三是经典艺术作品研究（survey report about classic artists' works）。设置艺术调研专题，针对某些经典艺术作品，对其创作者（艺术家）进行探究，并报告自己的（或小组的）研究成果。

四是戏剧专题录像（videotape documentary on a drama trip for a certain theme）。确定一个主题（如戏剧中的独白研究），并展开戏剧样本的探究。在获得戏剧专题咨询后，首先收集特定的戏剧独白样本，并编写戏剧录像材料，记录数段独白样本，进行主题分析，并做报告。

4. 创造型项目（creative projects）

一是写作俱乐部（writing club）。俱乐部成员就是项目活动成员，制定写作俱乐部章程，定期开展活动。每次活动由五个部分组成：议定写作主题（群体）、创造性写作实践（个体）、作品展示（群体）、作品批评会（群体）和发布获奖作品。

二是评议和宣传艺术作品（"On Art Work" articles and posters）。为各类艺术作品撰写评议文章，为优秀作品进行广告宣传，并举行展示活动。展示的作品可以是学生的，也可以是老师的、家长的作品，或是学生喜欢的作品。重要的是形成群体参与的艺术鉴赏活动。

三是戏剧赛季活动（drama seasons）。全校有规模的戏剧活动，可以在不同的年级和班级组建各种项目活动，戏剧可以是自创的、改编的，也可以是原创经典戏剧展示。

以上这四类项目活动已经在很多锐意创新的学校展开，收到了很好的综合实践课程改革的效果。需要注意的是，教师在组织实施此类活动时应当掌握项目管理的专业规范，注意项目实施的有序流程和过程管理，同时还应当实施专业的项目评价。

我们从上述信息中能得到一些启示。项目作业均有一个或一组实际社会生活的目标。它是综合性的作业，既涉及语言，又涉及实际的社会生活内容，项目作业具有跨学科的性质。它适合不同年级、不同年龄的学生参与，是合作完成的。项目合作均有一个实施的过程和实际的产出实体，即 products。项目合作是在一个既定的时间跨度中完成的，涉及“走出学校，深入社会”的具体活动，因此，需要一定的组织和社会支持。

对中国的中小学教育者来说，具有上述特点的项目作业并不是全新的东西。我们的学校教育始终十分重视与课堂课业结合的社会活动。值得我们深入研究的是此类社会活动应当与学校课程有更密切的联系，并有效地结合课程内容，在这个整体规划的过程中，母语、外语的社会实践应当有计划地纳入到项目作业中来。

项目作业的操作程序直接关系到项目作业的成效，对教师来讲，是技术设计与实施的关键环节。我们可以参考一下 Stoller（1997）提出的项目作业的“十步程序”（ten-step model）。

（1）共同定主题（agree on a theme）。这里指师生应对即将实施的项目作业达成一个共同的主题，大家不仅要明确为此项目做什么，还要明确参与人对此项目的态度和看法。依据协商原则，小组要就自己所从事的项目作业进行必要的讨论。教师要为此提供必要的咨询和指导。

（2）确定最终成果（determine the final outcome）。在确定了主题之后，小组的参与人需要就项目作业的最终成果进行研究，并最后确定下来。

（3）规划项目作业（structure the project）。小组应当依据已达成的小组协议来规划这一作业。规划的内容包括作业步骤、作业分工、作业形式、作业时间、作业条件、作业成果等必不可少的内容。

（4）帮助学生进行语言准备（prepare students for the language demands of steps）。这是语言学科的项目作业所不可或缺的一步。教师有必要参与学生的语言准备环节。在准备过程中，教师应当组织学生对课程已涉及的语言知识项目进行回顾。这实际上是一种积极的复习与总结，它的作用要远远大于传统意义的复习与总结。因为它有极强的社会实践动机。在这一过程中，教师应当注意以下几点：一是教师应当早已准备好为实施不同项目作业服务的语言库（language bank）。语言库中应包括教材中的语言知识项目、尚未学习但对此项目活动必不可少的项目和这些项目的科学分类系统。出版社或其他教育实体可以提供此类现成的语言库成品。二是教师应当对行将使用的语言项目进行充分的准备。这里包括必用的、可能用的、教师建议用的，以及其他参考性材料。三是语言准备项目应当有一定的宽泛性。这种准备应不同于以教师为中心的为新的学习单元所做的准备，因为它涉及更大的或然性，要为学生提供大范围的选择空间。四是教师应当指导并组织学生做这项工作，而且应当训练学生逐步掌握语言库分类的初步技术。五是教师应当为自己和学生做好语言项目准备工作而设计必要的工具（tools for the language bank），其中包括电脑中现成的表格、卡片、标签等。六是教师应当充分估量学生在这方面的自主能力，同时注意学习的年龄特点。对八岁的小学生和对十八岁的高三学生，语言准备的分类、总量、新旧项目的比重、显示形式都应有明显的差异。

（5）收集信息（gather information）。为项目作业收集信息这项活动对学生的益处甚大。在高度结构化的课程中，学生所面对的输入信息也是高度结构化的，这些信息原本已被精确筛选，已被明确地加以分类，而且被清楚地纳入既定的呈现形式。学生对此类信息已十分适应，对信息的采集、筛选、组织和呈现意识也被大幅度弱化。面对此类学生，教师需要引导他们学会信息采集。实施时应注意以下几点：一是扩大信息采集面；二是牢记信息采集的目的（为完成项目作业）；三是适当实行学生小组内的分工采集；四是注意采集量的有效控制；五是学会采集后的分类与保存；六是学会在采集信息时选择与转换听与读的类型。

（6）做好语言准备（prepare students for the language demands of the next step）。此步是为汇集和分析信息做语言准备。学生需要对已经收集的信息进行合乎项目作业目标的语言处理，在即将进行真实的信息处理时，学生有必要解决相关的词汇、语法、句型等诸多语言问题。此步需要在教师指导下进行，适当的问题梳理将是不可或缺的，如学生涉及某领域的常见词语、特定表达形式、相关的缩略语、相关的解释用语等。

（7）信息的汇集和分析（compile and analyze the information）。此步是项目作业的核心部分，在此步中将解决项目作业需要解决的实质问题，或进行问题调整，或实行进一步的信息收集。小组讨论和小组的中心工作都在此步完成。此步所需时间也需依据实际问题的需求来确定。

（8）为呈现成品进行语言准备（prepare students for the language demands of the next step）。此步是为下一步进行语言准备。Stoller 的十步程序实际上有三步涉及语言准备（第四步、第六步和第八步），这对于 EFL（English as a Foreign Language） 和 ESL（English as a Second Language）的学生是十分重要的。因为，在这三个步骤中，学生都在处理语言知识项目。所以，我们可以说，基于这三个步骤的支持，语言学习与项目作业已被有机地结合在一起了。此种语言学习方式与高度结构化的语言学习方式的异同，可用表 3-3 显示。

表3-3

	基于语言本位的学习风格	基于项目运作的学习风格
项目定位	1. Focus on language learning 聚焦语言学习 2. Motivation of analyzing the target language 基于目的语的分析型动机 3. Separation of language knowledge items 拆解语言知识项目	1. Focus on the project 聚焦项目作业 2. Motivation of using the target language 基于语言运用的动机 3. Integration of language knowledge items 整合语言知识项目
实施与操作	1. Individual work 个人工作 2. Focus on practice 聚焦练习 3. Focus on the values of language reinforcement 聚焦语言（知识）的巩固	1. Group work 小组工作 2. Focus on use 聚焦运用 3. Focus on the values of the required outcomes of the project 聚焦项目实施的既定效果

续表

	基于语言本位的学习风格	基于项目运作的学习风格
语言教学方式	1. Structural 结构式的 2. Based on learning units 基于学习单元 3. Leading to test taking 测试导向 4. Narrow range 学习视野狭窄	1. Meaningful 语义的 2. Contextual 语境的 3. Based on the topics 基于话题 4. Learning to presentation of the project 趋向项目展示 5. Broad range 学习视野宽广
学习效果	1. Based on textbooks 基于课本 2. Based on item lists for learning 基于知识项目列表 3. Focus on individual reinforcement of the language 基于个体语言（知识）巩固	1. Based on group thinking 基于小组思维 2. Based on group outcomes 基于小组成果 3. Shared in the group 基于小组分享

（9）呈现成品（present final product）。项目作业带有小组共谋、共为、共享的明显特征。因此，项目作业的成果展出应包括项目报告、调查结果、成品展示等。

（10）项目作业评估（evaluate the project）。在完成了全部项目作品之后，小组要对这项作业进行总体评估。这种评估是建立在过程评估基础之上的。依据 Stoller、Legutke 和 Thomas 的研究，过程评估包括以下项目：清单（check lists）、问卷（questionnaires）、每周小结（weekly reviews）、初期草稿评估（draft evaluations）、自由写作（free writing）、笔记记录（note taking）、课堂讨论（class discussions）、反思日志（reflective journals）、课堂任务（observation tasks）和口头呈现（oral presentation）。

要使项目作业发挥推进学生自主学习和实现终生学习目标的诸多优势，仍然需要与其匹配的课程。项目作业要求学习者自主地进行项目研究目标及相关方式的选择，这个要求往往与英语教育的既定课程模式发生冲突，由此降低了此种学习的优势。

以语言知识学习为基本目标的英语课程是一种高度结构化的课程模式，具有以下几个突出特点：一是课程目标的整体设置已被预先嵌入每一段具体课程之中，牵一线则动全局，因此较少有调整的余地。二是课程的语言知识系统已有常规，这种常规实际上已被课程设计者、教材编者、教学管理者、教师、学生和家长所普遍认同，在短时间内是很难更改的。三是考试制度对课程的直接影响力极强。四是教师在教学中的主导角色已被认定，改变角色的号召虽然一直在进行，但试图主导课堂行动的意识依然普遍存在。五是适当减弱学生遵从教师的意识所需要的时间势必加大项目作业的教育成本。六是教材的主导地位是与上述五个特点相匹配的，教材的高度结构化既是课程高度结构化的结果，又是这种高度结构化的促进因素。教材与课程的关系，恰如风与火的关系，火借风势，风借火势，作用极为强劲。七是教师自主组织学习资源，能力和精力都是不足的。因此，他们比较希望这种高度结构化的课程更趋于完善。

项目作业在东西方不同文化背景下实施，都同样会遇到学习基本定位问题的挑战。我们对于项目作业的教学方式应采取一分为二的审辩态度。在特定的教育情境条件下，适度实施项目学习的优点是显而易见的。实验表明，熟练掌握项目作业的学生在他们步入社会、进入职业性工作后会发现，完成项目作业时所养成的良好习惯对自己做好本职工作很有益处。但是，如果在中小学的正规教学中过度使用项目作业，就可能会使某些学生偏离基础知识学习，一味地为了项目学习而学习，过分追求解决实用性问题，造成双基薄弱的后遗症。为此，项目作业的实施教师提出了一些折中方案。这些折中方案的特点主要是将严格计划的课程元素融入项目作业之中，使参与项目活动的学生既想到项目实施内容，又想到语言知识学习。但是，由于课程规划的时间是有限的，这样的折中方案也可能会使项目学习的实施效果有所减弱。

从语言学习审美体验的角度看项目学习，要注意两方面的问题：一是要努力开发一些聚焦语言审美体验的项目作业，二是要注意项目学习的实用倾向可能会对激活和保持的审美动机造成影响。为此，在语言学习活动中，不妨将项目学习活动和传统语篇鉴赏活动有机结合起来。

从教育哲学的角度看，项目的经历与经验是实现社会人际合作和科学研究的重要因素。必须承认，经历项目，解决问题，获得完备的合作经验，是终生教育的一个重大主题。但在课程实施上，项目的推进需要本土化课程的有力配合。就项目作业的具体操作而言，项目实施更需要以自身的变通来适应课程常态，而不是让课程常态来适应项目作业。

本章小结

本章的主题是基于课堂听说活动的艺术探究。由于课堂教学的主要活动是在听说机制下进行的，所以，本章实际上探讨了课堂活动中实施审美教育的多个领域，包括课堂听说活动的内容与形式、课堂话语的科学分析、教师话语的技能指述与提升途径、课堂综合活动的专题探索等被审美主题拓展了的深层次的课堂教学问题。随着“立德树人”主题的跨学科要求的逐步深化，以及语言教育功能的整合认知，课堂听说行为的提升及其功能的加强，将是未来语言课堂应当认真研究的课题。在所有这些研究课题中，都需要将语言课堂体验提升到审美的境界上加以考量，本章提出这些与课堂日常教学密切相关的问题并做了一些审美层次的探讨，是为了使更多的学校、更多的教师在语言教育中融汇高层次的审美教育。

第四章　英语教育戏剧的艺术体验

教育戏剧和戏剧教育是不同的。教育戏剧（drama in education，简称为 DIE），指的是被运用于教育领域的戏剧形式与内容，其培养对象不是导演、演员和其他戏剧专业人员。戏剧教育（dramatic education），指的是戏剧的专业教育，培养对象就是导演、演员和其他戏剧专业人员。人类需要戏剧，不仅仅是为了娱乐。戏剧是人的心智发展的一种内在需求，是发展心智的巨大驱动力。很多教育家都认为，教育戏剧能够培育高尚的、坚韧的、和谐的人，但这需要对教育戏剧进行整体的理解、研究和设计。教育戏剧的发展由来已久，已形成了一整套理论、概念、模式和方法，并成为培育人的基本素养的重要途径和推进审美体验的重要形式。

英语教育戏剧是语言审美教育的主要内容之一，本章将从五个方面对英语教育戏剧进行比较系统的研究和讨论：教育戏剧与中小学生的心理发展；教育戏剧故事的文学构成；课堂戏剧活动的设计与实施；戏剧角色的过程及表演体验；教育戏剧的时空设计。

第一节　教育戏剧与中小学生心理发展

人类学的研究已经有大量的证据表明，人类从事戏剧活动可追溯到远古。根据述行理论，“一切人类活动都是在时间轴上正向发生的，完成一件事必然需要一定的时间”，并付诸一定人群的一定行为的一定实施过程（Brockett et al.，2008）。时间轴的正向推进可以采取两种形式：真实的推进和虚拟的推进，后者可以称为“戏剧化推进”。人的大脑对这两种基本的推进形式都有很强的内在驱动力，而且这两种推动形式是相互影响的。在英语教学中一直追求课堂活动的真实性，其实就是试图创设真实情景和实施真实任务。电脑可以创设一种虚拟的情景，学生只能做旁观者。但是戏剧可以在现实生活的时间轴以外，创设三维空间的虚拟式真实世界。本节将探讨戏剧时间轴和戏剧述行机制对中小学生的心理发展的推动力。

一、戏剧、人生与教育——教育戏剧的理论基础

谈及戏剧与人生、教育的关系，让人情不自禁想起莎士比亚《皆大欢喜》（*As You Like it*）一剧中 Jaques 的独白：

All the world is a stage,
And all the men and women merely players:
They have their exits and their entrances;
And one man in his time plays many parts.
...

这段独白告诉我们，人生如戏剧，戏剧如人生。人生的初级阶段是离不开戏剧的：儿童在运演戏剧，甚至随机地编织戏剧故事，中小学生在观览戏剧。教育戏剧具有哪些理论基础？概括地说，有以下几点。

1. 社会角色理论

社会角色理论较早地揭示了现实生活与戏剧的内在关系。二十世纪二十年代，美国心理学家 G. H. Mead 首先提出“角色”概念并将其引入

社会心理学（米德，2015）。他认为，社会角色是由人们的社会地位决定的，是社会期待的行为模式。社会角色包括三种含义：①它是一套社会行为模式，每一种社会行为都是特定社会角色的体现；②它是由人的社会地位和身份决定的，角色行为真实地反映出个体在群体生活和社会关系中所处的位置；③它是符合社会期望的，按照社会所规定的行为规范、责任和义务等去行动。这一心理学理论实际上运用了舞台戏剧的角色扮演（role-play）来解释现实社会的人际关系的本质。逆向使用，道理依然。

2. 移情理论

移情（empathy）就是把自己置于另外一个人的位置上去思考问题的能力。社会心理学家索兰德的心理实验证实了移情现象的存在。本书第一章中解释过镜像神经元是移情的神经基础。戏剧体验中的移情作用可以从两方面来理解：一方面，观众观看戏剧演出因戏剧情节而感动，即是移情作用；另一方面，演员扮演戏剧角色也需要移情的作用（朱光潜，2015）。

3. 投射理论

投射（projection）是精神分析心理学的专门概念，主要是指人的内心深处的一种心理防卫机制。当本我的冲动和欲望得不到满足或受压抑时，自我会把这种冲动和欲望转移到别人或周围事物上面（Freud，1922）。戏剧活动对参与人具有积极的投射作用。角色体验可以帮助进入戏剧角色的学生进行本我、自我和超我之间的情感转变。如果戏剧脚本是健康向上的，那么这样的戏剧活动便有利于学生克服消极情绪，形成积极情绪。根据投射理论，戏剧体验对中小学生具有很好的情感功能。

4. 自我图式理论

社会心理学家在二十世纪八十年代提出了“自我图式”（self-schema）概念（Markus et al.，1987），他们认为图式是人类组织自己所处世界的心理模式。人们的自我感觉就是他们生活的中心，也就是说，人们倾向于把自己看成是舞台的中心，从而高度估量或过高估量他人对自己的关注程度。社会心理学也将其称为“聚光灯效应”（spotlight effect）。戏剧体验可以使学生在更换角色中从另一个角度去体验他们在生活中很难体验到的聚光灯效应（图 4-1）。

图 4-1　聚光灯效应

5. 循环加工模式

Victor Lamme 认为，在有些情况下，大脑将某一个区域信息传送到另一个区域，而另一个区域通常不会再将信息传回原区域。但是，在某些情况下，会出现循环，即两个区域交换信息，实现双向交流。Lamme 认为只有在双向交流的情况下神经元活动才会产生意识。如果这种双向交流延伸到前额叶-顶叶网络，就会产生深层次的意识。我们有理由相信戏剧的深层体验有可能会加强 Lamme 所说的神经活动的循环加工过程（recurrent processing model），即双向交流（博尔，2014）。

6. 神经元全局工作空间模型

主要由伯纳德·巴尔斯提出的神经元全局工作空间模式（the global neuronal workspace model）的特点在于认为大脑可以分为专门区域和多功能区域。当执行一项艰难的任务时，大脑的多功能区域就开始活动，整个大脑皮层同时被激活。这一区域包括很多神经元之间的远程联结，使神经元工作空间从位于大脑网络外面一层的专门区域吸收专门知识。必要时，前额叶-顶叶网络和丘脑还可以控制和改变专门区域的活动（博尔，2014）。据此可以假设戏剧体验有助于促成神经元的 global work，即全方位激活，从而促进基于更大范围网络联结的神经传导机制的运作，前提是戏剧体验也应当是有深度的。

7. 信息整合理论

Giulio Tononi 提出了信息整合理论（information integration theory），其核心点是在大脑信息处理的网络中，与其他节点密切相连的节点越多，信息相互联结的形式就越多，这个网络产生意识的能力就越强。Giulio Tononi 探讨了几个世纪以来一直困扰哲学家的两个问题：为什么意识是主观的？我们的大脑是如何让我们体验到各种感觉的？这两个问题又延伸出一个看似不说自明的问题：为什么我们的意识能够延伸到我们的大脑之外，并与另一个人的意识相关联？Giulio Tononi 认为大脑里的任何一个网络都不能够做到这一点。他假设两个个体的神经元网络有微弱的联结，这就是连体双胞胎之间的信息共享（包括感情和意识的共享）。但是，这样的信息共享首先需要信息的整合，这样的共享不会发生在单个的、散乱的、碎片化的信息节点之间，所以信息的共享必须是以整合网络众多节点的联系为前提的。而人与人之间（除连体双胞胎之间）的信息共享（包含审美意识和体验的产生）显然不是大脑神经元的微弱联结。即使有传感效应，这样的联结也不起主体效应。信息、意识、美感和情感情绪的共享可以用信息整合理论来解释。如果两个人的整合信息网络具有相似性，相似的意识就会被激活。相似性越大，被激活的程度也就越高，反之亦然。这样的“共鸣性”整体网络的激活会带来正面的或负面的改变。比如，莎士比亚戏剧《李尔王》中李尔王在暴风雨中的独白会使戏剧观众产生共鸣；郭沫若的《屈原》中，屈原激情吟诵《雷电颂》这一幕会使观众产生共鸣。虽然李尔王和屈原处境迥然不同，但他们的激情独白中痛斥邪恶、呼唤正义、歌颂良知的元素会激起观众的审美共鸣，进而产生强大的育人作用。

二、戏剧与中小学生教育——为什么说教育戏剧能促进中小学生的健康成长

上述七点是从根本上理解戏剧与人生、戏剧与心灵以及戏剧与人格完善的基础，是更加深入地认识教育戏剧的理论问题的基础。基于戏剧与人生关系的理解，可以进一步探究戏剧与教育（特别是中小学生教育）的关系。就戏剧与教育的关系，可以得出以下几个重要结论。

1. 健康的戏剧体验能够促进中小学生自我意识的健康发展

从发展心理学的角度看，中小学生的身心发展需要自我图式的逐步形成与完善，从而引导他们认识“我”与“世界”的关系，破译“我”与“他人”的社会关联。哲学史家认为人的认知的第一义就是认识自我，古希腊一位无名哲人说“Know thyself.”，这句话曾以“知识奠基石”（the cornerstone of knowledge）立于阿波罗神殿上（Southwell，2010）。童年的戏剧体验可以借助舞台聚光灯效应给中小学生一个特别的认知自我的角度。儿童第一次看各个演员在舞台演绎不同角色的时刻就是他们第一次从新的角度去审视自我角色表演的时刻。他们第一次登台进行表演的时刻就是他们走入角色自我的时刻，这对于中小学生来讲是前所未有的新鲜事，所以他们每一个人都为此而激动不已。

从另一个角度看，自我图式的形成特别有助于集体主义精神的形成。社会心理学家 S. Kitayama 和 H. R. Markus（2000）指出：亚洲、非洲和中南美地区的本土文化把集体主义放在更重要的位置上，这种文化孕育的自我是一种相互依存的自我（interdependent self），戏剧体验推动了相互依存的自我的建构，也就是说可以加强中小学生的社会化成熟，从而减弱他们的孤独感，增强社会融合意识，有利于社会和谐。

2. 高尚的戏剧体验能够促进中小学生的人生理想和道德建构

健康的戏剧体验能够促进儿童自我意识的健康发展，但并不是所有的戏剧都适合中小学生成长。比如，幽默的戏剧可以益智，但是，处处事事都学幽默，甚至变幽默为搞笑，乃至恶搞，就会影响中小学生的健康发展。因此，只有高尚的戏剧体验才会促进中小学生的正向成长，并且戏剧中特别需要增加关于理想、志向和道德的内容，以抵御某些大众传媒中部分不健康元素的有害效应。

3. 理性的戏剧体验能够促进中小学生的社会认知

戏剧的体验包括观赏、排演、表演和反思多个过程，这就是智能训练的过程，包括很多智能体验的活动，如戏剧故事框架的体验、角色的体验、角色在情节中的社会关系的体验、台词中的话语逻辑元素的体验等。在家庭和学校生活中，中小学生只是获得了一部分的社会认知，戏剧的故事结构和角色关联可以成为他们日后人生的一种沙盘预演。下文将要讨论的著名英国小说家威尔斯（H. G. Wells）与他的两个儿子进行的“地板游戏”（floor games）就是典型案例。

4. 美好的戏剧体验有助于强化中小学生的审美意识

这里所说的美好的戏剧体验指的就是戏剧的审美体验。中小学生参与戏剧体验，乃是审美教育的一个重要组成部分。一般地讲，任何文学的阅读与创作都会使人经历审美体验过程，语言学家关于语言功能的研究也涉及审美体验问题。Guy Cook（1994）论述文学教育的专著*Discourse and Literature*比较了Bühler, Halliday和Jakobson等五位语言学家对语言功能的界定。虽然Jakobson提出了前四位语言学家都没有涉及的一个基本功能，即诗化功能（poetic function），但他并没有详细地界定它。Guy Cook认为这个功能实际上包含于Halliday的表义功能和人际功能之中。其实，Halliday的这种分类是二十世纪语言学界过分重视语言实际运用的结果。Guy Cook从文学审美的视角提升了语言审美功能的重要性，他提醒学界注意Jakobson提出的诗化功能的重要性，这已经被认知神经科学的诸多实验研究所证明。本书第五章将专门论述诗歌的艺术审美功能。

戏剧体验有特殊的审美作用，因为戏剧的审美体验综合了各种审美过程，综合的审美体验与生活密切地结合起来，又成为一种整体的身心体验。后期维特根斯坦美学家塞尔的文学虚拟理论可以从以下五个方面解释戏剧审美的特殊性。

（1）虚拟的立体真实。戏剧用于教育可以有效促成日常生活言语的立体真实化。戏剧以日常生活话语为基础，但是，任何好的戏剧都是依据日常生活话语模板而形成的虚拟的真实。维特根斯坦美学特别强调了文学审美的虚拟不等于虚假，因为文学作品中的言语是基于日常生活话语的真实情景的，即使在但丁的《神曲》和歌德的《浮士德》的虚拟世界中也具有真实性。所有以想象世界（即非真实世界）为内容的文学作品都具备真实性。而戏剧则在此虚拟性真实的基础上增加了三维的立体特性。这是戏剧的特征。尽管诗歌和绘画能够产生三维的意象，但它们的视觉接收来源是二维的。好的教育戏剧内容和设计可以使学生进入虚拟的三维空间。

（2）“假装”的真实。塞尔特别区分了假装和虚拟的不同。戏剧的虚构促成了一种“假装”的真实。他指出：“剧作家在写作戏剧文本时的行动更多的是像在写一篇伪装的说明书，而不是自身在塑造一种伪装。”他认为:“一部戏剧,一个被表演的戏剧作品,并非是一个对事态的假的再现,而是假的事态自身，这个事态就是演员伪装成角色。”（王锋，2015）在基于教育目的的戏剧中,孩子们体验到的就是塞尔所说的“假装”的真实,但它绝对不等于谎言，这样的“假装”的真实可以称为人类生活的“第二真实”（the second truth）。

（3）别样的戏剧语言元素。教育戏剧的虚构性为教育注入了一类别样的语言元素，可阅读、可背诵，还可模拟戏剧中的语言。当教师引导学生进入戏剧体验时，当学生在教师的能动导演中进入角色时，一种新型的语言运用就产生了。尽管它们仍然具有日常生活语言的形态和功能,但这种语言中有着生活语言所不具备的新元素。一是虚拟的真实语境中的特定语素。这是在虚拟语境中的特定语言，除虚拟语境外，其他因素大体是真实的。这里所说的特定语言是在虚拟的真实语境中应运而生语言，而不是生活的真实语境中的语言，它们比生活语言更加凝练，隐含了剧作者的背后意图。另外，还有一种情况是戏剧语言所独有的，即把人们懂得且熟悉的语言注入戏剧之中。所以，这些都决定了戏剧语言的语素不同于日常生活话语的语素。二是戏剧特定语境和语素引发的特定对话。戏剧里有那么多将虚拟与真实糅合在一起的隐含元素，将这些元素组合起来会产生一种趋近真实生活对话却又不同于真实生活对话的戏剧对话（或称“舞台对话”）模式。日常对话和戏剧对话有诸多相似点,但本质上又有诸多不同点，比如在日常生活中，对话是随机地进行的,日常的“情节”“演”到哪里，对话就进展到哪里，而戏剧对话在仿效日常对话的同时，还要修饰日常对话，去掉日常对话的随意性、偶然性和不可避免的失误。我们说戏剧语言是特定的，不仅仅是指真实的生活中特定，还必然包含不同于真实生活的那种特定。戏剧特定语境和语素引发的、不同于真实语境中的特定的内心独白（被外化了的内心独白）也是一种别样的戏剧元素。莎士比亚的戏剧之笔已经把李尔王的“散乱而不成形”的内心独白变成了一段绝美的朗诵范文。三是戏剧情节冲突引起的貌似随机实为精心编制的灵活对话。很多经典戏剧都包含数段出色的对白，它们的突出特点是个性化地凝聚戏剧冲突元素，个性化地显现特定角色的特定品格，同时又个性化地融入戏剧情节之中。

（4）理解科学的假设概念

教育戏剧为假设奠定了真实基础，从而促进了科学思维的发展。中小学生思维发展的一个重要指标就是学会假设。数理化及其他科学课程都会系统地训练儿童在问题解决时进行假设。教育戏剧可以从新的角度完成这个思维发展课题。科学课程中的假设，一般是假设A，则B，或假设A且B，则C，其余类推。在设定了A，B，C之后，科学思维训练的一个基本原则是其他情况不予考虑；变化情况另立别题再行考虑。这是规范的科学的形式逻辑假设。社会生活和内心生活的假设比这要复杂得多、灵活得多，所以，即使已经接受了形式逻辑思维训练的学生也很有必要接受更为复杂的社会的、内心的假设。教育戏剧的假设不仅是独特的，而且是具有特效的。

（5）严肃的游戏真实。教育戏剧把语言发展和严肃的游戏真实地结合起来。维特根斯坦描述了文学和严肃游戏的关系："孩子们在做这样的游戏。例如，他们指着一个箱子说它是一所房子，然后从这个箱子的各个方面把它解释为一所房子。从箱子展开虚构。"（维特根斯坦，2005）从孩子们做的这种游戏里可以体悟到两个形象，一个是"看到的"，一个是"看作的"，这两个形象都同时存在才能产生虚构，而这样的虚构就是游戏的基础。两个形象有相似性，有稳定的连续性，二者都涉及同一类语言游戏（Lycan，1972）。戏剧足以满足学生的两种游戏心理需求：三维空间的行动游戏和虚拟真实的语言游戏。

5. 系统的语言教育戏剧课程可望实现语言课程的学科整合

基础教育阶段的语言教育（包括汉语和英语）必须承担起育人的责任，要做到这一点，就必须在语言教育的内容上实现学科的融合。语言教育如果把教育戏剧完整而系统地纳入语言课程，将有利于解决学科融合问题。因为，任何学段的英语课程内容都可以借助戏剧的课程发展而融入以下元素：①世界观的内容。我们身处的世界和宇宙的关系以及相关的构想与故事，不同时代的人物对宇宙和世界的看法，自我与这个世界的关系，以及世界上的不同种族与人群之间的关系。②人生观方面的内容。人生的历程，人的生与死以及对待生死的看法，生命的价值与生活的目的，以及人生的幸福观。③国家与社会的内容。祖国的意识以及祖国与世界的关系，国家体制与社会制度以及公民应遵守的基本原则，个人对国家、政府和社会的认识和义务，民族的意识以及对民族生存与发展的认知，民族的归属感与自豪感，社会责任与规范，法律与守法意识，以及人际关系的和谐。④道德信念方面的内容。人格概念以及对高尚人格的体验与追求，守信的概念、规则与习惯，自尊与自爱，关怀、友爱与同情，人际关系的和谐，对他人与行事的责任感和负责精神，以及明辨是非善恶的意识、智慧与能力。⑤历史文化方面的内容。世界各个国家与民族的发展历史与故事，历史事件与人物，以及人类文明的成果与故事。⑥艺术方面的内容。艺术发展的成果和故事，艺术品的鉴赏和故事，各国艺术品的特点和艺术家的故事。⑦科学的内容。科学发展历程及其成果和故事，科学发明创造的故事，科学家的故事，科学理论及其产生的背景故事，以及新的科学方法与创新故事。⑧情感教育的内容。正面的和负面的多种情感体验及其效果，情感冲突及解决的故事经历，情感类型的典型事例，以及人物性格、道德与情感特点的经历。

三、戏剧与沙盘游戏——中小学生的游戏仅仅是嬉戏吗

我们在前面的章节中曾提及沙盘游戏（sandplay）。沙盘游戏理论起源于一位著名小说家的故事。二十世纪二十年代，英国小说家威尔斯与他的两个儿子创造性地发起了一种地板游戏（floor games），他的两个儿子在地板上划定的区域内游戏，可以看成是在限定的空间中完成游戏，这一点与沙盘运演十分相似。威尔斯发现，地板游戏给他的两个孩子带来一种奇特的乐趣（strange pleasure），这种奇特的乐趣使孩子们得到巨大的满足，他们的身心受到积极的影响，这有利于他们的心理成长。后来，荣格学派的心理学家多拉·卡尔夫（Kalff，1966）发表了她一生唯一的专著《沙盘游戏》，后来沙盘游戏就成了一种著名的、行之有效的心理治疗方法（特纳，2016）。

人生如戏剧舞台，戏剧舞台如人生。沙盘游戏也起到了相似的作用。

戏剧实际上是放大了的沙盘游戏，沙盘游戏则是浓缩了的人生。中小学生之所以对这类游戏具有浓厚的兴趣，是因为：第一，沙盘游戏和舞台戏剧都能帮助中小学生把自己暂时从现实生活中分割开来。第二，在沙盘游戏和舞台戏剧中，中小学生都能成为生活的主宰。第三，中小学生在沙盘运演和戏剧演出中能够承担第二个自我的角色。第四，沙盘运演是可以按照中小学生的意愿来推进情节的，如果戏剧也能够如此，那么儿童就会因此获得一种实现个人愿望的现实途径。第五，中小学生可以在沙盘游戏和戏剧演出中做在现实生活中做不到的事情，从而发掘他们的创造力。

不过教育者有必要考虑，应当向沙盘游戏中注入哪些育人的元素，防止儿童完全散漫地去“玩沙盘”。只有这样，沙盘游戏才能起到教育戏剧的作用。

四、双重时空体验——学生演出戏剧会有哪些特殊的体验

舞台戏剧体验会把人带入另一种时空，对中小学生来说，这种新奇的时空体验是重要的。中小学生的戏剧体验是一种双重时空的体验，这对他们自我中心意识的提升和发展具有深远意义。

（1）浓缩了的终生体验。一个短剧可以使少年经历一个人的一生。短剧演出的体验与小说阅读体验是不同的，因为自我在演出中的定位和读小说时的定位明显不同。（图 4–2）

图 4–2

（2）走进去的过往体验。戏剧故事有相当一部分是关于过去的故事，

读者阅读这样的故事是往回看，戏剧演出中的体验是转身走回去。作为剧中人的时间体验不同于阅读中的时间体验。（图 4–3）

图 4–3

（3）展开的瞬间体验。戏剧通过特殊的表现手段能够轻易做到放大瞬间体验。戏剧的现场也可通过独白、间离等手段实现瞬间的展开。应当说，这样的展开特别有利于展示人物的内心世界，因为大多内心体验都是转瞬即逝的。比如当把安徒生的童话《海的女儿》改编为儿童短剧时，就可以用出奇的文学手段把主人公第一次被允许升到海面见到王子的那一瞬间展开来加以表现。小说也可以放大瞬间体验，但小说阅读和戏剧演出所展开的瞬间又是不同的，前者是用文字唤起读者的意象运演，后者则既可以用台词唤起演员的意象运演，还能以三维的形式在戏剧场域中展开这个瞬间。

（4）拉近的空间体验。戏剧的一个明显的特点是把无法身临的空间拉过来让剧中人置身其中，科幻戏剧则是典型例证。中小学生对这样拉近的空间分外痴迷，这就是儿童剧多有漫游世界的情节的原因。

（5）移动的时空体验。戏剧的神奇之处在很大程度上是因为它们可以使演员和观众在移动的时空中进行身临其境式的体验。早在娱乐市场被电视剧占领的时期，就有人预言剧场和戏剧将被电视剧所取代。其实，这样的预言忽略了戏剧与电视的本质区别：前者可以满足人的三维的移动空间体验，后者基本上是被限定在二维体验之中。在大型的光电戏剧中，移动的时空体验能够给观众以震撼的感受，教育戏剧并不注重这样的光电效应，但照样可以用间离的方法达到这样的效果。

由于没有采取专业的教育戏剧措施，学生只是演出而已，并不是都能够获得时空体验。强调“教育戏剧”的概念，就是要强调学生参与戏剧活动的心理感受，教育戏剧的教育功能需要特定的心理感受，其中包括特定的脚本创编、特定的话语训练、特定的场景设计、特定的意象运演和特定的过程管理方面的心理感受。

五、课堂与剧场效应——课堂仅仅意味着群体教学吗

课堂意味着什么？人们一般会说课堂就是学习，课堂就是教师向学生传授知识，学生学会如何接受知识。课堂就是集中的教学场所。

自从二十世纪七十年代以来，课堂研究（classroom research）成为专门的研究领域。1968 年，Philip Jackson 在他的课堂教学经典著作 *Life in classroom* 中就明确提出了“课堂生活”的概念，此后有学者为 Jackson 的课堂生活总结了五个重要特点：多元性（multidimensionality）、同时性（simultaneity）、即时性（immediacy）、课堂气氛的难以预测性（unpredictable and public classroom climate）、历时性（history）（Good et al.，2000）。早在 1932 年，英国教育学者 W. Walla 在其著作《教育生态学》中提出了“课堂生态学”（ecology of classroom）的概念。教育生态研究者（范国睿，2000）提出了以课堂生态为核心的教育生态系统图（如图 4–4）。

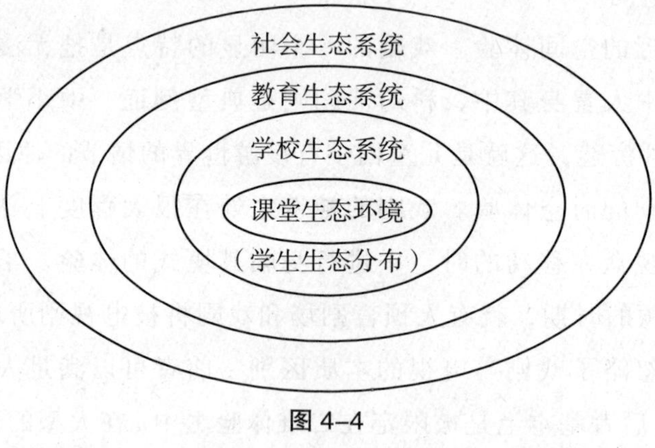

图 4–4

不管是“课堂生活”概念，还是“课堂生态”概念，都可以从教育

戏剧的角度进行解读。笔者根据舞台布局与课堂布局的相似性提出了“课堂的剧场效应”的初步设想。

“教室可以成为剧场，即使是仅有桌椅和黑板，也完全可以由师生共同‘建构’成剧场。桌椅可以成为‘布景’，桌椅可以摆放成街道的格局，可以成为商店中的柜台，可以拼合成‘城池’，也可以虚拟为‘山丘’。黑板和墙壁可以装饰出多彩的内景和外景，内景和外景可以由学生用画笔‘创造’，即使是小学生也极为乐意用自己的手去再现外面的大千世界。只需要一些纸板就可以在‘山丘’中添加树木，在‘街道’间添加交通标志，在‘商店’内外添加广告和标牌。地面上可以悬挂‘云朵’‘飞鸟’‘航班’，甚至日月星辰、仙女和天使。学生可以带来各种玩具来填充这个虚拟的象征性的剧场世界，一个用他们的双手和大脑‘创造’出来的主体生活空间。他们在这里交谈、倾听、感悟、思考、抒发情怀，在这里面对困难、解决问题、实施行动，在这里共享七彩人生。在这里，他们的学习经历就是生活经历，他们的语言体验就是生活沟通的体验。

“这就是‘剧场效应’。剧场效应还不同于舞台效应，因为，学生向前走一步，就进入‘角色’，向后退一步，就走出‘角色’，他们可以像演员一样表演，可以像观众一样评价，可以像导演一样调度场景和人物，可以像剧作家一样构思故事，撰写‘脚本’，所以，剧场效应比舞台效应更广阔、更多样。”（李静纯，2006）

这些设想的理论基础与文学的象征理论有关。依照象征理论，课堂的剧场效应可以改变并改善学生的课堂体验。一是象征手段提升学生的时空体验层次。象征手段的核心蕴含是由近及远、由表及里、由具体及一般。在初级层面上，学生的形象知觉更加依赖自身所处的特殊环境和特殊时间。而象征手段可以提升原来只局限在真实环境中的体验层次。二是象征手段促成学生的近身体验。学生每天在饮食起居和学习活动的互动中已经习惯了常规的日常近身体验。象征手段为学生提供了另一种近身体验，比如看到一个木制的立方体道具，基于剧情他们会将其想象成一座横在眼前的山峦；一个学生站在原地，手握一根竹竿，基于剧情他会想象自己正在用竹篙撑船，徜徉在风景甲天下的漓江之上。这些都是剧情和角色所促成的想象。三是象征手段丰富学生的意象运演。戏剧演员的剧场体验与电影演员在拍摄时的现场体验是大为不同的，而中国传统京剧的剧场体验与电影的现场拍摄体验更是大相径庭。京剧演员必须在程式化的行为中演绎剧情的“现实”，这是象征手段的典型运用。如果把京剧的这种象征手段运用到课堂中，如京剧《三岔口》或《秋江》，那么就可以引导学生在无声无形中听到声、看到形。我们把这样的心理活动称为“意象运演”。在这样的象征表演里，学生可以锻炼一种高层次的审美鉴赏能力，即基于言语的想象力。四是象征手段激活角色转换的新体验。戏剧的高级象征手段具有超越现实时空的、随时都能促成角色转换的、纯粹的内心转换力，因此，课堂的剧场效应有可能激活学生在转换社会角色方面的新体验。五是象征手段发展学生的群体意识。社会心理学认为社会群体的凝聚力依赖于个体对自己的社会角色的定位。课堂剧场效应可以在不进行“硬环境变更”的前提下加强学生对不同社会角色的定位体验。从某种意义上讲，一出戏的演出质量取决于演员对自己扮演的角色的定位，课堂戏剧和必要的剧场效应从角色定位的角度促进了学生群体意识的积极发展。

六、戏剧与家庭教育——戏剧如何走入家庭

随着中国现代化进程的深化，家庭教育面临着许多新的挑战。在生活中可以看到由心理咨询专家和律师等组成的团队帮助解决棘手的家庭问题，但是很少看到这些团队运用家庭戏剧的方法来解决家庭问题中的心理问题。为此，有必要从青少年家庭教育的角度探究戏剧如何走入家庭。

家庭戏剧的历史十分久远。从我国出土的汉代画像砖和画像石所显示的证据看，在还没有出现成型的舞台的时候，“家室厅堂”就已经是三大戏剧演出场所之一了（廖奔，1997）。但是，历史上的所谓“家庭戏剧”基本上是聚焦在“戏”上，即发挥戏剧的娱乐功能。而所谓戏剧走入家庭是指发挥戏剧的教育体验功能。

（1）发挥戏剧的家庭教育功能需要专业方法的介入。促进戏剧走入家庭，学校和教师责无旁贷。学校应当通过家庭教育课程介绍家庭戏剧活动的必要知识，同时通过家庭戏剧活动案例展示传播与其相关的专业信息。

（2）家庭生活与家庭戏剧既要融合，也要区分。家庭戏剧活动主要

由家庭成员共同参与。这样的戏剧活动可以分为两类：一类是以家庭生活为内容的短剧，另一类是家庭组织的短剧目。前者更趋向于戏剧与生活融为一体，后者则要求二者有所区分。但是，不管是融合，还是区分，这样的戏剧都应当发挥其内在的教育功能。

（3）家庭戏剧应当是开放的戏剧活动。笔者更倾向于随机的开放式的家庭戏剧活动，援引戏剧研究者罗勃特·蓝迪的话："一个社会中的戏剧化活动包括娱乐、偶像崇拜、职业工作、家庭生活及街头生活。"在教育戏剧的试验中，厦门图书馆开展的亲子戏剧手工故事活动就是一个例证（陈世明 等，2014）。所谓"戏剧活动"，实际上就是融入戏剧元素的亲子活动，父母和祖父母可以借助这样的开放戏剧活动，把原来的教育唠叨内化为微型的戏剧互动过程。这是孩子乐于接受的家庭教育活动。开放的戏剧活动应当有一个戏剧框架预设，不要使它停留在日常生活的简单反映上；不要把必要的预设戏剧情节完全固定下来，扮演的角色应当有即兴表达。

（4）亲子体验应当成为家庭戏剧的重要组成部分。家庭戏剧不应当仅仅是演戏，作为特殊的演员，父母的角色定位十分重要，但父母或其他家庭成员不应当总是扮演领导者等角色。长辈们可以扮演一些新奇的角色，比如爷爷扮演一只老狐狸，孙子扮演一只无助的小白兔。这样的角色扮演能强化爷爷和孙子的亲情，更为重要的是，这样的家庭戏剧会在孩子的心灵中播下情感的种子，同时在这样的情感体验中，爷爷在孙子的心目中的角色定位会有明显的提升。

（5）戏剧的虚构与生活的真实应当在审美体验中得到融合。家庭戏剧的一个特殊效应就是使戏剧的虚构和生活的真实有机地融合起来。这样的融合本身就是一种高级的审美体验，亲子之间因为有了这种共同的近身体验而加强了情感交流。从这个意义上看，家庭戏剧也会收到情感教育的特殊效果。

七、戏剧与语言教育——戏剧在语言教育上有哪些独特的功能

戏剧在所有艺术形态中最为突出的特点是它的综合性。从戏剧本身来看，与小说、诗歌和散文中的语言不同的是，戏剧中语言不仅是戏剧

的主干，而且还伴随着音乐、美术、立体造型的各种元素，还有与观众的共时合作与创造。戏剧语言因为有这些必不可少的伴随元素而被赋予立体特质。古往今来，人们对戏剧的痴狂与此特质有关。

从语言教育的特殊角度来看，以下五点简述了戏剧的综合性。

（1）学习者可以借助戏剧步入虚构的真实。我国英语教育界之所以对任务型语言学习感兴趣，是因为大家相信语言运用的真实性，即真实的知觉、真实的互动、真实的情绪起伏和真实的冲突。如果说校园把学习者的学习和真实的日常生活分隔开来的话，那么戏剧则在这样的分隔空间里实现了另一种生活的真实，任务型语言学习所缺乏的近身感觉的真实（reality），教育戏剧能比较容易地做到。

（2）戏剧故事本身成就了语言运用的典型性，即文学性，因此足以实现其综合性。英语教学专家在改革开放初期提倡时文阅读，随之形成了英语学习去文学化的意识。时文阅读的提倡迎合了当时很普遍的速成的学习动机，这样的意识在无形之中抽去了英语学习素材的典型性。英语学习素材为了加强典型性，就有必要吸收更多的文学元素。从总体上看，凡是优秀文学的作品都具有典型性，具有典型性的文学作品都会包含审美因素（特殊情况除外）。法国的现代结构主义文学批评家托多罗夫在《诗学》一书中告诉我们，典型就是个别意象借助象征性而过渡到一般（托多罗夫，2016），这种“个别意象”就是融会词汇、语法、语篇于一炉的典型性。

（3）教育戏剧的过程体验天然地包含了问题解决的综合性。自从杜威在一百年前提出了“问题解决”的概念并在 Porter School 启动了基于问题解决概念的试验（Dewey, 1919），美国乃至世界各地先后掀起了“问题解决”的热潮。在二十世纪的后半期，问题解决已经成为认知科学的一个研究分支。2000 年新一轮课程改革以后，基础教育界也在努力尝试问题解决的教学模式。科学学科和人文学科（不计语言学科）吸纳问题解决的元素比较容易，母语教育也可适当地运用此种模式，但是，基础教育中的英语（作为外语）贯彻问题解决的教学方式则遇到了绕不开的语言知识量不足的现实问题。教育戏剧贯彻问题解决的学习方法具有可行性，因为从编脚本到演出的全过程都可以依照问题解决的学习方式和程序加以实施。对学生而言，戏剧演出就是一个完整的解决问题的过程，即综合实践的过程。

（4）教育戏剧的实施本身就是聚焦语言学习的团队合作式的综合实践课程。很多学校的英语教育戏剧课程案例都显示了团队合作这一共同的教育特征。从学生参与戏剧活动的高度热情便可清楚地看到，他们在戏剧演出的准备中体验到了真正的团队合作意义与价值。戏剧的团队是能够引发激情的团队，而且戏剧的角色特征和戏剧活动全过程的复杂配合使每一个参与其中的学生都能各司其职。戏剧实现的整个过程包含了社会团队工作的全息元素，这样的团队经历将是学生终生难忘的。

（5）教育戏剧可以满足学生的文学审美需求，实现教育的审美目标。我国审美教育的大部分内容都被纳入了艺术教育的范畴，这样的审美教育定位强化了艺术教育的育人价值，提升了艺术学科的育人功能。但是，应注意不要把审美意识培育局限在音乐和美术教育之中，语言教育所担负的审美功能实际上并不少于音乐和美术。把教育戏剧活动引入英语教育课程之中，使它由一种边缘性的趣味活动晋升为语言教育的一块特定的田园，是未来语言教育中的一个重要议题。戏剧的综合活动实践课程应当是审美的课程。

第二节　教育戏剧故事的文学构成

实施教育戏剧活动面临的第一个问题就是故事与脚本问题，其中包括脚本的语言问题。这是教育戏剧的根本问题。戏剧的教育功能（含语言教育功能）首先取决于脚本。改编或创编脚本属于文学问题。“脚本”（script）有特定的含义：它是戏剧的文学构成体，是戏剧导演的蓝本（blueprint），是演员的排练手册（guidebook），是语言教育的教科书（textbook）。从事教育戏剧实验的英语教师必须从戏剧的文学构成上重视脚本的编写问题。

戏剧脚本的内容是由故事构成的，所以教师编写脚本就要构思符合专业标准的戏剧故事。之所以强调“专业”二字，是因为考虑到教育戏剧的特定要求，被教师选中的戏剧文学文本都必须进行编写，这需要教师专业素养的支持。教会英语教师专业化地完成教育戏剧脚本的编写，是本节的一个基本任务。

一、戏剧语言存在的问题——国内英语教学戏剧有哪些语言问题

研究戏剧脚本，应当从故事开始，但由于我们讨论的是语言教育问题，而戏剧的故事质量在很大程度上与语言有直接的关联，加之当前基础教育的英语戏剧课程迫切需要把好文学语言关，所以，有必要先讨论戏剧语言问题。

当前中小学英语戏剧在语言上确实存在一定问题，这些问题直接影响着英语戏剧的语言教育功能的发挥。经过比较精细的文本分析，发现中小学英语戏剧脚本的主要语言问题包括以下几点。

（1）语言难度缺乏合理的监控。被调查的脚本在语言难度上呈现出两个极端：过易和过难。在某些脚本中，能看到教师着力修改语言的痕迹，去掉了某些无法回避又不在课程标准词表内的关键词以降低难度，比如把建筑物的名称 inn 换成 hotel，或把 motel 换成 hotel；把花草的专用语一律换成 flower 或 grass；把特定的动作 rush 换成 run 或者 go。而有时

教师的修改加大了语言难度，如保留一些不必要的陌生词汇，台词的语句过长，语句结构过于复杂。

（2）脚本改编导致的汉语因素的不当嵌入。凡属基于原创改编的脚本很少出现此类问题，但很多原创的脚本存在大量汉语因素的不当嵌入问题。以下几类情况值得教师注意：一是英汉对等直译导致的错误语句；二是英汉习惯性直译导致的不得体语句；三是汉语文化意识的不当卷入；四是无法挑出语句硬伤的中式英语；五是英汉用语的细微差异（称谓的差异、感叹词语的差异、礼貌用语的差异、隐喻的差异、对话承接和轮次转换的差异等）；六是过度追求语法正确。

（3）简化措施降低了戏剧冲突的冲击力。有些经过教师简化的戏剧脚本未能保留原剧本或原故事的戏剧冲突所形成的冲击力。依据这样的脚本排演的短剧，很难吸引学生的注意力，会使学生产生戏剧演出只是依照情节走过场的感觉。

（4）忽视戏剧修辞的个性化和多样化。有的脚本改编者单纯考虑降低戏剧难度，在修改过程中删去了必要的修辞手段，使用一般化的语句来表达人物要说的意思，从而破坏了特定角色的台词的个性特征。有些修改后的脚本失去了多样化的修辞特点。

（5）忽视情感表达的特殊性。调查显示，无论是课堂短剧，还是演出短剧，都存在着注重交代情节、相对忽略情感表达的问题，如抒情成分较少，内心独白较少等。

（6）忽视戏剧语言的音韵审美特征。与小说和散文相比较，戏剧更重视语言的音韵美，因为戏剧注重口头表达的演出效果。可现在的课堂戏剧脚本普遍缺乏特殊的音韵美，具体表现在脚本语言本身缺少精彩的音韵效果，对白缺乏速度和节奏的艺术效果，脚本缺少音乐的助力。改编者无意去发挥音韵的美，教师作为导演也没有在重点环节引导学生注重音韵效果。

二、英语戏剧语言的文学基础——戏剧语言有哪些特殊性

英语戏剧语言是具有典型性的文学语言，所以，无论在哪一个学习水平上，学习戏剧都要强调语言的文学性。即使是小学低年级的英语短剧，

也有必要从儿童文学语言的视角来提出既定的要求。

（1）戏剧冲突的语言表征。戏剧冲突是古典戏剧的灵魂，直到二十世纪，现代派戏剧（如荒诞派戏剧）才提出“去情节”和“去冲突”的口号，并付诸实践（Esslin，1987）。在教育戏剧中，我们仍要重视教育戏剧中的冲突。尽管戏剧冲突是依靠戏剧情节显现出来的，但是人物角色的语言表征也相当重要。服务于教育的戏剧应当加强冲突元素的语言运用，只有这样的语言才能够显现出词语的典型意义。接受戏剧冲突的语言表达比远离戏剧冲突的词语讲解更为有效，更容易使学生加深印象，保持高效记忆。

（2）修辞的个性化发挥。西方修辞学在很大程度上与演讲有关，亚里士多德在《修辞学》中把修辞学分为三个部分：演讲者、主题和听众。他认为演说要打动听众，需要三个因素，即内容、文辞和演说技巧，由此可以看出演说与修辞的密切关系（从莱庭 等，2007）。演说与戏剧的共同之处是都依赖于口头产出（oral production）。所以，我们也可以用前面的因素构成来分析戏剧与修辞的关系。演说和戏剧的修辞的不同点在于：演说显示的是演说者一个人的个性，而戏剧则要表现多人的个性和多情境的个性。一段精彩的戏剧对白会给人以强烈的修辞印象，具有极佳的语言学习效果。从某种意义上讲，中小学生语言学习的知识存留水平（指后续的语言知识存留选择和存留强度以及老年消退的迟缓程度）与语篇典型性和内容的冲突元素有极高的相关性。具备较高文学性的语篇通常可能成为令人永生难忘的语篇。

（3）情感表达强度与幅度的特殊性。为了影响观众，吸引观众，打动观众，戏剧在情感表达的强度和幅度上有四个特殊性：一是加大情感外露的等级；二是加大情感表达的对比度；三是加大情感变化程度；四是加大情感表现的个性特征。这四个特殊性加在一起，就能呈现出经典戏剧的情绪感染力。

（4）话语轮次的预留空间。戏剧的话语轮次虽然要在某种程度上反映日常生活话语轮次的真实，但为了戏剧演出的特殊需要，它们又不同于日常生活的普通话语轮次。因为日常生活话语不必让观众明白，而戏剧话语则需要让观众明白，而且还需要让他们专注地观赏。为此，戏剧的话语轮次必须为戏剧化的体态语预留表演空间，为剧情的必要动作预留空间，为情绪起伏变化预留空间。这里所说的预留空间，为的是使脚本中的话语具有表演的灵活性。脚本作者或改编者应当考虑这个问题，导演也要考虑这个问题。但填充这些预留空间的任务大多是由导演来完成的。

（5）特定节奏与特定韵律。戏剧语言要为戏剧演出服务，那么戏剧脚本就要注意演出所需要的特定节奏和韵律。这样的特定要求是为了展开戏剧情节，但更为重要的是，戏剧演出在某种程度上应当满足观众的语言审美需求，因此必须包括台词的特定节奏和戏剧语言的韵律。

（6）口语的特殊性。戏剧脚本中的对白通常会被人们等同于日常生活的对话，实则不然。我们承认戏剧的对白采取的是对话形式，但是，它们与日常对话至少有以下几点不同：①日常对话是随机建构的，戏剧对白是事先设定的。②日常对话多有冗余部分，戏剧对白已经清除了冗余成分。③日常对话不能在中间插入内心独白，戏剧对白中间可以加入独白成分。④真实的日常对话逻辑明显很松散，戏剧对白的逻辑则是经过精心编织的。⑤日常对话内容可以不考虑除交流对象之外的其他不相关人物的理解，戏剧对白则必须处处考虑观众的理解。

三、英语教育戏剧的目标设置——英语教育戏剧应当达成哪些基本目标

中小学的戏剧活动虽然越来越受到教师的重视，但参与者较少关注教育戏剧的目标设置，戏剧活动存在一定的随意性。这种随意性与学校对教育戏剧的潜在定位有关。所谓“潜在定位”是指在执行过程中随机形成的定位。概括起来，这样的潜在定位有以下三个特点：一是认定戏剧活动是校本课程的一种类型。校本课程是指学校在规定课程之外开设的兴趣课程。所以，现在开展的教育戏剧往往被认定是“正课”之外的辅助兴趣活动。二是认定戏剧活动是学校大型品牌社团活动的一部分。就如某些学校把古筝演奏、管弦乐队演奏等视为学校大型活动的品牌项目一样，戏剧也在某种程度上充当了这样的角色。三是认定戏剧活动是具备表演才能的学生的特殊活动。有的教师和家长认为，学校的戏剧活

动是有表演才能的学生的特殊活动，这样的态度也表现在美术、音乐和舞蹈的校本课程上。教师和家长有必要转变这种想法。美术、音乐、舞蹈和戏剧的校本课程应当成为每一个自愿参与其中的学生的普遍课程。

根据教育戏剧活动的这三个特点，我们提出教育戏剧课程目标设置的三个基本原则，即整合的原则、普遍的原则和共享的原则。整合就是使教育戏剧的目标能够整合完整人的基本品质。普遍就是使教育戏剧吸纳并组织每一个学习者参与其中，在英语教育中要让戏剧走入课堂生活。共享就是发挥教育戏剧活动的群体审美功能。

在指导和实践教育戏剧课程的过程中，一个全新的教育戏剧课程目标系统逐步形成了。

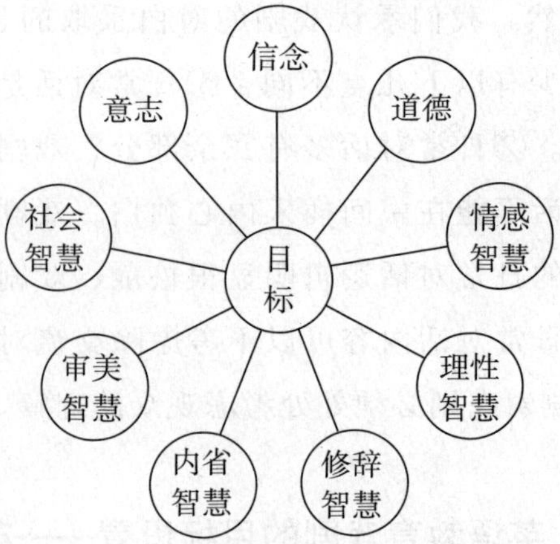

图 4–5

这个教育戏剧的基本目标系统包含了新的语言教育观：一是整体语言观。在基本目标的九大板块（图 4–5）中，没有单独设置“语言能力”。从认知神经科学的角度看，九大板块的生理基础都是神经元的网状联结，但由于它们的神经激活机制不同，网状联结的动态结构和脑神经活动的部位不同，所以可以分别对九个方面进行研究。而语言参与了这九个方面的所有活动，其中包括概念的表征、记忆的编码和系统运作的路径标志等。因此，单独列出语言能力、语言认知或语言智慧，并不妥当，也不符合认知神经科学关于神经活动的基本原理。二是深层功能语言观。这一戏剧目标系统体现了对语言深层功能的认识，也就是“意义”的广义内涵——不仅涵盖人际间的沟通信息层面的“意义”，而且涵盖了与意识、认知、情感密切关联的感觉、知觉、直觉、集体无意识以及基础的意象图式。我们可以在一般课堂活动和课堂戏剧活动的比较中清楚地看到二者所激活的神经活动的差异。三是去功利的语言观。依据第一章的理论探究，我们更加倾向于对语言运用（language use）和语言审美（aesthetic of language）进行区分。这个教育戏剧目标系统审美智慧是语言审美的一部分，涉及语言审美的认知元素。在其他板块中，也可以看到审美元素，还可以找到主要涉及语言形式审美的修辞智慧和逻辑智慧。这一观点与Jakobson提出的诗化功能是直接相关的。

四、英语教育戏剧的经典内容选择——如何让戏剧内容符合教育目标

从发展核心素养这一目标看，英语教育戏剧的内容选择非常重要。为此，我们赋予"经典"一词以新的内涵。我们应当选择那些对中小学生身心健康发展最有价值的内容，使入选语篇对他们产生持久的影响力，并成为支持他们健康成长的教育经典。教育戏剧课程目标规定了经典内容的选择尺度，具体内涵分述如下。

1. 信念（philosophy）

每一个人都会形成对世界和人生的基本看法，这是中小学生人性发展的第一建构，是所有人生发展内容的基础，也是教育戏剧内容的基础。从各种戏剧实例都可以看到，所谓"信念"在戏剧中并不是一种理论阐述或空洞的宣示，而是渗透在戏剧故事深层的主导意识和基于戏剧形象的主导思想。比如《愚公移山》《普罗米修斯的故事》《渔夫和金鱼的故事》《最后一课》等经典语篇就是告诉中小学生如何看待世界，如何看待人生。

2. 意志（will）

意志是我们实现人生目标的基础。意志是我们在特定生活经历中的一种坚守。没有意志的支撑，我们的人生目标便难以实现。在文学形象中，信念和意志总是具有共生关系，这种共生性总是通过最不起眼的文学细节体现出来的。比如海明威的《老人与海》（Hemingway，1995），在小说结尾处有这样一段文字："Up the road, in his shack, the old man was sleeping again. He was still sleeping on his face and the boy was sitting by him watching him. The old man was dreaming about the lions."。这个结尾在很大程度上用老人睡觉的细节显示了整个故事所集中表现的东西，即信念和意志的共同体。

3. 道德（ethics）

这里所说的道德，主要是指人在日常活动中待人处世的哲学。小说、寓言和戏剧都可以通过故事情节反映特定的道德观念，比如法国儿童文学家塞居尔夫人为儿童写的故事就包含很多道德训诫的内容，如《小灰老鼠》《金发小姑娘的故事》《小亨利》等（张美妮，1989）。

4. 社会智慧（social wisdom）

社会智慧主要指的是加德纳多元智能理论提及的人际关系智能。从教育的角度看，社会智慧包括社会契约、社会平等观念、人际沟通与理解、文化习俗知识、礼貌礼仪、生存概念和技能等。中外经典戏剧中有很多剧目和内容均属此类，如京剧《群英会》、莎剧《威尼斯商人》、易卜生的《娜拉》等。

5. 情感智慧（emotional wisdom）

文学作品几乎都会涉及情感，读者首先想到的主题自然是爱情和友情。这里所讲的情感智慧，除了爱情和友情，还包括人际情感的相互影响、情感误用和情感误区（如复仇情感）、情感体验、情感的言语表征、情感的有效调整、情感的修养与磨炼等。比如中国的民间传说《白蛇传》、老舍的《宝船》、童话剧《马兰花》以及安徒生童话《拇指姑娘》等，都富含情感智慧元素。

6. 审美智慧（aesthetic wisdom）

这里特别提及的审美智慧，是想突出强调审美教育容易被忽略的问题，不仅包括一般的审美体验，还包括高级的审美体验，即美感的区分、美感的反思与品鉴、美的对象的层级判断、审美的策略选择，以及审美知识的积累等。这些都需要智慧参与。这样的智慧往往体现在对经典戏剧作品的审美境界上，比如，根据安徒生童话改编的剧本 *The Sweet Hearts*（又名 *The Top and Ball*），说的是一个陀螺和一个球的情感故事。初级的审美体验可能仅仅涉及这个童话（剧）的情节与情感冲突，高级的审美体验会从陀螺与球的爱情故事中鉴赏作者从现实世界中提炼出来的那个想象世界的精神境界，从而加深美的体验。这两种审美体验境界是不同的，后者是基于审美智慧的高层次的审美体验。英语教师应当知道，即使在初级英语的教学活动中，学生的审美智慧也有高低之分，而这一点不一定与英语学习的级别或上学的年龄成正比。具备审美智慧的人可能认定这个故事对他的一生都有影响。这样的审美境界需要从幼儿或小学就开始培育（Andersen，1987）。

7. 理性智慧（wisdom of reason）

教育戏剧的内容还应当包含足够的理性智慧，这包括科学思想、科学知识、形式逻辑、发散思维元素、创造力、人类文明与法制、社会制度与规约等，比如经典神话、经典寓言、历史片段、著名历史人物故事等。Reginald Rose（1955）根据自己的陪审经验写了一部时长一小时的两幕话剧《十二怒汉》（*Twelve Angry Men*），在1954年以电视剧形式公之于众。剧中独具特色的理性辩论形式引起了电影界的兴趣，1957年该剧被拍成电影，并获得奥斯卡金像奖最佳改编剧本奖和最佳影片奖的提名。全剧完全以逻辑风格吸引人，观众一旦进入剧情，就会被理性智慧所吸引。

8. 内省智慧（wisdom of introspection）

戏剧善于用独白的形式将内心活动外化为语言。这种形式所产出的话语和原态的内部语言有三大区别：一是以完整语句代替了内心片段词语；二是以完整语篇代替了松散的内心语言；三是以完整的逻辑架构代替了散乱的内心语言。这样的语言依然保有内心活动的主要特征，即揭开意识深处的秘密，进行道德的考量，面对灵魂深处的情感较量。在具有这些特征的戏剧中，教育戏剧的功能得以深层次地发挥。从著名爱尔兰剧作家萧伯纳（Shaw，1903）的《人与超人》（*Man and Superman*）第三幕Don Juan的台词中可以看到戏剧语言里的内省智慧。“Don Juan: In the Heaven, I seek, no other joy! But there is the work of helping life in its struggle upward. Think of how it wastes and scatters itself, how it raises up obstacles to itself and destroys itself in its ignorance and blindness. It needs a brain, this irresistible force, lest in its ignorance it should resist itself. What a piece of work is man! says the poet. Yes;

but what a blunderer! Here is the highest miracle of organization yet attained by life, the most intensely alive thing that exists, the most conscious of all the organisms; and yet, how wretched are his brains! Stupidity made sordid and cruel by the realities learnt from toil and poverty: Imagination resolved to starve sooner than face these realities, piling up illusions to hide them, and calling itself cleverness genius! And each accusing the other of its own defect: Stupidity accusing imagination of folly, and imagination accusing stupidity of ignorance; whereas, alas! Stupidity has all the knowledge, and imagination all the intelligence."。

9. 修辞智慧（wisdom of rhetoric）

根据脚本调查显示，现在英语教学中使用的剧本较少重视文学的修辞技巧。而英国儿童文学作家都很重视修辞的妙用，比如以诗歌著称于世的吉卜林为儿童写了不少作品，都很讲求修辞，如"Hear and attend and listen; for this befell and behappened and became and was, O my Best Beloved, when the Tame animals were wild. The Dog was wild, and the Horse was wild, and the Cow was wild, and the Sheep was wild, and the Pig was wild-as wild as wild could be-and they walked in the Wet Wild Woods by their wild lones. But the wildest of all the wild animals was the Cat. He walked by himself, and all places were alike to him."（Kipling, 1993）。

教师在处理剧本时通常考虑更多的是降低难度，他们误认为只有高等级的英语学习才会涉及修辞，其实不然。从上面的摘录不难看出，初级英语语段也是离不开修辞手段的。

五、英语戏剧故事的类型——教育戏剧如何取材

为了实现教育戏剧目标，教师要系统地考虑戏剧取材问题。我们的中小学英语戏剧调查显示，教师选择戏剧题材大体限于童话、影视作品和学校生活的现成故事，选材面比较狭窄且有较大的随意性。实际上，中小学英语戏剧题材十分广泛，大体有以下十种类型。根据不同水平的

学校开展教育戏剧的不同需求，提出下文十种可供选择的脚本类型，学校和教师应当根据学生的实际情况选择适合自己的教育情境的题材。

1. 史诗片段

依照上古历史的研究，多数民族的历史进程中都有拯救族群或部落的英雄故事，口口相传就形成“史诗”。古希腊的荷马史诗《奥德赛》和《伊利亚特》就是著名的史诗故事。史诗虽多为一个民族的巨著，但大部分史诗都是众多故事的集合，一部《奥德赛》可以简写为几百字的一个短小浅显的故事。教育戏剧通常可以选取其中的片段。

2. 神话传说

精神分析学派的心理学家荣格认为原始意象是同一类的无数经验的心理残迹。每一个原始意象中都有人类精神和人类命运的碎片，都有我们的祖先在历史中的欢乐和悲哀的残余。这种原始意象的相似情况突出地体现在各民族的神话故事中。荣格认为，神话不仅代表而且确实是原始民族的心理生活。原始民族失去了它的神话遗产，就会像一个失去了灵魂的人一样。失去了神话，无论在哪里，即使在文明社会中，也总是一场道德灾难。各个民族有代表性的经典叙事作品大多通过口口相传流传下来，如中国的精卫填海、女娲补天、后羿射日以及嫦娥奔月，古希腊神话中有关宙斯、阿波罗、阿佛洛狄忒的故事，都是神话故事。神话故事在中小学语言教育中应占有相当的比例，以往的教材虽已涉及这些内容，但我们希望今后根据立德树人和核心素养的系统要求，更加系统地设置此类经典内容。教育戏剧可以从经典的神话故事中汲取营养。神话改编为戏剧，有很大的创意空间，而且具有较强的教育效能，此类戏剧不仅可以帮助学生了解民族文化经典和世界文化经典，吸收神话的审美营养，奠定人类沟通的跨文化基础，而且可以激活学生原生的想象力，使其获得心理思想的原型。

3. 历史故事

这里讲的历史故事是指真实的历史故事，不包含所谓的改编和戏说。需要强调的是要让各个时代的生动的历史故事勾画出历史推进的基本脉络，要把真实的历史故事讲给中小学生听。这一点，在教育戏剧中比较难做到。因为历史剧多是对历史事实的不同程度的改编，莎剧就是明证。

专家考证莎士比亚的历史剧都是参考希腊传记家、散文家的《希腊罗马名人比较列传》（*Lifes*）而进行改编的（Plutarch，2015）。

4. 寓言故事

起初，为了传播对大家有用的道理，产生了早期的格言和谚语。后来，人们用一些非常短小的故事来表述人的品质好坏、人与人相处应当遵守的准则、人在世俗社会的价值观念，以及指导人们做事的一般道理。这样的故事就是寓言。文学词典对"寓言"的一般定义是："Once upon a time, a fable was a short story with a pronounced moral meaning."。由此可见，寓言在久远的过去是一种被赋予道德教化功能的短小故事，人们通常会以伊索寓言为本。人们利用寓言所传播的哲理，有三个明显的特点：一是生动、易懂、简捷，二是深入浅出，三是易被人们接受和传播。入选的经典寓言可以把一个民族的基本精神传递给新一代，有助于中小学生接受其他民族的寓言，了解其他民族的文化，更为重要的是中小学生可以借助学习这些经典寓言接受人生与道德的第一课。

5. 童话故事

从字面来理解，童话就是儿童的神话。童话故事和神话故事的内容都不是现实世界的内容，而是想象世界的内容。在寓言故事中拟人化动物的所做所想也是现实生活中人的反映。当我们把寓言故事改为非现实世界发生的故事时，它就不再是寓言，而是童话了。童话故事与神话故事的不同之处在于，前者属于儿童世界，后者有更广阔的社会生活。童话是一种适合儿童心理特征和想象力的故事。人类起初以神话的形式表达人生观和世界观。多数儿童都有在自己的头脑里创造神话故事的经历（库拉柯洛，2014），这些故事因为个人境遇和经历的不同而不同。经典的童话故事满足了儿童的这种内心需求，并帮助他们创造神奇的故事。童话故事的主要特征是改变、扩大或限制现实世界的人、动物以及其他事物的能力和特性，赋予动植物和其他事物以话语、情感和思维力量，超越现实事物发展的常规进程和结局，施展魔幻或其他非现实的影响力。

6. 传奇故事

传奇（legend）在《新牛津英语大词典》（2005 年版）里的解释是"A traditional story sometimes popularly regarded as historical but not authenticated."。也就是说，它是一种传统的故事，广为人知，有时带有历史的色彩，但其实际内容和情节又不都是真实的历史。英国的罗宾汉故事就属于传奇故事，在英国文学史上有著名的 *Le Morte D'Arthur*（Malory，1969）。我们可以将传奇故事的片段改编为教育戏剧的短剧。在中国，由传奇故事改编为戏剧的典型例子有王实甫把《莺莺传》改编为著名的杂剧《西厢记》。

7. 科幻故事

科幻故事也是人类想象世界的故事，不具有完全的真实性。其突出特点是基于某种科学知识或原理展开。这样的科学知识或原理本身有一定的真实性，但以此为基础而展开的故事，则是非真实的。最典型的小说是凡尔纳（Jules Verne）的科幻作品（如《地心游记》《神秘岛》《海底两万里》等）和威尔斯的科幻作品（如《时间机器》《隐身人》《星际战争》等）。

8. 幽默故事

世界各民族都有逗乐和搞笑的传统，但由于民族文化规范与习俗不同，逗乐和搞笑的方式、内容、指向、形式和语言都有很大差异。英国人长期以来形成了一种特定的逗乐和取乐方式，并集中表现在他们喜欢讲幽默故事上，郁达夫称之为"机智"。《新概念英语》第二册的九十六个小故事大都是幽默故事。这种故事往往把搞笑严格控制在一定范围内，特别讲求含蓄，大多包括智能因素。更重要的是，英国的传统幽默故事在语言的运用上有其突出的特点，有些可以改编为短剧，特别适用于课堂短剧。

9. 小说故事

小说故事具有强烈的情节冲突（现代派小说除外），有些可以改编为戏剧。话剧《骆驼祥子》就是根据老舍的同名小说改编的。可以选取适当难度和题材的小说（或片段）作为课堂短剧或演出剧的材料。例如，美国欧·亨利的《麦琪的礼物》、俄国普希金的《上尉的女儿》、法国小说家莫泊桑的《项链》和法国小说家都德的《最后一课》，都曾多次被改编为话剧。

10. 卡通故事

卡通故事是一种特殊类型，其中服务于儿童的卡通故事可以归入童话故事。之所以将卡通故事单独列为一类，是因为在当今儿童的视觉鉴赏活动中，卡通故事内容丰富多样，普及性强，形象生动鲜明，特别符合儿童的内心需求，已成为一个独立的戏剧题材。

六、原创戏剧脚本的内容改编——教师如何学会对原创进行简写

英语原创剧本和英语翻译剧本（指被译为英语的其他国家的剧本）用于戏剧教学，一般都需要改编。原创脚本的内容指的是原创脚本的四个基本组成部分：时间、地点、人物和情节。教师动手改编原创脚本要从以下四个方面进行改动。

（1）变更时间。改编原创戏剧可以在宏观上变更时间，比如把十九世纪的故事变更为当前时间的故事。教育戏剧通常避免这样的改动，因为一旦改编时代，地点和情节也就必然要进行相应调整，而这将涉及极为复杂的文化元素的重组，教师很难驾驭。

（2）变更地点。通常我们要分清大地点和小地点。教育戏剧的改编通常对小地点进行变更，而不变更大地点，如把伦敦变为巴黎。这样的变更不仅会涉及很多环境细节的变更，而且还会影响情节的发展。

（3）变更人物。改编现成的原创戏剧，在人物处理上，可能有增有减。删减人物主要是为了突出主要情节，通常是保留核心人物，适当删去次要人物。这样的变更有助于突显主要人物的特点，突出脚本的中心思想，增强戏剧冲突。

（4）变更情节。一般来说，情节修改几乎是必然的。学校的舞台演出剧有时间限制，一般不会超过二十分钟，课本剧的时间则更短以适应课堂的需要，所以必须压缩剧本。如果教师试图聚焦某一个核心创意点，那么与这个核心创意点不太相关的情节即在删除之列。出于语言学习的考虑，某些不适合当前语言水平的情节也需要加以调整。

对原脚本进行内容修改需要注意以下三个问题：一是注意保持戏剧故事的完整性。不论删或增，也不管全剧占用多少时间，都要保持故事的完整性。以一个三分钟短剧为例，如果短剧是一个原创脚本的截取片

段（中国戏剧将其称为“折子戏”），那么改编时，我们可以增设一个解说员（story-teller），由他把前后的情节三言两语交代清楚。二是注意保持戏剧故事的情境特点。这包括时代特征、地域特征、生活方式特征和情感情绪特征。这四个因素都很重要，教师在改编脚本时应当着眼于完整的故事构建，将这些因素进行统筹安排。三是注意机智灵活地选择戏剧改编的有效策略。改编原创戏剧其实有极大的灵活性，关键在于教师要机智地选择适合特定原创脚本的改编策略。没有固定不变的改编策略，但要有一个脚本改编的基本概念，即根雕策略。根雕策略是指像根雕工艺师那样因势就形，在树根原形（即原始脚本）的基础上，运用加减乘除四种手段完成脚本的改编任务。所谓“加”或“减”，就是在脚本原形的基础上进行补充或删减。所谓“乘”，是在特定部位上加倍做戏，突出改编的主题。所谓“除”，是对全剧故事进行必要的分解，凸现其中一个部分，弱化或删除其他部分。

七、原创戏剧脚本的语言改编——教师如何学会运用简单的英语

原创脚本的内容改编和语言改编要分开来探讨，因为素材改编的实际操作应当遵循先内容后语言的次序。当内容的改编基本上定案之后，语言改编工作就可以开始了。语言改编要注意以下八点。

1. 降低词汇难度

改编原创戏剧脚本语言首先面临的问题就是词汇问题。由于戏剧脚本都力求口语化，而且还要考虑面向大众演出的效果，所以，原戏剧脚本的语言难度就低于同时代同水平的小说或散文的难度。教师改写戏剧脚本时就要对词语进行选择。对此，不宜采取某一种固定的标准，比如严格参照课程标准的词汇要求，不在标准内的就一律更换，这样做肯定会影响脚本的内容质量。所以，教师要在以下问题上审时度势，进行具体的权衡：一是以词汇学所规定的核心词汇（700 ～ 800 words）为选词基础。二是控制好全脚本的生词总量，要尽量减小生词的总比例。三是特别要避免使用难度大的多音节词，因为多音节生词在戏剧独白中会造成发音困难，进而影响观众的理解。四是不必删去或改动现场通过使用实物或动作演示的词语，如花草、工具、器物等

名称。五是不要改动与剧情直接相关或独具时代文化色彩的词语，以保持戏剧的文化色彩。以下给出一个改编案例。

原文：

First photographer: Excuse me, lady? You're sitting on my camera!

Little lady: Oh! Where is it?

First photographer: Under you, under you, lady.

Little lady: I am so tired. What a wretched camera you have. I thought it felt uncomfortable and I was wondering why. Now I know. I am sitting on your camera.

First photographer (agonized): Lady!

Little lady: I thought it was stone. I saw something lying there and I thought: A queer-looking stone; I wonder why it's so black. So that's what it was; it was your camera. I see.

First photographer (agonized): Lady, for heaven's sake!

Little lady: Why is it so large, tell me. Cameras are small, but this one is so large. I swear I never had the faintest suspicion it was a camera. Can you take my picture? I would so much like to have my picture taken with mountains here for a background, in this wonderful setting. (Andreyev, 1914)

修改后的文字：

First photographer: Excuse me, lady? You're sitting on my camera!

Little lady: Oh! Where is it?

First photographer: Under you, under you, lady.

Little lady: I am so tired. What a terrible camera! I thought it felt uncomfortable and I didn't know why. Now I know. I am sitting on your camera.

First photographer (agonized): Lady!

Little lady: I thought it was stone. I saw something lying there and I thought: A queer-looking stone; I wonder why it's so black. So that's what it was; it was your camera. I see.

First photographer (agonized): Lady, please!

Little lady: Why is it so large, tell me. Cameras are small, but this one is so large. I have never seen such big a camera. Can you take my picture? I would so much like to have my picture taken here.

2. 降低语句难度

脚本语言修改的第二项任务是降低语句难度。语句难度与语句长度、语句的词序、语句的复杂程度有关。所谓"复杂程度"主要是指语句层次的多少，层次越多，复杂程度就越大。降低语句难度的具体措施包括三点：一是拆句，将长句拆成短小的简单句；二是改变词序，改写复杂的倒装语句；三是删除细节描写词语，省略部分修饰成分或限定成分。

原文：

Vershinin: And when my little girls were standing in the doorway with nothing on but their night clothes, and the street was red with the glow of the fire and full of terrifying noises, it struck me that the same sort of thing used to happen years ago, when armies used to make sudden raids on towns, and plunder them and set them on fire... (Chekhov, 2002)

修改后文字：

Vershinin: Oh, I just remember my little girls. They were standing in the doorway. They only wore their night clothes. And the street was red with the fire. It was full of noises. And the same thing happened years ago. The armies suddenly ran about the street and threw people's things into the fire.

3. 注入知识目标

教师在改编脚本时应当有意识地多使用学生已经学过的句型和短语，在设计和编写课堂短剧时尤其要注意这个问题。这就要求教师系统地编制一个学期乃至一学年的语言知识项目表，以方便自己在改变脚本时参照使用。下面给读者提供一个语言知识目标项目表的范例（表 4-1）。

表4-1

Topic：food&drink

unit	functions	structures	vocabulary	collocations
1	Excuse me? Would you like...? I'd like... Will you...? Here you are. Help yourself to... Please. No, thank you.	I would like to do... I like... very much. ... is delicious. I can help myself to... I might well do... You're good at... Let me show you how to use...	have, eat, cook, boil, fry, help, take, bring, put, food, drink, bread, sugar, fish, pork, beef, apple, pear,	have some... eat dinner eat breakfast have a drink cook（a meal）

4. 转换对白轮次

戏剧的对白话语和日常对话一样，也有轮次转换。但是，戏剧对白的轮次转换是剧作者有意安排的，所以，这就更讲求轮次的转换技巧。以下是《十二怒汉》（*Twelve Angry Men*）的经典对白。

8th JUROR: I'd like to ask you a personal question.

4th JUROR: Go ahead.

8th JUROR: Where were you last night?

4th JUROR: I was home.

8th JUROR: What about the night before last?

10 th JUROR: Come on, what is this?

4th JUROR [to the 10th JUROR]: It's perfectly all right. [to the 10th JUROR] I went from the court to my office and stayed there till eight thirty. Then I went straight home to bed.

8th JUROR: And the night before that?

4th JUROR: That was—Tuesday. I—was—oh, yes. That was the night of the bridge tournament. I played bridge.

8th JUROR: And Monday night.

7th JUROR: When you get him down to New York's Eve, nineteen fifty let me know.

4th JUROR [trying to remember]: Monday. [He pauses.] Monday night. [He remembers.] Monday night my wife and I went to the movies.

5. 加强情感元素

在戏剧脚本的调查中，我们发现有相当一部分脚本的语言存在情感元素不足的问题，这主要是由于在内容简化中删去了过多的涉及情感过程的情节，或者为了降低语言难度，删去了涉及情感表达的台词。其实，包含情感元素的台词恰恰是学生训练活的英语的好样本。即使是初级水平的戏剧脚本，也照样可以加强情感元素。

6. 使用跳跃技巧

分析戏剧脚本中的对白会发现，连贯的对白和跳跃的对白是随着情节的发展而交替出现的。这种跳跃技巧与剧情的调整有关系，把原创脚本改编为教学脚本或校园短剧脚本，必然要删减某些情节，这样删减有时是通过对白的跳跃实现的。

7. 采用间离效果

古希腊哲学家亚里士多德提出了故事情节的整一性，即“事件要有密切的组织，任何部分一经改动或删削，就会使整体松动脱节”（亚里士多德，1962）。后人又提出地点的整一性和时间的整一性，形成戏剧的经典“三一律”。布莱希特（2015）提出了“间离”这一特殊的概念。演员的舞台语言可以分为三类：一是剧中情节里的对白（dialogues）；二是演员的内心表达——独白（monologue 或 soliloquy）；三是布莱希特的“创造”，脱离角色本体的一种特殊语言。其功能是多种多样的，可以代替剧作者交代剧情（介绍“我”这个角色的意图与想法），可以当场站出来评议角色本身（替观众或社会其他人当场评论这个角色的所作所为），可以直接代替剧作者与观众进行沟通（演员脱离角色而与观众交谈），可以“假装”是社会上的（而不是现场的观众）某些人对这个角色进行评议。布莱希特的“间离”概念实际上打破了古典戏剧的“三一律”，开拓了新的戏剧风格。布莱希特提出“间离”概念，与他接受中国戏剧风格有关，他从梅兰芳的京剧中看到了“间离”的表演方法。（如图 4-6）

图 4–6

将布莱希特的“间离”运用到教育戏剧的语言处理中，即“间离的学习提示语言”要注意以下七点。

一是这样的教学间离语言具有六大基本功能：提示生词含义，如此一来脚本改编者就不需要清除所有超纲词汇；解释刚发生的对白或独白的核心含义;引领剧情发展，提示剧情发展，甚至在必要时预测剧情发展，从而帮助学习者或观众体会作者（或教师教学）的意图；评议角色的当下言行;随机点评，点评角色、剧作者创意或其他方面;加注各类小标签，如精彩话语和陌生结构等。

二是在角色自身的台词中适当加入释义成分。由于是自然而然地加入，观众和读者都很难从表面上看出间离手段的运用。

三是把角色从剧中人间离出来，以另一个自我的身份注释自己的角色话语，以自我批评的方式增加话语，以他人眼光评议自我的话语和言行，主动向观众解释或重复自己的话语，有点像老师解释课文，不过只需点到而已。

四是以“悬空语言”进行学习提示。所谓“悬空语言”指的是戏剧进展中的弦外音，可以有控制地使用母语点题，要使观众感觉这样的话语是来自半空中的。这种语言纯粹是教师插入的语言，且学生观众不会意识到这就是教师的课堂指导语。由于这样的提示极为短促，可能仅占一秒或几秒钟，所以它们不会影响剧情的推进，观众的观剧也不会因此而被打断或被硬性切割。

五是由其他剧中角色插入间离语言，以起提示、重复、解释、领悟等作用。这类语言可能不会被观众理解为局外的“间离语言”。

六是由其他剧中角色插入“间离语言”，起到学习中解惑的作用，具有明确的学习提示意图，力求在一两秒钟的间离式插入时，插入必要的学习信息。比如，某角色正在剧情话语之中，旁边的某一配角以旁白的形式提示知识学习重点。

七是通过文字形式在戏剧演出过程中呈现学习信息，如在大屏幕上显示句型、台词以及剧情提示等。

间离手段的使用要有严格的控制，稍微超出限度就会干扰戏剧的演出效果。这种间离式的改革措施可以有效解决演员正常演出戏剧、学习者观众未能达成“细大不捐”的观剧效果。

8. 预留演员活动空间

我们在调查中小学戏剧演出脚本时发现，有的脚本的对白设置没有考虑演员的活动空间。换言之，改编者没有想到演员在说某段台词时，或在进行对白过程中，或在对白的话轮转换中，应当有什么样的活动卷入、要做什么动作，这是脚本写作与小说写作不同之处。请看实例，注意括号中的文字均为角色话语之间的活动卷入。

Stephen: What's the matter?

Lady Britomart: Presently, Stephen.

(Stephen submissively walks to the settee and sits down. He takes up a Liberal weekly called The Speaker.)

Lady Britomart: Don't begin to read, Stephen. I shall require all your attention.

Stephen: It was only while I was waiting—

Lady Britomart: Don't make excuses. Stephen. (He puts down the Speaker.) Now! (She finishes her writing; rises; and comes to the settee.) I have not kept you waiting very long, I think.

Stephen: Not at all, mother.

Lady Britomart: Bring me my cushion. (He takes the cushion from the chair at the desk and arranges it for her as she sits down on the settee). Don't fiddle with your tie, Stephen: there is nothing the matter with it.

Stephen: I beg your pardon. (He fiddles with his watch chain instead.)

Lady Britomart: Now are you attending to me, Stephen?

Stephen: Of course, mother. (Hatlen, 1975)

八、非戏剧类原创作品的改编——如何将其他题材改编为戏剧

将各种文学形式改编为戏剧形式，在中外戏剧史上都是很普遍的事情。例如，Andrew Lloyd Webber根据艾略特（T. S. Eliot）的长诗*Old Possum's Book of Practical Cats*创作了著名的音乐剧《猫》(*Cats*)。2003年3月该剧首次进入中国，在上海大剧院和北京天桥剧院连演了122场，国内舆论十分热烈。这是将诗歌改编为戏剧的一个成功例证。Webber在二十世纪七十年代提出把诗作改编为戏剧时，很多人都反对这一想法。但是，此剧的成功表明，即使没有强烈的戏剧冲突和曲折情节的文学作品也可以改为戏剧。这一点，也同样应当成为我们将其他文学形式改编为教育戏剧的典型案例（艾略特，2003）。

从我们收集的中小学英语戏剧脚本来看，直接选用原创戏剧脚本并实施改编的剧目占比不大，更多的剧目是根据小说、寓言、童话、神话以及动画片或电视剧改编的执行脚本。在文学史上，这样的改编有许多成功的例子，比如由赵元任翻译的Lewis Carroll的小说《爱丽丝梦游仙境》(*Alice's Adventures in Wonderland*)(Carroll，1998)就曾多次被改编为校园戏剧的剧本。

1. 主要尊重原创的改编

如果所选的原创文学素材是经典，应当采取尊重原创的改编策略。因为教育戏剧有必要向学生介绍原原本本的经典，其中包括经典童话、经典神话和其他在文学史上已经得到肯定的经典作品。我国古代愚公移山和嫦娥奔月的故事、古希腊普罗米修斯的故事、古罗马维纳斯的故事、希伯来英雄摩西的故事、阿拉伯的一千零一夜的故事等各个文明发展中的文学故事都可以改编为教育戏剧。为了给中小学生的知识结构留下确切的印记，保持经典文学作品的原创内容很有必要。最近三十年来，出

现了一些随意修改中西方经典的现代作品,“戏说”历史故事成为一种“时尚”。这种所谓“时尚”不宜进入教育戏剧领域。在这方面应注意如下问题:

一是保持经典作品的历史文化特征。这大抵是由英语学习的文化目标所决定的。比如不宜把《玩偶之家》的背景安排在现代社会，因为当下西方人的婚姻与家庭生活观已经和故事中娜拉生活的时代不同了。

二是保持经典作品的基调和风格。比如不宜把悲剧改编为闹剧，不宜把抒情的作品改编为悬疑的作品。

三是保持主要经典人物的基本个性特点，比如不宜把嫦娥奔月的浪漫特征改编为登月探险的勇敢特征。

四是保持主要情节的完整性与独特性。在改编经典作品时，为了英语教学的需要，有时不得不进行大量的删节，但不能删除经典故事的核心情节，比如《狐狸和葡萄》的寓言的一个核心情节是狐狸以“葡萄是酸的”为借口而离去，我们不宜把葡萄改成真的是有点酸，从而使这个流传多年的寓言变味。

2. 较大幅度的内容改编

有些文学原创可以进行较大幅度的修改。只要不是已经有定评的经典文学作品，教师都可以较大幅度地修改剧目。我们需要重点研究以下几点：

一是中长篇作品的改编。把中长篇作品改为短剧，最常见的是选取片段。片段选取自然首先要考虑最重要或最具戏剧冲突的片段，随后采用多样化的改编技巧处理内容问题，如在改写时补充片段以外的情节，由剧中人交代，或在戏剧的开头和结尾安排说书人，简略交代片段以前的故事，并说明故事的结局（即原作品的结尾）。

二是极短作品的内容改编。现举一个实例来说明极短作品的改编技巧。中国明代万历年间有一位进士江盈科曾写了一个寓言，叫《蛛与蚕》。蛛语蚕曰：“尔饱食终日以至于老，口吐经纬，黄白灿然，固之自裹。蚕妇操汝入于沸汤，抽为长丝，乃丧厥躯。然而其巧也，适以自杀，不亦愚乎！”蚕答蛛曰：“我固自杀。我所吐者，遂为文章，天子衮龙，百官绂绣，孰非我为？汝及枵腹而营，口吐经纬，织成网罗，坐伺其间，蚊虻蜂蝶之见过者无不杀之，而以自饱。巧则巧矣，何其忍也！”蛛曰：“为人谋则为汝自谋，宁为我！”噫，世之为蚕不为蛛者寡矣夫！（刘国正 等，1984）这个小寓言没有太多的原初情节，也缺少戏剧冲突，但是，如果我们突出蚕吐丝的善举和蜘蛛网罗生灵而杀灭之的恶性之间的对比，增加人物和情节，强调蚕奉献一切的无私精神，那么这样的改编不仅能够保持寓言原本的主旨，还能在弱化“置于沸汤”这样残忍环节的基础上，凸显蚕勇于自我牺牲、为他人谋福利的精神，这样的改编就使原创得到了升华。

三是时空跨度问题。戏剧舞台可以将千年幻化为一瞬间，也可以将一瞬间幻化为久远，这就是戏剧在时间跨度上的表现力。在空间上，戏剧也可以“坐地日行八万里，巡天遥看一千河”；在时间上，只需补充一句“one thousand years later”，就可以将时间拉到一千年以后。所以，教育戏剧的改编者要充分利用戏剧自由表现时空跨度的功能，在有限的表演时间内，迅速转换时空。不管时空如何转换，改编者都应当交代清楚时空的变化。

四是“平行”的编写技术。一般来讲，英语课堂短剧的时空推进都可以单线进行，也就是说，时间虽有跳跃，但没有错乱。这种方式基本上就是讲故事人给幼儿讲故事的叙事结构。如果要修改情节相对复杂一些的文学作品，也可以采取“话分两头”的情节结构。这可以通过“平行”结构这一编写技术实现，即在课堂中或舞台上，在同一段时间里展示或表演两个甚至三个平行叙事脉络。三个平行的叙事脉络应当用特定的空间技术（如灯光、道具、时间标牌等）实行课堂或舞台的间离。

3. 故事新编式的内容改编

“故事新编”一语源自鲁迅写的一部短篇小说集《故事新编》。鲁迅通过采用中国古代故事的核心原型，赋予这些故事以新的意义，在情节和内容上也有很多改变。我们可以把这种故事新编视为一种基于老故事的新创作，它们已经不能称为“改编”了。英语教育戏剧脚本也可以采取这种创编的形式。

一是保持原型故事的基本结构点，其他都可以自主创编。改编者在细心研读并分析小说或其他原创作品的架构之后，进行深入的构思，主要需要决定从原型中采纳几个基本的结构点。所谓“结构点”指的是关键事件、关键人物、关键情境以及关键情绪的定位。

二是寻找新的创意点作为自己创编的核心指导思想，并以关键词的形式显示出来。在获得故事原型后，或在分析这个原型的过程中，就应当考虑创意点是什么。以寓言《愚公移山》为创意的原型，在创意点上可以有各种不同的选择，可以是团结、意志、梦、团队、毅力、领导力等。

三是赋予原型核心人物以新的灵魂，并围绕这个核心人物对其他人物或增或减。新的创意点与新的核心人物的新的灵魂可能是密切关联的。新核心人物的新的灵魂可能就是为了实现作者的创意。

四是精心完善新的故事和新的情节，适当尊重原型故事的某些要素。在对故事原型的基本要素（情境、情节、人物和事件）进行充分考量之后，改编者就可以放开思路进行自己的创作了。所谓“完善”就是要避免斧削之痕，也就是说，从原创故事的情境、情节、人物和事件的完善到新编故事的情境、情节、人物和事件的完善，是一个精细的加工过程。在这个过程中务必注意：情境改编多少？有无欠缺？情节是如何增删的？有无漏洞？人物的言行有哪些新的安排？有无纰漏？事件有哪些改编？有哪些增设？有无矛盾？四个要素的合成有哪些特色？有无生搬硬套之嫌？

九、英语短剧的原创——教师是否能够接受这样的挑战

英语短剧是可以由教师进行创作的。在调查过程中发现，已经有一些年轻的英语教师在尝试做这件事。教师怎么做才能成为好的戏剧原创者（good playwriters）呢？

什么是好的教育戏剧作者（以下简称“剧作者”）？一般来说，一个好的剧作者首先应该是一个好的写作者。但剧本的写作又有其特殊性。经梳理后，笔者归纳出“好的剧作者”需具备以下八个基本条件。

1. 好的写前准备

好的剧作者应能够很好地规划自己的写作。这并不意味着他们一定要真正用笔写出纲要来，因为他们即使不写纲要也会在动笔之前反复构思。写前准备应当包括以下几点：

一是经常看戏剧演出，关注影视的经典作品，并且养成分析和评价作品的好习惯。要练习自己的鉴赏力，不要走马观花。这样的修养和素

质准备十分重要。

二是明确剧本读者的身份。就教育戏剧而言，剧作者通常需考虑两类读者，即演员和观众。

三是捕捉到自己满意的基本创意，或形成一个足以发挥创作构想的写作原型。通常，教师进行短剧创作都比较容易受到近身因素的启发，如近期发生的事，近期的文艺热点，近期的文学时尚，近旁人物的影响，近邻资源的吸引等。其实，这些启发本身就是创作的制约。教师在获取基本创意和写作原型时，要扩大视野，突破近身局限，避免为创新而创新，忽略原创性、教育性和适切性。

四是盘点自己身边的故事，有时是创意在先，故事在后，有时是故事在先，创意在后。只要平时注意积累，创意的种子无处不在，如学校学生的事情，读物的启示，经典作品某一细节，或忽然想起的往事，或在闲谈时突发的灵感，或在散步时无意所见。

五是平时注意收集各种英语表达实例，做好分类整理，可制成卡片，要经常背诵，并做到持之以恒。把自己认为可供参考的戏剧作品放在身边，随时浏览并鉴赏。养成习惯后，正式写作时就能信手拈来。

2. 好的剧作者要有好的剧作过程

高水平的剧作过程是产生高水平的剧作作品的重要条件（Emig, 1971）。人们公认的优秀剧作者的作品的写作过程都包括酝酿写作大纲、起草第一文本、多次修改文本等重要环节。这些环节呈现出一个线性的推进路径，也就是说剧本是一步一步地写出来的。

但是，有经验的剧作者的写作过程并不一定遵循上述的线性推进路径，往往带有随机的、综合的特点。成熟的写作者的写作过程具有很强的个性特点。剧本的创作有以下几种不同的写作过程：

一是先粗后细，随机创意。心中构思一个故事的简单框架，有时会列出简单提纲或故事要点，然后逐步写出全剧本，大部分的创意都是随机产生的。在分步写的过程中有的作者还会产生特殊的灵感，从而改变原来粗线条的构想。

二是全程有序，精雕细刻。先写出一个剧本的提纲，将几幕几场定下来，然后在此基础上细化这个提纲。当这些都定下来之后，剧作者就像雕塑师一样，花力气精心设计具体情节和对白，反复推敲语言。

三是潇洒自如，笔下生花。构思时可能几天都不动笔，只是在心中酝酿。这类剧作家需要有足够的激情和超强的记忆力，等酝酿成熟后一气呵成。以李白和杜甫为例，李白更倾向于激情酝酿，他听从灵感的召唤；而杜甫则重视整个写作过程的艰苦磨研，修改过程对杜甫更为重要。即使是大师级的剧作者也不能忽视写作过程。

3. 必要的回视

观察有经验的剧作者的写作过程就会发现，他们时不时地停下来重读自己写的文字。这样可以加强他们对自己所写文字的整体语感，并使他们不断考虑那些写出来的文字与写前的计划是否吻合，或借此考虑对写作计划进行必要的调整，进而产生更贴切的措辞。

4. 反复吟诵，反复推敲，反复修改

优质的剧作者注重反复进行局部修改或整体篇章的修改。另外，他们非常注意内容的深层次修改，并以此对表层语言形式进行修改，而普通剧作者只重视表层修改。相对优秀的剧作在完成过程中会被剧作者大幅度修改，触及剧本的深层，如部分情节、关键对白甚至是场景或场次的修改。在这种修改中，更精彩、更巧妙的细节可能会突然进入剧作者的脑海。而普通剧作者只会进行微小改动，不善于反复推敲语篇构架，很少会增加精彩之笔，特别是在排练和活动“逼近”的时候，结构性的修改就更加罕见了。其实，很多闪光的表达和措辞是在写作后期的修改中获得的，并且这种修改经常会带给我们一种创造的愉悦。

5. 关注与满足读者或观众的需求

优秀的剧作者是以读者为中心的，而不是以自我为中心。研究表明，优秀的剧作者具有很强的读者意识，关注读者的需求、观点、兴奋点以及阅读的效果。强烈的读者意识将会引导教师在构思、起草、修改剧本的过程中深入地考虑意思的组合、次序的编排、关键词的使用以及修辞手段的运用。主题和内容相同的剧本会因为剧作者是否关注、能否预测演员和观众的感受与反馈而形成完全不同的架构与表现形态。

6. 清楚的逻辑思考

优秀的剧作者需要有清楚的逻辑思考能力。戏剧经常被人们看成是激情的产物。有激情才有冲突，有冲突才有优秀的戏剧。但是，这并不意味着优秀的剧本可以不讲求逻辑。为了能够让观众在有限的时间内看懂戏剧中的故事，严密的逻辑结构是不可缺少的。当然，优秀的戏剧脚本的逻辑也有可能是深埋在剧情冲突之中的。剧本的逻辑清晰性表现在以下几个方面：

一是清晰地运用概念。选词在本质上是谋求概念的准确表达。剧本情节中出现的都是生活中的普遍概念，不是抽象概念。优秀的剧作者对自己所使用的词汇背后传达的概念都有清楚的界定，并且明确词与概念以及概念与概念之间的关系。

二是清楚地进行分类。剧本所使用的词汇要讲究适度性和恰当性。这样的适度和恰当是以作者对所写事件、人物、事物与现象的内在归属及性质的认识为基础的，这样的认识首先是以分类能力为基础的。没有对事物属性、事件情节、人物特征以及整个故事的细节的清晰分类，就不会有准确的措辞、修辞及恰当有效的句法。

三是坚守逻辑主线。在剧作创编中，剧作者逐句写作，每一句话或是连贯意思的接续，或是连贯意思的跳跃、脱离、折返。如果是后者，交代剧作具体环节所形成的逻辑主线就会在行文中改变方向，写作者也会迷失在偏离主线而造成的混乱之中。冗余的对白、无关的琐碎陈述、细微情节的离题等，都会影响戏剧发展的主线。所以，优秀的剧作者能在动笔行文时坚守已经计划好的主线，即使修辞的活跃性会导致某语句或某几个语句脱离主线。这样的坚守是观众把握剧情的具体走向和发展中的各个关键点的保障。

四是调整逻辑次序。教师在创编剧本时会面临两种逻辑的抉择，一种是所写内容的内在逻辑关系，一种是叙述的逻辑线索。所写内容的内在逻辑关系是事物本身的逻辑性，必须遵循。但由于事物的逻辑关系是一种复杂的网状关系，所以它会给剧作者表述、描写这种复杂关系带来困难。比如，在剧本中表现家庭成员之间的问题时，我们会在父子的对话中涉及他们的情感冲突，但这一情感冲突也与儿子和母亲之间的情感冲突有关，这得从儿子的奶奶与爷爷的闲谈中显露出来。这样的显露应当在父子的对白中有所暗示。所以，剧作者必须注意有效地调整逻辑次序。

7. 丰富的意象运动

表象是客观世界的信息生动地输入大脑中而形成的“心理意象”（mental images），用心理分析学派的首创者弗洛伊德的话来说，就是白日梦。每个人的大脑里都在不停地进行意象运动。优秀的剧作者会有极为活跃和极为丰富的意象运动，这种意象运动使他们能够随机地构建生活的场景和戏剧舞台的场景，并有序地将生活场景安排在舞台场景之中。优秀的剧作者会在创编过程中闪现出各种想法、构思和主意，这些就是他们写作的丰富源泉。普通剧作者头脑中并不是没有意象运动，只是他们的写作意象运动通常会受到抽象概念、急于成文的潜在动机和紧张情绪的影响以及现有经验的制约。这些都会影响他们的意象形成和运动的连续性、完整性和逻辑性。

8. 清晰的词语储备状态

即使是初级英语写作者也有一定的词汇量。优秀的写作者与普通的写作者在词汇量的储备上未必有明显差异，他们的差异可能主要表现在词语的储备状态的不同。词汇储备状态的清晰程度由以下因素决定：一是语法功能分类的确切程度。写作者应当知道在什么行文情况中提取什么样的词汇。二是话题分类的确切程度。如果词汇都是根据语法功能而进行分类，那么当剧作者需要在某一个话题中使用一组词汇时，就无法迅速而准确地提取词汇。好的文章应当选词恰当。三是词汇之间的灵活关联水平。优秀的剧作者在写作过程中文思泉涌，词汇纷至沓来。这是因为他们的词语储备状态具备灵活关联的特性。剧作者对各种词汇搭配的熟练程度决定着词汇灵活关联的实际水平。

9. 词语和句型的心理激活度

仅有良好的词语储备状态还不足以使剧作者妙语连珠。优秀的剧作者的词汇库中的词语和句型处于激活状态的百分率通常都高于普通的剧作者。需要特别注意的是，这样的心理激活度究竟是由汉语潜在结构驱动的，还是由英语的潜在结构驱动的。如果是前者，写出的英语短剧的对白就会更加接近汉语结构，不够地道。教师要想成为优秀的英语剧作者，就有必要经常朗诵著名的戏剧台词，尽可能多地背诵戏剧名篇中的对白与独白。多读多用是提高词语、语句心理激活度的好方法。

10. 戏剧语言的个性表征

戏剧语言不同于其他文学作品的语言。R. W. Corrigan（1979）提出了戏剧语言的四条标准：一是内外合一，即角色的语言既要透露当下的内在意识，又要推动外部的行动；二是能言善辩，富于表情；三是言语、表情相互支持，相互依存；四是给人以现实感和现场认定感。

第三节 课堂戏剧活动的设计与实施

一、课堂与剧场——如何理解课堂这个封闭的空间

一直以来，人们并没有把课堂和剧场联系起来。如果将课堂和剧场进行比较，就会发现它们至少有如下共同点：一是它们都是人们为了共同目的而聚集在一起的封闭场所。共同目的和封闭场所是两个关键条件。二是它们都可以在有限的封闭空间内呈现无限的人世与自然空间。剧场和教室的空间虽然有限，但是，在这个空间内，演员或师生都可以把社会和自然中的一切放进来。三是它们都是映照古往今来社会生活的镜子，而不是社会生活本身。但这个镜子并不是原原本本地反映社会生活，它们都在成就某种真实的“假设”。而这一点恰恰是其他事物无法替代的。四是它们都可以依照特定的目的，灵活设定在其中的人的相互关系，或者说，它们都可以创造新的角色扮演。五是它们都可以由主导人物依照特定目的进行掌控和调整。戏剧作者和导演掌控着剧场，教材和教师掌控着课堂。更确切地讲，教师和学生共同掌控着课堂。

从现状来看，必须承认课堂并没有像剧场那样发挥到极致。千百年来，剧场已经一再营造规模，拓展资源，分立流派，娱乐社会，取悦观众，甚至在多媒体的百年挑战中探寻新路，再创辉煌。但是，课堂却被人们认定的功能和固定的理念所限制，较少有人想到把课堂和剧场等同起来。正因为如此，课堂在发挥剧场效应上显然具有非常广阔的开发余地。

二、课堂生活与剧场效应——课堂可以改变成什么样子

课堂生活（classroom life）是一种特定的生活形态，它与学校的教育生态是密切相关的。既然我们从生活和生态的角度去认识课堂，那么，就应当考虑一种课堂生活的改进方式，即谋求课堂的剧场效应。戏剧研究者 Brooks Atkinson（1974）认为剧场是情绪、想象力、审美和创新人物的摇篮。课堂剧场效应首先要具备这四种元素。

1. 情绪

课堂的话语和行为在日常教学活动的反复循环中会被固化，因而也就使课堂情绪趋于固化。典型的课堂行为描述在鲁迅的《从百草园到三味书屋》这篇散文中被生动地呈现出来，那是一种刻板的情绪。百草园是鲁迅的乐园，在这个乐园中，他的行为和情感被彻底激活了，从中隐约可以看到丰富的剧场情感元素。百草园中叫得上名称的植物便有十多种，动物也有十多种（止庵，2012）。加上孩子们的欢畅活动，我们相信虽然这个“百草园”是露天的，但是具备剧场效应的场所。

2. 想象力

Brooks Atkinson 在谈课堂效应时曾涉及 dream，从教学角度和戏剧角度看，Brooks Atkinson 这里说的 dream 与无限的想象有关。有时，在一般课堂上，教师也会让学生想象。想象力是需要以情境和内心条件为基础的。没有氛围，没有真实的设想，谈何想象力？所以，发挥课堂的剧场效应，就必须为想象力的沸腾创造物质和精神条件。

3. 审美

Brooks Atkinson 坚信戏剧可以创造美。根据本书第一章第四节所说的审美理念可知，课堂要谋求一种语言的审美状态，用康德的话说，就是纯粹的理性鉴赏状态。课堂具备剧场效应，更有利于学生形成良好的心理基础，从而进入审美鉴赏过程。

4. 创新人物

在课堂生态中，“创新人物”是指戏剧效应里的那种角色。很多教师都有这样的经验，让学生进行角色表演时，课堂很容易活跃起来，学生变得活力四射。这是因为学生们在此时获得了一种创造人物的快感。我们曾观察过很多幼儿园或小学低年级课堂，一说到表演，不管是舞蹈、演戏，还是唱歌，多数孩子是兴奋的。这从一个侧面表明孩子会因为尝试塑造人物而激动不已。

R. W. Corrigan（1979）指出，戏剧艺术与其他文学艺术形态的不同关键在于戏剧为人们创造一种特殊的存在，Thornton Wilder（1941）称之为“永远的现在时态（perpetual present tense）”。R. W. Corrigan（1979）提及：“在所有的艺术形式中，只有剧场艺术具有一种特殊的存在。这是一种双重过程。一方面，在每一场表演中，想象出来的人物和事件都装扮成现实中的真人真事，与此同时，这些真人真事又被赋予了某种完整的想象形式并被呈现出来——一种抽离了任何日常生活的不可预测性的形式。正因如此，所有的剧场都是关于存在、当前、表演。正如 Thornton Wilder 所说，'一种永远的现在时态'。"

Thornton Wilder 比较了小说和戏剧的区别，发现其很有意思。他认为戏剧就是告诉我们发生的一切，小说则是一个人告诉我们所发生的一切。在课堂生活中引入这个概念，具有重大的理论意义和实践价值。

三、任务型语言教学与戏剧型语言学习——如何实现真实语言的真实运用

2005 年，笔者提出"课堂剧场效应"与当时正在推行的任务型学习模式有一定的关联性。笔者在 1999 年初次接触任务型语言教学，比较认同它的"真实任务"（real task）的概念，并试图通过引进基于任务型语言教学概念的教材来推广这方面的试验。后来发现，任务型语言教学的课堂设计存在很多障碍，如词汇量问题、句型熟练性问题、课堂缺乏真实生活感的问题等。在教师的教案中经常可以看到"设置真实情景""创设生活语境""导入真实生活情景"等字眼，但是在大量的课堂观察素材分析的基础上反问，在教学中这些能够真正实现吗？其实，这样的"真实"在一般的课堂中是很难实现的，或许角色扮演可以实现某种虚拟的"真实"，但这样的字眼本身就是矛盾的。

在指导一些学校的英语教学时，笔者曾建议老师在时间允许的情况下通过开展课堂短剧来加强学生的模拟式的真实体验，这些尝试收到了非常好的现场效果，概括起来有以下几点：一是戏剧表演能够立即点燃学生的激情，其兴奋程度远非执行一般的"真实"任务可比。这样的激情，可以从学生话语的音量、面部表情肢体动作和积极参与程度上反映出来。二是学生特别乐于在课外准备短剧的台词，即使包含一定的生词也毫不在意。其实，这种准备的主体行动仅仅是单调的背诵，但学生却并不拒绝这种机械的训练方式。如果教师仅仅布置简单的作业，要求学生背诵语段，学生就不会有如此大的兴趣。三是学生排练英语短剧，实际上是

典型的小组活动。基于戏剧排练的小组活动具有良好的互动过程和体验，基本上能够做到小组的全员参与。这在一般化的任务型小组活动中是难以做到的，至少没有如此实效。四是英语新知识的学习总量可以明显增加。笔者曾对东莞某小学的戏剧活动的脚本进行过语言知识含量的分析，并把脚本的内含词汇和语法知识量与学生正使用的教材文本进行了比较，结果表明学生通过一个学期两个英语短剧（《白雪公主》和《灰姑娘》）的排练与演出所习得的新词汇和新句型总量大体相当于本学期正规教材内含新词汇和新句型的总量，而且掌握的水平远远高于课堂学习的水平。五是学生通过课堂短剧和舞台戏剧演出所习得的语言知识和实际技能的滞后效应要优于一般课堂的效应，这主要表现在词汇及表达方式的使用效率上，学生更乐于使用在短剧中反复用过的词句来参与其他活动。

四、戏剧的基础知识——英语教师应当知道哪些戏剧基础知识

英语教师是否应当具备最基本的戏剧知识？通常，大多数英语教师会回应道："戏剧不是我们的专业，英语教学不一定都需要戏剧知识。"其实，各个学科的教师都有必要用一些跨界知识来充实自己，因为基础教育所涉及的最普遍的知识是跨学科、跨行业、跨时间、跨空间的。所以，英语教师应当了解以下有关戏剧的基础知识。

1. 关于脚本的知识

一是故事结构。教师应当研究戏剧构成的核心因素，即故事的因素，应当知道故事有哪些类型，各有何特点。其实，教师稍加注意，就会获取很多这方面的知识。二是脚本成分。戏剧的脚本虽然内含故事，但是它们又不同于其他故事形态的文学作品，如小说和史诗等。脚本里除包括幕次、场次、环境背景说明之外，还包括台词及其旁注，以及其他细微的成分。只要教师拿几个著名的戏剧脚本仔细分析一下，就可以掌握这方面的知识了。三是人物情节。知道剧本的人物和情节是必要的。教师有必要了解中外文学史上著名的剧作家，如中国古代的关汉卿、汤显祖，现代的曹禺、郭沫若等，国外的莎士比亚、萧伯纳、易卜生等，以及他们作品中的人物和情节。尤其需要知道的是人物和情节所构成的戏剧冲突。四是语言特点。教师要注意不同脚本的语言特点，研究中国的戏剧

脚本和外国的戏剧脚本的语言特点。

2. 关于剧场的知识

教师还应当了解一下剧场的知识，例如，古希腊罗马的露天剧场是怎样的，莎士比亚时代的剧场是怎样的，欧洲现代剧场是怎样的，中国剧场又有哪些样式。这些知识英语教师都有必要知道一点。英国文学史上有很多关于剧场的精彩论述，读一读，也是一种美文的鉴赏。

3. 关于演员的知识

英语教师应当知道合格的演员所具备的专业技能，演员的演出风格与流派究竟有哪些基本的区别，他们是怎样接受培训的，他们是怎样进行戏剧排练的，他们在后台都有哪些我们并不知道的专业表现。因为有的英语教师会参与英语教育戏剧活动，所以，他们就有可能承担导演的角色，导演是需要掌握演员和演戏的专业知识的。

4. 关于导演的知识

英语教师只要开展教育戏剧活动，不管这种活动规模是大还是小，都要参与到戏剧活动之中，大多担任导演。因此，这些教师就应当具备导演所具备的最基础的知识。教师需要知道的涉及导演的知识并不深奥。无非是如何分析脚本，如何分配角色，如何引导演员去体验角色，如何具体地指导演员排戏。教师和专业导演的差距主要在实践经验、专业创意和专业培训上。

5. 关于排练的知识

教师需要重视排练现场的职业规范和管理操作。这方面的知识大体上是容易讲明白的，但需要专门的授课和专门的培训。教师要知道排练活动之前需要在脚本上进行勾画，以便制订排练计划。演员团队一经构建，就应当宣讲排练纪律，进行必要的行为操练，比如当角色 A 和角色 B 正在排练时，其他角色应当做什么，应当遵守哪些纪律要求，应当如何从旁进行专注的观察，并思考自己该如何饰演这个角色。获得排练的专业知识的一个良好途径是由专业导演或有经验的演员直接组织教师进行戏剧排练活动，让教师“在游泳中学会游泳”。

6. 关于演出的知识

英语教师要了解演出的知识则需要深入审视剧场（theatre）的概念。

这个概念既指空间的场所，也指在这样的场所进行的活动。演出知识以剧场为基础，所以教师首先要懂得剧场作为一种独特的创造性人类活动方式具有哪些特征。接着，要知道在剧场的舞台上展示戏剧的完整过程，包括演出之前的专业安排，如舞台构建、舞台灯光、舞台布景设计等。此外，还要知道演出的流程、不同戏剧演出的不同流程的分类知识，以及舞台演出时的工作分配，比如各类工作人员的职责。最后，还有观众的管理、时间和空间的管理等技巧和相关知识。

上述这些知识虽有一定的专业性，但任何英语教师都有可能经过一段时间的学习和训练系统地掌握。如果师范院校设置此类专修课程，大约需要的课时不过是 10 ～ 15 小时，需要的培训材料也不过 30 ～ 50 页。即使对在职教师开展类似的培训，也不难。我们的教育戏剧培训应当有信心把这些基础的戏剧知识传输给英语教师。

五、课程计划与课堂戏剧活动——课堂戏剧活动如何纳入课程计划

课堂戏剧究竟在课程计划中处于怎样的地位？这确实是值得研究的问题。应当看到，有些学校的校园戏剧活动是与整体课程计划脱节的，它们只是作为某种形式的演出活动出现在校园之中。教师和家长仅把戏剧活动视为学生的课外兴趣活动，而且认为这些活动只是具有表演能力的学生的专属阵地。其实，这样看待课堂戏剧活动是不妥的。

将课程与戏剧相结合，应当处理好以下几个问题。

1. 注重生活和生命体验，实现成长教育

英语戏剧活动不仅仅是语言学习活动，它是与人生联系在一起的。青少年经历戏剧的过程，同时也是体验生活和生命的过程，所以，戏剧活动可以起到综合的教育作用。

2. 发挥戏剧活动的课程整合功能

英语戏剧的活动，不是单纯的语言活动，它会涉及其他学科的内容和知识，如历史知识、地理知识、自然科学知识、社会知识等。学生进入戏剧故事与冲突，实际上是全身心的参与。所以，戏剧活动可以起到整体的育人作用。

3. 经历真实的审美体验

戏剧活动是一种综合性的审美活动，不管是作为演员，还是作为观众，学生都可以在戏剧活动中获得审美体验。其实，在各项学科活动中，学生都应当接受审美教育。戏剧审美具有三个优势：一是使参与者共同进入审美情境之中；二是戏剧审美具有亲临其境的特殊体验；三是个体以不同的角色与群体分享审美体验。

4. 提升学生的语言学习境界和心理水平

由于戏剧活动有故事情节和各种戏剧冲突，戏剧活动比较容易使学生获得整体的情景体验，所以课堂戏剧活动可以大幅度提高学生的语言学习境界和积极性，并能够提升其心理活跃度。

5. 强化语言知识项目

由于戏剧的语言是典型情景中的活的语言，所以它们能够加大语言学习活动的接受强度。戏剧语言是典型语境中的语言，学生可以在戏剧语言的运用中领会和巩固。戏剧活动要求脚本适合阅读，台词适合朗诵与表演，所以戏剧活动无疑会成为有趣的语言操练活动，能够增加词语重复的次数。根据对课堂短剧脚本的文本分析，一个二十分钟的短剧可以包含几十个陌生词汇和十几个复杂的句型，这无疑有利于提升学生的学习效果。

6. 锻炼语言技能

课堂戏剧活动还可以高效地锻炼学生的语言技能。通过脚本修改、脚本分析、角色体验、排练和演出的各个环节，学生的听说读写技能都会得到更多的锻炼。

六、社交剧的教学实施程序——教师如何实施课堂的戏剧教学模式

社交剧（socio-drama）是一种适合课堂实施的戏剧模式。采用这样的模式进行课堂教学，教师首先应当明确以下几个问题。

1. 明确什么是“冲突”

社交剧与其他戏剧的一个共性就是都有戏剧冲突。教师在开展这类戏剧时，应当知道冲突意味着一种二难选择（即哲学中的二律背反）。例如，在一个课堂的开放型短剧中，角色 A 知道了一个不好的消息，角色

A会想："我告诉他（角色B）这个坏消息，他会难以承受；我不告诉他这个坏消息，他会认为我不真诚。怎么办？"教师在实施教学程序时，要让学生进入这种两难境地，而恰恰是这样的冲突境地，才能真实地引发学生参与的激情。

2. 让学生进入社会互动

应当使学生通过参与社交剧学会进入社会互动过程的具体方式。开展社交剧时，应当采取有效措施把学生引入戏剧的社会关系中，有了这种关系，才能启动我们所期待的社会互动。

3. 整体安排教学班的行动

社交剧参与的人数通常为3～5人，这与教学班的人数是不相适应的。在大班教学状况下，群体安排显得颇具挑战性，过程实施若忽略这一问题，教师会面临少数人进行社会互动与社会沟通，多数人则成为观众的问题。

按照一般理解，戏剧在课堂上就是戏剧表演，它的课堂效果只是寓学于乐。其实，戏剧的教学功能远非仅限于娱乐。

语言交际的本质是社会互动（social interaction）。学生在课堂上应当增加社会互动的实践。这是语言教育研究者与实践者的共识。设置情景被人们视为语言交际实践的基本条件。但是，情景的设置对教师来讲，并不是一件想做就能做到的事。当前，情景设置的主要方法有以下几种。一是教师介绍情景。如"T: Suppose you are standing on a street, but you don't know where you can find a band..."。二是用图片介绍情景。如"T: Look at the picture. I can see a little boy. He's lost in the forest. How can I help him?"。三是用语言材料介绍情景。如听力材料，"I'm a little boy. I'm lost in the forest..."。再如阅读材料，"The little boy is traveling in the forest. He enjoys his travel, but he finds that he can not find the right way. He is lost in the forest..."。四是用卡片介绍情景。例如，卡片文字内容"You are a little boy. Your name is David. You are traveling in a forest, but now you find that you are lost. What do you think you should do?"。

上述四种方法都是有效的。但是，如果课堂运行不得法，即使介绍了情景，学生的语言交际实践也有可能形成"the dead body and the communicative head”的情况，也就是说，学生的所谓实践活动虽然使用了交际性的语言，但不是真正的社会互动。

socio-drama 本质上是一种超越舞台、只有演员没有观众的全员采纳型的社会交往型戏剧，因此称之为“社交剧”。下面的简图（图 4–7）显示了娱乐圈的戏剧与社交剧的区别。

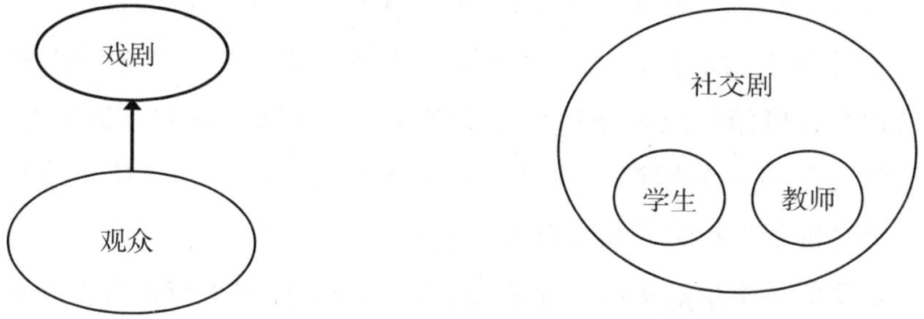

图 4–7

在戏剧中，观众不参与戏剧中的社会互动。在社交剧中，学生和教师都参与戏剧的社会互动。“身置其中”是社交剧的特点。

Robin C. Scarcella 将课堂教学的社交剧定义为一种基于社会问题解决的角色扮演活动。社交剧为课堂提供了一个生活中的故事，而且是开放型的故事。故事中必然要提出一个需要解决的问题。问题集中地体现为一种生活中的冲突。学生将被卷入故事的问题和冲突之中，他们在社交剧中有各自扮演的社会角色。生活中的问题和冲突往往是复杂的，而在社交剧教学活动中的问题和冲突应当相对清楚、明白、简单，即不卷入过于复杂的因素，以便课堂操作。

社交剧有比较强的可行性。首先，语言学习者的学习方式是不同的，有的学生特别倾向于理性学习，特别看重对语言规则的使用，可称之为“正式学习风格”（the formal style）；有的学生则更多地借助感性的语言习得过程，可称之为“非正式学习风格”（the informal style）。社交剧可以适应这两类学生的学习和实践。其次，语言的有效吸收（intake）的重要前提是注意。实验表明，社交剧可以提高学生对输入语言的注意水平。最后，Robin C. Scarcella 认为社交剧可以使学生真实地进入话语环境（the verbal environment）。因为社交剧可以激发学生的生活兴趣和外在动机（extrinsic motivation），学生期待参与，所以能够加强学生的注意力。社交剧还自然地引入了特定的文化因素。

从语言学习的角度看，社交剧以社会互动实践的整体语言环境使学生参与真实的语言运用，从而带给课堂教学以下几方面好处。

一是发展了学生的词汇。一个完整的社交剧活动会自动激活比平时学习多数倍的词汇。社交剧发展词汇的具体作用包括以下几点：大量激活学生以往学过但未必巩固的词汇；加深对已学词汇的深层语义理解；深刻地感受新学词汇并使之生动地定位在故事之中；激励学生探求他们喜欢的词汇，以能动地参与社会互动实践，并使这些词汇具备个人特点，促进个性化学习；为词汇的情景记忆创造了良好的条件，从而使社交剧的词汇记忆机制更接近现实生活情景中的记忆机制。

二是发展了学生的语法应用能力。语言习得的水平与语言参与日常会话的方式有较大的相关性。学生在社交剧中首先考虑的是沟通策略的选择，并在沟通策略的指导下进行语言构建，即从意义的角度选择恰当的语法形式。例如，从语法形式的角度看，I think 和 I thought 只是现在时和过去时的区别。但从沟通策略的角度看，I thought 可能带有纠正自己过去与现在不一致的想法的意味。如说话人在伦敦街头偶遇自己的印度老板，就会完全从沟通策略的角度对老板说："Oh, I thought you were in India."。这已经是语法的社会功能学习方式了。

三是发展学生的社会互动策略。如何开始谈话？如何有次序地表达？如何回避某种信息而"顾左右而言它"？如何提醒对方注意核心问题？如何向对方发出警告？如何说服对方？如何表示自己的诚恳态度？如何给对方以鼓励？这些都涉及社会互动策略的实际运用。在常规学习中，由于课堂缺乏社会互动的环境条件，所以学生通常只注意记忆对话、模仿对话，而不太会去领悟对话中的社会互动特征。这里要强调的是社会互动策略是不太可能在刻板的听力材料呈现中被领悟的，必须是"行而知之"，社交剧是很好的"行"的方式。

四是发展学生的语篇策略。在真实的语言交流中，语篇总是按社会互动的动机来构成的，所以，好的语篇本身就会透露很多社会互动信息。社交剧为学生提供了在社会互动的实践中发展语篇策略的多种机会。

五是学生对不同文化的鉴定意识。戏剧永远包含着其固有的文化特点，《茶馆》与《娜拉》的不同首先是民族文化的不同。二十世纪三十年代，中国戏剧作家把俄罗斯的名剧《夜店》（一个十分悲惨的下层市民故事）成功地改编为中国的《夜店》，情节与戏剧冲突并没有大的变化，但作家的改编重点是对戏剧整体的文化背景以及与此相关的社会关系和社会语言的改编。从这个角度说，社交剧本质上就具有社会文化的性质。学生参与这种戏剧冲突，也就意味着他们把自己放置在一个文化氛围中去使用语言，他们在真实参与的戏剧体验中领悟了戏剧冲突中的文化因素。

我国中小学引入社交剧需要注意东西方文化差异和相关的思想内容问题。培养我国学生的社会交往能力需要坚持我国基础教育的育人原则。为此，主要应明确以下几点：坚持思想教育正能量，适当借鉴世界各国的健康育人元素；坚持培育核心素养的基本方向，适当借鉴具有普遍意义的道德元素；坚持中华文化的主流意识，适当借鉴社会科学提供的人际和谐模式，提高学生的和谐沟通技能；坚持我国教育方针的集体主义精神，适当借鉴支持性格健康发展的多元智慧。

七、课堂戏剧活动的主要类型——课堂戏剧可以多样化地进行吗

依据戏剧活动与课堂的融合程度，可以把课堂戏剧活动分为以下几种。

1. 配合型

课堂戏剧活动可以作为辅助活动配合主体课堂。此类型的课堂戏剧活动要依据整体的课程计划适当加以安排，此类活动可以发挥以下功能：一是支持词汇学习；二是支持某一话题的综合活动；三是复习巩固已经学习的语言知识；四是提高学生的学习兴趣；五是实现语言运用的目的。

2. 集中型

这里所说的集中型主要是指一个学期或学年的较大的戏剧活动，比如，有的教育戏剧实验学校每学期举行一次经典戏剧的演出，全体学生不仅能够参加角色扮演活动，还可以参与剧目选择、脚本撰写、排练。在这类活动中，教师选择以下方式进行戏剧活动的组织与实施：一是在整个学期或学年的教学规划中，统筹语言知识内容的分布，将当下需要

学习巩固的词汇语法和技能训练的目标纳入集中型的戏剧活动之中，这样学生就可以在短剧的改编、排练、演出和总结的过程中反复运用计划所规定的词汇和语法学习内容。二是鼓励学生根据短剧剧情和故事接受新的学习内容，这些内容通常就是演出脚本情节所涉及的表达形式和词语用法，剧情的特点也就是学生吸收新的语言知识的特点。三是激励学生进行整体体验。这种做法并不十分重视已学词语的复习巩固，也不十分在意学生在改编、排练和演出中接触了哪些新的表达方式。此种活动可以侧重学生对表演戏剧的真实体验。

3. 同步型

这种课堂戏剧活动是伴随课程运行的全程的，学生一边进行语言学习，一边参与戏剧活动。这类活动可以占用一部分课堂活动时间，也可以鼓励学生在课外进行与戏剧直接相关的活动，如研究脚本、组成小组进行剧本的分析或情节排练等。此类戏剧活动与前面的戏剧活动的主要区别是前面的活动并不是均衡地分布在课堂发展过程中的，而同步型课堂戏剧活动则应当自始至终鼓励学生一边参与日常的学习，一边把学习活动与戏剧活动有机结合起来。

4. 系统型

系统型戏剧活动可以成为基于戏剧活动的英语课程（drama-based English curriculum）来发展。此课程类型应具备以下特点：一是把戏剧素材视为主体学习资源，规定的教材被有选择地纳入英语戏剧课程的系统之中，这样做是为了保障戏剧课程的系统性和戏剧课程运行的有序性。二是把学生的学习活动系统地纳入戏剧课程活动之中，而不是一边学习语言知识，操练语言机能，一边展开戏剧活动。实验表明，这样的戏剧课程不仅能够保证规定课程的学习质量，而且还能超出既定的指标。三是把全体学生组织在英语戏剧课程之中。戏剧课程面临的一个常见的问题就是只有部分学生能够直接参与到戏剧活动之中。系统的英语教育戏剧课程应当把全体学生都纳入戏剧活动之中。下一节将介绍相关的具体方法。

八、课堂戏剧活动的教学设计（1）——如何设计封闭式的课堂戏剧活动

课堂戏剧活动首先应当完成的工作是教学设计。有人认为，戏剧活动的设计实际上等同于戏剧导演的工作计划。教师确实有必要学习导演的专业知识和技能，在学生参与的课堂戏剧活动中充当导演的角色。与此同时，教师还应当充当教育者的角色，所以，我们把课堂戏剧中的教师称为“教师－导演”（teacher-director）。教师进行的课堂戏剧教学设计是一种特殊的教学设计，具体设计步骤如下。

1. 确认课堂戏剧的教学目标

教师应当首先确定本次戏剧活动所要达到的预期目的。如果是连续的课堂戏剧活动，教师还要清楚前面的戏剧活动是什么，是否达成了目标，还存在哪些问题。

课堂戏剧的教学目标包括几种类型：一是内容目标。内容目标应当包括本次课堂戏剧活动的故事主题、事件、冲突和教育内涵的明确阐述，必要时还应涉及故事情节的简述。教师应当说明该剧原型故事的创意和试图调整原型创意的目的所在。二是行为目标。这里说的行为不是指戏剧人物的行为，而是指学生参与本戏剧活动的行为，包括语言行为（听说读写译）、戏剧行为（背诵、模仿、排练和台词演练）及人际互动行为（小组合作、研究讨论、询问、上网查询、专业咨询等）。三是语言知识与技能目标。具体包括：覆盖重点词汇和语法句型，已学知识的复现以及语言技能的培育目标，如对细节、作者意图、修辞格、词语辨析、成语内涵等的理解。四是戏剧目标。戏剧目标是涉及戏剧排练和演出的基本目标，其中也会涉及语言技能。戏剧目标包括朗诵技能、角色情感体验、舞台空间体验、夸张技巧、模仿技巧、角色化的手势。如果学生深度参与戏剧演出，还会涉及更多的舞台技能。

2. 选择课堂戏剧的素材

教师为课堂戏剧活动选材是教学设计的重要步骤。由于课堂戏剧活动大都使用节选或改编的脚本，所以在这里把这些脚本称为“素材”。教师选材的工作可以遵循以下要点：一是选择素材的策略。主要有两种，

一种是“超市购物策略”，即从大量材料中挑选自己中意的对象，但不做全面检索；另一种是“调查策略”，注意平时积累素材，需要时再从中选择。教师应当力求从第一种选材方式逐步过渡到第二种选材方式。二是不断扩大素材来源。力求做到灵活把握时间覆盖跨度，使不同历史时期的素材都可以入选；适度选择中国元典文化内容；兼顾目的语文化；保持原文原态，修改后也应尽量保留部分原文和基本的原态。三是选材不一定局限在原创戏剧上。由于课堂戏剧绝大部分是短剧，所以素材选择可以涉及寓言、童话、神话、史诗、传记、历史事件或故事、小说、生活（成长）故事、幽默小故事以及当前的动画故事、成语故事等。四是选材内容是否具有典型语境、典型写作动机、典型事件人物和典型过程。因为戏剧的原创故事，不管是历代的还是现代的，又或是身边的，都必须凸显典型。五是鼓励在选篇中设置深层次的文化蕴涵。这样使学生初步理解后，能够在特定的情节或措辞中发现已被忽略的文化元素。这样的选材不仅为学生的改编打下深层次的根基，而且为戏剧的表现提供了创造性的条件。六是要求在选篇中吸收深层次的智能元素。这种素材可以加大戏剧的深度，有助于学生对其逻辑性和戏剧表现进行多角度的深入理解。七是选择足以激励学生去解决特定问题的篇章。这些问题可以有不同的解决方法，以此诱导学生在戏剧活动中进行审辩式的思维活动。

3. 指导学生参照素材撰写脚本

课堂戏剧活动的这个环节是指导学生进入自主读写行动的重要环节。这项活动可以由学生个人进行，也可以由小组来实施。实施要点有以下几点：一是鼓励学生熟读所选的素材，要求学生提炼出故事主旨、冲突的性质与类型、情节构成元素、主要人物及其特点。这是一个自主的、有目的的精准阅读过程，不同学生可以采取不同的阅读策略，教师则可针对具体情况适当实施指导。二是教师告知学生改编的主要策略。是否改变故事结构，如何处理故事中的人物，如何确定戏剧的环境，是否有删节，是否依照新的创意进行改写，等等。三是师生共同建构素材内容的完整信息，可以使用图表或心智图的方式。四是学生进行素材的创造性改编，这是关键性的步骤。教师应当根据学生改编的具体情况确定指导策略。五是教师在这个过程中进行语言的必要指导，可以提供参考句型和用语。

4. 组织学生修改脚本

在学生完成素材的第一次修改后，教师便可组织学生分组进行脚本的修改。为了使这一活动依照既定规则进行，教师要直接参与小组的讨论。必要时教师应当选择典型样本供学生鉴别和修改。教师要发挥主导作用，以防止出现走过场的现象。注意事项有以下几点：一是统一修改规格。教师应当向学生介绍脚本规格和版面格式。二是指导学生使用正确的脚本语言，必要时专门讲解并展示案例，以便学生仿效。三是介绍专业的编辑符号，引导学生使用规范的编辑修改符号。四是教师有必要根据素材的语言，提供一些语言帮助，如提供短语、句型和剧情特需的某些表达方法。

5. 指导学生进行分组排练

在脚本定案之后，课堂戏剧的排练活动即可开始，实际上就是反复的语言操练课。这是巩固前期阅读所获得的语言知识的好机会，但是由于是戏剧排练，学生的参与激情是一般的口笔头作业无法相比的。

排练活动可以在课上或课后进行。但是，教师有必要以导演的角色在课堂上直接参与学生的排练。课上的排练活动应当注意以下问题：一是避免出现主要演员练台词，其他学生只是旁观的局面。要组织好小组活动，让每个学生都有事可做。二是教师应当注意随机观察学生的活动，及时进行语言的矫正。教师还应当寻找适当的机会进行表演和语言的示范。三是课堂排练不应当仅仅是背诵台词，而是要全方位涉及语调、韵律、对白中蕴含的情绪，直到学生改进相应角色的具体动作。

6. 指导学生进行练习活动

练习（exercise）在体育、音乐和美术课上永远是需要的，学生已经适应了此类学科的每一节课上和课下的练习活动，而且已经形成模式化的练习规范。我们有必要把这种练习模式引入学生的戏剧活动中。下面是一些在教师和导演主导下的排练实例。

实例一

这是一个名为“街巷”（Street and Alleys）的小组练习活动，旨在引发学生的戏剧情趣。引导学生进入戏剧排练的真实体验，是戏剧正式排练前的准备性练习互动。

Teacher: Before we begin our drama, we are going to play a game that will prepare us for our work later on our drama. The name of the game is Street and Alley. May I have two volunteers please? Name yourselves A and B. A, you are to be a policeman. B, you will be the thief. The rest of you are to line up in separate, equal rows of five, equally spaced. Stretch your arms out from your shoulders. Keep them there. When I call out "Alleys!", all of you turn a quarter-turn there. When I call "Streets", turn back to the front.

(The students practice a few times so that all turn together.)

Teacher: A and B, move to different parts of the grid so that we begin the chase along the rows. The rows will change direction when I call "Alleys" and change again when call "Streets". Remember, you can't crash through a blockade of arms or cut through a street or alley. When A tags B, the game is over.

(The students practice a few times so that all work together well.)

Teacher: Let's sit down now and think about that game. Besides a police chase, what other real-life experiences does the game remind you of?

从上面的练习可以看出：第一，教师鼓励全体学生在练习中分组进行实际体验；第二，教师并不动用其他复杂的舞台设置和道具来进行这一练习活动，只是尝试去做，只是鼓励学生去假设；第三，每个学生都需要用自己的行动来参与这个特定的体验情境。

实例二

这是一个名为“音景”的群体练习活动，目的是借助音响的具身效应，引导学生进入原始森林的自然环境，从而使学生体验在森林中迷路的感受。

Teahcher: Our task is going to be challenging. You will have to focus and use your imaginations if we want to make our drama work. I wonder if we can become that scary forest?

(The teacher wants the students to form some images of the forest.)

Teacher: Can you create those twisty and scary woods? Let's become the forest that touching the sister who moves through.

Find a space in the room where you can stretch your arms without actually touching anyone else. Listen to the music and allow your body to turn itself into a part of the dark and terrifying forest.

(The students do as the teacher tells them.)

Teahcer: How might we deepen the fearful quality of the woods? Now that we know what these woods look like, I wonder if we can create the sounds of that awful wood? How can we create the scariest place we know? What sorts of sounds would we hear?

(The students practice adding their sounds to the movements.)

Who is brave enough to take on the role of the sister?

(Someone volunteers.)

Along with the sounds of the forest, might the sister feel something brushing up against her, catching her clothing, touching her hair but never holding her back? Just think about that. Where will she enter the forest?

(Some students decide.)

Sister, when you find your way out of the forest, freeze. Trees, when you see her frozen, you freeze as well.

(The students do as the teacher says.)

（以上两个案例取自深圳某国际学校外籍教师戏剧课堂教学活动设计材料。）

实例三

这是一个专业戏剧导演排练的经典实例，培训者是俄罗斯戏剧家斯坦尼斯拉夫斯基的学生 Sonia Moore。下面就是 Sonia Moore 表演课的实录片段（Moore，1968）。

Sonia Moore（以下简称 S. M.）: Good afternoon. Please turn your chairs so that you can see each other.（注意：导演指令，调整坐姿。）You are on a bus. You do not know each other, but each of you observes the others without being noticed.（交代具体情境和在场人物状态。）Build the circumstances. Make sure also that you know why you are watching the other person. In life, if we observe someone, we know the reason—maybe the face seems familiar, and you are trying to remember where you could have met him, or you may recognize a thief, and so on. Be aware of the obstacles to your objectives and find ways to overcome them.（以上均为具体描述现场情境的细节，旨在指导参与排练的戏剧学生“进入状态”。）

（The students perform the improvisation together.）

All right. That is enough. Now turn your backs to each other. Nina, can you describe Liz's clothes?（演员在戏剧情境中需要随机观察，以下都是导演对戏剧学生随机观察效果的检测。）

Nina: She is wearing... a brown pullover.（回答错误，表明即兴表演时未能进行确切的细节观察。）

S. M.: Do you all agree that Liz's pullover is brown? Is it brown, Liz?

Liz: No, it's green.

Albert: He has on a white shirt and a black tie.

Michael: I have no tie at all.

S. M.: What colour are his socks?

Albert: I don't know...

S. M.: Jack, can you help?

Jack: They are gray. I think he is wearing a ring and a pair of corduroy pants, sort of blue.

S. M.: Liz, can you describe Mary's clothes?（Liz says nothing.）I asked you to observe each other, though I did not tell why, and you do not remember a thing. Do you remember Peter's clothes?（持续询问刚才的观察效果。）

Liz: Well, he has on a long-sleeved shirt.

（All the students answer similar questions.）

S. M.: You remember a great deal, after all.

And now, everyone, please come up to the table, all together...（开始进入下一阶段的练习。）Put one hand on the table... Push up your sleeve, Jeff. Put down the other hand, Liz, the one without any rings or bracelets. Now examine all the hands closely. Then you will turn around, close your eyes, and try to guess by the touch whom they belong to. I shall count to twenty...（导演进行另一项随机检测。）All right. Everyone, come upstage. Come here, Meg. Stand at the table with your back to it. Come here（pointing to another student）. Put your hand on the table. Meg, you touch it, and tell us whose hand it is. Touch it.

（Meg guesses right.）

Good. You, Anne. Whose hand is this?

（Anne guesses right.）

But you should not walk so heavily because Anne recognized your footsteps（laughter）. Don't help them to identify you.

（All the students in turn identify each other's hands.）

S. M.: Now you come to a friend to tell him some exciting news, and he is not at home. Do not rush on stage... You must know what the news is, who your friend is. Think why you want your friend to know about it. Remember an analogous emotion in your life. The situation does not have to be the same, but an analogous emotion is important. See in your mind all the people involved. They must be real people. Concentrate and build the situation.

7. 组织学生戏剧小组的展示活动

课堂的戏剧展示类似剧本的演出，但又不同于舞台演出，这实际是学生的分组展示。需要说明的是，课堂展示也应当有一定的剧场式的支持措施。其中包括：

（1）改变桌椅安排，使教室环境能够产生一定的剧场效应（如图 4-8）。

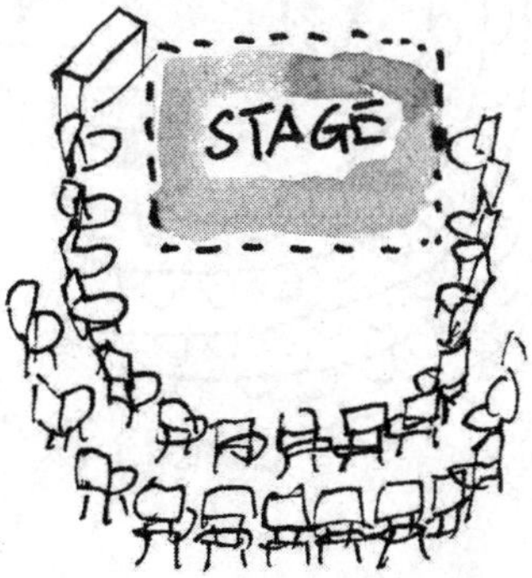

图 4-8

（2）清楚界定舞台和后台，以便学生演员准确地上场和下场（如图 4–9）。

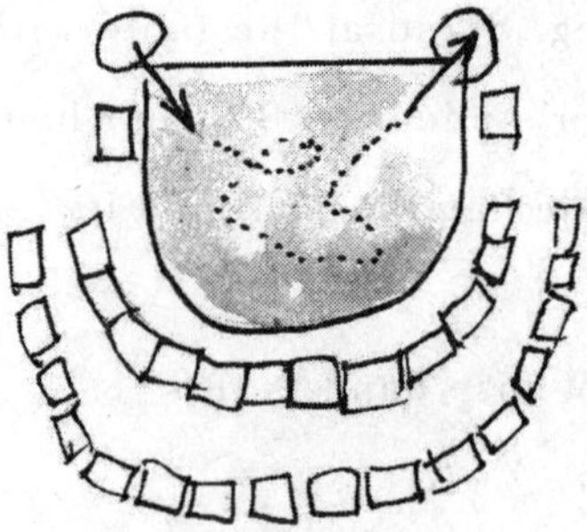

图 4–9

（3）清楚区分舞台和观众席（如图 4–10）。

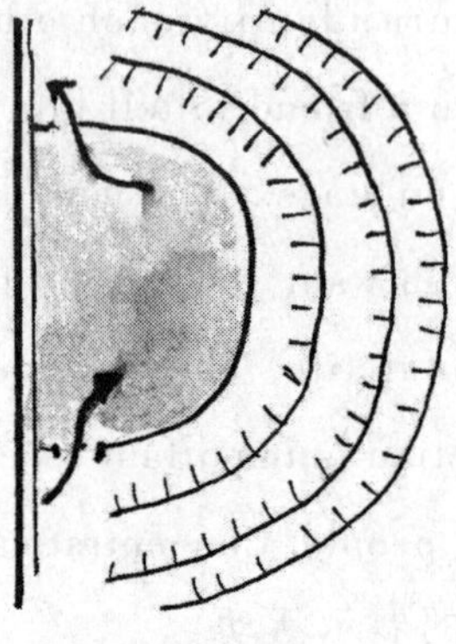

图 4–10

（4）向学生明确演出时的舞台空间定位（如图 4–11）。

图 4–11

（5）注意同时开展小组之间的互相评价（如图 4–12）。

图 4-12

8. 表现评价

课堂戏剧活动需要有评价活动，教师不仅要对学生小组进行评价，对学生事件也要做出评价。同时，学生小组也可以进行合作评价。这需要教师为学生的活动设计规范的评价表（见表 4-2）。

表4-2

评价项目	评价标准	赋分	得分
剧本（30%）	核心素养（理想、信念、道德品格）	10	
	内容创编质量（改编、自创、情节、逻辑）	10	
	戏剧冲突（有意义、有价值、有吸引力）	5	
	人物形象与个性（健康、完整、独特）	5	
		小计	
表演（30%）	角色性格情感体验（真实、生动、感人）	10	
	个性及情感表现力（典型、准确）	5	
	情节的推进（首尾连贯、起伏有序）	5	
	整体互动及表演效果（流畅清楚、配合默契）	10	
		小计	
语言（25%）	语音语调（地道、准确、富于感情）	10	
	音量、语速、间隔、节奏	5	
	话语类型及话语转换（对白、述白、独白、抒情）	10	
		小计	
空间（15%）	教室内的空间效果	5	
	道具、服装、化妆（个性特征、文化特征）	5	
	创新设计（新颖、奇特、巧妙、智趣）	5	
		小计	
简评		总分	

需要说明的是，这个评价表把评价事项分为四类，各类权重是可以灵活调整的。最后一项“空间”指的是课堂的戏剧活动空间，相当于舞台表演空间。

九、课堂戏剧活动的教学设计（2）——如何设计开放式的课堂戏剧活动

上一小节主要是研究封闭式的课堂戏剧活动，其封闭性主要表现在用固定的脚本进行课堂戏剧活动。开放式的课堂戏剧活动的核心点在“开放”二字上，分为两种类型：一种是教师提供戏剧主题和要求，由学生创作故事和脚本，然后依照学生自己的脚本排演戏剧；另一种是仅由教师提出某种条件和要求，学生在教师的影响下，随机形成戏剧过程和故事。不管这两种方法的哪一种，都比封闭式的戏剧活动的难度大。

以第一种教师出题及学生创编、排练并演出为例，现介绍一个简短的创编示例。

1. 教师出题

Look at the picture below（图 4-13）. What are in the picture? Can you create a mini-play according to this picture?

图 4-13

这个题目有点像看图写话，但又有几个不同点：第一，教师不仅仅期待学生简述图画内容；第二，学生的任务不仅仅是叙事，而是要创编一个故事；第三，创编的情节必须具有冲突（实际上图画中已经隐含了某种冲突的可能性）；第四，学生的作品必须是一个小脚本，学生利用这

样的脚本便可以表演一个短剧；第五，不同的学生可以根据这个脚本演出一场内容基本相同但特点各异的微型课堂剧。

2. 学生创编戏剧脚本

显然这是一项写作任务，而且教师和学生可以有不同的选择，或个人完成写作，或小组集体完成写作，或小组分工完成写作。小组集体完成写作，应当是集体研究讨论，然后委托执笔者完成初稿，并再次进行集体讨论（如图 4-14）。小组分工写作，则是由小组讨论出基本创意，由两三名小组成员完成初稿，并征求意见，进行修改（如图 4-15）。

图 4-14　小组集体完成写作

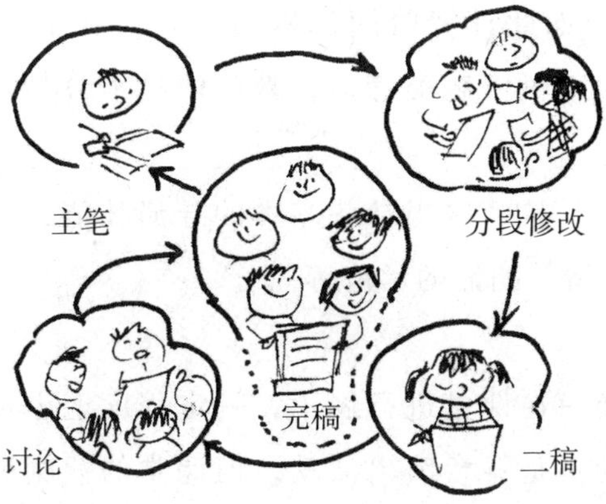

图 4-15　小组分工完成写作

3. 小组排练短剧

排练本身就是短剧口头表达和真实演练。其实，这一步可以称为一种愉快的语言操练。如果不采取戏剧排练形式进行语言的操练，这类活动很可能变得枯燥无味，像拉小提琴单纯练弓法或篮球运动员单纯练带球。但是，戏剧排练则可能带着激情。教师如何监控学生的排练、指导学生的互动、做出有效的语言示范和动作示范，都是很重要的。

一是保证纪律。课堂排练应当有纪律，主要包括保证现场安全、全体人员专注排练、杜绝开玩笑、避免讽刺他人、听从组长（或学生导演）指挥等。

二是现场监控。当学生在课堂中排练时，教师可能会遇到几个小组同时排练的情况，所以有必要考虑如何进行现场监控的问题。建议教师在关注所有小组的活动时，把某小组视为重点监控对象，以便发现共同问题，进行必要指导。

三是情绪引领。排练时，演员的情绪十分重要，学生很可能觉得排练好玩而变得松散和松懈，或者认为表演很傻，或不好意思，或过于兴奋。这些都会成为排练的障碍，教师进行情绪引导有利于排除这些心理障碍。

四是分段排练。学生的排练应当把脚本分成小段，依照各小段的次序，分别进行排练。要注意的是，如果有的小段排练不合格，就应当重新排练。

五是精细分秒。教师指导学生排练有两种不同的风格：一种是粗线条的一般性指导；另一种是细致入微的指导，即“精细分秒”的指导。这意味着常规排练活动要在仅占分秒的行为和话语环节上下功夫。但精细分秒的练习不能如此计算时间，教师指导时在某些关键的分秒时间内下足功夫，学生就可以触类旁通，教师的精细分秒指导，将起到点化作用。

六是教师示范。教师应当具备基本的导演技能，能为学生进行表演示范，如动作、表情、朗诵的示范等。

4. 课堂展示

课堂短剧即使只在课堂进行展示，一定程度上也可以理解为当众表演。虽然这类活动不是舞台演出活动，但课堂的戏剧展示应当吸收一定的舞台演出元素，同时创建一种类似剧场的课堂环境，此点可以参照前面提出的课堂剧场效应。如何让课堂的戏剧展示具有课堂的剧场效应？有以下几个要点。

一是课堂区域划分。课堂的戏剧展示活动应当在具备剧场效应的教室环境中进行。课堂应当划分为两个区域：舞台区和观众区。教师作为舞台监督者应当站在特定位置上。舞台区域应当划出前台和后台的明显界限。前台和后台应当设置上场门和下场门。以上只是对课堂的空间布局进行了粗略分析，下面将对课堂的系统空间设计问题进行具体研究。

二是教师职责。教师负责对全班展示活动进行管理和监控，但是最好不直接参与演出的组织工作，这类工作应当交还给学生来做，这样的教育效果更好。教师可以协助学生执行戏剧空间和表演活动的各种管理职责，如帮助学生进行空间安排，实施有效的舞台监督等。若由学生自主管理，教师可以把更多精力放在观察学生的表现上，旨在有效采集学生的随机表现，并进行研究，在关键环节上进行指导。

三是学生职责。学生应当在课堂戏剧活动中承担多种职能，主要包括小组排练活动的组织，实施活动管理，参与活动设计，主持并参与空间设计，小组内部的关系协调，排练活动的组织与管理（包括课堂“演出”的自主与合作管理）。

四是展示中的多元过程。课堂的展示可以理解为语言学习活动，也可以理解为戏剧表演活动。这个过程虽然仅有几分钟或十几分钟，但过程的行进是伴随着几个子过程的同步推进的。

5. 学习活动总结

这项活动很重要，也很容易被忽略，通常演出结束后，大家都认为整个戏剧活动已经结束了。其实，就课堂教学而言，演出不是最后一步。学习的总结不可或缺，建议教师为此做好几件事：

一是指导学生总结自己在这次戏剧活动中的语言知识的收获，比如增加了哪些新词汇，了解了哪些新的语句表达方式，获得了哪些语言文化知识。二是指导学生进一步优化自己的戏剧作品，矫正语言错误，提升修辞水平，改正不妥当的语句，从而产生经过细心修改的最终脚本定稿。演出后的修订是学生学习写作的重要步骤，具体办法参照过程写作（process writing）的有关文献。三是鼓励学生撰写编剧笔记和排练笔记（英语或汉语均可），进一步加强戏剧体验。四是小组总结。写心得与体会、团队配合和人际互动改进成效等。

第四节 戏剧角色的过程体验及表演体验

教育戏剧活动可以分为两大类：一类是课堂戏剧活动，另一类是舞台戏剧活动。上一节已经比较深入地研究了第一类，本节和第五节则集中讨论舞台戏剧活动的主要问题。更确切地讲，舞台戏剧活动是综合性更强的系列活动，一般可以视为一个以教育戏剧为内容的项目学习。从这个角度看，学校学生的舞台戏剧活动绝对不仅仅是舞台的文艺演出。本节重点讨论学生在戏剧活动中的角色体验。

一、戏剧角色体验的基本认知——戏剧角色体验与生活体验有哪些不同

戏剧的角色体验是一种不同于实际生活体验的特殊体验。这两种体验究竟有哪些区别呢？

第一，生活体验是自然的体验，戏剧角色体验是带有人为因素的体验。学生已经习惯于自然的生活体验，身处于这样的环境之中，并无任何特殊的感觉。而戏剧体验则需要学生在由教师、同学和其他人有意组合而成的情景中去经历。

第二，生活体验是学生熟悉的体验，戏剧角色体验则是新奇的体验。学生在日常生活中习惯性地经历事情，一般会缺少新奇感，除非生活中出现特别的事情（如外出旅行）。而戏剧角色体验则具有新奇感。

第三，生活体验总是受到个人环境和条件的限制，戏剧角色体验是基于想象的体验而具有无限的可能性。学生在生活中无法实现的事情，可以借助戏剧的角色体验来实现。比如，他们在现实生活中很难真实体验海上生活，而在戏剧中他们可以以特定角色的身份在大海上飘游，尽管他们并没有真的在海上航行，但他们可以在戏剧中探寻海上生活体验。剧本的故事、导演的启发、环境的烘托、其他角色的推助，使该角色的体验具有一定的经历感。

第四，生活体验永远是主体人的自我体验，戏剧角色体验可以创生“第

二自我”。学生身处戏剧中时，如果能够进入角色，那么，他就有可能找到这样的“第二自我”，即“角色的自我”。这种体验对学生的社会化成长进程具有重要意义，他们在戏剧角色的“第二自我”体验中，有可能学会设身处地地考虑他人，并从中吸收智慧和经验。

这些戏剧角色体验是教育戏剧追求的理想目标。但是，英语短剧的演出活动不一定能够使学生的角色体验具备这些特点，这就需要教师做更多的努力。

二、角色体验的基本类型——学生在戏剧活动中有哪些角色体验

在英语戏剧活动中，学生角色体验案例是多种多样的。不同的学生戏剧组合，不同的教师导演，不同的剧目，不同的学习条件，促成的学生角色体验也是很不一样的。大体上可以分为以下几类。

1. 表层式角色体验

所谓“表层”，主要指乔姆斯基的语言表层。表层式角色体验基本上是分离角色的体验，是局外人（即“第一自我”）对舞台的体验，总体上是言语表面层次的体验。当前的学校舞台剧和课堂剧处于这个层面的不是少数。可以通过学生的外在表现来确认他们是否仅仅处于表层式角色体验的水平，主要表现为单纯背诵台词，表情、动作与台词没有匹配关系，与其他角色没有真实的交流，眼神呆板等。

2. 本色式角色体验

这种角色体验与完全的表层体验略有不同，因为单纯的表层式角色体验连学生的第一自我都没有表现出来，而本色式体验则至少是依照学生的自我来表现戏剧角色的。有人认为，这样的角色体验并没有演角色，而只是本色演出。在开放式的课堂戏剧活动中，如果学生是依照自己的生活来演戏，即随机的戏剧表演，那么学生的戏剧角色体验也是属于本色式角色体验。应当注意的是，不宜把这样的体验完全等同于生活中的自我体验，因为课堂开放式的戏剧中的本色自我，在表演中也有虚拟成分，他们（学生演员）在演出时的潜台词是“假如我是……”“假如我做……”。他们是把自己的本色放置在一种虚拟的情节和冲突之中。

3. 模仿式角色体验

这是一种表演性的角色体验类型，能够模仿角色的外表。这样的所谓“外表”是怎么演出来的呢？它们是模仿专业演员的产物。喜欢对专业演员进行细节观察的学生，依据镜像效应的原理，直接借用了专业演员的一些表演模式，并把它们公式化地运用到正在表演的戏剧中。

4. 沉浸式角色体验

走进角色是斯坦尼斯拉夫斯基的戏剧理念。他认为，演员进入角色有六个过程：意志—探索—体验—体现—融会—影响（斯坦尼斯拉夫斯基，1962）。在这样的过程中，演员沉浸在角色之中，并感染观众。这意味着演员要完全实现“第二自我”。可以拿一种外语教学方法的名称来解释这种戏剧体验，即浸入式语言教育的“浸入”（immersion）一词，学生在这样的体验中会有“置身其中”的感觉（Snow，2001）。

5. 间离式角色体验

与沉浸式角色体验相对应的，是由德国现代戏剧家布莱斯特提出的“间离”体验概念（布莱希特，2015）。他认为，演员不仅要全身心地进入角色，还应当有控制地进入角色，有时还要与角色“间离”去充当观众、导演、作者或演员自己。这样的体验对教育戏剧颇有价值，因为学生在这种角色转换之中可以获得社会智慧的体验和反观自身的体验，在间离式体验中学生可以以别人的身份去反思自己的思想、情感和道德责任。在常规的课堂里，学生很少能够有此类体验。（如图 4-16）

图 4-16

三、角色体验的基本条件——教师如何为好的角色体验提供支持

从上面的论述可知，学生的表演过程中可以产生各种不同类型的角色体验，它们具有不同的方式和水平，因而也有不同的体验效果。以上列举不同体验的次序也表明了角色体验的境界是逐步提高的。为了促成好的、教育所期待的角色体验，以下基本条件是不可缺少的。

1. 启动仪式

人类学对原始社会的先民进行的研究表明，人类具有接受和遵从有形仪式的集体无意识（Jung，1981）。在整体物化环境没有结构性变化的情况下（如自然环境的变化和居住、活动环境的变化），人类因为某种仪式的开展而自发产生特定意象，并因此自发进入某种心理体验。戏剧的导演技术实际上利用了人类的这一特性。在进行教育戏剧活动研究时可以参照这一学说，以促成更高水平的角色体验。教师可以运用以下措施来开展教育戏剧活动：一是出示明确的、明显的戏剧活动标识；二是师生更换特定的戏剧活动着装；三是划定特殊的戏剧活动界限；四是播放具有符号表征意义的音乐。

2. 象征环境

教师可以根据戏剧活动的内容，重新安排戏剧活动地点（教室、排练场所、舞台等）的布局，比如重新摆放教室的桌椅，使之具有舞台的象征格局。这样的环境要素的改变应当强调象征性，因为不管什么样的改变，也不会改动环境的物化结构。但是，某些象征性的格局安排足以使学生产生戏剧排练的意识和知觉，以此为基础，好的角色体验便会发生。

3. 近身事物

学生身上和身边的某些东西可以统称为“近身事物”，比如，在戏剧排练活动中，学生可以戴上特别的帽子，穿上特别的坎肩，佩戴某种明显的装饰品，或手握角色的特定器物（如诸葛亮可以手握羽扇，亚瑟王可以手持一根棍子充当佩剑等），如图 4-17 所示。

图 4–17

4. 相互感染

戏剧活动的学生群体是会产生互动作用的。教师可以借助学生的各种互动，启发更容易进入角色的学生在互动中去感染不易进入角色的学生。学生之间相互感染的作用不可低估，如图 4–18 所示。

图 4–18

5. 角色心境

教师有必要逐步酝酿特定角色的特定心境，以心境促进体验，从而追求以内养外的良好效果。戏剧导演通常采用以下几种不同的启发方法激活演员的特定心境：一是导演说戏。向扮演特定角色的演员解说角色的处境，使演员体会角色的处境。教师可以借鉴成熟导演说戏的具体手段，激活学生对戏剧角色的体验。二是以类似的心境启发学生，唤醒他们在生活中似曾经历过的某些特定体验。三是针对不同角色启发不同的心境，并形成故事中不同角色的心境比照。

四、角色体验的培育方法——如何改进学生的角色体验

成熟的角色体验是教育戏剧的预期目标，学生经过教师导演的有序培育才能逐步达到这样的目标，具体方法有以下几种。

1. 导演示范

教师在戏剧活动中要担当起专业导演的角色，尤其是要亲自进行角色的示范。某一角色应当具有什么样的心境、言语、行为和情感波动，仅仅依靠言说是无法表现出来的，教师必须先做示范，相信镜像效应的影响。只要能够适时适度地做出角色外在行为和内心活动统一的真实示范，相当一部分学生是能够借助教师的示范获得好的角色体验的。

2. 自我练习

应当在戏剧活动中培养学生的自我练习能力和具体的实施技能。笔者在指导学校的教育戏剧排练活动时发现，忽视学生在排练现场和下课后的自我训练，具有较大的普遍性。自我训练本身需要在课堂上和排练中进行示范和尝试，教师要让学生在教学现场看到自我练习的具体实施程序，并且在现场进行演练。只有在这样的训练基础上，学生才能学会如何在自己独处时进行自我练习。这样的自我练习与其他课业练习不一样，如果在课下进行戏剧的表演练习和角色体验，大部分学生会有心理障碍，比如怕伙伴讽刺，觉得自己可笑等，这些都会抑制学生进行课下的自我练习的热情。教师应当允许学生在自我练习活动中经历渐渐适应的过程。

自我练习有以下具体的实施技巧可供教师参照：

一是在无人的场合面对镜子进行练习，不是照镜子看自己表演得如何，而是把镜子中的“那个人”当成对话和表演对象来进行自我训练。二是参照脚本，对某一个小片段进行内心的设计，并且鼓励学生对不同的动作、体态、表情和行为进行符合情理的设计。三是鼓励学生或学生的家庭成员进行家庭演练，甚至可以在家中开展戏剧排练。教师有必要通过家庭教育课程向学生家长传播家庭戏剧知识，并介绍相关的案例。这样的活动可以活跃学生的家庭气氛，改善其家庭生活的品质，从另一个角度增进学生的家庭情感。四是鼓励学生与同龄伙伴进行戏剧片段的演练，教师需要在活动中提供具体的指导，不宜止步于一般性的号召。因为并不是任何同龄伙伴之间都能够成功地

进行课外演练，最好由教师提供专门的演练方法，让学生寻找可以合作的伙伴进行尝试。五是反复观赏专业演员的演出片段，促成学生有意识的随机模仿。这样的练习需要学生有目的地选取演出片段，片段的时长限制在两三分钟内，甚至更短一些。这种录像模仿具有显著的镜像效应。

3. 辅助器物

学生进行角色合作演练时，可以使用辅助的器物支持练习活动，例如佩戴面具，手持工具或器物（扇子、茶杯、小盒子、手机、空瓶子和餐具等）作为替代型道具，使用凳子、椅子或纸箱等做临时布景。利用这些辅助器物，可以增加练习的真实感，加强角色体验。

4. 尝试哑剧

教师可以考虑采取哑剧（pantomime）的形式，引导学生进行自我练习。哑剧具有悠久的历史，最先在古代印度和埃及发展为一种无声表演的艺术形式，公元前 3 世纪，罗马出现了正式的哑剧演员。童话哑剧是哑剧的一种。童话哑剧通常会选择高尚的主题，使用面具、姿态和手势等来表达意思和表现剧情。笔者经常会看到，学生在排练和演出戏剧时更加专注于背诵台词而相对忽视表情和动作的密切配合。运用哑剧进行自我练习时，学生的注意力会集中在动作、表情和眼神上，甚至可以捕捉到关键性细节。这是一种很好的自我练习办法。

5. 朗诵训练

如果说哑剧专门练习动作、表情和眼神的话，那么朗诵则是专门练习戏剧语言的。练习朗诵不一定要选戏剧台词，因为戏剧本身不一定要使用朗诵腔。实际上，朗诵是语言艺术的基本功，更多涉及情景交融的音律美，就此而言，诗歌和抒情散文更适合学生训练基本功。戴尔·卡耐基写的《演讲的艺术》中就以一整章的内容告诉我们如何利用朗诵锻炼出优美的音韵形式。有关朗诵的技巧，下一小节将专门研究和介绍。

6. 录像分析

面对镜子看自己的表演，往往不能达到矫正的效果。观看录像可以直接起到提升表演的作用。虽然每个人都看过自己的录像，但并不是每个人在每一次观看时都抱着改进自己的目的。所以，教师应当首先与学生共同观看录像，并做现场分析，这种即时的分析会起到非常好的矫正和改进效果。然后，教师让学生自己去观看录像，并发现表演和对白中的具体问题。由于学生在录像中不妥的对白和动作总是转瞬即逝的，所以教师必须教会学生通过反复回看发现其中的问题。这样的反复回看有时应当以秒来推进。

7. 即兴表演

即兴表演（improvisation）可以锻炼学生的表演能力和语言技能，这种练习需要教师的指导和监控。教师在培养学生即兴表演能力方面应当做好以下几件事：

一是提供即兴表演的主题，比如提供一个英语小故事，或给出一组关键词，或提出几个既定的要求，以此将学生的即兴表演限制在一定的范围之内。二是提供即兴表演中的语言支架，如可能用到的词汇和句型等。三是告知即兴表演的必要条件，如必须有什么工具，身处什么情景，表露什么情感，完成什么表情或动作过程等。四是启发学生为即兴表演提供场景和道具的条件。五是限制表演的时间。六是提出即时的评价标准，并进行现场的评价。七是教师做出即兴的评价，特别要突出学生的精彩创意和表现。

8. 角色游戏

现代专业戏剧表演课程会开展一些角色游戏，以激励学生进入角色体验。这种戏剧游戏需要具备一些基本的要素，如情境、冲突、语言、群体配合行动、挑战与竞争、结果。下面介绍几个可行的角色游戏。

（1）静想外化。教师提供冥想主题，学生分组完成静想外化。如图4-19，“T：I see there is a little wooden house in the forest. I see a big bear and a small rabbit looking for their babies.”。

图 4-19

（2）词语连接。教师提出一组相关联的词语，学生分组将词语串起来，形成一个戏剧情节（如图 4-20）。然后，小组成员进行即兴表演。表演的戏剧情节应当符合教师给定的顺序，即故事情节应当依次使用这些词语。

图 4-20

（3）故事拼接。教师提供一组非常简约的简笔画，这些简笔画可以拼接成包含不同人物和情节的微型戏剧（如图 4-21）。学生小组分别研究讨论，迅速形成各小组的故事情节，并把故事表演出来。

图 4-21

（4）经典配音。教师或学生选取英文电影和动画片的精彩片段，学生小组反复观看这个片段，用自己的话语为这个片段配音。语言要符合场景的条件和对白，但故事内容学生可以自己创编。

（5）“偶像”对阵。这里说的“偶像”包括手偶、线偶（木偶）、绒布偶和影像偶（如皮影和手影等）四类。教师提出对阵的主题，学生以两组对阵的形式选取任意一种“偶像”展开游戏。一组负责“偶像”的舞台连续动作，另一组负责舞台语言、配音并构成故事，然后互换角色。

五、角色体验与背诵——学生如何背诵台词

面对一个现成的戏剧脚本，学生体验角色的第一步是记诵台词。表面看这只是记诵台词而已，可细致地审视就会发现其中有不少特殊的着力点，这些着力点本质上都是为了锻炼学生的阅读技能。这和一般的课堂教学活动中的阅读有质的区别。课堂中的阅读没有真实执行任务的动力，即使教师强调要有目的地阅读，学生终究不能从心理上进入真实阅读（real reading），而背诵角色的台词则有明确的阅读目的。学生在获取信息和熟练语言后进行背诵，目的是理解角色，进入角色，投入排练，践行演出。以下几个着力点值得注意和重视。

1. 通观戏剧内容

通观戏剧内容就是浏览脚本。前提是供学生阅读的脚本应当是规范的脚本，若用于教学最好是经典的脚本。从阅读技能训练的角度看，这可以锻炼学生快速浏览的技能。依照课堂阅读训练活动的规范（参阅第二章），通读脚本应当平息心态，限定时间。学生读后要了解主题与核心创意，知道戏剧冲突，粗略知道故事过程，把握每个角色的特点。从戏剧活动的实践来看，这一步特别容易被忽略。教师最好不要忙于分配角色，因为一旦分配了角色，学生就只关心自己扮演的角色的台词，而不去研究全剧了。这是排练短剧的通病，教师必须注意避免类似的事情发生。

2. 破解全剧结构

不管脚本有多短，只要是好的脚本，都会有全剧结构。教师可以鼓励学生用心智图的方式，展示全剧的故事结构（如图 4–22）。

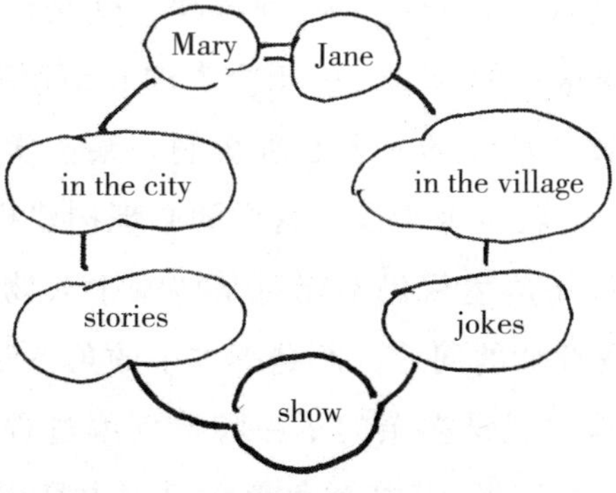

图 4–22

3. 通读文本（脚本）

这一步属于精读活动，前面两步都是让学生认知脚本的整体框架。而此步则是精确地涉及脚本的语言和措辞，重在了解细节，加深对本剧的具体认识。

4. 研究情节和人物

学生了解戏剧故事过程并不等于确切地认知情节。了解故事过程是概观，是从整体上认知戏剧内容。研究情节是细观，是用放大镜去看故事过程的每个环节。在学生的戏剧活动中，有无对情节和人物的研究，是大为不同的。研究情节和人物可以为后续的角色体验奠定一个扎实的基础。未研究情节和人物则会使学生的后续体验活动缺乏同感。由于人物是在戏剧情节中显现的，是与戏剧情节合为一体的，所以只要细观了情节，人物也就在其中了。

5. 认知角色

知道了戏剧人物，并不等于认知角色。戏剧人物是指活动在情节中的个体（包括人、动物，甚至拟人的植物或器物）。在研读脚本的学生心目中，这样的人物是被绑定在情节之中的。而一旦我们要学生认知角色，情节之中的人物的内在特征便成为认知的焦点，那个特定的它便开始被特别地加以认定。①它的特质：被想象的外观，被体验的内心，被识别的第二自我。②它的存在：时间定位，空间定位（即环境定位），事件定位。③它的关系：与其他角色的一般关系，与某特定角色的特殊关系，与某群体的依附或独立关系。④它的改变：它在剧情中的原态，它在情节发展中的突变或渐变。⑤它的结局：喜剧的、悲剧的等。

引导学生真正进入认知角色的心理过程，就是让他们对角色进行再创造的过程。正如通常我们说的，一千个人的心中便有一千个哈姆雷特。这是教育戏剧发挥教育功能的重要心理机制。某些学校的戏剧活动停留在外在的表演层次上，就是因为没有这样的心理构建机制。

如果学生认真认知角色后仍不能对某些剧中人物达到上述认知，那这很可能不是学生或教师的问题，而是脚本中的角色塑造的问题。例如：某个角色本身在脚本中就是多余的；在脚本创编过程中没有得到足够的完善（属于原创作者的问题）；某个角色在原创中是成熟的，但是在改编后变得不完整了（属于改编者的问题）；原作或改编的脚本对某个角色进行了公式化的处理。如果选定的剧目是某完整剧目的片段，此类角色存在于片段中，可能应在后续的情节中得到完善，或者在前面的情节中已经有了充分的表现，但恰恰在片段中没有完整的、合理的表现。

6. 领悟台词

学生在经历了上述训练之后，才可以带着丰满的内心收获进入角色的分配，并开始领悟自己的台词。这个步骤是隐性的，而且有可能穿插在前面的步骤中完成。此时，默读和朗读（看着台词）都是可以的。教师应当让学生自主地经历这一活动，并引导他们在独处的环境中完成。

7. 分析台词

学生对这一活动并不陌生，因为他们在语文和英语课上早已熟悉了分段、概括段落大意和寻找关键词以表征段落大意等具体的课文分析活动。但是，分析台词和分析课文又有以下几个不同之处。脚本中的台词话语可以分为：对白、独白和述白（起串联剧情作用的故事讲述者的话）三类。对白部分需要与不同角色做统一处理，在教师指导下，分析话语轮次转换。某角色的独白部分要单独处理，分析话语结构。述者的述白则贯穿全剧。

8. 角色的情感背诵

在以上课业完成以后，学生根据承担的角色和对白轮次的特点进行背诵，应当尝试加入情感，必要时可以对台词进行微调，最终达到熟练的水平。如果台词背诵进展很顺利的话，学生还可以在此阶段尝试初步的动作设计和角色互动的空间设计。

六、角色体验与朗诵——学生如何锻炼朗读的基本功

朗诵是不同于背诵的，背诵只是准确无误地讲出书面语言，朗诵则强调语言音韵、音质特征、节奏变化、连贯方式、情绪曲线、动作配合等训练。这些方面合在一起并以最佳状态呈现，就会成为一种艺术，即朗诵艺术。

无论是在中国还是在欧洲，朗诵艺术都与歌唱具有一定的关联。欧洲歌剧早期的发展历史就与朗诵有着某种内在的关联。十七世纪前后

的欧洲，在建筑领域形成了一种流派和风格，叫巴洛克风格（Baroque style），偏爱复杂的布局和空间的动态对立，在艺术上又称为“洛可可”。这样的思潮也影响了当时的戏剧界，产生了语言和音乐的“联姻”，即把背诵（recite）和歌唱（sing）结合起来，从而为西方的歌剧奠定了基础（Gallo，2006）。由此可以看出，朗诵和说话、说书、背诵都是有明显区别的，关键点就是语言的进一步音乐化。戏剧的语言并不是朗诵的照搬，但演员运用戏剧语言需要有朗诵的基础。学生的朗诵基本功训练可以参照以下要点。

1. 从语音到乐音

教师在对学生进行语音训练的活动中已经将语音语调进行了固化处理，这在语音的基础训练中是必要的。所谓“固化处理”，指的是固定的高低、起伏、音变、节奏和调型。朗诵的语音训练必须打破这种语音语调的定型模式，使英语语音演化为英语乐音。生动的英语乐音的特点有以下几点：一是发声方法，增强口腔和胸腔共鸣。二是语流控制，加大语流变化的幅度。三是音质变化，打破长元音和短元音的长短规范，适度夸张二者的听觉效果。四是气息特色，灵活多样地控制气息变化幅度，追求语音语调的情感效果。五是装饰技巧，加强唇、齿、舌的配合功能，谋求发音的特效，如颤音和破擦音特效等。

2. 从流畅的语流到多变的节奏

正规的语音训练旨在在正确的发音和得体的语调的基础上促成流畅的语流，但这样的语流依然是课堂中的语流，它们既不是日常真实讲话的语流，也不是面对公众的演讲的语流，更不是朗诵的语流。如果注意观察，就会发现课堂话语、日常话语、演讲话语和朗诵话语这四种语流的明显差异。这些差异涉及的因素很多，但节奏和快慢是重要因素。朗诵的特点有以下几点：一是连续与停顿的多样化。课堂语流通常是均衡停顿，朗诵的语流应当为不均衡停顿。二是意群的多样化组合。课堂语流通常是按照常规的意群组合成语流，朗诵则需要内容多层次、多样化地构成意群的组合结构，加长或缩短常规意群。三是语速的多样化控制。课堂语流的语速通常是平稳的，朗诵的语速要求更大的变化。四是音步效果的特定运用。音步是诗歌术语，日常言谈或课堂话语语流并不特别强调形成特效的音步运用，所以这样的话语不会像唱歌一样。朗诵则比较重视音步的特殊效果，要有意识地形成音步的抑扬结构，而且还提倡根据内容和修辞，适当换格（如抑扬格和扬抑格等），以求得特殊的表意或形式审美效果。

3. 从均衡的音量到变化的音量

从现代录音设备上可以看到人们说话的音量变化曲线。不管有无扩音设备，我们说话的声音都有音量指标。通常，我们的谈话音量总体持中，趋于均衡，较少变化。朗诵的音量则应当有以下几点不同：一是打破持中的音量，或加大，或减小。二是打破均衡，根据朗诵内容和语言形式特征，去平板，去固化，去通性。三是提倡随形随意的随机变化。随形是指依随语言的形式。随意指依照语言的意思。随机指不遵循固定程式和规范，皆依语篇之特质。

4. 从新闻广播风格到个性情感风格

新闻广播风格的主要特征有四个：郑重、严肃、清晰和准确。新闻广播在引入情感因素上，要以这四个要求为限度，通常不宜超出这个限度。朗诵则要用情感因素在这四个特征的基础上从以下几方面进行改变：一是朗诵者个人的情感感受因素；二是朗诵内容的情感因素；三是朗诵者期待观众应激发的情感效果；四是朗诵过程表现的审美要求（适度控制情感效果）。

5. 关于动作配合

朗诵活动是为戏剧演出服务的，但朗诵技能本身并不提倡全身动作，而是要有控制地运用动作，具体要求有以下几点：一是不鼓励随意的动作表现，如习惯性地举手或握拳等。二是不鼓励位置移动，更不鼓励走动。三是能够运用朗诵语言充分表达的意义，就可以不用动作，保持朗诵的语言艺术作用。四是关键之处运用有明确意义的动作，旨在强化语言效果。五是动作幅度要全程予以控制，力求做到“上不过肩，下不过膝”。六是可以适度使用符号语言，但不宜过多。

七、角色体验与对白排练——学生如何与伙伴配合练习对白

学生在戏剧活动中的角色体验需要一个较长的发展过程：一方面是

指他们获得良好的角色体验效果需要有一个缓慢的培育过程，另一方面是指在某一特定的戏剧活动中他们的角色体验也必定有一个逐步发展的过程。角色体验的发展过程首先体现在学生的对白排练活动之中。

不同年龄的学生进行对白排练，具有不同的特点和难度。概括地说，年龄越小，需要教师指导和监控的程度就越高。到了高中，教师则需要启发学生自主排练的潜能。但是，即使低龄的学生（如幼儿园和小学一二年级）在教师的监控下也需要有他们的随机发挥。这种随机发挥是鼓励学生发掘自己的自然表演的潜质。那么，究竟教师的指导与监控把握在一个怎样的水平上是恰当的呢？对此，很难一成不变地加以界定，即使用语言界定出来，也不一定具有实际的操作性。但是，有一点是确定的，那就是在这样的排练活动中，教师充当的是专业导演的角色。我们可以结合学生的心理和年龄特点，研究导演参与演员排练的专业问题。

1. 熟练台词

这个活动是英语语言自主学习的好机会，学生各自承担了特定的角色后，又经历了前面两个程序的脚本研读，对相关台词已经比较熟悉了。学生不仅应做到自如地说出全部台词，还要能够适当配以相应的动作和表情。

2. 排练场地

不管排练活动在什么样的场所进行，导演都应到现场进行排练场地的设计。这样做的目的在于让学生有戏剧排练的感觉和意识。同时，教师也有必要制定以下排练场地规则：一是排练场地分为排练区和观看区。二是排练活动应当在导演的全程监控下进行。三是全体参与排练的学生应当遵守排练纪律。四是分段的轮流排练活动应当有排练人员和观看人员。五是观看人员应当观看其他小组的排练，从而在排练过程中加深对剧本的理解。

3. 排练氛围

排练场地的设计是营造排练氛围的基础，排练纪律是形成排练氛围的保障。排练氛围的形成有一些前提：一是全体人员专注由导演执导的排练活动，不允许有游离于排练之外的人员与行为。二是整个排练活动必须听从导演的统一指令。三是导演应明确界定和区分排练的具体行动，这包括导演的执导、说明和示范，角色演练，成员模仿导演的示范，动作、话语操练，导演评议，伙伴评议，对口角色讨论，全体成员讨论，动作、对白重复，导演叫停等。

4. 分段排练

教师（作为导演）应当把脚本分为几个排练的段落，并让学生依次进行分段排练。分段排练可以分为不同的模式，比如 A+B+C+D+…；A+AB+ABC+ABCD+…；A+AB+ABC +ABCD+E+BCDE+F+BCDEF+G+CDEFG+…。

5. 合成排练

当分段排练都已按质按量完成后，教师导演就可以进行合成排练了。合成排练已经越来越接近全剧的整合。即使分段排练的效果已经合格了，也不意味着可以自然而然地合成一个整体。因为合成排练还会涉及很多新的影响因素，比如各段的有效衔接度，完整的剧情节奏的形成与完善度，全体演员的全程配合的流畅性，情感发展的流畅性和全剧行进的流畅性。

八、角色体验中的情感问题——学生如何进入特定角色的情感世界

角色的情感体验是教育戏剧的瓶颈，因为角色的扮演者不是专业演员。从心理学的角度看，演员的角色情感体验是一种适应力的锻炼过程，不管是专业演员，还是学生演员，都要经历这个锻炼的过程，要逐渐地适应情感的发生、演变、发展和升级过程。这里提出几个重要的情感话题进行简要的讨论。

1. 儿童和青少年的情感已经有了长足的发展

通常人们会认为儿童的情感尚不成熟，认为儿童还没有足够多的情感经验，在经验积累不足的情况下，他们的情感是幼稚的。其实，这是一种误解。荣格（1987）对“心灵”的研究表明，情感的基础元素并不仅仅是以生活经验为基础的，反而是生活经验必须以人的情感基础元素为基础。这其中还包含着生物长期演化的深层影响。儿童在五岁之前就已经基本上度过了情感发展的关键期。恐惧和快乐这两大类情感元素是儿童与生俱来的情感体验基础。在五岁之前，儿童已经在人生最初的经验历程中锻炼了基本的情感神经反应，并由此分化出恐惧、快乐、忧虑、担心和愤怒等情

感体验，所以他们能够以适合他们年龄的方式进入这样的情感过程。这些都为儿童和青少年对角色进行情感体验提供了心理条件。

2. 移情作用是演员情感体验的心理机制

演员何以能够体验到角色的情感过程呢？我们在第一章讨论的移情作用，为演员进行角色的情感体验提供了运作的心理机制。表演出别人的情感来，关键就在于能够把自己的情感迁移到角色的情景中去。儿童具备这种情感迁移的内在动力。

3. 情感启动的外部条件

借助移情效应，学生可以启动角色的情感过程，但这样的启动并不是依靠一两句话或一般的指导就能实现的，对角色的真实体验需要一定的外部因素。主要有以下几个外部因素：一是环境因素。没有分散注意力的干扰事物，与剧情相对吻合的场景条件，环境的采光效果，场地的基本色调。二是人群因素。群体意识足以聚焦戏剧排练，教师和伙伴的包容与期待，近身人物的情感参照，相关角色的密切配合，导演的情绪感染。三是听觉因素。去除噪声的干扰，有适合剧情的声音效果，有配合剧情的音乐气氛。特别应当指出的是，适合戏剧特定语境的音乐对情感的酝酿有重要作用。四是言语因素。与角色情感相匹配的话语，其他角色的富于情感的台词影响，导演的适度话语启发，正面的评价语言。五是激励因素。伙伴的肯定，导演的鼓励以及旁观者的认同。其中导演的态度具有关键作用,应当特别注意细微因素的重要作用。六是示范因素。导演的情感表现的示范，对类似的影视表现的精细观察等。

4. 情感启动的内部条件

角色情感启动还需要来自演员自己的内心情绪酝酿，也就是说，演员需要在内心感受上生成并发展剧情所需要的目标情感，即所谓“成于内而形于外”。这样的内部条件包括以下几方面：一是记忆的唤醒。唤醒了适合角色特定情感的以往情绪的模糊记忆。二是意象的生成与运演。大脑中产生了剧情所需的完整意象运演，而且到了一定强度。三是注意力的焦点。演员的注意力集中于内部意象和剧情。四是意识的驱动。在某种因素的刺激下，演员的总体意识倾向于角色的特定情感体验。五是移情第二自我。演员的内心活动具备了足够的移情条件，已经能够进入第二自我，即演员已经将自己的情感迁移到角色中去。

5. 情感启动的阻力和障碍

角色情感的启动有时会遇到来自内部或外部的阻力和障碍。以下情况会产生阻力和障碍：一是演员主体感觉进入角色情感之中是可笑的，或害怕被别人笑话。二是演员不能理解角色的特定情感，不知道应当有怎样的内心感受。三是演员没有足够的信心进入角色的情感体验。四是演员台词不熟，排练时仍然停滞在回忆台词的水平上。五是搭档的情感表现不佳，进而演员自身也受到影响。六是导演或伙伴在排练中表露出不利于角色情感表现的某种负面情绪，如导演显示出急躁或愤怒，伙伴显示出嘲讽或埋怨等。

6. 不同个性的演员有不同的情感外显

演员的个性倾向不同，他们的情感外显效果也就不同。通常，在相同的情感体验境遇中，外向性格的演员的情感外显强度大于内向性格的演员。这就要求导演给予内向的演员以更具体的启发，并给予更细致的指导，同时还要有更多的耐心。另外，导演在分配角色的时候也应当考虑尽量让角色的个性与演员的个性更接近。

7. 戏剧情感体验是情感教育的有机组成部分

中小学生都有必要接受情感教育。专业研究表明，情感教育过程通常由三个必要的阶段和层次：情感体验、情感表达和情感调整（李静纯，2005）。戏剧的情感体验在这三个层次上都可以起到教育的效果。学生经历戏剧的角色情感体验过程，有利于他们对情感进行分化和细化。一般来讲，人的情感水平提升与他们对情感的认知和细化体验是成正比的，在戏剧的情感体验中，角色情感体验显然起到了分化和细化的作用。在第二层次上，情感教育需要引导学生用恰当的语言表征情感体验。在排练过程中，导演和演员的交流会多次涉及情感的确切表征，这本身就是一种锻炼。剧本自身的情感表达也能够加强演戏学生的情感体验。在日常生活中，学生较少有机会接受这样的锻炼。情感教育达到的第三层次是情感调整。如前所述，在排练和演出过程中，学生获得了更多的情感调整机会。更进一步说，学生以第二自我的角色进入戏剧过程，他们可以经历并体验别人的情感过程，这显然有利于增长他们的社会交往能力。

需要注意的是，戏剧选取不当也会将不利于学生的情感健康发展的因素带到学生的日常生活中，如某些负面情感的激烈的表达方式就会对学生产生深远的负面影响。

本节研究了教育戏剧的舞台角色体验的相关问题。教师应当了解戏剧角色体验的基本常识和需要注意的事情。本节还介绍了角色体验的基本类型，这些类型在学生角色体验中具有实际表现，教师应当结合舞台戏剧的实践加以领悟。最后本节用较大篇幅介绍了教师（作为导演）在指导和组织学生的舞台戏剧项目活动中需要认真研究的专业课题。

第五节　教育戏剧的时空设计

戏剧活动需要特定的时间和空间，由此引出了戏剧的时间和空间设计问题。狭义地讲，时间设计似乎就是指戏剧演出的时间安排，空间设计似乎就是指舞台的美术设计。实则不然。时间设计除了演出的时间安排与调控，还涉及剧中实时的时间概念与剧场演出实时的时间概念，时间与戏剧语言的关系，以及其他维度上的时空关系问题。空间设计涉及两个空间，一个是剧场演出行动赖以活动的空间，另一个是剧情涉及的剧中空间，而且还会涉及时间与两种空间之间的关系。除此之外，戏剧的时空设计还涉及观众、角色和其他人员的内心时空知觉问题，这就不仅深入到了人的内心的时空维度，而且还会涉及所有这些问题的戏剧艺术设计问题。

教育戏剧具有既定的教育功能，它的对象又都与教育有关，于是，这类戏剧活动的艺术设计就又有了另一番设计的道理、方法和技术。本节将从教育的舞台戏剧艺术角度，立足于微观的技巧，讨论一些比较重要的问题。

一、教育戏剧时空设计的基本理念——时空设计的指导思想是什么

古往今来，人类的创造力被不断地运用到戏剧的时空设计上。在中国远古文化的遗址中，考古学家找到过类似游戏和原始戏剧的活动空间。宋元时中国城市中百戏杂剧的主要演出场所叫“勾栏”。在古希腊和古罗马，也有形式多样的舞台设计。众多的历史遗迹和史实都告诉我们，人类从远古到当今，始终对舞台空间保有很高的兴趣。

人们对剧场形态的浓厚兴趣有以下几个根本性的原因：一是人的集体无意识中存在着剧场情结（theatre complex）。这是从原始社会就形成的群体情结（申荷永，2004），人们需要运用某种聚会把部族凝聚起来，需要在这样的聚集中共享群居的心灵愉悦，神经心理学家用联结的概念来概括这样的情结（Lieberman，2013）。二是人的游戏心理效应在起作用。虽然哺乳动物也有游戏的本能，而且这种本能基于成长的生理驱动力，但

总体上说，它们的游戏行为是随机的、散乱的、松弛的。人类的游戏心理也是基于其生存和发展的驱动力，然而，人的内在动机中包含着系统化、系列化和程序化的游戏运作，剧场的空间特征为人类开展这样的系统化（完整的逻辑构成）、系列化（连续的游戏环节）和程序化（线性的故事连接）的游戏提供了很好的操作平台（Brockett et al.，2008）。三是人希望自己的情感得到升华。人的情感运作具有完备而复杂的神经网络基础。从某种意义上讲，人的情感运作是不以理性和主体意识为转移的，但人并不满足于情感的原始冲动，神经网络的系统运作促使人们追求情感的终极状态，而且人们把这样的追求视为从低级向高级的升阶，弗洛伊德称其为“升华”（sublimation）。戏剧可以在集中的时间和集中的地点满足人的这种升华的本能需求。四是人需要系统地满足审美欲望。情感升华伴随着人的高级需求，马斯洛将其称为“高峰体验”。他说：“高峰体验被认为是自我批准的、自我实现的时刻，这种自我证实体现了自己的内在价值。”（马斯洛，1987）在高峰体验中，人暂时把畏惧、焦虑、压抑、防御、控制等情绪完全抛在脑后，感觉到一种高度的满足和勃勃的生机，即审美。

以上四个原因使人类把戏剧的时空设置视为一种特殊的艺术创造活动。这样的艺术创造既有绘画、雕塑等视觉的造型艺术的共同元素，也有与这些静态的视觉艺术不同的元素，即动静结合的三维度的艺术创造。舞台的艺术设计可以静态地摆在剧场里，但也可以像连环画一样更换，承载人的流动的活动。

戏剧的空间设计艺术在东西方都有久远的传统。需要注意的是，东西方的戏剧空间设计具有不同的风格。从总体上说，西方的戏剧空间艺术倾向于具体和写实，东方的戏剧空间艺术趋向于写意（如图 4-23）。

图 4-23　东西方舞台艺术的比较（写实与写意）

教育戏剧的空间设计应当把写实的风格和写意的风格结合起来，侧重写意。这还不仅仅是因为教育戏剧不需要太多的专业戏剧的艺术元素，教育的戏剧活动主要是人的活动，是把学习元素结合在其中的教育体验活动，它不需要在具体场景设置上过分地耗费精力。更重要的是，教育戏剧空间设计的质朴、简约和某种程度的抽象有利于学生心智能力的培育。此外，教育戏剧活动要走入日常的课堂，在课堂里戏剧的剧场效应更需要写意和象征元素的介入。

二、戏剧空间设计的教育功能——为什么学校的戏剧活动要做空间安排

不管是学校的舞台戏剧活动，还是课堂的戏剧活动，空间的设计都是重要的。前面的讨论中，其实已经涉及空间设计的有关问题，在这里将对学校的舞台戏剧活动和课堂的空间环境设置进行小结。

1. 具身体验

在本书的理论研究中已经多次谈及“具身体验”问题。教育戏剧空间设计的原理可以借助这一理论概念得到充分的阐释。学生在常规课堂的体验与在戏剧条件下的体验的本质区别在于具身条件发生了很大的变化。从图 4-24 中可以看到这种具身的变化。

图 4-24　课堂的具身体验和戏剧的具身体验

2. 三维空间体验

英语教学的很多论述都强调情景或语境的重要性，但应当注意到一个关键点，即教科书、教学设计和课堂活动实施的所有情境都是二维的，如用语言加以说明，启发学生进行想象，提供生动的图画，展示 PPT，

播放录音录像等。英语戏剧融入教学则可以把二维的语境变为三维的语境，不管英语戏剧的三维设计多么简单。

3. 行为体验

从具身体验的概念出发，教育戏剧的空间设计可以使学生真正参与可见的行为。与一般的课堂行为比较，戏剧中的行为体验有三个特殊之处：一是学生的行为不是直接为学习而动的，而是为剧情而动的；二是学生的行为不是孤立的个体行为，而是与其他角色配合起来的；三是学生的行为不是习以为常的日常操作，而是特定故事所引发的具体行为。

4. 过程体验

虽然人们每天都在经历各种过程，但是对各种过程的知觉（perception）是不同的。人们对相当一部分过程没有明确的知觉分界，即明确地感知到起点、行进和终点。在日常的课堂教学活动中，由于多数活动是学生在教师的牵引下进行，所以通常并不是所有的学生都会有完整的过程知觉。在戏剧活动里，由于故事有完整的行进过程，所以参与的学生比较容易获得完整的过程知觉，在此基础上，学生才能有良好的过程体验。

5. 情绪体验

我们在语言教学中经常谈论情感态度问题，但较少追问在常规课堂里学生的情感态度的实际状况。依据笔者在教育部英语教学评价试验项目中所进行的几百例取自全国不同学校的课堂观察记录可以发现，学生的情绪体验具有以下四个特征：一是总体情绪处于低而平稳的水平；二是在总体情绪的基础上，情感状态也处于低而平稳的水平；三是情感的平稳状态限制了学生对特殊的特定的情感的体验；四是课堂活动基本上决定了学生的情感体验是局限在课堂的境遇之中的，学生不能在课堂中体验很多生活中的情感过程。而教育戏剧活动可以弥补日常课堂活动所不能实现的这四个方面情感体验的短板。

三、戏剧过程和时间——教育戏剧的时间长短有要求吗

戏剧的时间，一是指一出戏所延续的时间，二是指戏剧的内容涉及的时间（时代定位和时间跨度等）。这里主要讨论的是前者。因为剧情和教学内容各不相同，教师在安排戏剧教学的时间上也会有以下几种不同

的情况：一是一次戏剧展示活动的时间。通常不宜过长，10～20分钟为宜。二是连续戏剧活动的时间。教学中的戏剧展示可以是一次完成，也可以是连续进行,甚至可以持续一个学期。这样的活动每次10～20分钟，累积起来可能就是几个小时。三是舞台剧的展示时间。学生的戏剧演出究竟以多长时间为宜，要视情况而定。有的教师根据自己的导演和观看经验提出舞台剧以二十分钟为限。因为涉及观众的接受度问题，中小学的舞台剧表演情况可以不同。在中学，如果剧本的内容很适合，学生的演出很精彩，30～40分钟的演出也是可以接受的。但即使是中学生，真正排练好一出三四十分钟的戏剧，也需要一个学期的磨研过程。如果教师已经进行了完整的课程设计，把英语教学的主要学习目标都有机地融会在一个学期的戏剧活动中，期末一次高质量的演出便是对参与学生的全面评价，这种精细化的安排肯定会收到非常好的教学效果。

四、戏剧时间和实际时间——如何实时处理剧情中的时间进程

关于戏剧的时间有一个重要问题需要研究，那就是戏剧时间与实际时间的关系。可以肯定地说，在教育戏剧活动中，实际时间的有限性和戏剧时间的无限性应当结合为一体。二十分钟的戏剧可以表现两千年乃至两亿年的漫长时间历程。我们要探讨的问题是究竟用什么办法可以体现出有限时间中的无限戏剧时间。

1. 口头陈述

某些戏剧的时间可以通过口头陈述交代给观众，可以由讲述者上场交代，也可以由剧中人物交代，还可以由画外音交代（如图4-25）。

图4-25

2. 文字显示

有些戏剧的时间可以直接用文字予以标示（如图 4-26）。

标牌显示时间　　投影字幕标出时间　　布景中特定标示

图 4-26

3. 空间展示

以空间的安排来显示时间的过程，这是舞台显示时间的一种艺术形式。其基本方法是通过舞台空间的特定设置（布景、道具和灯光等）将舞台的不同位置规定为不同的时间（如图 4-27）。

图 4-27

4. 行为展示

可以用某种包含时间跨度的行为手段来显示时间的推移。中央电视台描述亲子关系演化过程的公益广告应当能够给教师以启示。

5. 实景处理

运用实景的变化来显示时间的推移。北京人艺的《茶馆》就是这方面的范例，实景的大框架大体不变，单是附加的摆设随时间推移而变化，如墙上的招牌和大门口的装饰灯等。

6. 氛围处理

早上、中午、晚间、晚上都会因为光线不同而产生某种氛围，进而对演员的内心体验有很强的影响。所以，英语教育的戏剧在舞台上的展示应当考虑这些因素及其产生的某种特定氛围，这样的氛围对学生的体验具有重要的作用。除了光外，声音也是形成特定氛围的重要因素。在课堂环境下进行戏剧活动，光线的效果受到很大限制，所以谋求声音效果就显得比较重要。在现代技术的条件下，课堂中的声音效果还是大有可为的。就声音效果而言，音乐因素的剧场氛围作用也不可低估。

以上办法既可以供剧本的改编者参考，也可以供戏剧导演参考。

五、非剧场空间的空间设计——如何把校园各类空间变成剧场

学校的空间条件有限，不可能都被布置成剧场。但是，从戏剧的无限空间设计手段来看，通常老师会低估校园各类非剧场空间的可变性。当我们尝试谋求这样的剧场效应时，应当认真研究以下问题。

1. 非剧场空间的剧场效应

非剧场空间是不同于正式舞台的，所以我们说的“剧场效应”也应重在“效应”二字上。如果要把这些空间（包括教室）设置为剧场，那么就应突出以下几个特性：一是简易性。此类空间的戏剧设置总体上应当是简便易行的，要做到依据教师的教学意图，稍微动一动，变一变，改一改，就可以满足剧场的基本要求。二是替代性。要力求使用现有的东西来进行功能的替代，比如用绳子划定舞台的边界，用一排椅子作为高高的院墙等。三是虚拟性。可以吸收游戏的手法，以虚拟的东西标志真实的东西。比如，地上画的线就可以虚拟任何规定的区域的分界线，用立起的小旗子表示舞台与观众席的分界线等。四是象征性。还可以使用象征的手法把这类空间装扮成戏剧场所。虚拟只是以某种虚的事物标示出真实的事物，象征手法则是以一种实的事物来表达虚的事物，确切的解释是“比讽喻（更为有组织的暗喻）更进一步，就是比喻物和被比喻物之间毫无区别而成为有机的结合”。“例如用花来象征佳人，用剑来象征武士。”“此外，用颜色来象征抽象的情感也是象征，例如用白色象征纯洁，用灰色象征悲哀，用绿色象征青春之类。”（章克标，1932）引文所介绍的这类手法，在课堂戏剧中也可以使用。

这些特性不仅可以帮助教师设置非剧场空间的戏剧氛围，使之适应戏剧的环境要求，而且可以引导学生感受身边各种事物的审美意义和文学价值。当学生把一条线视为“界”，把一朵花视为“情”，把一根伸向半空的细绳视为“崎岖的山路”，此时，他们的想象力、抽象力和审辩力

都会因此而有一种潜在的提升。

2. 非剧场空间的区域划分

通常，我们可能对非剧场空间并没有区域的意识和概念，但只要是人群集中的地方，就会有约定俗成的区域划分。任何用于教育戏剧的空间都需要有明确的剧场格局，这样的格局应当具备三个特点：一是区分表演区和观众区；二是表演区要分出舞台和后台；三是这些设置应当既便于划分区域，也便于撤销划分的区域。

3. 非剧场空间的舞台设计

谈到非剧场空间的舞台设计，可以借鉴中国古代“勾栏”空间。据《中国古代剧场史》记载：“真正的剧场产生还得等到宋代勾栏的出现。”勾栏建造成全封闭的样式，四周封闭，在其内部观演空间里，一面建有表演用的专门场地——高出地面的戏台，其他面则环绕从里向外逐层加高的观众座席（廖奔，1997）。如此描述使我们想到了一种简易的剧场设置，这样的设置比较适合各种非剧场性演出空间的舞台设计。

为了改进此类空间的舞台设计，还可以研究一下古希腊的剧场原形（如图 4–28）。

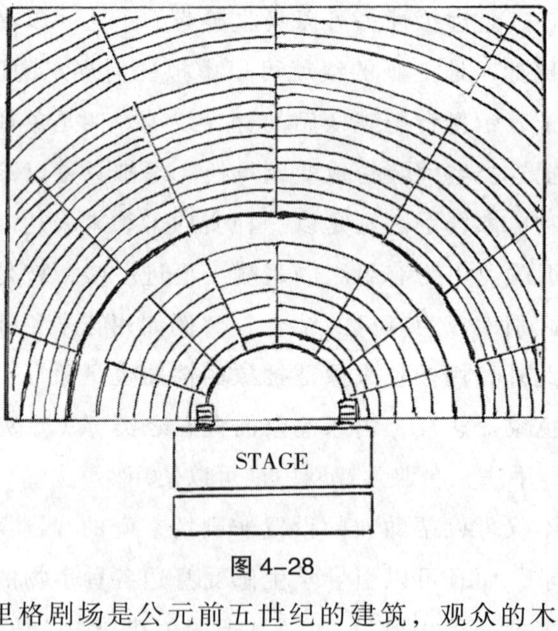

图 4–28

古希腊索里格剧场是公元前五世纪的建筑，观众的木板凳已被台阶所取代，两翼向前环抱，扩大了观区，形成了古希腊露天剧场的雏形（郑国良，2016）。把古希腊剧场的圆形看台简化为圆形区域，就可以据此构想舞台设计了（如图 4–29）。

图 4–29

4. 舞台空间与演员站位

教师在进行戏剧活动时通常只是观看学生说台词而已，而且有时学生是手握台词来表演的，这就失去了非舞台空间（包括课堂）戏剧活动的意义。学生应当真实地表现戏剧的故事发展，在这样的表演中必须研究不同角色在特定情境中的站位。所谓"角色的舞台站位"问题，包含如下要点。

（1）场景格式塔。演员的站位应当有空间依据，这样的依据指的是场景的各种元素（地形地势、林木道路、居住条件、家具安排和器物摆放等）。在非剧场的空间设计中，这些元素并不一定都是可见的实物，甚至大部分都不是实物。这就需要教师来讲解，让学生想象眼前有什么，缺什么。在这个问题上，教师有必要参照中国京剧虚拟式的场景表现手法，比如演员一抬脚就表示出门了，一个优美的起跳姿势就表明角色从岸上跳到了小船上等。所以，学生在短剧表演中首先要"见到"眼前见不到的场景。学生建立如此的场景意识，其实就是心理学所说的"格式塔"，即把并无实象的场景以格式塔的图式形式表现出来。

（2）距离知觉。在讨论课堂戏剧活动时，教师经常强调教室的空间有限，以此强调教室与舞台的不同。其实，这是一个理解的误区。即使在舞台上，演员之间的距离也不是显示生活中的实际距离，它们通常会带有一定的象征性。（如图 4-30）

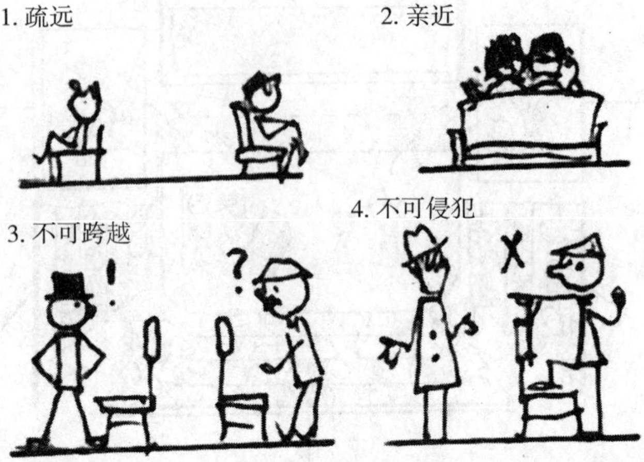

图 4-30

可以使用心理学的气泡理论来改进非剧场空间的剧场效果中的距离问题。不同的人际关系和互动情节决定着人们在真实的接触中各自带着“气泡”来保持应当保持的距离，到了戏剧场合，这“气泡”又在原来的基础上发生了一定的变化，但导演可以利用气泡理论来安排剧中不同角色关系的舞台距离。（如图 4-31）

图 4-31 “气泡”理论

（3）纵深知觉。学校的非剧场空间一般不大，所以在平时的活动中，很难说此类空间会有纵深之感。但是，学生参与的戏剧活动有时是需要纵深知觉的。其实，在看似狭小的课堂表演区域里照样可以制造一定程度的纵深知觉。（如图 4-32）

图 4-32

（4）对白站位。通常，课堂短剧的展示很不注意角色对白时的空间设计，学生不知道自己讲对白还要有空间站位，这需要教师进行设计。对白站位应注意以下几点：一是角色站位的剧情意义；二是角色对白时的距离及其距离的变化；三是角色对白时站位的变化（如移动和变换位置等）；四是不参与对白的角色的站位和剧情意义；五是走动中的对白与对白中的走动。（如图 4-33）

图 4-33

5. 非剧场空间里的演员走动

在非剧场空间中（如课堂），学生表演短剧是不怎么走动的，教师也很少要求学生走动。课堂短剧对外展演在一个很小的空间中进行，固然不必费太大功夫去推敲走动的线路，但没有一点走动也是不可以的。为此，我们要明确在以下情境里是必须安排走动的：一是更换场次时；二是情节特别需要站位有较大变动时（如躲闪、回避和散步等）；三是表现角色在行走或跑动时（可走曲线或转圈）；四是角色正在执行有目的的任务时（如登山、远征、搏斗和追赶等）。

6. 非剧场空间的空间标记

教师在非剧场空间进行戏剧活动，可以直接使用一些符号标记，以表明特定的空间安排（Nelms，1950）。（如图 4-34）

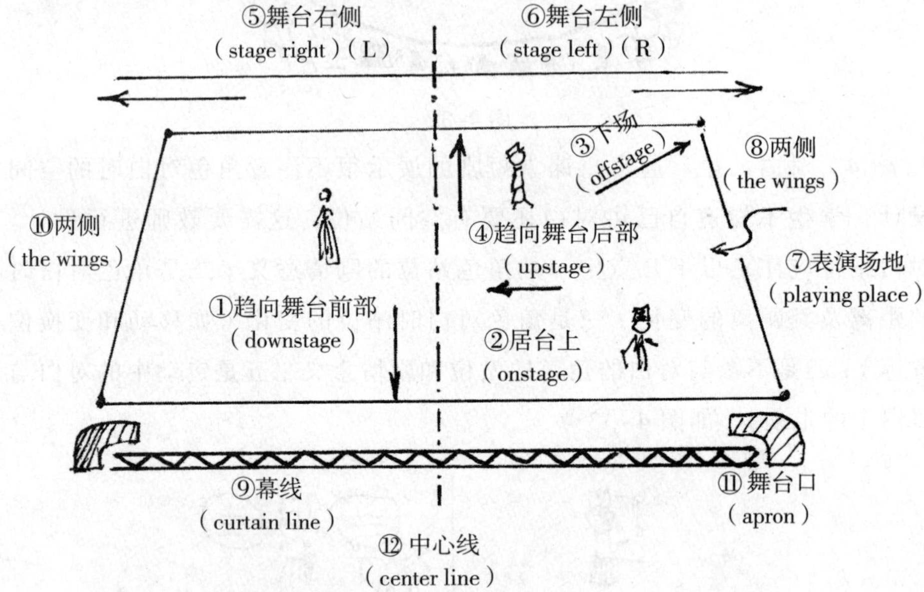

图 4-34

7. 课堂戏剧活动的管理

教师在课堂戏剧活动中要担当起多种角色：英语教师、脚本作者、脚本改编者、学生写作导师、导演、剧场经理、舞台美术设计者和舞台监督。这些角色都涉及管理工作，因为在某些戏剧写作活动中，教师需要把学生组织起来，如选材、改编、修正、编印等事务性工作，绝对不是教师一人承担的。从自主学习的角度看，学生也应参与戏剧编导活动。这是一种全方位的综合性实践活动，教师在实施这项活动的全过程，都需要承担起管理者的职责。管理内容包括以下几个方面。

①目标管理。对每一项完整的戏剧活动进行目标管理，即提出整体目标，分步目标，以及不同活动和不同小组的具体职能目标。有些需要见诸文字，有些则只是口头告知即可。但要注意，提出了目标就要坚决落实。②组织管理。教师需要全程关注并实施组织的管理工作，大体相当于一个项目的组织，包括组织建构（分组分工）、团队人员配合、不同职能的界定和师生的商讨等。③过程管理。教师需要确定每次戏剧活动全过程的时间、阶段和推进办法。戏剧活动的相关计划制定之后，教师不仅有必要让全体参与的学生知晓，还要随时根据行动的需要进行过程的调整，在每一个程序上检查和评估行动的质量，提出随机的改进意见。④时间管理。教师在戏剧行动启动之前，就要预估事情运行所需的时间，一定要在时间规划上留有余地。⑤空间管理。前面谈到的课堂布局、戏剧活动的区域划分，站位和走动都是空间管理问题。⑥行为管理。行为管理有以下几个要点：一是制定排练的纪律要求。全体学生保持一致的行动；关注每一名学生的排练表现，并注意观看，加以评议；杜绝打闹和玩笑；等候的过程中不要离位或做无关的事情。二是制定课堂展示的纪律要求。演者投入，观者评议，郑重其事，不开玩笑，不贬低同伴的表现，认真倾听小组评议。三是现场安排自主性排练时，学生应当积极进行独立排练，杜绝不相关的行为，即使有的角色已经大体达成既定标准，也不应影响其他演员的活动。

六、舞台空间设计——舞台台面布局有哪些特定的效果

我们把支持戏剧展示的所有舞台表现手段统称为空间设计，因为这些都与舞台的空间有关系。教育戏剧的活动空间可以分为两大类：一类是上一节讨论的非剧场的舞台空间；另一类则是剧场的舞台空间。剧场的舞台空间有三个特征：明确划分出来的舞台，前台与后台的清楚分割；舞台与观众席的清楚分割；专门的舞台设备（如幕布、灯光设置和音响设备等）。由于剧场空间有这些特征，所以，舞台空间设计与前面讨论的校园内非剧场空间设计有所不同。下面就相关论题分别进行讨论。

1. 舞台的专业区域划分

从近些年的校园戏剧发展态势看，校园戏剧的舞台和剧场设施已经

具备了一定的专业水平。所以，有必要了解一下舞台空间设计的专业知识。下面所展示的就是舞台各个区域的专业划分。（如图 4-35）

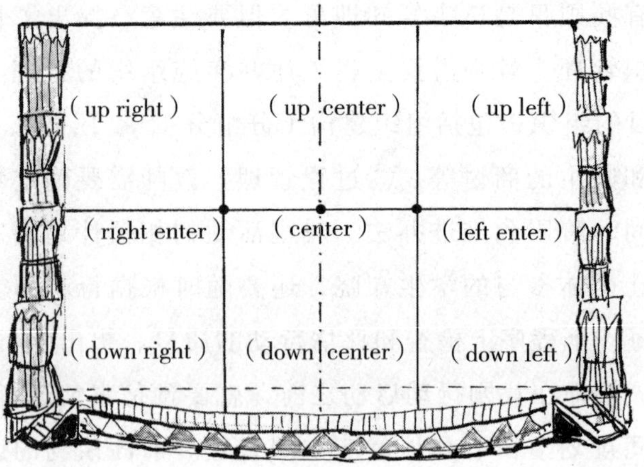

图 4-35

2. 舞台的专业区域功能

通常，教师做戏剧导演时，对舞台的区域划分不清楚，对这些区域的功能了解不深。图 4-36 显示了舞台不同区域的不同功能。

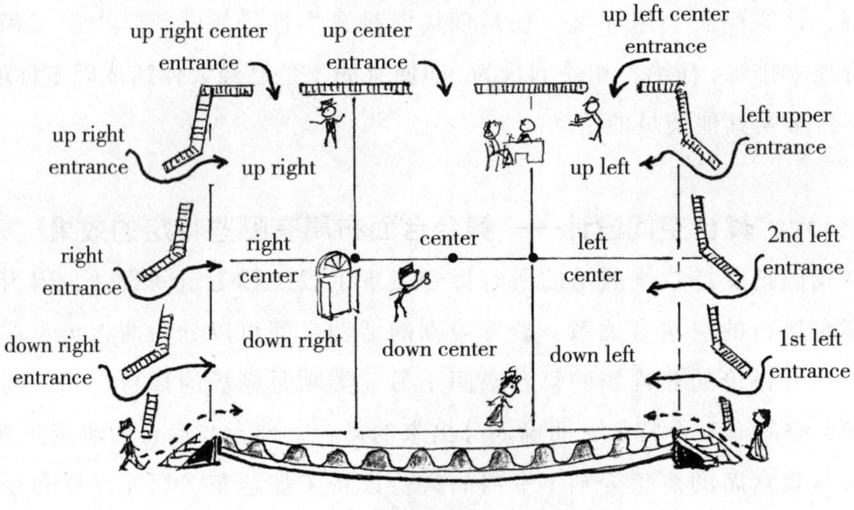

图 4-36

有人会问，舞台区域功能是戏剧的专业知识，教师是否有必要掌握？从促成学生舞台真实体验的教育视角来看，让任何参与戏剧的学生对舞台形成这样的知觉都有益处，而且这也有实现的可能性。用加德纳的“多元智能”概念来看，认知舞台的区域功能，有利于学生对空间关系的认识的分化，即把一个整体空间分化为发挥各自功能的子空间，进而形成空间的层级知觉。

3. 舞台的角色站位

舞台的角色站位与课堂的角色站位有时会不同，因为课堂没有足够的空间来对不同角色的站位进行细化和分工，而舞台的空间则必须进行这样的站位分工。

（1）两个“中心”。戏剧舞台有两个“中心”：一个是实地空间（前、中、后）的中心点，另一个是剧情运行中的主题中心。前者是固定的中心，后者是动态的中心。导演、演员、舞台监督和其他工作人员（如灯光师）都必须知道这两个中心。整个舞台演出过程都会和这两个中心发生关联，不少失误也都与这两个中心有关。（如图 4–37）

图 4–37　舞台两个中心

（2）舞台空间的中心。舞台的实地空间是固定的，有经验的演员在出场后应当能够掌控自己的位置，但没有经验的演员，特别是学生演员，由于座位参照的人在动，他们的站位很容易出现问题。教师（作为导演）必须解决这个问题，否则，在舞台上的学生就会发生站位的失误，通常是在演出中出现群体“偏台”。所以，学生在排练时应该进行多次练习，以谋求在演出之前适应了导演安排的站位。在舞台地面上安排基准线或基准点，并在演出前安排演员走场，进行适应性训练。（如图 4–38）

图 4-38

（3）戏剧主题的中心。确定戏剧主题的中心不是在舞台上临时决定的事情，而是教师（作为导演）在排练中就必须精心确定的事情。在一个剧的演出过程中，戏剧中心就是故事情节和人物情感及行动的互动运作的结果，这个结果要由教师进行设计，而且要在排练过程中反复试行。要注意以下几个问题：一是主要角色处于戏剧中心的时间最长，但这并不意味着主要角色必须在中心的位置上。二是剧情发展过程中肯定在每个阶段都有故事的中心。三是随着剧情的发展和角色的变动，戏剧中心也会变动。四是教师有必要在排练时就把站位的中心给学生勾画出来，并以此为据，进行动作编排和调动。（如图 4-39）

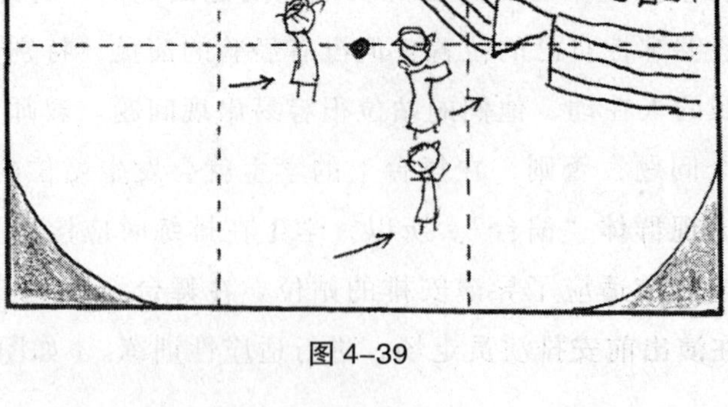

图 4-39

（4）中心与外围的关系。教师导演应当根据剧情安排每个阶段的角色布局，其中要处理好戏剧中心和外围人物的关系。（如图 4-40）

图 4-40

（5）多中心的处理。有些现代色彩较浓的戏剧可能出现多中心空间，以此表达角色处于不同的地点，或处于不同的时间，甚至可以表达时空的倒错。（如图 4-41）

图 4-41

4. 舞台的角色互动

随着剧情的发展，角色的内心会发生变化，他们的外在行为也会发生变化，导演要促使演员把情节、角色和言语的变化融合成一个合理的整体，而不应产生任何偏离。学生在教师的指导下要全面研究脚本，体会角色的个性化话语，配合恰当的动作，并配合其他角色的表演动作，构成合理的看得见的舞台互动。这主要包括以下几方面。

（1）角色动机的外显。角色要通过互动把自己在情节中的特定动机表现出来。（如图 4–42）

图 4–42

（2）角色态度的外显。教师要考虑学生个人的性格与角色性格的差异，因为不管是内向的角色，还是外向的角色，演员都要把角色内心的态度表现出来，也就是说，要让其他演员和观众都感觉到这一角色对某人或某事的基本态度。（如图 4–43）

图 4–43

（3）角色情感的外显。戏剧角色的表演在很大程度上是表演情感变化，学生大多只学会了一点点的情感表达，而且这一点点主要是从影视中学来的。所以，学生一上舞台，他们大多数只会依照自己熟悉的影视情感表达公式（如变态的大笑或愤怒的呼喊等）。基于此种情况，教师有必要让学生从脚本入手，深入领会脚本语言（这本身就是非常好的语言学习过程），进行角色体验，教师则有必要帮助他们进行情感外化的训练。学生要实现角色情感的外显，要注意在教师的帮助下进行真实情感的体验，适应一种反复外显情感的过程。后者有一定难度，但不是不可能做到。更为重要的是，这样深入地引导学生真实体验，合理外显，是特别有利于他们的身心发展的。

（4）角色互动的程式化表现。所谓“程式化”是中国京剧的表演术语，指的是“一招一式，皆有规矩”。教育戏剧的舞台演出不必全走“程式化”的路子，但也可以做一些必要的训练，由教师交给学生一些相对固定的互动模式，如见面礼仪、告别礼仪、用餐步骤、模仿动作、追赶、争斗等。教师可以通过话剧录像采集一些相对成型的角色互动片段，请学生观看并模仿。需要注意的是，学生演的舞台剧应当以自然、天真、质朴为要旨，不必每个互动都要求专业化，也没有必要过度使用程式化动作。教育戏剧的主要精力应当放在学生的角色体验和身心释放上。

（5）角色言谈内容的强化表现。角色的言谈是由台词决定的，但不同的表演艺术品类有不同的言谈处理方法，比如影视剧的“言谈”就和话剧的“言谈”有很大的分别。其中特别要说一说的是外化和强化的问题。话剧的“言谈”一定要显现出来，因为话剧角色要让很多观众都能“听到”并“见到”某人或某几个人在“言谈”，这就要求学生适当地强化言谈的内容。具体措施其实并不复杂，难度也不大，包括：一是低语有时要略微提高声音来让观众“听到”。二是心语要力求用一种人人都能听到的“低语”来发出，但又要使人确认这是角色心里的话，不是说出来的话。三是唠叨的话要让在场的每个人都能听到，但又必须保持唠叨的本色。角色自己低声念叨，某些次要语词可以含混不清，但其中的关键词语一定要讲清楚。四是耳语要做出姿态，并强调这个姿态，说话声音要压低，但是要让观众听到主题词。儿童剧可以在耳语后“间离”出来，小声向观众做一个交代，相当于说一个间接引语。五是快言快语要在较快的语流中凸显重要语词，我国曲艺说唱演员把它总结为“快拉慢唱”，即在急速中有舒缓，在匆忙中有隐含的停顿。

5. 舞台的角色运行线路

话剧的言行品质可以分为两种：一种是以言辞为主的，可以称为“隐性剧情”，这类剧角色较少，主要靠内容精彩的言谈来推进剧情；另一种是言行结合的，可以称为“显性剧情”，这类剧情需要演员在舞台上运行起来。舞台上的角色运行，在显性剧情里显得十分重要，学校的教育戏剧品种通常都是显性剧情，特别是童话剧。下面，简要地说一说学生在舞台上的角色运行要点。

（1）纵深站位是角色运行的基础。舞台是有纵深的，观众不一定对舞台空间有明确的知觉，所以舞台的纵深感需要导演和演员来创造。教育戏剧的外在魅力和加强舞台的纵深知觉密切相关，而观众的这种纵深知觉主要通过角色的纵深站位来实现，仅仅依靠布景和大屏幕画面的烘托是远远不够的。中小学生的英语短剧就更需要这种由角色站位促成的纵深知觉。教师要营造这样的纵深知觉其实并不难，关键在于要在舞台的前区、中区和后区都安排角色的站位。为此，教师要做到“三个避免”：避免形成角色“一条线”，避免形成“中心聚会”，避免形成“零散站位”。

（2）主题运行是推进剧情的重要措施。主题如何运行？随着情节的发展，主题由角色来运行，教师应当在分析脚本时就把剧情分成数个具体的阶段与环节，在这样的环节上，进行角色运行的设计。

（3）主角变位是凸显角色层次的有效办法。在某些剧情中，角色的运行是以主角的变位为枢纽的。首先根据剧情和心境，确定主角的运行路线，然后分别确定其他角色的运行路线。

（4）运行速度是张扬情节发展的外化手段。教师在排练短剧时还应当把角色运行的速度考虑进去。这里的运行速度包括剧情进展的整体速度、不同情节的不同速度和话语的演进速度。这些元素其实都必须在排练中予以考虑，在具体实施和舞台演出时要随机把握。

（5）动静结合是把握全剧节奏的可行途径。考虑运行速度并不意味着全剧匀速推进，而是以匀速推进为主调。好的教育戏剧演出时间虽然不长（10～20分钟），但剧情运行的速度还是需要有所变化的，这在一定程度上与角色群体的运行节奏有关。教师要采取动静结合的运行结构，就像唱一首歌一样，快慢结合，动静有致。

6. 舞台美术常识

依据审美体验的具身原则，教育戏剧的舞台美术设计对学习者有近距离氛围的影响，所以它超出了单纯的装饰性审美的表面效应。“教育戏剧舞台美术设计”本身就涉及教育环境设计问题，而且由于教育环境和戏剧环境的合为一体，舞台美术设计的各个元素的组合就都具有了强大的象征作用。所以，应当站在教育的角度来探讨教育戏剧的舞台美术设计与实施方法。

我们从设计的美学原则和设计的美学技术两个方面来研究教育戏剧的舞台美术问题。先谈一谈设计的美学原则，可概括为五点。

（1）象征原则。从戏剧舞台美术设计的角度看，象征包含三个意思：一是广泛的代表性，一个特定的图像代表一个特定的人文语境，比如一个石柱代表古希腊的某个时期，大红灯笼代表中国古代节庆的氛围；二是确切的符号特征，所谓“确切”就是指一个图像不一定具备唯一的语义，但它的指向不会被任何人误解；三是与特定戏剧情景和情节的适切性，某个图像不应当游离于戏剧情景和情节之外，它本身应当是戏剧情景和情节的有机组成部分。（如图 4–44）

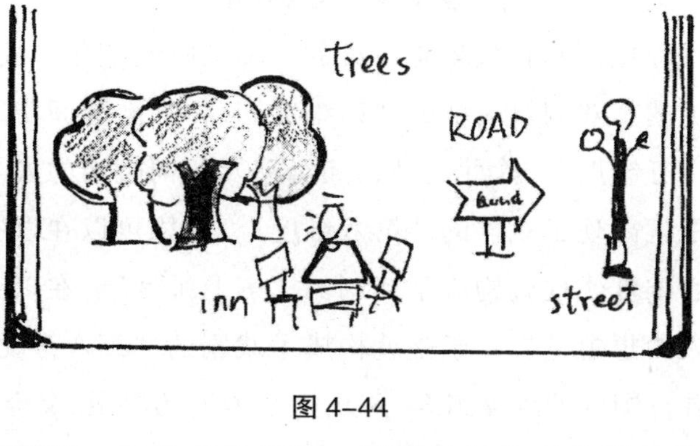

图 4–44

（2）具身原则。仅仅有象征性，还不足以体现典型的教育戏剧舞美风格，因为置身戏剧中的学生（角色、工作人员和观众）需要有身临其境的体验，这就是在前面各章中多次谈到的“具身性”。这是一种矛盾的统一性，不是真的布景，却又要给学生以真实感。将服装、道具、布景、灯光和大屏幕等合成一种具身效应。（如图 4–45）

图 4-45

（3）组块原则。教育戏剧的舞台设计要避免细碎化，要避免在具体设置上的故意雕琢，要避免那种失去整体感的“琳琅满目”。教师有必要指导学生用草图的形式画出舞台布局的整体组块，如图 4-46 所示。

图 4-46 组块原则

（4）多维原则。物化世界是三维的，加上时间变化（故事中的过去、现在和将来）就是戏剧要表征的“四维度”，再加上时间与人的关系，构成了戏剧的“五维度”。除此之外，还会涉及不同时间的人与人之间的不同关系，于是就出现了戏剧的“第六维度”。戏剧可以在以上各个维度上显示人的内心维度，这就构成了戏剧的“第七维度”。在以上各个维度基础上，还有人的想象世界，于是就构成了戏剧的“第八维度”。这些维度还都是在舞台范围内的维度组合，跨出这个维度的界限，又会有戏剧的“第九维度”，即舞台与观众所构成的维度。可以知道，这样一个多维的层次，已经可以借助教育戏剧的审美体验来构建学生大脑中的逻辑框架，这是只有教育戏剧才能达到的特殊的逻辑建构效果。

在教育戏剧的领域里，这九个维度是真实存在的。但是，在戏剧活动的实际教学运作中，还没有仔细地区分过，哪些是仅限于三维的，哪些是涉及更多的维度而师生没有真切地意识到的，哪些多维度的脚本未能在舞台上演绎出来。上述情况是和教育戏剧舞台时空设计有关的。

（5）转换原则。舞台的美术设计和空间安排应当在舞台戏剧九个维度的转换上起到重要作用。舞台不能撼动的是物质上的三维空间，但舞台美术具有多种手段（包括服装、道具、布景、灯光、屏幕和台词发生的时空变化），能有序地实现九个维度的复杂转换，包括现实向过去的转换、现实向未来的转换、现实人际关系向过去或未来人际关系的转换、现实的三维世界向想象的三维世界甚至四维世界的转换以及现实三维世界向心灵的三维世界转换等。

在讨论了舞台空间的美学原则后，下面简略地谈一谈舞台空间设计技术实现问题。

（1）师生合作。教育戏剧的舞台美术设计的实施与操作应当由师生合作完成。教师做整体管理者，组织学生进行舞台设计，这本身就是课程的整合。为此，就要进行系统的培训，把戏剧舞台设计当成一门综合实践课程来完善。小学和初中学生需要教师介入予以更多的具体指导，必要时身体力行，但一定要发挥学生自主学习和自主行动的潜能。

（2）强调节俭。教育戏剧的舞台美术设计强调节俭，要做到省力、省时、省资源，就要开动设计者的脑筋。能够借用的，就不购置；能够省略的，就不繁复；能够虚拟的，就不写实；能够象征的，就不添加。

（3）确立基点。从戏剧美工操作的角度看，有必要进行整体的技术规划。首先，不管舞台大小或宽窄，要确定舞台美工作业的基点。这样的基点可能在中心线上，但即使这样，也要有一个选点作为中心点，如图 4–47 所示。

图 4–47

（4）突出基调。舞台空间的基调由四个因素组成。一是基本颜色的调子（或称色调）。首先要将色调分成冷调和暖调，然后确认以什么颜色为主调。二是基本组块。分两个角度看这个组块：从正面看，舞台画面有几个主体部分；从立体看，纵深分几个层次。三是基本转换，即换幕换场需要什么样的转换基调。四是基本气氛，这涉及观众和演员对舞台美术设置的基本感觉，如热烈、喜庆、温暖、冰冷、残破、老旧、荒凉、原始、空阔或无限等。

（5）制造层次。舞美设计者要制造出立体的层次，大体有四种手段：一是用灯光来制造，明与暗的不同定位可以制造纵深感；二是利用颜色的层次感，用不同颜色的组合可以制造出纵深层次；三是利用视觉的透视感，一个平面可以让观者产生很强的纵深感；四是利用视觉的错觉，透视感是正常的远小近大的效果，错觉则是运用特殊的画面处理方式，使观者产生“不正确的”透视印象。（如图 4–48）

图 4–48

（6）追求反差。舞台美术的整体设计应当追求各种反差效果。这包括明暗反差、冷暖反差、大小形体反差、远近反差、细部刻画和粗略写意的反差、疏密反差和动静反差等。反差的运用可以创造鲜明的视觉或听觉效果。（如图 4–49）

图 4-49

（7）适度抽象。舞台美术的抽象化直接受到多个抽象画派的影响，美术的抽象化手法可以概括为五类：简约（舍去尽可能多的细节），模糊（大幅减弱舞台景物的清晰程度），几何图形的组合（以不同的几何图形代替实象），用灯光变化进行景物塑造（以灯光营造景物氛围），点的组合（以几个关键点代替舞台上的事物）。（如图 4-50）

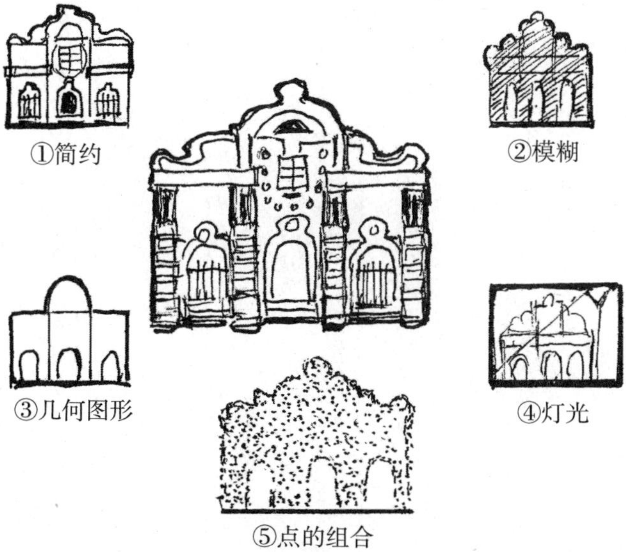

图 4-50

（8）分割空间。传统的写实舞台设计基本上由一个完整的场景组成，比如一片旷野、一间客厅或一个城邦的中心广场等。现在的舞台设计则突破了一个完整空间的框子，运用灯光、简单的设备或布景把舞台空间分割成不同的活动场域，如图 4–51 所示。

图 4–51

本章小结

本章较为详细地讨论了教育戏剧的主要问题：教育戏剧的概念界定和理论支持，戏剧活动的综合性课程功能以及戏剧的育人作用。在此基础上，探讨了英语教育戏剧的现状和问题，分析了这些问题的内在原因，并提出了一系列与教育戏剧相关的新概念和新做法。本章用更大的篇幅具体探讨了课堂戏剧活动和学校舞台戏剧活动的设计与实施方法，其中包括教师导演的专业素质分析，课堂及家庭开展英语戏剧活动的具体实施途径和方法，而且从专业角度研究了学校舞台戏剧活动的组织、管理、导演、排练、演出和反思等系统设计与实施的各环节，这些探究对教育戏剧的专业化发展具有一定的参考作用。结合教育戏剧活动的设计与实施方面的研究，本章还系统地介绍了戏剧的基础知识，这对导演型教师的培养和培训都是有益处的。

第五章　英语诗歌教学的艺术体验

诗歌在基础教育阶段究竟占多少分量，起什么作用，具备什么样的功能，大家的看法是不一致的。英语作为外语教学，人们对英语诗歌学习的重视程度以及诗歌选篇在教材中的比重，都无法和应用文、叙述文等文体相比较。这种情况形成的原因比较复杂，但至少有三点是可以肯定的：一是高估了诗歌的语言难度，二是低估了诗歌的审美教育功能，三是未加科学论证就模糊认定诗歌仅仅是少部分人的专有品。

但是，语言难度不是诗歌在教育课程中被边缘化的理由。学生的核心素养应当包含品鉴诗歌的素养，从而提升学生的审美体验境界。在成长的路上，诗歌应当与所有人相伴而行。

我国古代第一部系统的文艺理论著作《文心雕龙》卷二开宗明义，将诗歌摆在极为重要的位置上。“大舜云：‘诗言志，歌永言。’圣谟所析，义已明矣。是‘以在心为志，发言为诗’，舒文载实，其在兹乎！”（刘勰，1959）由此可见诗歌教育的重要性。

本章将介绍英语诗歌的基础知识，引导教师了解英语诗歌的发展主线，并初步了解英语诗歌的经典作品和经典作家，旨在支持教师在开展诗歌审美教育时的选篇工作。在此基础上，本章还将从音韵和意象两个基本方面讨论诗歌的审美体验教学实践问题。

第一节　英语诗歌的基础知识

一、英语诗歌发展简史——英语诗歌有多久的历史

民族的诗歌史会贯穿这个民族发展的全过程。口头诗歌（oral poetry）的历史比书面语言的诗歌（written poetry）的历史要久远得多。现代人所见到的历史上的诗歌几乎都是用书面语言记录的诗歌。所以，英语教师应当具备诗歌的基础知识，包括中国诗歌的基础知识和英语诗歌的基础知识。

英语诗歌史比中国诗歌史短很多。中国的诗歌总集《诗经》产生于公元前1100年～公元前600年，距今已有近3000年的历史。英语诗歌可考的是叙事诗《贝奥武夫》(*Beowulf*)，全诗共3182行，是英国的史诗作品，这首史诗的最早抄本出现在1000年前。这样粗略地算下来，中国诗歌（书面的）历史比英语诗歌长了2000多年。

最早的英语诗歌（留下文字的）大都在公元700年左右。比如有一首35行的残诗，是哀悼罗马人被毁的城镇的，“断垣残井，苔藓覆盖”。还有谜语、咒语和格言集，现存95则，有学者估计全书100页。（梁实秋，2011；Alexander，2008）这些早期的英语诗歌对中小学生而言是否有可读性呢？将它们翻译成现代英语，其中有不少是趣味盎然的，看看下面这首谜语诗。

My home is not silent: I myself am not loud.
The Lord has provided for the pair of us.
a joint expedition. I am speedier than he
and sometimes stronger; he stays the course better.
Sometimes I rest, but he runs on.
For as long as I live, I live in him.
if we leave one another, it is I who must die.

（谜底：fish and water）

*Beowulf*是用所谓“古英语”（Old English）写的，古英语粗分为四

种方言（Northumbrian，Mercian，Kentish，West Saxon），这部史诗是用晚期西撒克逊语写的。将古英语翻译成现代英语会发现，句法和用词都有很大差异。所以，现在读到的*Beowulf*都是翻译后的现代英语。作为英语教师，虽不必钻研古英语，但应当知道历史上有古英语（李赋宁，2005）。

英语教师应当知道英国诗人乔叟（Geoffrey Chaucer），他的代表作是《坎特伯雷故事集》（*The Canterbury Tales*），这是他利用事务性工作的间歇时间长期收集、编排、撰写和整理的民间故事集。这个故事集属于"结构故事集"（frame stories），特点是用一条线索把多篇故事串起来。但是，由于这个故事集是用中古英语写的，所以，现代英语教师读起来是有困难的，读现代英语的翻译本子，又会缺了原本的味道。《一千零一夜》、古罗马诗人奥维德（Ovid）的《变形记》以及意大利薄伽丘（G. Boccaccio）的《十日谈》，都采用了这种串联故事模式。

从阅读与鉴赏英语诗歌的角度看，伊丽莎白一世时代（1558—1603）涌现的诗歌和诗人是特别值得注意的。很多后人吟诵的名诗都产生在这个时代，比如莎士比亚的诗歌和他的十四行诗。这个时代的英诗使用的早期现代英语（Early Modern English），虽然某些用语、词汇拼写以及某些句法与现代英语不同，但从诗歌鉴赏方面看，不会成为阅读的障碍。现在的英语教师对诗歌鉴赏大多望而却步，其实，静下心来，细心玩味，那个时代的诗歌意境，照样可以引起当代人的共鸣（Tillyard，1943）。

莎士比亚之后的大家弥尔顿（John Milton）及其经典作品《失乐园》（*Paradise Lost*）是英语教师必须了解的，教师可以看比较好懂的分析文章，在文章的引导下阅读这首长诗的片段。教师真正需要俯身细品的是他的《欢乐颂》和《沉思颂》。十九世纪著名诗歌研究者、《英诗金库》编者F. T. Palgrave说，这两首诗是"弥尔顿令人惊讶的力量的一个显著证明，是我们语言中最早纯粹的描述性抒情诗（the earliest pure descriptive lyrics in our language）"。我国翻译家赵瑞蕻说："大自然丰富多彩的风貌和生动形象的描绘是这两首诗的精华所在。"（弥尔顿，2006）

十八世纪的英国诗歌可欣赏者比较多，英语教师应当知道以下三位：早期的蒲柏（Alexander Pope），中期的格雷（Thomas Gray）和晚期的布莱克（William Blake）。蒲柏具有超人的音韵天赋，他回顾童年的感受是："I lisped in numbers.（我牙牙学语即韵律十足。）"他有一首非常著名的长诗——《论批评》（*An Essay on Criticism*），这首诗并无太多诗意，但却是一首被后世长久传唱的警句式诗章。梁实秋认为它是"最常被引用的英国诗篇之一"。中期的格雷虽然写诗不多，却留下了一首名诗《墓畔哀歌》，此诗共 32 节，128 行。据说格雷完成此诗的创作与修改共用了 8 年的时间。晚期的布莱克是个了不起的人物，他既会作诗，又会绘画，更为重要的是，他的诗歌具有极深的哲学蕴含，受到历代诗人的赞誉和重视，在二十世纪的新诗浪潮中被诗界奉为现代派诗歌的肇始者。英语教师应当知道布莱克的《天真之歌》（*Songs of Innocence*）和《经验之歌》（*Songs of Experience*）。翻译家杨苡在自己翻译两诗的后记中从儿童成长的角度评议说："从孩子的天真走向成人的'经验之谈'也许是苦涩的，却也是不可避免的必经之地。然而能用绚丽多彩而又有丰富内涵的画面，同甜美流畅而又不失其辛辣隽永的诗句相互配合，描绘出诗人从天真走向经验的心境，是使人喜悦的。"（布莱克，2012）在这两组诗中便有那首人尽皆知的《老虎》：

Tiger! Tiger! Burning bright
In the forests of the night.
What immortal hand or eye
Could frame thy fearful symmetry?

现代人看英国的诗歌，谈论的主要诗人大体上都生活在浪漫主义时代和维多利亚时代（McGann，1985）。英语教师应当知道浪漫主义时代的一些具有影响力的诗人，如华兹华斯（William Wordsworth）、柯勒律治（S. T. Coleridge）、拜伦（G. G. Byron）、雪莱（P. B. Shelley）和济慈（John Keats）。这些诗人对中国的文学家、诗人、学者甚至科学家和艺术家都产生一定的影响，他们的高雅境界、炽热追求、浪漫情怀、深厚学养和文学天赋，渗透在诗歌的音韵与修辞中，使英语研读者为之倾倒。从英语教育的情调需求来看，浪漫时代还有一位诗人值得英语教师关注，那就是克莱尔（John Clare）。他对英国农村的田野风景甚为痴迷，诗风也以田园气氛为主。教师在教学中可以根据不同的教学语境选用一些情景交融的短诗，如 *Summer Happiness* 一诗的开头就很有味道：

The sun looks down in such a mellow light
I can not help but ponder in delight
To see the meadows so divinely lye
Beneath the quiet of the evening sky

（Clare，1990）

将英国诗歌引入英语教学，有一个文字障碍问题，这与英语的发展史有关联。十六世纪（包括伊丽莎白一世时代）的早期英语经历了词汇的现代化进程，现代人已经大体上能够读懂莎士比亚戏剧剧本了，但莎士比亚时代还仅仅是现代英语发展的开端。十八世纪，有一件被英语教育界忽略的大事发生了，那就是约翰孙（Samuel Johnson）的具有开创性的第一部英语词典的问世。李赋宁（2005）认为，"这是英语史上一件极其重要的大事，因为它标志着标准现代英语的正式开始"。英语在十八世纪这一百年里经历了至关重要的标准化（即现代化）的嬗变，其核心是基本上形成了现代英语的句法。所以，十八世纪的英国诗歌有一个非常突出的特点，就是句法非常严谨。下面是 Samuel Johnson 为悼念自己的一个朋友所写的句法甚为规范的诗句。

His virtues walked their narrow round,
Nor made a pause, nor left a void;
And sure the Eternal Master found
The single talent well employed.

The busy day, the peaceful night,
Unfelt, uncounted, glided by;
His frame was firm, his powers were bright,
Though now his eightieth year was nigh.

（Lonsdale，1984）

在英国文学史上，这样的句法追求持续了几乎 200 年的时间，这也恰恰成为当代英语教师在阅读上的文字障碍。他们普遍能够接受的是十九世纪的英国诗歌，特别是维多利亚时代的诗人。

维多利亚时代的主要诗人有丁尼生（Alfred Tennyson）、勃朗宁夫妇（Robert Browning 和 Elizabeth Barrett Browning）、哈代（Thomas Hardy）和王尔德（Oscar Wilde）。从英语教学资源的角度看，英语教师可以重点关注一下女诗人罗塞蒂（Christina G. Rossetti）、勃朗特姐妹（The Bronte Sisters）、史蒂文森（Robert Louis Stevenson）和吉卜林（Joseph Rudyard Kipling）的诗歌。读罗塞蒂的诗歌，会让人感觉她的诗歌语言简洁而优美，意境俊雅。此外，罗塞蒂还写了很多给儿童阅读的诗，最著名的是 *Goblin Market*。写的 *A Birthday* 是在生日宴会和生日贺卡上被经常引用的一首标准的小诗。勃朗特姐妹主要的小说作品有《简·爱》《呼啸山庄》《傲慢与偏见》等，她们的小说语言已经被英语教师奉为典范，她们的诗歌语言则是小说语言的升华，值得英语教师细细品味。史蒂文森晚年居住在澳洲，当地的土著人称他为“善讲故事的人”（Tusitala）。他是青少年喜欢的小说《金银岛》（*Treasure Island*）的作者。他为儿童写了一本诗集叫《儿童诗园》（*A Child's Garden of Verses*），内容有写一个男孩和他的影子的，有写儿童乘坐当时的新鲜物火车的感受的，有写一个孩子细心观察住所外面每天傍晚都来的点灯人的。这些诗歌都是英美学生耳熟能详的。吉卜林的诗歌也是很有影响力的，他也曾为儿童写过童话故事中的歌谣。中小学的英语教学材料应有这些诗人的著名的诗歌作品，它们具有较强的教育意义。

美国的诗歌起步很晚。著名的美国诗人有爱伦·坡（Edgar Allan Poe）、狄更生（Emily Dickinson）、惠特曼（Walt Whitman）、朗费罗（Henry W. Longfellow）、庞德（Ezra Pound）和弗罗斯特（Robert Frost）。爱伦·坡的 *Annabel Lee* 在内容和用韵上都被历代人视为经典，广为传颂。（Ferguson et al.，1996）狄更生虽然是现代派（意象诗派）的领军人物，但她的一些小诗经常被选为初学者的文学选读材料。朗费罗的《箭与歌》用鲜明的对照比喻手法，歌唱友谊，这种手法与中国《诗经》的比兴手法相类似（刘文荣，2011）。

二十世纪以来，英语诗歌进入现代派的发展阶段，在思想深度上有了别开生面的发展，但就其总体情况看，英语现代诗歌与英语教育是渐行渐远了。究其原因，有以下六点：一是曲高和寡。一些有成就的诗人志在“高山流水”的独立精神世界，因而欠缺了共赏元素。二是淡化乐感。现代英语诗歌突破传统英语诗歌格律，减少了上口成诵的篇什，没有借助音韵进行传播的功能。三是个性畸形。一些现代诗人较多地朝着畸形的个性去充实诗的内容，客观上造成了心灵的隔阂，少了“心心相印”之感。四是突破审美底线。这里主要指有些现代诗突破了审美的底线——意象的完整性。人类鉴赏任何事物，包括语言作品，都是以完整性作为审美底线的。五是突破逻辑底线。任何流派的诗都有其最低限度的逻辑构成，有些现代诗却打破了这样的底线。六是突破修辞底线。诗的价值在某种程度上是人们对修辞的审美，即所谓“语言之美”。现代派诗歌比较喜欢率性而为，甚至故意不去对诗的修辞进行“刻意”的推敲，以为推敲就是反自然的，因此打破了人类习惯的修辞底线。由于上述原因，基础英语教育领域很难大量引入现代派诗歌。

欧美诗歌的分类与中国古代诗歌的分类有很大的不同，主要和两个因素有关：一是诗歌发展的历史，二是每个时期接受外来影响的情况。欧美诗歌的分类有多种分法，简单常见的分法是分为两大类：叙事诗（narrative）和抒情诗（lyric）。叙事诗又分为三类：史诗（epic）、传奇（romance）和民谣（ballad）。抒情诗又分为以下几类：挽歌（elegy）、讽刺短诗（epigram）、十四行诗（sonnet）、六行诗（sestina）和维拉内拉诗（villanelle）。

二、英语诗歌的视觉形式——英语诗歌的“外形”有哪些讲究

古往今来，各国诗歌都十分重视诗歌的视觉形式，英语诗歌也不例外。有的研究者在研究古希腊诗歌起源时提出了“诗的神话”的概念（Graves，1966），其中就特别强调了诗歌形式和音韵的超验地位。这表明，人从远古时候就对诗歌形式有着特殊的心理需求。诗歌的书写位置，诗歌的分行，诗歌的分段（或节），诗歌在文字呈现中的特殊处理，都可以被视为人们对诗歌视觉形式的审美欲求。

诗歌是特别讲求形式的，一是供人们看的形式，二是供人们听的形式。英国诗人对于诗歌的视觉形状（Shapes of English Poetry）十分看重，认为两种形式同等重要，诗歌的形式与意义也是同等重要的。有些诗歌

研究者坚持认为，“诗歌不仅仅是让人读的，而且是让人看的”（Strachan et al.，2003）。

从目前基础教育的实际情况看，学生学英语长达 10 ～ 12 年的时间，涉及英语的各项基础知识大体具备了，但多数学生都没有机会接受正规的关于英语诗歌形式构成的基础知识学习。从英语教学的艺术审美角度看，在英语诗歌方面，教师应当了解相关知识。

英语诗歌的视觉形式可以用“诗节”的不同种类来加以区分，英语诗歌通常都是分“段”呈现的，这样的“段”被称为“诗节”（stanza）。英语诗歌的视觉形式构成就是以诗节的行数为基础的。这样的形式规范，比人们想象的要复杂得多，以下依次介绍。

第一种叫“双行体”（couplet），也叫“英雄双韵体”（herotic couplet）。一个诗节就两行，押韵，下一个诗节的两行可以换韵。这种形式在音韵处理上的最大好处是可以不断地换韵，非常便于使用。

Poets, like painters, thus unskilled to trace
The naked nature and living grace,

With gold and jewels cover every part,
And hide with ornaments their want of art.

（by Alexander Pope）

（王佐良，2013a）

英雄双韵体在诗集的呈现形式上有两种，主要看是否把双行的诗节分开。

双行诗节分开呈现	双行诗节不分开呈现
Aaaaaaaaaaaaaaaaaaa, Bbbbbbbbbbbbbbbbbbb. Ccccccccccccccccccc, Ddddddddddddddddd.	Aaaaaaaaaaaaaaaaaaa, Bbbbbbbbbbbbbbbbbbb. Ccccccccccccccccc, Ddddddddddddddddd. Eeeeeeeeeeeeeeeeeeee, Fffffffffffffffffffffffff.

第二种是三行诗（tercet）。这是古往今来被普遍使用的欧美诗节模式，不限于英语诗歌。其实，相当一部分英语诗节形式都是吸收了欧洲

大陆各国（或民族）的诗节形式，特别是意大利。著名的三行诗有意大利诗人但丁的《神曲》，下面是英国名家的英译。

Midway this way of life we're bound upon,
I woke to find myself in a dark wood,
Where the right road was wholly lost and gone.

（by Dante Alighieri）

（Sayers，1949）

第三种是四行诗（quatrain）。四行诗在英语诗歌发展史上是非常常见的一种形式，从表面上看，有点像中国传统诗歌中的绝句。但是，从听觉上感知，英语四行诗的用韵与中国的绝句不尽相同，英语四行诗有三种用韵方式：abab，abba，abcb。显然第三种与中国的绝句类似，可英语四行诗更为多见的用韵方式是前面两种。

In every language upon earth
On every shore，o'er every sea，
I gave my name immortal birth，
And kept my spirit with the free.

（Clare，1990）

第四种是五行诗（cinquain）。五行诗也比较多见，用韵模式是ababb或ababa，下面以ababb为例。

Unmindful of the roses， a
Unmindful of the thorn， b
A reaper tired reposes a
Among his gathered corn b
So might I，till the morn！ b

（by Christina G. Rossetti）

（Ricks，1990）

第五种是六行诗（sestet）。人们用sestet一词指意大利诗人彼特拉克（Francesco Petrarca）的十四行诗（Petrarchan sonnet）的第二部分。英国诗人雪莱（Shelley）则尝试把英雄双韵体和挽歌对句（the elegiac stanza）绑定为六行诗。除此之外，还有两类六行诗：一类是法国的增尾

诗韵（tailed rhyme），又称浪漫诗节（romance stanza）；另一类是以苏格兰著名诗人彭斯（Robert Burns）命名的六行诗，即彭斯诗节（Burns）。由于这些嬗变的原因，六行诗的用韵有三种模式：aabaab，aabccb，aaabab。以第三种模式为例。

To F. C.

FAST falls the snow, O lady mine,　　a
Sprinkling the lawn with crystals fine,　　a
But by the gods we won't repine　　a
While we're together,　　b
We'll chat and rhyme and kiss and dine,　　a
Defying weather.　　b

So sir the fire and pour the wine,　　a
And let those sea-green eyes divine　　a
Pour their love-madness into mine:　　a
I don't care whether　　b
'Tis snow or sun or rain or shine　　a
If we're together.　　b

（by Mortimer Collins）

（Ricks，1990）

第六种是七节诗（septet）。七节诗在近现代的英语诗歌中并不多见，但在早期现代英语中是有的，用韵为 ababbcc 模式。

What should I say
Since faith is dead
And truth away
From you is fled?
Should I be led
With doubleness?
Nay, nay, mistress!

（By Thomas Wyatt）

第七种是八行诗（octet）。octet 又称 octave，源自拉丁文，均与“八”有关，在音乐上指的是“八度音程”，又指八个为一组的事物。这里专指八行的诗节，也是从意大利引进到英国的诗节，特别值得一提的是，这种诗节被拜伦用于长篇叙事诗《唐璜》（*Don Juan*）的写作，abababcc 的用韵模式取得了公认的完美效果：

Canto II 62

The sun rose and fiery, a sure sign a
Of the continuance of the gale. To run b
Before the sea until it should grow fine a
Was all that for the present could be done. b
A few teaspoonfuls of their rum and wine a
Were served out to the people, who begun b
To faint, and damaged bread wet through the bags. c
And most of them had little clothes but rags. c

（Byron，1988）

第八种是九行诗（spenserian stanza）。九行诗又称为“斯宾塞诗节”，顾名思义，这种诗节的创建者就是十六世纪英国著名诗人斯宾塞（Edmund Spenser）。后世使用斯宾塞诗节的也不乏优秀者，如雪莱的 *The Sun is Warm, the Sky is Clear*，用韵模式是 ababbcbcc。下面是该诗的第一节。

The sun is warm, the sky is clear, a
The waves are dancing fast and bright, b
Blue isles and snowy mountains wear a
The purple noon's transparentlight: b
The breath of the moistair is light b
Around its unexpanded buds; c
Like many a voice of one delight, — b
The winds', the birds', the ocean-floods', — c
The City's voice itself is soft like Solitude's. c

上面就英语诗歌的诗节组合讨论了诗的视觉形式。这些由一节诗的不同数量的诗行构成的诗的视觉形式还只是英语诗歌的一些通例。其实，英语诗歌还有很多视觉组合的特例，比如用诗行的长短组合成特定的“形状”。其中，比较典型的例子是美国诗人爱伦·坡的《钟》(*The Bells*)，整个诗的形式组合是一座钟的外形。

三、英语诗歌的音韵形式——英语诗歌的音韵有哪些特点

前面研究的是英语诗歌的视觉形式，下面将研究英语诗歌的听觉形式，即它们的音韵组合形式及其规则，或称“英诗格律”。

1. 英语诗歌的押韵（rhyme of English poetry）

中国的英语教师在中小学的语文学习中已经习惯了中国古典诗歌的押韵规则，并因此形成了固定的输入模式，社会心理学叫“刻板印象”，心理学叫“格式塔”。所以在初次接触英语诗歌时比较容易接受英雄双韵体的 aabb 模式，而对其他英语诗歌押韵缺少应有的“感觉”，即没有相应的格式塔来“呼应”。而且会逐渐形成英语诗歌韵脚“混乱”的错误印象，甚至认为英语诗歌押韵随意。这种知识的欠缺状况已成为英语诗歌进入中小学英语教育的无形障碍。其实英语诗歌的押韵规则不亚于中国诗词的押韵规则，只是各有特点，规则不相同罢了。下面将介绍一些初步的押韵知识。以下都属于尾韵（end rhyme）类，就是在每个诗行的结尾处押韵。

（1）阳韵（masculine rhyme）。一般来说，凡是把韵脚落在一个诗行中的重读音节上，后面不再跟随其他音节的用韵，都可以称为“阳韵”。

I shall like to rise and go
Where the golden apples grow.

（Stevenson，2009）

You smiled, you spoke and I believed,
By every word and smile—deceived.

（*You Smiled* by Walter Savage Landor）

（王宝童，1998）

（2）阴韵（feminine rhyme）。第二音节无重音的双音节韵，如 motion 和 ocean，或第二、第三音节无重音的三音节韵，如 happily、fortunate（王宝童，1998）。在经典英语诗歌中，此类实例是相当普遍的。

Of other the like, I do leave out a many.
That costeth the husband never a penny.

(*Christmas Cheer* by Thomas Tusser)

Then let us all reflect with pleasure.
That labour is the source of treasure.

(*The Father's Vineyard* by Anonymous)

(Gallagher, 2009)

(3)三音节押韵(triple rhyme)。三音节押韵并不是英语诗歌中常见的韵式,但是,它的运用往往有特殊的效果。所以,在英语诗歌格律的基础知识里,它占有一席之地。对诗人而言,在诗节中持续使用三音节押韵是有相当难度的。尽管如此,还是能够看到三音节押韵的杰作,如Thomas Hood的《叹息桥》(*The Bridge of Sighs*)。全诗共106行,分为17个诗节,每个诗节都用了三音节韵。

第1诗节:

One more unfortunate,
Weary of breath,
Rashly importunate,
Gone to her death!

第4诗节:

Touch her not scornfully;
Think of her mournfully,
Gently and humanly;
Not of the stains of her,
All that remains of her
Now is pure womanly.

第9诗节:

Alas! for the rarity
Of Christian charity
Under the sun!
O, it was pitiful!

Near a whole city full,
Home she had none.

第13诗节：

In she plunged boldly, —
No matter how coldly
The rough river ran—
Over the brink of it!
Picture it—think of it!
Dissolute man!
Lave in it, drink of it,
Then, if you can!

（Bryant，1970）

（4）中间韵（internal rhyme）。在一个诗行的中间位置上，有某个词与该行的末尾词押韵，就是中间韵。这样用韵的诗，加上音步的起伏，读起来更富节奏感，会给听者留下深刻的印象。

The fair breeze blew, the white foam flew,
The furrow followed free;
We were the first that ever burst
Into that silent sea.

（王宝童，1998）

（5）头韵（alliteration）。头韵是指在英语词语的“开头部位”押韵，而不是在诗行的尾部押韵（即尾韵）。古英语的韵文和叙事诗都是以头韵为主的。根据李赋宁对古英语语音的研究，古英语诗歌使用头韵（而不是使用尾韵）的情况与古英语的语音特征密切相关：绝大部分词的主要“音质”取决于词的开头重音，尾音总体上看则显得很弱。著名小说《指环王》的作者 J. R. R. Tolkien（1892—1973）是一位专攻中古英语和英国古代文字学的学者，他曾经用头韵的形式，以现代英语的语汇写了叙事诗 *The Fall of Arthur*，从中可以窥见古英语头韵的风貌，下面是该诗的开头几行：

How Arthur and Gawain went to war and rode into the East.

Arthur eastward in arms purposed

his war to wage on the wild marches,
over seas sailing to Saxon lands,
from the Roman realm ruin defending.
Thus the tides of time to turn backward
and the heathen to humble, his hope urged him,
that with harrying ships they should hunt no more
on the shining shores and shallow waters
of South Britain, booty seeking.

(Tolkien, 2013)

还有一些特殊的押韵形式，限于篇幅，不再举例。

①全韵（perfect rhyme）。一是指同音异义词，如 dear/deer；二是重音相同重读元音前的音不同的词，如 June/moon（王宝童，1998）。②准押韵（assonance）。准押韵，又称“谐音”“半谐音”。一是指只有元音押韵，辅音不押韵，如 penitent/reticence；二是指只有辅音押韵，元音不押韵，如 killed/cold（王宝童，1998）。③半韵（half rhyme）。所谓“半韵”主要指两种情况：一是只押首韵，不押尾韵，如 lightly/frightful，evening/even；二是不押首韵，只押尾韵，如 delivered/covered，home/them（王宝童，1998）。④耳韵（ear rhyme）。用韵之词的字母（或字母组合）不同，但语音相同者，即为耳韵，如 time/rhyme，one/sun（王力，2012）。⑤眼韵（eye rhyme）。无论是传统的英语诗歌，还是现代讲求音韵的英语诗歌，都存在使用眼韵的情况。所谓“眼韵”恰好与“耳韵”相反，即字母（或字母组合）相同，但是读音不同，就是说，看上去是“押韵的”，读起来则不押韵，如 love/reprove（王力，2012）。⑥史韵（historical rhyme）。在英语发展史上，有的词曾经的读音与现代英语的读音不同，但在诗歌里仍然使用曾经的读音方式进行押韵，此类情况即属于使用“史韵”（历史上曾经用过的韵律），如 join 在历史上就曾与 shine、line 的元音读法相同（王宝童，1998）。

2. 英语诗歌韵脚的位置

研究诗歌时，还会涉及两个很有趣的问题，哪些诗行押韵？每一诗行都要押韵吗？就这两个问题，中国的英语教师对中国的传统诗歌是了解得比较清楚的，但对英语诗歌则并非如此。下面介绍一些相关的知识。

（1）记韵法。欧美诗歌的记韵法的基本要素是用 ab 形式记韵。根据不同情况，ab 记韵方法有几个必须知道的规则：一是字母相同，表明使用相同韵脚；二是如果一首诗由几段组成，各段都用同一韵脚，用几段就在韵式之前加数字，如 5abab；三是如果一首诗由几段组成，各段用不同的韵脚，则用 * 表示，如 *5abab，如果连续几段押韵方式都不同，则用 abab*aabb**abcb；四是在欧美诗歌中，有的作品的某些诗行因为是以“歌行”的方式流传下来的格律，有相同诗行在诗歌中重复出现的情况，颇似我们唱歌反复地间隔出现某个乐句和歌词一样，此类情况用大写表示，如 AbbaA；五是如果诗歌中每段的结尾处有重复使用的叠句，则用 R 表示：aabR aabbaR。（王力，2012）

（2）随韵。如果双行押韵紧随一个双行，即成“随韵”，叫“四行随韵”。另外还有“三行随韵”（王力，2012）。

There will the river whispering run
Warmed by thy eyes, more than the sun.
And there the’ enamoured fish will stay.
Begging themselves they may betray.

（*The Bait* by John Donne）

（Donne，1971）

（3）交韵。交韵是指隔行押韵，即第一行和第三行押韵，第二行和第四行押韵，这在中国传统诗歌中不多见，但在英语诗歌中则十分普遍，用记韵法显示，就是 abab 的韵脚（王力，2012）。

I have done one braver thing
That all the Worthies did,
And yet a braver thence doth spring,
Which is, to keep that hid.

It were but madness now to impart
The skill of specular stone,
When he, which can have learn’d the art

To cut it, can find none.

(*The Undertaking* by John Donne)

(Donne, 1971)

(4)抱韵。抱韵是指第一行和第四行押韵，第二行和第三行押韵，即abba的韵式。以叶芝(W. B. Yeats)的著名情诗*When You are Old*为例。

When You are Old

When you are old and gray and full of sleep, a
And nodding by the fire, take down this book, b
And slowly read, and dream of the soft look b
Your eyes had once, and of their shadows deep. a

How many loved your moments of glad grace, a
And loved your beauty with love false or true; b
But one man loved the pilgrim soul in you, b
And loved the sorrows of your changing face. a

And bending down beside the glowing bars, a
Murmur, a little sadly, how love fled b
And paced upon the mountains overhead b
And hid his face amid a crowd of stars. a

(by W. R. Yeats)

(王力，2012)

(5)十四行诗。十四行诗是大家比较熟悉的一种诗体，因为这种诗体具有严格的格律韵式。正是因此，二十世纪初的中国文学家对十四行诗情有独钟，进而与中国的诗词格律传统有某种内在的心理共鸣。当时，文学家和文学研究者以谐音的方式把十四行诗称为“商籁”。首先尝试用中文写十四行诗的是戴望舒。这种诗体在欧洲经历了较长时间的演变过程，最早是意大利的十四行诗，后来又有法国的十四行诗。英国则有弥尔顿的十四行诗，比较著名的则是莎士比亚的十四行诗，其后还有斯宾塞十四行诗。这些十四行诗在分段、韵式等方面都略有不同。而且，即使在当代英美国家，十四行诗的影响也还存在，有的诗人还在用这种诗体创作现代诗。下面是美国著名现代诗人 Robert Frost 的典型的莎士比亚型十四行诗，韵式为 abab cdcd efef gg。

Acceptance

When the spent sun throws up its rays on cloud　　a
And goes down burning into the gulf below.　　b
No voice in nature is heard to cry aloud　　a
At what has happened. Birds, at least must know　　b
It is the change to darkness in the sky.　　c
Murmuring something quiet in her breast,　　d
One bird begins to close a faded eye;　　c
Or overtaken too far from his nest,　　d
Hurrying low above the grove, some waif　　e
Swoops just in time to his remembered tree.　　f
At most he thinks or twitters softly, "Safe!　　e
Now let the night be dark for all of me.　　f
Let the night be too dark for me to see　　g
Into the future. Let what will be, be."　　g

（王力，2012）

3. 英语诗歌的韵律与音步

在英语传统诗歌里，两个或三个轻重音组合起来成为音步（foot），每一个诗行都是由一定数量的音步组成的。这样由音步组合起来的诗行的轻重起伏节奏叫作 metre，可译为“格律”，也可译为“韵律”。由于人们经常用格律来概括所有的诗歌用音规则，所以，我们取“韵律”一语来代表 metre。这里，还有必要分辨一下 metre 与 rhythm，在诗歌领域中，这两个术语有时交叉使用，所以意思比较容易相混。有的研究者做了一个界定，"This is not to deny that the two concepts are distinguishable in overall literary context: 'metre' is a term which is confined to the study of poetry, whilst 'rhythm' is a looser concept, with a significance outwith the formal boundaries of verse."（Strachan et al.，2003）。由此可见，这两个词在具体语境中是有一定区别的，可以这样来概括：metre 多用于诗歌研究的专门语境，而 rhythm 则是一个相对较为宽泛的概念，不局限在诗歌专门研究语境中使用。

（1）抑扬格（iambic metre）又称短长格。这是一抑一扬的音步。用 × *a* × *a* 标识。

× *a* | × *a* | × *a* | × *a* |
Come live with me and be my love（Marlow）
× *a* | × *a* | × *a* | × *a* | × *a* |
Can man be free if woman be a slave（Shelley）

（Strachan et al., 2003）

（2）扬抑格（trochaic metre）。此格与上面的抑扬格相反，是先扬后抑，但也是"两拍"（可以比照歌曲的节拍方式）。

a × | *a* × | *a* × | *a* × |
Give me of your bark, O Birch-tree
a × | *a* × | *a* × | *a* × |
Of your yellow bark, O Birch-tree（Longfellow）

（王力，2012）

（3）扬抑抑格（dactylic metre）。此格为重轻轻格，可以比照歌曲的"三拍子"。

a × × | *a* × × | *a* × × | *a* × i
From the low Palace of Old father Ocean
a × × | *a* × × | *a* × × | *a*
Come we in pity your cares to deplore（Dryden）

（Strachan et al., 2003）

（4）抑抑扬格（anapestic metre）。此格的音步为轻轻重。如果诗人在恰当的诗里使用此格，可以收到独特的音步效果。

× × *a* | × × *a* | × × *a* | × × *a* |
For the sky and the sea, and the sea and the sky
And the dead were at my feet.

（*The Rime of the Ancient Mariner* by Coleridge）

在莎士比亚戏剧中，我们还可以读到交替使用扬抑抑格和抑抑扬格的生动实例。

a　×　×｜*a*　×　×｜
Come away, come away, Death,
×　×　*a*｜×　×　*a*｜×　×　*a*｜
And in sad cypress let me be laid
a　×　×｜*a*　×　×｜
Fly away, fly away, breath.
×　×　*a*｜×　×　*a*｜×　×　*a*｜
I am slain by a fair cruel maid.

（5）自由诗（free verse）。王力指出："凡是不依照诗的传统的格律的，就是自由诗。"他提出了区分自由诗和传统格律诗的三个标准：一是用韵和不用韵的区别；二是音步是否整齐规范的区别；三是每个诗节是否规范整齐的区别。传统的英语格律诗用韵，有规范音步，诗节的行数有规定。自由诗则不用韵，没有既定的音步，每个诗节也没有固定行数。美国的惠特曼（Walt Whitman）被认为是现代自由诗的开端诗人。

These and all else were to me the same as they are to you,
I loved well those cities, I loved well the stately and rapid river,
The men and women I saw were all near to me,
Others the same—others who look back on me, because I looked forward to them,
(The time will come, though I stop here today and tonight.)

（*Crossing Brooklyn Ferry* by Walt Whitman）

（Ramazani et al., 1973）

（6）素体诗（blank verse）。素体诗在"外貌"上有些像自由诗，但是，严格的分类者则往往把二者分开。依照王力提出的三个标准，素体诗只是不押韵，但音步是有讲究的，特别讲求诗意和节奏。这一点也是英语专业人员的基础知识。在英国文学史上，有三位素体诗的大家，即莎士比亚、弥尔顿和华兹华斯。

The world was all before them, where to choose

Their place of rest, with Providence their guide;
They hand in hand with wandering steps and slow
Through Eden took their solitary way.

（by Milton）

（Strachan et al.，2003）

四、英语诗歌的修辞常识——英语教师需要了解哪些修辞概念

在诗歌里，我们能够看到更加多姿多彩的修辞手段，这恐怕是因为诗人无不追求独特与个性的缘故。现在人们通常都会使用各种修辞，但却并不知道自己是在凭语言经验而使用特定的修辞格。

（1）警句与箴言（ellipsis and maxim）。诗歌的形式特别有利于负载警句和箴言，世界文明发展的最初阶段都善于运用诗歌形式去揭示自然、社会与生命活动中的真理，诗歌早期发展的这个特点对于基础教育也有很大的启发。儿童和青少年都特别喜欢了解和吸收揭示生活与生命基本道理的语言作品。从语言学习的角度看，警句和箴言通常都是词汇和句法的绝妙组合，它们在学生词汇和语法学习上所起的作用是教师随意列举的例句所无法比拟的。1913 年获得诺贝尔文学奖的印度诗人泰戈尔的诗所包含的优美哲理，对青年学生具有独特的魅力。

"What language is thine, o sea!"
"The language of eternal question."
"What language is thy answer, O sky!"
"The language of eternal silence."

"I cannot keep your waves," says the bank to
river.
"Let me keep your footprints in my heart."

（泰戈尔，2005）

（2）明晰（clearness）。诗人用清清楚楚、明明白白的词语表达自己提炼出来的意思或意象。如果诗人仅仅说："I am a poet. I write poems every day."。那就算不得"明晰"，因为任何人都能清楚地表达出来，而

且并无精彩之处。下面以英国著名诗人布莱克（William Blake）的诗为例，来看看“明晰”之特点。

The Echoing Green（前 4 行）
The Sun does arise
And make happy the skies;
The merry bells ring
To welcome the Spring.

（沃伦，2004）

（3）简洁（conciseness）。短短的话，丰富而深刻的内容，这种修辞兼具明晰之特点。但它有两点与明晰略微不同：一是更显简短，二是更深邃。下面这两行诗选自蒲柏（Pope）的 *Eloisa to Abelard*。

They live, they speak, they breathe, what love inspire,
Warm from the soul, and faithful to its fires.

（Pope，1970）

（4）平衡（balance）。诗人经常使用两个同等结构来取得文字或（和）声音的平衡感觉。汉语是特别注重平衡的语言，这与方块字的基本组成元素不无关系。汉魏六朝发展起来的一种文体叫“赋”，就是专门讲求用词平衡的。后人有各种精彩的发挥，如唐代王勃的《滕王阁序》中“落霞与孤鹜齐飞，秋水共长天一色”。实际上，平衡感是人类共通的心理需求，平衡的修辞手段是各种语言的共通品质。英诗中不乏使用平衡手段的例子。

What is social company
But a babbling summer stream?
What our wise philosophy
But the glancing of a dream?

（Boyes，2010）

汉语的平衡趋势要强于英语，汉语传统诗歌的格律的平衡结构在很大程度上与中国古代的四字结构有关。吕叔湘曾经论述过这个问题，他说：“四音节好像一直是汉语使用者非常爱好的语音段落，最早的诗集《诗经》里的诗以四言为主。启蒙的课本《千字文》《百家姓》《李氏蒙求》《龙文鞭影》等都是四言。亭台楼阁常常有四言的横幅。流传最广的成语也是四言为多。”（朱赛萍，2015）二十世纪五十年代，研究者把汉语这种语言平衡现象称为“四字格”。汉语“四字格”结构的牢固程度深植于中国方块字的造型之中，它们之间有非常稳固而且久远的相依关系，这从一个方面印证了人类追求平衡之美的本性。

（5）排比（parallelism）。又可称为“平行法”。在诗行中，使用同等结构的语句整齐地排列起来，表达一种被大幅度强化了的意思或意象，同时构成文字和声音的双重美感。此种措辞手法在演说中也非常多见。下例选自拜伦的叙事诗《莱拉》(*Lara*)。

In trembling pairs (alone they dared not) crawl
The astonish'd slaves, and shun the fated hall;
The waving banner, and the clapping door;
The rustling tapestry, and the echoing floor;
The long dim shadows of surrounding trees,
The flapping bat, the night song of the breeze;
Aught they behold or hear their thought appals,
As evening saddens o'er the dark grey walls.

在这8行诗里。由9个the引领的名词结构，均衡分布在5行诗中，呈现给读者极具特点的完整意象，同时享受文字结构和声音结构的美感（Byron，1988）。

（6）具体化（concreteness）。具体化是诗歌常用的修辞手法，主要是指用具体生活中可见的事物（如河湖江海、花草树木、房舍道路、日常器物）来显现某些一般性的道理，而这样的道理未必是人们能够清楚意识到的，诗人借助具体化手法暗示道理，不一定给出结论，仅供读者或听者去体会。下面以诺贝尔文学奖得主叶芝写的一首短诗为例。

The Coming of Wisdom with Times

Though leaves are many, the root is one.
Though all the lying days of my youth
I swayed my leaves and flowers in the sun;
Now I may wither into the truth.

（黄杲炘，2011c）

（7）隐喻（metaphor）。认知语言学中的隐喻，可称为广义的隐喻，而这里所说的隐喻是指一种修辞手段，可称为狭义的隐喻。不管是广义的还是狭义的隐喻，人类有些隐喻可以称为“基本的隐喻”，比如以河流隐喻时间，以春天隐喻年轻生命，以名花隐喻美女，以蜡烛隐喻人生，以火焰燃烧隐喻激情奋发，以不同动物的本性隐喻不同人的品质，以岔路口隐喻人生的关键性选择等。在中小学阶段，语言教师应当把人类这些最基本的隐喻介绍给学生，并渗透理想与道德教育的元素。诗歌在这方面具有特殊的作用。下面选择的诗节是美国著名诗人 Robert Frost 特别著名的一首短诗，他在诗中提出了一个人们常会遇到的艰难选择，说出了深层的道理：一个人选择了这条路，那他就无法知道另一条路的风景。

Two roads diverged in a yellow wood,
And sorry I could not travel both
And be one traveler, long I stood
And looked down one as far as I could
To where it bent in the undergrowth; ...

（Boyes，2010）

（8）拟人（personification）。儿童步入文学的圣殿通常是以拟人的修辞为引路人。所以，在英语诗歌教育中，不可不注意拟人的修辞手法。

Daybreak

A wind came up out of sea,
And said, “O mists, make room for me.”

It hailed the ships, and cried, “Sail on,
Ye mariners, the night is gone.”

And hurried landward far away,
Crying, “Awake! It is the day.”

It said unto the forest, “Shout!

Hang all your leafy banners out!"

It touched the wood-bird's folded wing,
And said, "O bird, awake and sing."

And o'er the farms, "O chanticleer,
Your clarion blow; the day is near."

It whispered to the fields of corn,
"Bow down, and hail the coming morn."

It shouted through the belfry-tower,
"Awake, O bell! Proclaim the hour."

It crossed the churchyard with a sigh,
And said, "Not yet! In quiet lie."

(Longfellow, 1983)

英语教师若想把英语诗歌引入英语教学，就要深入了解英语诗歌的基础知识。英语教师在接受大学专业课程时都接触过英语诗歌，他们是具备诗歌的审美经验的。但是，由于教学工作繁忙，有的英语教师在后续的职业生涯中与诗歌渐行渐远了。这种情况应当改变，诗歌审美的经历和经验不仅是英语教师从事教学工作所需的基本素养，也是英语教师自身发展所必需的基本素养。

五、中国传统诗歌与英语诗歌的比较——中英诗歌有哪些特点

中国的英语教师比较容易用自己已有的中国传统诗歌知识来理解英语诗歌。但是，仅仅如此是不够的。有必要研究一下中国传统诗歌和英国传统诗歌的异同。

1. 中文诗歌和英语诗歌的相同点

（1）关于诗歌的传统。中国诗歌和英国诗歌都有悠久的历史传统。

这种传统体现在起源、风格变迁、流派传承、作品数量和影响深度等几个方面。两国的诗歌都起源于口口相传的民谣，都带有浓厚的民族和地域色彩，它们在特定的历史发展阶段中都是一方面保持着特定的风格，又在长期的缓进中改变着某种或某些风格，并在保持和变化中形成了特点鲜明的流派，而且都出现过大师级的流派代表人物，同时积累了大量的优秀作品，更为重要的是，中国诗歌和英国诗歌在世界文学史上都占有崇高的地位，成为对世界文学影响巨大的文学形态。仅从这一点来讲，中小学的英语教学中就不可缺少英国诗歌的元素。

（2）关于诗歌的文化地位。中国和英国的学者和作家对诗歌在民族文化的发展中的地位拥有相同的认识：诗歌在人类文化中“顶天立地”。说它“顶天”，是因为在人类进行逐级上升的文化追求时，诗歌是高级的语言形态，很多伟大的思想家在从事精神探索时，都把诗歌视为高级的方式。说它“立地”，是因为在人类进行最深的心灵探索时，也把诗歌视为高级的语言形式，就儿童与青少年的审美和内在品格教育而言，诗歌应当是培育一个顶天立地的人的精神基础。关于诗歌对社会与人生的作用，我国唐代诗人白居易在《与元九书》中说得很清楚：“故仆志在兼济，行在独善，奉而始终之则为道；言而发明之则为诗。”（顾肇仓　等，1962）“兼济”是指为社会做贡献，“独善”是指个人的人生修养。二者同时实行之，就是“道”；说出来，就是“诗”。白居易的这番诗歌理论（大约比英国早期著名诗人乔叟早约 600 年），把诗歌的崇高地位讲透彻了。

（3）关于诗歌的基本功能。在历史的各个时期中，中国和英国的文学家和诗人对诗歌的基本功能具有共同的概念。我国诗人李白说：“我志在删述（指诗歌），垂辉映千春。希圣（意为力求达到圣人境界）如有立，绝笔于获麟（指永垂后世）。”概括起来就是，诗歌可以深刻地表征信念的坚守，可以形象地揭示人性的本质，可以多样地展现情感的纷杂与升华，可以多元地释放智慧的能量。这样的共同概念表明，诗歌教育是培育正直、健康、优美的人格不可缺少的课程内容。

（4）关于诗歌的语言特征。关于诗歌的语言特征，世界各个民族拥有共同的认识——典型、凝练、神韵。这可以称为诗的“三一律”。在其他语言形态中，这三个特征可以各有侧重，而唯有真正的诗歌才是三个特征的均衡合一。汉语诗歌和英语诗歌在不同的发展时期里都可以找到“三一律”的典范。在英语的基础教育中，学生有必要学习这样的典范。

2. 中文诗歌和英语诗歌的不同点

（1）形式审美的指向不同。所谓“形式审美”，包括诗的视觉形式和听觉形式。中国传统诗歌的视觉形式更倾向于整齐规范，这与汉字的演化过程有密切关联。英国传统诗歌的视觉形式也有严格的规范，但是更倾向于大规范中有小变化。如前所述，英语诗歌从二行诗到九行诗，都有特定的格律（王力，2012），但是，在每行诗的字数上，显然不像中国传统诗歌那样，基本限制在四言、五言和七言上，三言与六言居十分次要的地位。虽然，中国各朝代诗歌作品中有突破这个格局的，但也只是特例。到了宋词、元曲和明清传奇，“言”的规范略有突破，但是，新的格律（词牌、曲牌）又在形式上有了严格的规范。视觉形式的规范的差异，实际上代表了听觉形式的差异，汉语和英语诗歌的两类音韵的差异显示了两大语种的根本差异。有的人试图讲出优势与弱势来，这是不必要的。民族语言的形式审美差异，不宜做统一标准的评价。中小学生在比较中学习两种诗歌形式，有助于他们心智的均衡发展。

（2）意象审美的焦点不同。在东西方文化的比较研究中，学界一般都承认东西方审美趣味存在巨大差异，这样的差异也体现在诗歌的意象审美上。概言之，中国传统诗歌的意象焦点是天人合一、道德伦常、在朝在野、出世入世、忠孝节义、山川风光、草木情怀、征战闺怨、农事田园、归隐闲情、琴棋书画、饮酒品茗等。英国传统诗歌的意象焦点是原始混沌、宇宙星辰、原罪救赎、天国地狱、男神女神、血腥征战、悲喜爱情、灵魂肉体、信仰沉思、哲学思考、自然情怀、正义邪恶、生死探究、自由平等、独立个性等。比较这些意象焦点，虽然不无人性的共同显现，但基于历史文化基础和意识形态基础的不同，历代诗人留下的作品在意象审美上还是颇有差异的。在语言教育中，应当提取有利于中小学生健康成长的东西方诗歌元素，将其融合在日常的课程资源之中。

（3）修辞审美的风格不同。由于汉英语言形态的巨大差异和汉英语言的历史发展机制的巨大差异，中英两国的诗歌修辞审美风格也有不同。从浓淡的比较上看，中国诗歌淡雅者居多，英国诗歌浓重者居多；从严谨与灵活的比较上看，中国诗歌趋于严谨，英国诗歌趋于灵活；从粗细的比较上看，中国诗歌中细微精巧者多，英国诗歌中粗犷者多；从动与静的比较上看，中国诗歌静态者居多，英国诗歌动态者居多；从曲和直的比较上看，中国诗歌曲折表述者居多，英国诗歌虽有曲笔，但更多见的是直白表述，委婉者终属少数。如果从修辞格的广泛运用上来比较汉英诗歌的修辞特点，则又能找到两种诗歌更多的共性。

本节主要陈述诗歌基础知识，并未直接涉及教学，这是因为有关诗歌的基础知识是诗歌审美鉴赏和诗歌教育的前提。偏于日常实用的英语教学注重直接和“速成”，交际教学和任务型学习把这种思路推向既定的路径（approach）和趋于标准化的教学技巧（techniques），它们的有效性是确定无疑的，但或许我们也在这样的实践中有意无意地忽略了偏离日常实用的诗歌语言形式及其所负载的审美意蕴，诗歌的一些基础知识也被冷落了。从这个角度看，重温诗歌常识是英语教师必须要做的一件事情。

第二节 英语诗歌与英语教育

一、诗歌教育的问题分析——英语课程为什么缺少诗歌

在传统教育中，诗歌一直占有重要的地位，这和各个时代对诗歌功能的认知是密切关联的。如前一节所述，在中国的教育中，人们认为诗歌是塑造人的品格必不可少的篇章形式，是陶冶性情的必由之路，“诗以言志”四个字可以充分证明这一点。在西方的教育中，人们把诗歌视为净化灵魂和完善精神世界的不可替代的审美途径。古罗马诗人贺拉斯（Quintus Horatius Flaccus）就曾提出“Poetry is undying”的命题。以下是全诗4诗节的最后一节，全诗英译者是十八世纪著名英国诗人蒲柏。

Vain was the chief's, the sage's pride!
They had no poet, and they died.
In vain they schemed, in vain they bled!
They had no poet, and are dead.

（Grant，1958）

二十世纪以来，随着科学技术的发展、人文教育的普及和学科教育分工的迅速推进，诗歌逐渐成为一种曲高和寡的人文情趣，被渐渐局限在专业的文学领域和专门的人文群体之内，就这样，诗歌在基础教育的课程中变成了语言教育后花园中一个优美的小角落。这是语言教育中缺少诗歌的普遍原因。

就中小学的英语教育课程而言，诗歌的相对缺失大体有以下三个原因。一是思路问题。依据语言实际运用的思路，各类教学资源和校本资源开发者在语篇选择上更加侧重所谓“时文”，其教学目标更加注重日常生活和职业能力的技能训练，这在一定程度上弱化了涉及审美体验的选篇。二是难度障碍。基础语言教育语篇的选择比较重视难度的控制，词汇量的严格限定就成为初级和中级英语课程资源的头等重要因素。故事和散文是可以改编的，也就是说，原创故事和散文可以在改写时删去难度较大的词汇，而诗歌在原则上是不能改编的，这就成为诗歌元素更多

地成为初级和中级英语素材的一个绕不过去的实际障碍。三是认识误区。大多数人把英语的水平分为初级、中级和高级，认为只有在高级英语教育中才能加入文学成分。人们又把诗歌视为文学中的高级形态，在深层意识中，只能在高级英语阶段才能引入诗歌的学习。这是对文学（包含诗歌）的认识误区。自二十世纪八十年代以来，中外教学资源相对加大了选用贴近现实日常生活内容的语篇，使得其中的文学元素低于实用元素。把诗歌教育纳入初级和中级英语教学之中，需要依据学生核心素养发展的各项要求深入认识诗歌的审美教育功能。

二、诗歌的教育功能——为什么要改变诗歌被边缘化的教学状况

英语诗歌的教育是一种艺术教育。在中小学阶段，艺术教育具有培育学生的完整人格和品质的基础功能，语言教育应当融入艺术教育的足够元素。关于这一点，语言教育者是应当逐步达成共识的。其中有一个重要问题需要讨论，那就是如何认识诗歌的教育功能。

1. 诗歌可以培育高尚的理想与信念

诗歌是“言志”的，这个“志”体现着人的理想和信念。这种“言志”功能是通过具体的抒情咏物体现出来的。这样的诗论，可以从中国古代第一部诗歌总集《诗经》中清楚地看出，正如中国明代郝敬所说：“《三百篇》（指《诗经》的三百首诗歌选篇）所以高绝千古，唯其寄兴悠远。”闻一多称颂《诗经》说：“似乎没有在第二个国度里，像它在这里发挥过的那样大的社会功能。在我们这里，一出世，它就是宗教，是政治，是教育，是社交，它是全面的社会生活。”

2. 诗歌可以提炼优美的境界

鉴赏诗歌，会使人体验到植根于日常生活又高于日常生活的境界。学生在诗歌鉴赏活动中能够摘下“功利的眼睛”去观察现实中的优美事物。

Nothing is so beautiful as Spring—
When weeds, in wheels, shoot long and lovely and lush.

（Barber, 2008）

3. 诗歌可以造就坚毅的性格

在中小学学生的学习生活中，不仅应当包括关于快乐的言说，也应当包括关于如何直面人生、如何直面困境、如何经受失败打击和挫折考验的言说。在这方面，诗歌以意象为形式的教育告白应当是不可或缺的。英国诗人吉卜林这样告诫孩子们：

If you can bear to hear the truth you've spoken
Twisted by knaves to make a trap for fools,
Or watch the things you gave your life to, broken,
And stoop and build'em up with worn-out tools.
...you will be a Man, my son.

(*If* by Rudyard Kipling)

(Barber, 2008)

由此，可以联想到鲁迅所说的“韧的战斗”。在这方面，诗歌可以用诗句和意象向学生展示关于人生“韧的战斗”的坚强与毅力。这正可以对单一的“快乐教育”予以必要的“补足”。

4. 诗歌可以增进审辩的智能

在成长进程中，学生不仅应当学会规范的判断与推演，还应当学会灵活的抉择与扬弃。通常把这两方面的均衡把握称为“审辩思维”。从诗歌的文化遗产中可找到培育审辩智能的杰作。

5. 诗歌可以为健康的情感奠基

诗歌是极富情感元素的，从中外诗歌中可以找到大量的抒发情感的代表作，教师可以从中筛选出积极、明朗、深沉、悠远的抒情作品，以强化学生的健康的情感体验。

The ring so worn, as you behold,
So thin, so pale, is yet of gold:
The passion such it was to prove;
Which with life's cares, love yet was love.

(by Anne Bradstreet)

(Barber, 2008)

6. 诗歌可以改变人生态度

日常生活的平常与平淡，很容易渐渐浸染出某种平庸的人生态度。鉴赏好的诗歌可以改变这种平庸，所以应当鼓励学生用诗人的眼光去观察身边的人和事。

诗歌所具备的这些教育功能，正是一个完整人的核心素养中不可缺少的元素。回顾我国英语教材的发展史，几代教材人向各代教材输入了饱含育人功能的各类语篇（也包括诗歌）。应当说，我国历代语言教材具有发挥诗歌教育功能的优良传统。我们应当保持这样的传统，并在新的历史时期中，在核心素养理念的指导下，进一步发挥古今中外健康向上的经典诗歌的育人功能，组织力量，为一线教师提供更好的诗歌选篇。

三、英语诗歌与语言学习——中小学生能接受诗歌教育吗

前一小节谈了诗歌教育的必要性，现在研究一下诗歌教育的可能性。从语篇构成的角度看，精选的诗歌作品是语篇的典范。人们普遍认为诗歌在语篇构成上有较大的特殊性，把短小诗歌作品作为“小点心”偶尔尝一尝或许可以接受，如果把它们纳入日常教学的核心语篇，似嫌偏颇。从审美教育的理论观点来看教学所用的语篇，诗歌作品应当在未来的英语语篇选择中占适当的比重，无论是小学还是中学，每个学期都可以选几篇诗歌进入核心语篇的编排系列之中，伴之以一定数量的阅读诗篇或朗诵诗篇，或阅读与朗诵结合起来，纳入综合实践课程。理由有以下几点。

1. 中小学生是天然的诗歌爱好者和鉴赏者

接受诗歌是人的童年和少年的本能需求。法国现代思想家和美学家福柯提出了“皱褶”概念。生活中真实的语言产出（the linguistic products）都不是一览无余的平展物，它们更像经过压缩揉搓而成的“纸团”，人们对解开这个“皱褶的纸团”具有强烈的兴趣，而且具有天然的“展开皱褶”的能力。这是人类理解本能的绝好隐喻。故事和诗歌对儿童及青少年来说是语言“皱褶”的佳品，从这个角度看，基于解开“皱褶”的本能，他们是天然的诗歌爱好者和鉴赏者。

2. 诗的韵律与语言关键期

人接受语音的敏感度在语音关键期最佳，研究文献显示，在这个关

键期内，人的语音本能会得到最好的发展（人的本能也需要后天的培育）（Sousa，2001）。通常，这种发展是通过母语来实现的。认知神经科学研究表明，在这个语音关键期内习得多语种的语音，可以增强儿童的语音能力，特别是可以增强儿童对不同语种语音的直觉（不同语种语音元素之间较少干扰，较多相互促进的成分）。值得注意的是，语音关键期以后，语音的敏感程度不会终止，青少年对语音的接受敏感力可以延伸到20多岁。研究显示，中小学期间，学生在第二语言习得各类语言能力发展（包括语音能力）上依然有优势。

诗歌作品是语言形式和意象的统一体，诗歌形式具有更加特殊的审美价值。有的诗歌流派甚至主张诗歌的本质特征就是诗歌的形式构成。诗歌的形式（form）是视觉（即shape）和听觉（即sound）这两种要素的有机合成，从双行诗到九行诗，以及十四行诗，其视觉形态是诗的视觉鉴赏所不宜或缺的。从认知神经科学和演化语言学的观点看，中国传统诗歌和英语传统诗歌的格律是人类对语言韵律的本能探究，是对语言韵律的内在审美追求，这种追求与人们对音乐节奏和旋律的本能追求具有相似的生理和心理基础。更为重要的是，在儿童和青少年的心智发展过程中，丰富多样的语音体验和音乐体验将会促进他们的智力发展。

3. 意象运演的心理效能

诗的本质特征就是形式+意象。在儿童和青少年的心智发展过程中，意象运演的经历和体验起着非常重要的作用，甚至有的研究者认为，人的品格与智能的差异就是意象运演的差异。这个概念揭示了儿童在成长过程中的一种本能现象：内心的故事演绎，或者说是内心的戏剧排练。皮亚杰的研究也证明了这种现象是儿童的一种本能运演，外显形式就是皮亚杰所说的“独白”。人们内心的意象运演是人脑的本能效应，通俗地说，人的大脑里总是在不停地“上映着”各种电影，这个电影的导演是脑神经系统，脚本是人在生活中日常积累下来的经验性的活动图像（moving pictures），演员是人的自我。

可以这样假设：意象运演是因人而异的，即故事片的内容和形式是因人而异的，儿童和青少年的成长特别需要高质量的意象运演，恰当的文学作品可以成为意象运演的“故事”的良好参照，从而提升意象运演的语言质量、智能水平和审美境界。在这样的高质量参照中，诗歌的意象具有很高的价值，因为经典诗歌都是人类多元意象组合的精品，包含着富足的道德营养，是高尚人格的优秀范本，是人类智慧的高度结晶，是人类高尚情感的甜美果实。

4. 诗歌作为游戏所具有的言语演练功能

儿童在日常活动中充满“嬉戏”成分，这些“嬉戏”其实是成长赋予他们的一种本能，其作用至少有以下三点：一是生理成长的锻炼，骨骼、肌肉和内脏都需要适当的运动；二是生存技能的锻炼，在游戏中，儿童能够“预演”接近、获取、配合、操作、防卫、保护、卷入与脱离等未来生存与生活不可缺少的实际技能；三是社群关系的锻炼，儿童借助游戏的活动能够习得与同类的沟通与配合。进一步讲，儿童对语言游戏也有与生俱来的运演兴趣，其作用有以下三点：一是话语操作的生理锻炼，二是对言语表义技能的“预演”，三是进行人际沟通的演习。诗歌的韵律形式显然能够在这样的操练中起到更好的作用。

5. 情感理解与表达的强烈需求

诗歌是传输情感的重要载体。在成长过程中，人是要接受情感教育的，这样的教育大体经过三个等级的提升，即情感体验—情感表述—情感调控。这三个等级的提升不是一次完成的，而是无数次的经验性认知。经过如此锻炼，人们才能逐步靠近情感的高级境界。这种境界提升过程，也就是审美境界的提升过程。诗歌可以引领儿童和青少年经历这个逐步提升的过程，在这个过程中，人的情感会发生以下几次演进。

一是情感体验的“细化”。在演进中，人们渐渐不再满足于把情感分为简单的好心情和坏心情。二是情感体验的“深化”。诗歌可以使读者看到诗人情感深化的程度，如此就会引导读者懂得情感可以深化到怎样的程度。三是情感表征的精确化。读者在阅读精彩的诗歌时真实地见证了诗人如何通过运用蕴含了自己某种特定情感的词语，描绘自己曾经的或正在经历的情感。这一点似乎仅仅证明了诗的读者向诗的作者学得了表达情感的词语，其实读者同时学会了关于自身情感体验的更为恰当的表征。四是情感表征的个性化。细化、深化和精确化，都是人对自身情感体验的分化，而每个人的这种分化是不一样的，是要显现出个性的。诗歌在情感表征上是非常具有个性化特征的，甚至同一位诗人也会因境遇和心境的差异而显现出特异性。五是把握情感抒发的程度。对学生进行诗歌教育，可以促使他们有效地调控自己的情感。不同的诗歌作品可以向学生显现不同的情感抒发方式，让他们学会情感的内敛，学会抒情的含蓄，这本身就是高级审美品格的必备条件。

6. 智能运演的强烈需求

除了数理化学科，精彩的语言作品同样是智能锻炼的好样本。从认知神经科学的视角来看，抽象思维和社会认知是密切相关的。为了说明阅读诗歌作品需要高阶智能运演，有必要引用以下几个新概念来加以阐释。

一是源记忆（source memory）。它是指对所学东西的来源、背景的记忆，属于“情景记忆”。每个学生健康的大脑中都有丰富而准确的记忆，由于优秀的诗歌具备生动而典型的情景，学生读这样的诗歌就会唤醒源记忆，从而激发特定的意象运演，激活特定的认知网络。这是一种非常好的智能锻炼，是数理化很难实现的意象认知活动。

二是自我参照效应（self-referent effect）。每个人的自我都具有特殊的结构，并有其独特的信息加工过程，自我参照效应就是认知主体（学生）通过阅读某一文学作品，激活与自我意识直接相关的独特的神经区域，并取得记忆的、认知的和情感的综合效应。

三是共情效应（empathy effect）。人的智能不限于抽象思维和逻辑公式的运演，同时包含人的社会认知。心理学家提出“共情”的概念来表示自我知觉和他人知觉之间的密切关系，镜像神经元的发现告诉认知神经研究者：镜像神经元是“共情”的生理基础。从这个科学道理推演开来，可以知道，一首诗歌借助其情感内容和语言结构，激活读者的意象，便也激活了其镜像神经元，从而激发读者的智能 + 情感的整体运作。这样的锻炼可以收到情感 + 智能的综合体验效果。（加扎尼加 等，2015）

四、儿童的诗歌教育——为什么儿童应当接触诗歌

儿童应当在学习的早期就接触浅显的诗歌。人们大都认同母语歌谣的有序引入，民谣、童谣的世代传承就充分证明了儿童对诗歌韵律的本

能爱好。根据认知心理学家对儿童发展关键期的研究可以得出：儿童对于民谣、童谣的先天兴趣既包括母语作品，也包括外语作品（只要具备适当的习得条件），而民谣和童谣本身都具有诗歌的品格。在多元文化的混合环境下,儿童同时接受多语种的诗歌作品是有利于智能发展的。其实,只要步入英语诗歌教育的花园就会知道，儿童具备整体接收不同语种诗歌韵律的潜能，他们有吟唱不同语种诗歌的内在需求，且英语诗歌中有很多适合儿童学习的经典作品。

Fairy Photographs

When you try to sneak and spy,
Snipper-snap,
We will smile and flutter by,
Flitter-flag.

We will swish our spiky wands,
Sparkle-flash,
We will skim across your ponds,
Dazzle-dash.

We will light the leafy trees,
Gleam-and-glow,
We will freeze the morning breeze,
Sleet-and-snow.

We will ride our speedy mice,
Spin-back-soon,
We will dance in circles TWICE
Round-the moon.

When you print your photographs
What is there?

Falling leaves and stony paths
And empty air.

(Clare, 2006)

图 5-1

这首小诗是专门为儿童写的，它不仅包含了人物、景物，还包含了各种动作和有趣而奇妙的声音，这些都是孩子们眼中的生动意象。(如图 5-1)

如果儿童学会朗读这首小诗，甚至可以表演这首小诗的情景，他们就能得到以下几点收获：一是眼前生成了愉快玩耍的情景。二是耳边听到了特殊的有趣的声音。三是鉴赏了小诗的明快节奏。四是熟悉了生动的短小词语，如 spin，smile，sparkle，skim，sleet，snip 等。五是鉴赏了生动的英语语音组合。

五、少年的诗歌教育——为什么少年特别需要诗歌

少年阶段是学生成长的关键期，人们通常把这一时期视为“文学的启蒙期”，因为这个时期的学生有以下三个突出特点：要求独立的自我意识、模糊的情感追求、扩大视野的探究渴望。唐代李白有诗形容曰“少年负壮气，奋烈自有时”。这个时期的学生是很需要健康的诗歌来哺育的。

少年对诗歌的需求有以下几点。一是谋求典型情感表述的共鸣。少年接受诗歌的一个重要动机是谋求与诗人的“共情”，这是一种很重要的审美形式。诗歌所涉及的情景比诗歌本身还重要，少年借助情景体验来

达到相似情感状态的分享，传统美学称之为“移情”。二是拓宽语言学习的视野。这是出于情感的共鸣和语言学习的需求。这个时期的学生已经不满足于从教材的语篇中汲取知识了，他们需要能够和自己的精神世界合拍的精彩篇章，从这些篇章中他们既能吸取情感的元素，又能获得活的语言知识。基于这两方面的需求，他们特别乐于鉴赏那些充满情感和智慧的诗篇，当然前提是语言难度不要过大。三是寻找可以启智的箴言。这一时期的学生有一个共同的习惯，就是抄录并收藏和自己成长直接相关的格言、警句和箴言。有的经典诗歌是可以满足学生的这种要求的，因为诗歌中的格言、警句和箴言不仅内容好，而且还具有宜人的韵律。四是索求足以向“好友”交流的精彩的情感表达形式。我国著名诗人何其芳曾经指出：诗人大都从写情诗开始。从中外诗歌史看，很多有成就的诗人都是从少年时期就开始写诗了，如中国的曹植、李白、王勃，英国的拜伦、雪莱、济慈等。这与人的少年期的强烈情感需求有直接关系。

When to the flowers so beautiful
The Father gave a name,
Back came a little blue-eyed one
(All timidly it came)
And standing at its Father's tones,
“Dear God, the name Thou gavest me,
Alas! I have forgot.”
Then kindly looked the Father down
And said, “Forget Me Not.”

(Longfellow, 1983.)

六、高中时代的诗歌教育——为什么高中生需要诗歌

高中学生的精神境界正在成长之中。从成长到成熟，是人一生的认知和情感的经历，人的成熟意味着自己去探究人所面临的基本问题。依照人从出生到离世的认知次序，概括地说，有五个基本课题。

一是我和其他人。婴儿和儿童首先认知自己和近身他者（the near others）的关系，他们首先从与他人的关系开始自己的认知（首先是感性

的)。二是我和这个世界。儿童逐渐扩大视野，把世界放入自己的认知视野，这个世界在他的认知中是不断向外延伸的。三是我和我自己（如问Who am I？)。人的自我意识的形成是在稍后的时期，人通过对周围的人和事的体验，逐渐意识到有一个"自我"（self）存在于自己的心中。四是我和我的内心。人的向外认知是先于向内认知的。所以，人在成长的某个阶段（不同的人有不同的成长特点）开始关注自己的内心，伴随着对内心的探求，审美体验的境界也在提升。五是我和我的一生。人在真正生成了生和死的概念时，才会有"一生"的认知。儿童有可能说到"一生"这个词，但是，他们并不真正懂得"一生"实际上意味着什么。

高中时代的学生已经开始在这五个课题上进行比较理性的思考。

高中时代的学生的特点可以用五个关键词来表述:人生、理想、信念、感情和个性。从这五个关键词就可以看出，高中时代是理解和创作诗歌的黄金时代，也是诗歌教育的黄金时代。这五个关键词正好就是他们喜欢诗歌的五个理由。

1. 探求人生的意义和价值

高中学生已经开始有了"人生"的概念，这和他们的自我意识的成熟有直接关系。既然开始想到人生,他们的心中就会设想未来几十年的光阴。在这个年龄段，学生并不满足于教材所告知的事情，他们开始扩大自己的阅读面。而恰恰是在此时，诗歌的介入成为一种需要，因为诗歌可以用充满哲理的丰富意象来解答他们心中关于人生的问题。在高中英语的学习中，泰戈尔的英语诗歌就十分适合高中学生的审美情趣和情感需求。

Why did the lamp go out?
I shaded it with my cloak to save it from the wind,
that is why the lamp went out.

Why did the flower fade?
I pressed it to my heart with anxious love, that is
why the flower faded.

Why did the stream dry up?

I put a dam across it to have it for my use, that is
why the stream dried up.

Why did the harp-string break?
I tried to force a note that was beyond its power,
that is why the harp-string is broken.

(*The Gardener* by R.Tagore)

（泰戈尔，2009）

2. 歌唱生活的理想

随着年龄的增长、知识的积累和文化素养的提升，高中学生已经具有成熟的理性思维能力，他们开始想象自己的未来，开始尝试用各种方式描绘未来，并把自我放置在这个由想象构建的时空之中。这样的想象本身就是一种特定形态的意象运演，但不是一般的意象运演，因为这种运演在形态上具有以下特征：一是庄重性，它们是超越日常生活琐事的；二是完美性，它们通常是唯美的，是没有瑕疵的，是对现实的提炼与升华；三是持久性，这是指学生能够持久地拥有这种高品质的意象运演，同时也指学生决心要持久地为这样的图景而努力。我们把这种基于理性的意象运演的结晶称为“理想”。从这个概念上看，每个高中学生都在运演他们自己的“理想”。问题是，教育者应当借助学习资源把美好而高尚的精神食粮输送给高中学生，而不是把它们禁锢在高考和谋求个人理想职业的狭小空间之中。诗歌教育可以在这方面做很多有益的事情，很多英语的传统诗歌可以作为理想教育的素材。

Dreams

Hold fast to dreams
For if dreams die
Life is a broken winged bird
That cannot fly.

Hold fast to dreams
For when dreams go

Life is a barren field
Frozen with snow.

(by Langston Hughes)

（黄杲炘，2011a）

3. 表述自己对这个世界的基本信念

高中学生开始在自己的精神世界里形成“世界的全景”。在童年和少年时代，学生们虽然也说“这个世界”，但这个“世界”的所指，“近景”是清楚的，“远景”是模糊的。到了高中时代，他们的“世界”概念开始把近景和远景组合起来，形成比较完整的图像，把这种图像加以概念化，并用“这个世界是……”的句式表征出来，便会成为信念。通常，这样的信念可以概括为这样的句式：“因为这个世界是……，所以，我（们）要……”教师有必要精选那些适合高中学生形成健康、高尚的信念的经典诗歌作品来支持他们完善精神世界。有些精彩的诗歌在其有序的诗行里，多次重复一个概念、一种说法，从而使之成为一种坚定的信念，并产生一种有力的“鸣响”，我们从 Christina Rossetti 的一首短诗中就可以看到这种积极的鼓舞。

I'll Try

The little boy who says“I'll try”
Will climb to the hill-top.
The little boy who says “I can't”
Will at the bottom stop.
“I'll try”does great things every day,
“I can't”gets nothing done;
Be sure then that you say“I'll try”
And let“I can't”alone.

（黄杲炘，2011c）

4. 探寻诗歌所表达的深厚感情

正是由于对人生、理想和世界的新认知，高中生需要更系统且深厚的感情。在高中生的内心世界里，青春期的情感具有影响终身人格的重大作用。这个阶段的情感发展特别需要注入审美元素，加深学生的高水平的审美体验，诗歌在这些审美体验中占有重要地位。这个时期的学生更加重视持久的情感和情感的终生价值。正如朗费罗在其诗歌中所说的：

The Arrow and the Song

I shot an arrow into the air,
It fell to earth. I know not where,
For, so swiftly it flew, the sight
Could not follow it in its flight.

I breathed a song into the air,
It fell to earth, I know not where,
For who has sight so keen and strong
That it can follow the flight of song.

Long, long afterwards, in an oak
I found the arrow, still unbroken:
And the song, from beginning to end,
I found again in the heat of a friend.

（黄杲炘，2011a）

5. 表现自我和个性的特点

高中学生在认识自我上已经有了长足的发展，这种发展在很大程度上决定了学生一生的发展趋势。社会心理学家米德（G. H. Mead）提出了著名的“I”和“me”概念，他说：“The‘I’is the response of the organism to the attitudes of the others;”“the‘me’is the organized set of attitudes of others which one himself assumes.The attitudes of the others constitute the organized‘me’, and then one reacts that as an‘I’.”(米德,2015)。这里,米德告诉我们,所谓“自我”就像一面“镜子”,它把社会上的人对“他（她）”的“认知”（态度与看法，即me）转化为自己的主体意识（即I）。人们通常对“自我”有一种误解，以为“自我”就是自己想自己，自己为自己。其实不是这样的，依照米德的概念，一个人有了自我的概念，才会真正建立起社会和他人的概念，而一个人的道德观就建立在这种关于“I”与“me”的关系的认知基础上。

高中生正处于这样的“I”与“me”交互影响并将这种强大的影响逐步固定下来的时期。在这样一个涉及自我形成的关键时期，学生吸收典范文学作品的营养，接受典范形象和意识，就显得至关重要了。建立这样的“I”与“me”的辩证观念，需要有堪称典范的文学形象。下面这首诗几乎可以视为米德关于自我的理论的图解。

Myself

I have to live with myself and so
I want to be fit myself to know.
I want to be able as days go by,
always to look myself straight in the eye.
I don't want to stand with the setting sun
and hate myself for the things I have done.
I don't want to keep on a closet shelf
a lot of secrets about myself
and fool myself as I come and go
into thinking no one else will ever know
the kind of person I really am.
I don't want to dress up myself in sham.
I want to go out with my head erect
I want to deserve all men's respect;
but here in the struggle for fame and wealth
I want to be able to like myself.
I don't want to look at myself and know
that I am bluster and bluff and empty show.
I never can hide myself from me;
I see what others may never see;
I know what others may never know,
I never can fool myself and so,

Whatever happens I want to be
self respecting and conscience free.

(by Edgar Guest)

(Boyes, 2010)

第三节　英语诗歌教学的音韵艺术

英语诗歌教学的核心是审美教育，诗歌审美体验涉及形式和内容两大方面。任何语篇的鉴赏都涉及形式和内容，但诗歌在这方面具有特殊性，因为诗歌的内容更加依附于形式本身。美国诗人弗罗斯特(Frost)曾指出："诗就是经过翻译而丧失的部分……"(陈东东，2001)此言看似有些极端，但仔细品味，这话确实说出了在形式与内容的一体化方面，诗歌具有特殊性。基于这样的思路，本节讨论诗歌教学及相关的审美问题，将集中在两个关键点上：音韵形式与意象内容。

一、诗歌与音乐的内在关联——我们从诗歌的文字看到了什么

研究诗歌形式的重要性涉及语言形式和内容（包含意义）的同一性（identity）问题。关于语言形式和内容的同一性已得到神经科学实验结果的有力支持。新一代的神经模型不同于经典的模型，它将心理语言学的各种发现与大脑中可能的神经回路联系起来。这意味着关于经典的神经模型所强调的传统语言加工区域概念正在受到挑战，也就是说，语言理解（即语义理解）不仅涉及意义本身而且与形式有着不可分割的神经关联。Peter Hagoort 基于神经网络联结的新语言神经模型，可以概括为三点（加扎尼加 等，2015）：一是记忆。语义理解直接涉及听觉、视觉的综合性存储。二是整合。实验显示，语言理解包含着对语音、句法、语义的平行理解，各信息输入通道具有相互作用。三是调控。这涉及更为复杂的神经联结和电传导效应。或许实验实施者也未能明确调控的具体神经操作，但是，他们的研究表明语音与情境、语义、句法具有不可分割的交互作用，虽然这种交互作用的生理秘密尚待探究，但可以初步认定，作为语言形式的语音参与语义阐释和语义破解，是确定无疑的。

诗歌与音乐的密切关联在任何时代的任何时期都能够找到实证。有的研究者指出，"到了距今 7000 年至 6700 年的新石器时代晚期，中华

先民们可能已经开始烧制陶埙，控制骨哨，这表明音乐萌生于远古时代。与此相应的，则是语言的音乐化趋势。《礼记·乐记》曰：‘凡音之起，由人心生也。人心之动，物使之然也。感于物而动，故形于声。声相应，故生变，变成方，谓之音。比音而乐之，及干戚羽旄，谓之乐。’”（王文锦，2001）所以，有研究者提出了歌、舞、诗三位一体的说法，“在音乐、舞蹈、诗歌发生之始，它们之间也许有着极为密切的联系，甚至有可能处于三者浑然一体的状态”（邓福星，1986）。歌、舞、诗的三位一体涉及认知语言学的隐喻。有的研究者从艺术审美的角度指出，隐喻是一种创造性思维，即“把旧的变成新的”。他们指出，创造是选取旧事物，通过整合、打破或构造，使之成为新事物。其实，这里所说的“旧事物”应当理解为人们更加熟悉的事物，人们的创造则是用这些近身且熟悉的事物来生成新的事物，相关学者把这样的隐喻视为创造、语言、理解和思维的核心。从起源上讲，语言、音乐和舞蹈的三位一体，本质上就是人类艺术活动的“言行乐”的三位一体。三种艺术的分化是后来演化的结果，即使它们分化了，语言艺术、音乐艺术和舞蹈艺术的内在品质中仍然保留着三位一体的元素，所以经常看到的，诗中有音乐，音乐中有诗，二者不管是结合还是分开，又都与行动——舞蹈紧密相连。

据此，应当在诗歌教学中从以下四点深入理解其中的音乐性：一是诗与歌唱具有共生的因缘。在每个民族的文学发展史中，诗歌都是与音乐相伴而行的，最早的歌谣本身就是唱出来的文学作品。二是诗的节奏更接近音乐的节奏。诗歌是有节奏和韵律的，这些韵律和节奏虽然与音乐有所不同，但在各类文体中，诗歌与音乐是最接近的。三是诗的起伏结构就是诗的旋律。好的诗歌从整体上看都有其特定的轻重和起伏，并由此构成一种流畅的整体，其实，这样的整体结构是可以和音乐的旋律相对应的，所以，诗的起伏结构就是诗的旋律。四是诗的意象组合就是诗的“和声”。符合诗的本质性概念的诗歌作品，其内容是由意象组成的。通常优秀诗歌的意象都是多种意象的组合物，因此可以把诗的意象组合比作音乐的旋律。

二、诗歌与气息训练——学生在语音学习上有多大潜力

流行歌手都会利用麦克风（传声器）在气息上谋求歌唱的特殊效果，其实美声歌手也同样讲求气息的科学运用。这些歌唱技能的训练技巧实际上都可以运用到英语的语音教学中来。由于诗歌善用音韵，所以在英语学习的初级阶段，利用诗歌训练语音，应该是一个好方法。

1. 姿势的矫正（亚历山大技巧）

奥地利人亚历山大根据自己作为演员和歌手的工作经验在 1890 年提出了唱歌时保持直立和正确的身体垂直线的发声方法，这一方法首先矫正了他以前头向后仰、破坏身体垂直线的错误发声姿势。1973 年诺贝尔生理学或医学奖获得者 Nikolaas Tinbergen 在获奖时还特别提到了亚历山大技巧及其在医学辅助教育中的价值（邦奇，2010）。亚历山大直立姿势要点如图 5–2 所示。

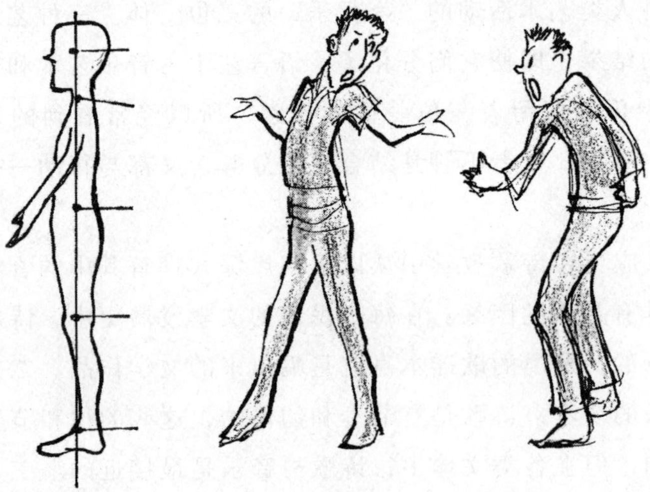

图 5–2

这种姿势其实没有多大难度，只是教师没有想到应该如此要求学生。由于诗歌有独特的韵律，所以利用短小的诗歌进行教学可以收到更好的效果。

Once I Saw a Little Bird

Once I saw a little bird

Come hop, hop, hop.

So I cried, little bird,
Will you stop, stop, stop?
I was going to the window
To say, How do you do?
But he shook his little tail
And away he flew.

这与当下小学语音训练所使用的 chants 有本质的区别。chants 只是语言韵律的巧妙游戏，虽有韵律，但是很难使学生在吟诵的同时形成有趣的意象。但上面这首小诗歌则能够在使学生感受吟诵韵律的同时，形成极富童趣的意象。

2. 吸气的技巧

人在说话时，吸气的过程非常短暂，而呼气的过程相对缓慢且会延长。吸气和呼气可以分为三种：一是普通的吸气叫“被动呼吸”，健康人平时的呼吸频率为每分钟 17 次，呼吸量为 500 毫升。二是主动呼吸。训练有素的吟诵者或歌唱者常用的就是这种呼吸方式。这种吸气方式的特点是在短暂的吸气过程中，主动吸进更多的气，然后缓缓地、恰当地、有韵律地呼出。不动声色地快速吸进足够量的气，是吟诵者和歌唱者的关键技术要点。吟诵或歌唱时的吸气要特别注意领会作品的内容、旋律和节奏，适度地掌控吸气的时间、吸入量以及呼出量。三是强迫呼吸。从事重体力劳动或体育运动时的呼吸属于此类，其特点是快速而大量地吸入空气，然后快速而大量地呼出。（邦奇，2010）

3. 呼气的技巧

专业研究者（Sears，1977）指出，歌唱时的呼吸动作有两种方式：一是胸廓架起，腹肌提供一个持续的推动力；二是胸廓移动，腹肌提供的推动力就相对有限，声音的保持会受到相当大的影响。这是因为肺活量的大小依赖于胸廓本身，而胸廓本身不可能保持不动，由于胸廓相对于肺的表面积偏大，胸廓不需要明显的移动便可以排出大量的空气。歌唱者完成一个较长的乐句演唱需要使用上述两种呼气方法。

吟诵语言作品的呼气方式与歌唱时的呼气方式是类似的，只是音质、节奏和旋律（即语言的语调和语流）要求的呼气技巧略有不同而已。

有经验的发声研究者建议诗歌朗诵者接受声乐的训练以有效提高发音水平。我们之所以有必要在英语语音教学中引入这样的专业发声方法是因为：

第一，声乐的发声技能和语言的发声技能具有共同的生理基础和神经传导机制。音乐课上正确的发声训练可以借助教师的示范而迁移到英语课的发声训练中来。第二，儿童正处于多元智能的关键发展期，将声乐的发声技能和英语语音的发声技能结合起来，可以为他们的终生发展奠定基础，而这种发展不仅仅支持了音乐能力和语音能力，对一切与行为操作有关的技能学习都有长远的价值。第三，诗歌是音乐元素鲜明的语言作品。可以把诗歌的韵律训练建立在声乐发声训练的基础之上，这样，诗歌吟诵和歌唱相互促进，从而具有双重效应。

三、诗歌与节奏意识的养成——学生如何在英语课上接受节奏的训练

关于人的节奏意识，有的学者认为，人的节奏与人的活力有关，人表现出来的内在的节奏感是建立在呼吸和脉搏的某种关系基础之上的，血液按照心脏搏动的节律流向四肢，血液按照呼吸的节律流向大脑（Steiner，1983）。

音乐起源于节奏。美国著名作曲家科普兰（Copland，2011）写过一本著名的小书《音乐入门》（*What to Listen for in Music*），在书中他指出："Most historians agree that if music started anywhere, it started with the beating of a rhythm.（绝大部分历史学家都同意一种看法，音乐始于节奏。）"同理，我们可以说："Most historians agree that if poetry started anywhere, it started with the verbal production of a combination of rhythms."。英国著名诗人 S. T. Coleridge 写过一首诗 *The Rime of Ancient Mariner*（rime 即 rhyme），该诗的第四部分有几行诗句是这样的：

The moving Moon went up the sky,
And no where did abide;
Softly she was going up,
And a star or two beside.

诗节边页上附有注释："In his loneliness and fixedness he yearneth towards the journeying Moon, and the stars that still sojourn, yet still move onward; and everywhere the blue sky belongs to them, and is their appointed rest, and their native country and their own natural home, which they enter unannounced, as lords that are certainly and yet there is a silent joy at their arrival."。

诗歌研究者用这两段文字的比较来证明散文和诗歌的本质差异：诗歌具有特定的视觉形式、特定的韵脚和特定的节奏。在诗歌的朗诵中，学生可以综合体验音乐节奏和语言节奏来练习。要点如下。

1. 体验音步的轻重起伏

听诗歌和朗诵诗歌可以体验到一个诗行中语音随着语流的行进以协调的轻重组合有序地展开，随后又继续下一诗行的行进。

（1）抑扬格（iambic metre）

× / × / × / × / ×/

The seas shall waste, the skies in smoke decay,(Thomson)

（2）扬抑格（trochaic metre）

/ × /× / × / ×

Bounding billow cease thy motion

/ × / × / × /

Bear me not so sweetly o'er!(Mary Robinson)

（3）扬抑抑（dactylic metre）

/ × × / × × / × ×

From the low palace of old father Ocean

/ × ×/× × / × ×

Come we in pity your cares to deplore.

/ × × /× × / × × / ×

Sea-racing dolphins are trained for our motion,

/ × × / × × / × ×

Moony tides swelling to roll us ashore. (Dryden)

（4）抑抑扬（anapestic metre）

× × / × × / × × / × × /
For the sky and the sea, and the sea and the sky
× × / × × × /
And the dead were at my feet.

（Coleridge，1997）

2. 体验音高、音长、响度的有机协调

仅仅注意英语诗歌的音步还不足以提高学生对音律的认识，教师有必要引导学生在听和朗诵英语诗歌时依据诗歌的意境、意象和情感，调整音高、音长和响度。学生在初学英语时接受的都是“标准语音”的训练，这样的训练只知道每个音素的音准和每个单词的重音，忽略了语音在实际运用中的音高、音长和响度的变化。以下通过图示（图 5-3）呈现惯常的音高、音长和响度与诗歌朗诵及戏剧独白中的音高、音长和响度的差异。

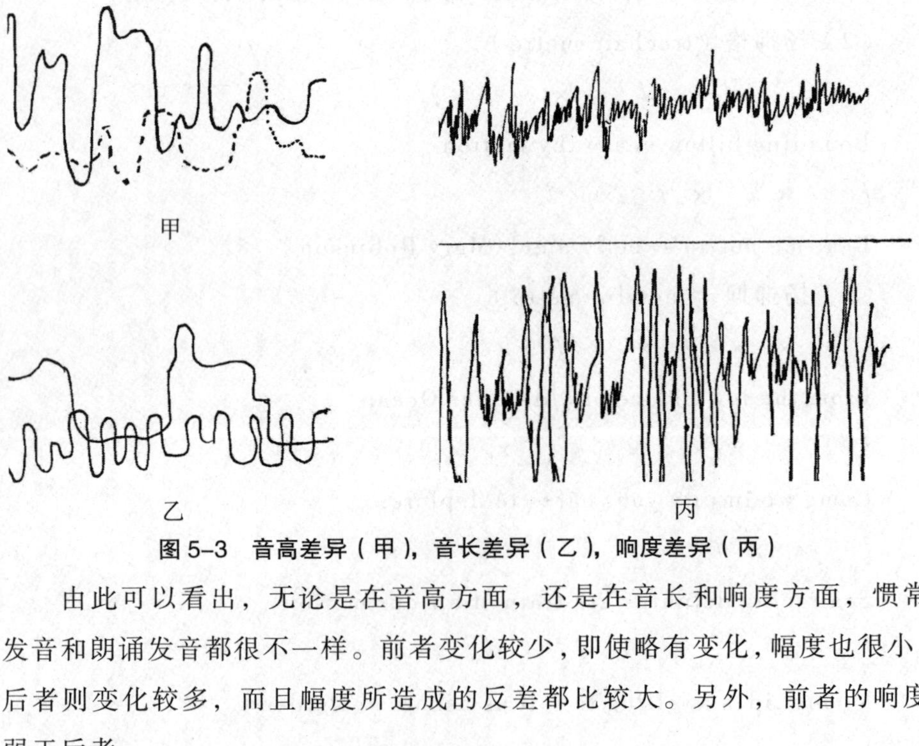

图 5-3 音高差异（甲），音长差异（乙），响度差异（丙）

由此可以看出，无论是在音高方面，还是在音长和响度方面，惯常发音和朗诵发音都很不一样。前者变化较少，即使略有变化，幅度也很小，后者则变化较多，而且幅度所造成的反差都比较大。另外，前者的响度弱于后者。

3. 体验音色的差异与变化

语音的审美还包括显现音色（tone colour）的差异。tone colour 又称 timber，是指“the character or quality of a musical sound or voice as distinct from its pitch and intensity”（Scholes，1970），这里主要指依据音调和强度来确定乐音的声音品质。音乐有专业的音调（pitch）的概念，语言的声音形式实际上也有类似音乐的音调品质，其中会涉及 poor tone、loud tone、thin tone 和 good tone。此外，还涉及声音的不同张力，而这些都与人对语境、人际关系和情感的判断有密切关系。通常进行标准的语音训练时，并未能真正涉及这些元素。如果英语教师接受一些音乐方面的基础知识和训练，相信学生朗诵诗歌或散文的音色会有明显的改观，学生年龄越小，接受这方面的训练就越有成效。

4. 体验声音里的潜在活力

随着生命科学的深度发展和脑科学实验观察的高速发展，科学家开始把人的生命中内在的潜能和人的语音及音乐体验密切结合起来，提出了生命活力的概念（邦奇，2010）。这个概念包含以下三个层面。

一是生命整体运动的层面。我们有必要把学生的身体运动的内在特点和他们学习音乐和语言的发声特点联系起来，生命的运动对所有这些活动进行整体支持，学生在体会波尔卡或快速进行曲时，能体验到短跑的节奏和速度，而他们在进行节奏明快的诗歌朗诵时，也能体验到轻快地奔跑的节奏美感。二是生命的基本节律。呼吸、脉搏能够使人清楚地感觉到生命的基本节律。事实上，生命的各种现象都存在基本的节律，这些节律正是人的行动、发声的基本节律，由此形成人的身体的基本协调。歌唱和诗歌吟诵都可以借助全身的这种能量推进。三是细胞内原子水平的运动。当代生物学家认为，人体的每个细胞、每个原子从微观角度去认知，都是以特定的节奏运动着的。人在日常生活中不会明确地意识到这种节奏，但这并不意味着它们在微观生物学水平上不存在。

这三种生命在人体的系统之中运作整合，从动力学的基点上看，声音的高水平运作会整体带动生命的活力，有利于学生身心健康的良性发展。人体正是这种从微观到宏观的协调运行的整体集合，我们在基础教育中，应当吸收这样的内在活力。

四、诗歌与旋律意识的养成——朗诵
诗歌的语流和说话的语流一样吗

“旋律”是音乐的专用语，音乐专家指出（帕泰尔，2011）：“大部分的音乐旋律都是在一组相对稳定的音高、音程上建构的，而语言旋律却并非如此。虽然在不同的文化中音乐旋律的音程范围不同，根据音程和音阶来组织音高却是音乐区别于普通言语的一个显著特征。”音乐中所用的“旋律”（melody）一语却来源于人的话语。任何话语（speech）都有两个基本的因素：音调（pitch）和节奏（rhythm）。两者合在一起就是话语的旋律。而诗歌是介乎二者之间，在语言作品中，诗歌的旋律有相对稳定的格律。实际上，这种旋律是在某些相对固定的调型基础上演变而成的，而这种演变包含着声音形式和意义表达的内在融合。

通过英语诗歌诵读来培育某些经典的旋律模型，有以下几点好处。

一是突破语音语调的刻板模式，增强英语口语中的音乐元素。虽然并不要求学生说英语时都像唱歌那样去吟唱，但希望他们在诗歌朗诵中获得某种音乐感受。其实，即使不进行诗歌朗诵训练，有些学生讲起话来也会有较强的音乐感，这是一种天赋、本能。而更多的学生经过适当的基础训练，也会习得这样的乐感，这是对潜能的唤醒。二是体验声音的细微变化，形成模仿的习惯。有节奏的个人朗读不同于一般的大声齐读，个人的情感诵读不同于仅仅有节奏的个人朗读，有韵律的诗歌朗诵不同于其他各种诵读。有韵律的诗歌朗诵因为涉及节奏和旋律，所以更容易被学生模仿，更容易取得明显的效果。这样的成功喜悦会鼓舞学生把模仿能力迁移到其他领域。三是掌握更高级的情感表达方式。婴儿表达自己的情感，仅限于哭、笑和几种基本的外显的情感表达方式。诗歌的情感元素通过语言、语音和语调表达出来，这样的表达更有层次，更含蓄，更细腻，更有美的色彩。从这个意义上说，韵律、节奏和旋律会将人的情感表达提升到更高的境界。四是促进语言声音格式塔的系统建构。语音语调也是需要完形的，诗歌的旋律是在音素组合的连续性中形成的，学生接受这样连续性的组合后，可以在较高的审美层级上形成多样化的、具有动态性质的旋律格式塔。这样的系统结构为他们日后的智能、情感和审美意识的发展奠定了较好的基础。

第四节　英语诗歌教学的意象体验

一、意象是诗歌的核心元素——如何理解诗歌教学的内在效能

无论是从单纯的语言知识吸收来看，还是从文化品质的内心养成来看；无论是从认知的感性锻炼来看，还是从审美的经典体验来看，诗歌的教育功能主要体现在美的意象。

什么是意象？意象是人对事物、行为、情感、思想、意念、心境以及任何感官的或超感官的体验。简言之，意象是心中的图像（mental picture）。

认知语言学对于意象进行了深入系统的研究，认为意象是一个心理过程，是事物和事件的混合物以非语言的表征形式构成的图式（Langacker，1990）。有的认知语言学家更坚持认为文学中的意象可以被理解为一种“诗化意象”（poetic imagery），此种意象是诗的灵魂、美的源泉和语言艺术的精华（Turner，1998）。更有趣的是，意象已经成为认知诗学（cognitive poetics）学科分支研究的一个重要概念（Stockwell，2002）。这些新概念恰好与古希腊哲学家对诗歌地位的推崇形成一种遥远的呼应。还需指出一点的是这些认知语言学家对意象的研究主要不是为了丰富和发展现代美学、诗学和现代文艺学，而是为了发展现代认知科学，他们是为了发现意象、概念和语法的内在关系，破译语言和认知的秘密，而破译语言的秘密和破译认知的秘密是一回事（维特根斯坦，2015），所有这些研究都直接与人的语言本能相关（平克，2015b）。

当我们把这些基础理论用到英语语言的实际教学中时，可以发现好的诗歌因为有好的意象而具备了足够的品质来承担起“语言—认知—审美”三位一体的教育重任。这主要是因为意象本身具有的基本品质（Langacker，1987）。

1. 场景基础（base）

不管意象是简单的，还是复杂的；是清楚的，还是模糊的；是趋于

抽象的，还是趋于实象的，它们都会有一个背景或场景作为基础。诗歌的场景基础最具典型性。

The Sun now rose upon the right:
Out of the sea came he,
Still hid in mist, and on the left
Went down into the sea.

(by Samuel Taylor Coleridge)

(Gallagher, 2009)

2. 轮廓勾画（profiling）

人们把意象说成是图画，实际上，它们没有图画那么清晰，它们没有明确的外框，也没有清楚的形象组合，但它们也是有基本的轮廓勾画的。现代画派的某些作品就试图以模糊的手法来表现意象的这种特征。有些诗歌会用不太清楚的语言来勾画某种意象。

Upon the Swallow

This pretty bird, oh, how she flies and sings!
But could she do so if she had not wings?
Her wings speak my faith, her songs my peace;
When I believe and sing, my doubtings cease.

(by Robert Herrick)

(Gallagher, 2009)

3. 粗细程度（specificity）

人们心中的意象除内容、背景不同外，意象本身的精细程度也有很大差异，这与神经类型、刺激来源、动机、意识状态和个性特点都有关联。我们可以用粗细不同的绘画稿子来理解意象的粗细程度。从诗歌作品中意象的呈现（因为诗歌就是把诗人心中的意象表征为文字形式）便可以看出这种差异。

Upon Westminster Bridge

Earth has not anything to show more fair:
Dull would he be of soul who could pass by
A sight so touching in its majesty:

This City now doth like a garment wear.

The beauty of the morning: silent, bare.
Ships, towers, domes, theatres, and temples lie
Open unto the fields, and to the sky,
All bright and glittering in the smokeless air.

Never did sun more beautifully steep
In his first splendour valley, rock, or hill;
Ne'er saw I, never felt, a calm so deep!

The river glideth at his own sweet will:
Dear God! the very houses seem asleep;
And all that mighty heart is lying still!

(by William Wordsworth)

(Gallagher, 2009)

这是著名诗人华兹华斯清晨时在伦敦威斯敏斯特桥上对其所见之景的意象再现，这是比较细致的意象表征。以下是粗犷的意象表征。

A Slash of Blue

A slash of Blue—
A sweep of Grey—
Some scarlet patches on the way,
Compose an Evening Sky—
A little purple—slipped between
Some Ruby Trousers hurried on—
A Wave of Gold—
A Bank of Day—
This just makes out the Morning Sky.

(by Emily Dickinson)

(Gallagher, 2009)

这是美国著名意象派诗人狄更生写的一首小诗。同样是写早上的意象，但诗人却仅仅用关键的几笔刻画出了这个特殊的早晨的颜色和瞬间感觉，即 a slash of Blue，a sweep of Grey，a little purple，a Wave of Gold。清晨的所有细节都被这几处点睛之笔所代替。

4. 突显（prominence）

如何理解 prominence 的内涵？从中国古代的文艺理论典籍《文心雕龙》中可以找到一个类似的阐释，即“镕裁”，刘勰的解释是：“规范本体谓之镕，剪截浮词谓之裁。裁则芜秽不生，镕则纲领昭畅。”（刘勰，1959）这里讲的就是突出特点——画龙点睛。请看下例。

Autumn Fires

In the other gardens
And all up the vale,
From the autumn bonfires
See the smoke trail!

Pleasant summer over
And all the summer flowers,
The red fire blazes,
The grey smoke towers.

Sing a song of seasons!
Something bright in all!
Flowers in the summer,
Fires in the fall!

（by Robert Louis Stevenson）

（Gallagher，2009）

小说家、诗人斯蒂文森善于捕捉事物或景物特征，上面这首小诗的意象就聚焦在 autumn fires 上（图 5-4）。

图 5-4

在中国古诗中，此类特色更为多见，其中宋代杨万里的诗是这方面的典型，他把这种写作方法称为“活法”。

我来官下未多时，
梅已黄深李绿肥。
只怪南风吹紫雪，
不知屋角楝花飞。　　（周汝昌，1962）

上面这首诗突出了“黄”“绿”“紫”三种颜色。类似的另一首诗则又是一种特征的突显：

梅子留酸软齿牙，
芭蕉分绿与窗纱。
日长睡起无情思，
闲看儿童捉柳花。　　（周汝昌，1962）

5. 观览视角（perspective）

有的意象是诗人从一个独特视角看对象，于是就有独特的视觉效果。

You watch—it's clouded;
You don't watch, and it's clear—
When you view the moon.

（by Miura Chora）

（Bownas et al.，2009）

在显现特殊视角上，中国的绝句和日本的俳句是很典型的。单一意象，独特视角，形成突出的印象。

My Sister Laura

My sister Laura's bigger than me
And lifts me up quite easily.
I can't lift her, I've tried and tried;
She must have something heavy inside.

（by Spike Milligan）

（Barber，2008）

这首小诗只有短短四行，完全是以一个小孩子的视角去看姐姐。

通过上述例子可知，中小学生有了意象运演锻炼，学习的效果会很不一样。有的教师在教学中也引入一点诗歌，但效果并不明显。美的诗，在学习的那一刻是会产生审美效应的，可一旦回到实际当中，这些审美感受很有可能会被现实的激流冲刷掉。这并不意味着我们可以放弃英语教育中的审美努力，恰恰相反，我们应当把诗歌审美系统地纳入平时的课程之中，让它们穿梭于其他彩线之中。

二、诗歌意象的种类——教师在诗歌教学中应当选择哪些诗歌意象

诗是给某种意象赋予某种形式。教师进行诗歌的审美教育，本质上就是在学生的学习中促成诗的形式与诗的意象的结合，引导学生仔细体验诗歌的形式与意象的合成。教师需要分门别类地了解诗的形式与意象，在教学中也需要分门别类地进行诗歌形式与意象的体验教学。概括地说，英诗的声音形式包括音韵和音步，视觉形式包括诗节、诗行和诗形（即诗的文字呈现形状），意象则是可以粗略分为：实象、复象、变象、幻象和超象（如图 5-5）。

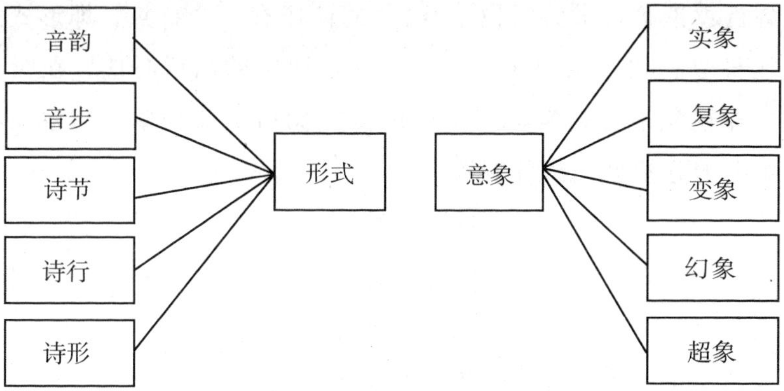

图 5–5

1. 实象

实象是指单独呈现的主体象。这样的意象有一个独立的背景，很像生活中所见到的一幅完整的图画，这幅图画包含单独的人或物（在数量上不一定仅为一个）。有很多小诗都是这样的意象。从教学上看，最初呈现给学生的应当是这种实象，而且最好是单一的实象。这种实象轮廓清晰，画面明确，重点突出，意境优美，学生易于接受，从而迅速产生即时的审美体验。以下是英国著名小说家和诗人 Hardy 的一首小诗。

Waiting Both

A star looks down at me,
And says, "Here I said you
Stand, each in our degree:
What do you mean to do, —
Mean to do?"

I say, "For all I know,
Wait, and let time go by,
Till my change come," — "Just so."
The star says, "So mean I: —
So mean I."

（Hardy, 1994）

王佐良评论哈代的诗时说："哈代的诗还有一个特点，即形式上的完整，往往每节起句或末句相同，造成一种回旋的前后呼应，在听觉上有音乐美，在视觉上有建筑美。"（王佐良，2011）这种单一实象在中国传统的绝句中十分常见，请看下例。

绿蚁新醅酒，
红泥小火炉。
晚来天欲雪，
能饮一杯无？

（富寿荪 等，1985）

2. 复象

复象是指实象的组合形式，就是把各种意象都组合在一首诗里。在现实生活的具体情景中，也会见到一些单独的意象组合在一起，比如清晨看原野，有花草的意象，有田野的意象，有农舍的意象，有农人的意象，把它们聚合在一个画面里，却依然是可以实际见到的一个整体的实象。复象则有所不同，它是为了某种目的（情感、动机或概念）而把生活中不同空间里的意象糅合在一首诗中。下面这首唐诗，虽然是绝句却是复象。

门前水流何处？
天边树绕谁家？
山色东西多少？
朝朝几度云遮？

（富寿荪 等，1985）

把生活中不同时间里的意象糅合在一首诗中（比如史诗叙事中的意象）应当归入复象。下面这首诗的意象就是把不同时间和不同空间的意象用主题词"losing"合成的复象，诗的题目就是一个整合，叫 *One Art*。

One Art

（villanelle）

The art of losing isn't hard to master;
so many things seem filled with the intent
to be lost that their loss is no disaster.

Lose something every day. Accept the fluster
of lost door keys, the hour badly spent.
The art of losing isn't hard to master.

Then practice losing farther, losing faster:
places, and names, and where it was you meant
to travel. None of those will bring disaster.

I lost my mother's watch. And look! my last, or
Next-to-last, of three loved houses went.
The art of losing isn't hard to master.

I lost two cities, lovely ones. And, vaster,
some realms I owned, two rivers, a continent.
I miss them, but it wasn't a disaster.

—Even losing you (joking voice, a gesture
I love) I shan't have lied. It's evident
the art of losing's not too hard to master
though it may look like (write it!) like disaster.

（黄杲炘，2011b）

这个复象的实例显然只适合高中教学，但这并不意味着小学生或初中生就不能接受复象。如果一个传说或故事用诗的形式表达出来，儿童也是能接受的。英国十九世纪的女诗人 Christina G. Rossetti 的叙事诗（如 *Goblin Market*）就是复象类的诗歌。从教学上看，复象类的诗歌会在更高的层次上锻炼学生的思维能力。因为构建这类意象，需要比较复杂的认知步骤。首先要把文字转换为单独实象，然后再组合实象，并用作品组合实象的方法把这些实象进行重组，在这个过程中，诗人和读者就像在对弈一样。

图 5–6

从这幅简笔画（图 5–6）不难看出，诗人与读者的对弈关系：诗人把头脑中的复象用文字组合起来让读者读。读者根据诗人的文字再把这样的复象重新组合起来，去理解诗人的复象。这就是诗的理解。

3. 变象

变象是实象或复象的各种演变形式。从某种意义上讲，变象就是用自己的心灵对实象或复象进行改造，那些典型的、美的改造就是创造。在人类的精神作品中，神话和童话就是变象的典型。

Snail

No one writes a letter to the snail,
He does not have a mailbox for his mail.
He does not have a bathtub or a rug.
There's no one in his house that he can hug.
There isn't any room when he's inside,
And yet they say the snail is satisfied.

（by Maxine Kumin）

（黄杲炘，2011b）

虽然这首小诗使用的是否定的语言，但诗人实际上是对 snail 进行了改造。在基础教育阶段，变象是学生乐于接受的意象，通常被视为对想象力的锻炼。优秀诗歌所创造的变象有五个特点：基于实象、改变实象、追求奇异、催生美感和表征心灵。显然，这些特点恰恰是语言教育所追求的效果。

4. 幻象

幻象是心所造作的诸象。内心自动生成是幻象的一个突出特点，所以它有点像心理学研究的一种现象，即幻觉（hallucination）。但是，诗人写出来的幻象只是类似幻象而已，依然有外界的实象在起作用，诗人的表征只是在模仿幻觉。

Of Mere Being

The palm at the end of the mind.
Beyond the last thought, rises
In the bronze décor,

A gold-feathered bird
Sings in the palm, without human meaning,
Without human feeling, a foreign song.

You know then that it is not the reason
That makes us happy or unhappy.
The bird sings. Its feathers shine.

The palm stands on the edge of space.
The wind moves slowly in the branches.
The bird's fire-fangled feathers dangle down.

（by Wallace Stevens）

（Ferguson et al., 1996）

5. 超象

超象可称为“超验象”，即超出人的一般经验以外的意象。

The Tortoise

Always to want to
go back, to correct
an error, ease a
guilt, see how a friend

is doing, And yet
one doesn't, except
in memory, in
dreams The land remains
desolate. Always
the feeling is of
terrible slowness
overtaking haste.

(by Cid Corman)

(黄杲炘，2011b)

这首现代诗不讲音步，只讲音节，属于严整的现代模式的格律。诗中没有实象，也没有完整的幻想，tortoise形象代表不断流逝的时间。全诗12行，代表钟表的12小时，每行5音节象征时间无可阻挡，又表示钟表上相邻数字间的5秒钟差异。全诗60个音节与每小时60分钟相对应。每行末尾都不是语句的结束，均有一个或几个字是跨行衔接的，这表示生活匆忙，没有停歇。此类诗歌对中小学生来讲，理解起来是有难度的，在教学中应当慎用。

三、诗歌意象的激活方法——教师如何启发学生生动复现诗的画面

在英语教育中引入诗歌的审美，重在把语言和意象合为一体。关于这一点，洛夫（2013）有一段话对我们很有启发："宋严羽说，诗的妙处如……镜中之象，而象的背后又是什么？从开始写诗至今，我一直在词语中探索、质问、思考，在词语中寻找答案，而答案其实都隐匿在由词语信手搭建的意象中，诗中。麻烦的是每个意象、每首诗给出的答案都不相同。"其实，这恰恰也是英语诗歌教育所要探讨的问题。

镜像效应是诗歌审美教育的关键效应；诗的意象、教师领悟诗的意象和学生领悟诗的意象，这三者结合在一起，问题就会迎刃而解。其中首要之事，就是激活学生的意象运演。以下是几点建议。

（1）教师示范。镜像效应的核心条件是用一个人的镜像去激活另一

个人的镜像。在课堂教学中，教师是镜像激活的第一人。笔者的中学语文老师在讲解朱自清的《荷塘月色》时，生动地描述了他领悟"荷塘的月色"的真实感受。在倾听中受到荷塘镜像的深度感染，随着老师进入诗一般的鉴赏过程，恰恰是这一点，给笔者留下了深刻的印象。在以后的半个世纪的意象运演中，"荷塘月色"无数次地激发了笔者的诗情。

（2）背景故事启发。诗人创作诗歌的背景故事是诗歌意象的源头，有助于学生在鉴赏诗歌时理解相应的意象。英国著名诗人、1923 年诺贝尔文学奖获得者 W. B. Yeats 晚年任爱尔兰自由州参议员时常去学校视察。1926 年他考察了东南部港市 Waterford 的 St. Otteran School，这所学校恰好是依照著名教育家 Maria Montessori（蒙台梭利）的教育原则和方法来教学的学校，Yeats 深有感触，就写了著名的诗 *Among School Children*，该诗第一节如下：

I walk through the long schoolroom questioning:
A kind old nun in a white hood replies;
The children learn to cipher and to sing,
To study reading-books and histories,
To cut and sew, be neat in everything
In the best modern way—the children's eyes
In momentary wonder stare upon
A sixty-year-old smiling public man.

（王佐良，2013b）

学生对学校生活都很熟悉，教师可以把 Yeats 视察学校的事情和鉴赏此诗结合起来，这样就可以激活学生的意象运演。

（3）观看绘画作品。一个很直接的引发诗歌的意象运演的办法就是用图画来激活学生的意象运演。宋代诗人苏轼称赞唐代诗人王维的诗画作品"诗中有画，画中有诗"。诗画相配显示了诗歌意象与绘画图像的密切关系。英国著名诗人 Blake 就是诗画搭配的能手。以《天真之歌》的《牧童》为例。

The Shepherd

How sweet is the Shepherd's sweet lot.

From the morn to the evening he strays:
He shall follow his sheep all the day
And his tongue shall be filled with praise.

For he hears the lamb's innocent call,
And he is watchful while they are in peace,
He is watchful while they are in peace,
For they know when their Shepherd is nigh.

（by W. Blake）

（布莱克，2012）

（4）提出挑战问题。教师可以针对特定的诗歌作品提出挑战性问题，以此加强学生读诗的动机。在较强的动机作用下，学生在努力探究诗的深层含义时，必然会伴随特定的意象运演。

I wonder if the cabbage knows
He is less lovely than the Rose;
Or does he squat in smug content,
A source of noble nourishment;
Or if he pities for her sins
The Rose who has no vitamins;
Or if the one thing his green heart knows—
That self-same fire that warms the Rose.

（Gallagher，2009）

这首无名氏的小诗隐藏着一些深刻的道理："Both the Cabbage and the Rose are good for us."。但是，学生并不一定能够立刻明白这个道理。所以，教师可以提出挑战性问题："Which do you think is better, the Rose or the Cabbage?"。

依据原诗和这个问题，学生就要深入地阅读这首诗，在真正理解之前，他们肯定要进行涉及两种植物的意象运演，因为只有清楚关于两种植物的意象比较，学生才有可能回答这个问题，当然答案并不是简单地说"The Rose is…"，也不是简单地说"The Cabbage is…"。

四、诗歌意象的课堂显现方法——学生如何展示自己读诗所引起的意象

学生阅读诗歌、鉴赏诗歌，教师如何了解和评估学生的意象运演？这是一个课堂的实际操作问题，也是持续诗歌阅读教学的问题。因为如果教师没有可行的办法来确切地了解学生在读诗之后究竟有哪些意象出现在他们头脑中，这些意象有哪些差异、存在什么问题，教师就无法指导学生更加有效地鉴赏诗歌，也无法确定在后续的活动中如何改善诗歌鉴赏活动。由此观之，教师采取有效办法让学生把自己的意象运演情况显现出来，是持续进行诗歌教学的保障。以下是几个行之有效的办法。

（1）写关键词。学生对一首诗激活某种意象有明确的意识，通过诗中的关键词可以显示自己头脑中的意象。不同的学生可能标出不同的关键词，这就足以显示他们获得的意象是不同的。

（2）画简笔画。画简笔画显示学生读诗歌后所形成的意象，是一种很好的办法。它可以把学生在心中生成的意象勾画出来，更为重要的是，它还可以促进意象运演，提升学生意象运演的水平，为意象运演提供一个“记录”的手段。

Kitten's Complaint

In Winter when the air is chill,
And winds are blowing loud and shrill,
All snug and warm I sit and purr,
Wrapped in my overcoat of fur.
In summer quite the other way,
I find it very hot all day,
But Human People do not care,
For they have nice thin clothes to wear.
And does it not seem hard to you,
When all the world is like a stew,
And I am much too warm to purr,
I have to wear my Winter Fur.

（Thomas，2010）

读同样一首诗，不同的学生会画出不同的简笔画（如图 5–7）：

图 5–7

（3）选择意象示意图（类型）。教师根据诗歌作品的粗略意象画出多幅简笔的示意图，由学生来选。教师的示意图没有必要分出错误的图和正确的图，只需画出几种可能的图来供学生选择。不同的选择将表明不同的学生的不同理解。

The Dolls

"Wherever you dress me dolls, mammy,
Why do you dress them so,
And make them gallant soldiers,
When never a one I know;
And not as gentle ladies
With frills and frocks and curls,
As people dress the dollies
Of other little girls?"

Ah-why did she not answer: —
"Because your mammy's heed
Is always gallant soldiers,
As well may be, indeed.
One of them was your daddy,
His name I must not tell,
He's not the dad who lives here,
But one I love too well."

（Hardy, 1994）

（4）用英语描述意象。有时，教师可以鼓励学生用英语描述心中生成的意象。学生的描述越完整，说明他们对该诗的领悟越准确。但是，教师不可以让学生一边看着手中的诗，一边进行描述，因为这样会引导学生依照诗的词语完成这项活动，从而无法准确地显现学生意象运演的实际情况。这里，以德国文学家歌德的一首小诗（英译）为例。

Old Age

When old age, he arrives politely,
Knocks once or twice at the door quite quietly;
But no one welcomes him in so pat,
And to be left outside, well, he doesn't like that.
So he lifts the latch as quick as he can,
And now they say: What an ill-mannered man.

（Goethe，1999）

五、诗歌自主鉴赏（意象运演）的教学指导——如何引导学生自主欣赏英语诗歌

阅读英语诗歌，学生不一定能够进行好的意象运演。如果没有教师的引导，大概只有少数曾经有过英语诗歌阅读经验的学生才有可能进行好的意象运演，大部分学生都会停留在文字识别和表层认知上。在课后，大多数学生需要在教师的指导下才有可能实现意象运演。在这方面，目前已有较成熟的训练方法。

翻阅朱智贤主编的《心理学大辞典》中有一条目叫“表象”，英文注释是 representation，接下来的一条是“表象训练”，英文注释是 imagery training。所谓“表象训练”指的就是意象训练。研究显示，从二十世纪八十年代起，意象研究成果直接产生了一种意象训练程序，广泛用于体育训练，如在乒乓球教学中的应用（王超，2011），后来也被我国研究者用于语言学习（田良臣　等，2002）。基于意象研究成果，日本筑波大学的实践者开发了一套心理表象训练新程序（mental imagery training program，简称 MITP），该程序由 10 个阶段组成：准备、唤起表象、表象内视、表象运动、表象体验、表象控制、想象表象、表象唤起、表象演习、

与表象练习同步。结合英语诗歌意象运演的特点，适当以这个新程序为参照，笔者设想了一个诗歌意象具身体验程序（embodied poetic imagery process，EPIP），并对北京东城区新开路小学 27 名三年级小学生进行了试验。

在启动训练程序之前，教师已经对学生进行了准备性训练，包括培训简笔画技法、体验描绘意象的过程等。

①启动。向学生明确即将做的活动，读一首有趣的小诗或短文，用心把它画出来。②静默。给两三分钟，让学生闭上眼睛，均匀呼吸，安静下来。这一措施的主要目的是通过静默，引导学生清除脑子里各种零散纷杂的意象。③授予。教师非常郑重地将精心制作的“意象稿”发给学生，注意现场应保持安静，不保持安静者不授予“意象稿”。这一措施旨在促成学生用心来聚焦意象稿，从而为意象的运演提供心理条件。④默读。不允许读出声音，告诉学生：“要用你的心来读。”此步骤旨在实现意象稿的词语的有序输入，并启动自发的意象运演。⑤定点。教师提取意象稿中的某一个或几个词语，为学生的意象运演提供支点定位。⑥成象。学生把自己的意象运演效果画在“意象稿”的空白处（已由教师事先设计好），由于训练前教师已经一再告知：要自由自在地画你自己心中的图画。所以，学生不会去参照其他伙伴的“成象”。⑦展示。教师组织学生在小组内或在全班面前展示自己的读后意象。这一步的一个先决条件是教师不应对学生的意象展示进行“谁的最好”的评议，师生只是互相欣赏这些“成象”。⑧作业。这是培育学生自主鉴赏的重要安排。前面几步都是在教师的引导下进行意象运演程序的尝试，这样的活动还不是学生的自主活动，而只是进行示范操作，在课上完成这样的活动的目的是让学生在课下自己做。为此，教师应该事先准备好另一份意象稿（应当是与课堂的示范有些关联但又不类似的意象），让学生依照课上的程序，自己去做一做。⑨交流。下一次上课时，教师鼓励学生把自己在课下做的意象作业拿来交流。

本章小结

本章从英语诗歌基础知识、教育功能、韵律体验和意象体验等四个方面讨论了英语诗歌教育与艺术审美问题，并从这几个方面探究了英语诗歌教育在英语教学中的重要功能以及教学实施的主要问题。中小学英语教学实施诗歌教育要求英语教师充实英语诗歌的基础知识，这是实施英语诗歌教育的基本条件，没有这个条件，教师很难能动地进行英语诗歌的日常教学。当英语教师具备了足够的英语诗歌基础知识后，他们就可以更加深入地领悟英语诗歌的教育功能。英语诗歌教学的具体实施，有必要从诗歌的形式和意象两方面展开。诗歌的形式涉及诗歌的视觉形式和听觉形式两个侧面，这两个侧面几乎同等重要。而诗歌的形式学习与审美体验必须和意象体验结为一体。本章就形式体验和意象体验给教师提出了一些行之有效的建议。通过本章对以上几个基本问题的探究，我们走出了五个误区：关于文学特殊论的误区，关于“曲高和寡”的误区，关于语言难度的误区，关于教师能力有限的误区，以及关于选篇资源贫乏的误区。

参考文献

ACZEL A D，2005. Descartes's secret notebook［M］. New York：Broadway Books.

ALEXANDER M，2008. The first poems in English［M］. London：Penguin Group.

ALLPORT G W，1954. The nature of prejudice［M］. Cambridge，Mass.：Addison-Wesley.

ALLWRIGHT R L，1980. Turns，topics and tasks：patterns of participation in language learning and teaching［M］// LARSEN-FREEMAN D. Discourse analysis in second language research. Rowley，Mass.：Newbury House Publishers：165–187.

ANDERSEN H C，1987. Andersen's fairy tales［M］. New York：Signet Classics.

ANDERSON J R，1985. Cognitive psychology and its implications［M］. 2nd ed. New York：W. H. Freeman.

ANDREWS-HANNA J R，2012. The brain's default network and its adaptive role in internal mentation［J］. Neuroscientist，18（3）：251–270.

ANDREYEV L，1914. Love of one's neighbor［M］. New York：Albert and Charles Boni，Inc.

ANSALDO A，ARGUIN M，LECOURS A R，2002. The contribution of the right cerebral hemisphere to the recovery from aphasia：a single longitudinal case study［J］. Brain and language，82（2）：206–222.

APTE M L，1985. Humour and laughter：an anthropological approach［M］. Ithaca，NY：Cornell University Press.

ARISTOTLE，1984. The rhetoric and the poetics of Aristotle［M］. New York：Modern Library.

ATKINSON B，1974. Broadway［M］. New York：Macmillan Publishers.

AXLINE V M, 2012. Play therapy [M]. New York : The Random House Publishing Group.

BACHMAN L F, PALMER A S, 1996. Language testing in practice [M]. New York : Oxford University Press.

BACON F, 1960. The new organon and related writings [M]. [S. l.]: The Bobbs-Merrill Company.

BARBER L, 2008. Penguin's poems for life [M]. London : Penguin Group.

BARTLETT F C, 1932. Remembering [M]. Cambridge : Cambridge University Press.

BLOOM B S, 1952. Taxonomy of educational objectives : the classification of educational goals. Handbook I : cognitive domain [M]. New York : David McKay Company, Inc.

BLUMSTEIN S, 1973. A phonological investigation of aphasic speech [M]. The Hague : Mouton.

BOWNAS G, THWAITE A, 2009. The Penguin book of Japanese verse : from the earliest times to the present [M]. London : Penguin Classics.

BOYES J, 2010. Poems that will save your life [M]. London : Arcturus Publishing Limited.

BROCKETT O G, HILDY F L, 2008. History of theatre [M]. London : Pearson Education Inc.

BROWN R, 1973. A first language : the early stages [M]. Cambridge, Mass. : Harvard University Press.

BROWN R, HANLON C, 1970. Derivational complexity and order of acquisition in child speech [M] // HAYES J R. Cognition and the development of language. New York : John Wiley & Sons, Inc.

BRUNER J, 1985. Child's talk : learning to use language [M]. New York : W. W. Norton & Company.

BRYANT W C, 1970. The illustrated library of world poetry [G]. New York : Random House Value Publishing, Inc.

BUCKINGHAM H W, 2006. Was Sigmund Freud the first neogrammarian neurolinguist?［J］. Aphasiology，20（9–11）：1085–1104.

BUCKNER R L，ANDREWS-HANNA J R，SCHACTER D L，2008. The brain's default network：anatomy，function，and relevance to disease［J］. Annals of the New York Academy of Sciences，1124：1–38.

BÜHLER K，1934. Sprachtheorie［M］. Jena：Fisher Verag.

BUSS D M，2012. Evolutionary psychology：the new science of the mind［M］. Bulerde：Pearson Education，Inc.（中文翻译版：巴斯，2015. 进化心理学［M］. 北京：商务印书馆.）

BYRON L，1988. Don Juan［M］. London：Penguin Group.

CARROLL L，1998. The complete illustrated works of lewis Carroll［M］. London：Wordsworth Editions Limited.

CELCE-MURCIA M，2001. Teaching English as a second or foreign language［M］. Boston，Mass.：Heinle & Heinle Publisher.

CHEKHOV A，2002. The three sisters［M］. London：Penguin Books.

CLARE B，2006. More fairy poems［M］. New York：Macmillan Children's Books.

CLARE J，1990. Selected poems［M］. London：Penguin Group.

COLERIDGE S T，1997. The rime of ancient mariner［M］. London：Penguin Group.

COOK G，1994. Discourse and literature［M］. Oxford：Oxford University Press.

COPLAND A，2011. What to listen for in music［M］. London：Penguin Group.

CORRIGAN R W，1979. The world of the theatre［M］. Glenview：Scott，Foresman and Company.

COSLETT H B，MONSUL N，1994. Reading with the right-hemisphere：evidence from transcranial magnetic stimulation［J］. Brain and language，46（2）：198–211.

CUMMINS J，1981. Bilingualism and minority-language children［M］. Ontario：Ontario Institute for Studies in Education.

DAMASIO A R，1990. Category-related recognition defects as a clue to the neural substrates of knowledge [J]. Trends in neurosciences, 13 (3) : 95–98.

DAMASIO A R, 1994. Descartes' error : emotion, reason and the human brain [M]. New York : G. P. Putnam's Sons.

DECI E L, VALLERAND R J, PELLETIER L G, et al. , 1991. Motivation and education : the self-determination perspective [J]. Educational psychologist, 26 (3-4) : 325–346.

DEWEY E, 1919. New Schools for old : the regeneration of the Porter School [M]. New York : E. P. Dutton Company.

DIAMOND J M, 2006. The third chimpanzee : the evolution and future of the human animal [M]. New York : Harper Perennial.

DONNE J, 1971. The complete English poems [M]. London : Penguin Books.

DUNN J, 1988. The beginnings of social understanding [M]. Cambridge, Mass. : Harvard University Press.

EISNER E W, 1998. Does experience in the arts boost academic achievement ? [J]. Art education, 51 (1) : 7–15.

ELLIS R, 1994. The study of second language acquisition [M]. Oxford : Oxford University Press.

ELY R, MCCABE A, 1994. The language play of kindergarten children [J]. First language, 14 (40) : 19–35.

EMIG J, 1971. The composing process of twelve graders [M]. Urbana, IL : National Council of Teachers of English.

ESSES V M, HADDOCK G, ZANNA M P, 1993. Values, stereotypes, and emotions as determinants of intergroup attitudes [M]// MACKIE D M , HAMILTON D L. Affect, cognition, and stereotyping : interactive processes in group perception. San Diego : Academic Press : 137–166.

ESSLIN M, 1987. The theatre of the absurd [M]. London : Penguin Books.

EVANS V, GREEN M, 2006. Cognitive linguistic : an introduction [M]. Edinburgh : Edinburgh University Press Ltd.

EVELYN DEWEY, 1919. New schools for old [M]. New York : E. P. Dutton & Company.

FAZIO R H, JACKSON J R, DUNTON B C, et al. 1995. Variability in automatic activation as an unobtrusive measure of racial attitudes : a bona fide pipeline ? [J]. Journal of personality and social psychology, 69 (6) : 1013–1027.

FERGUSON M, SALTER M J, STALLWORTHY J, 1996. The Norton anthology of poetry [M]. New York : W. W. Norton & Company, Inc.

FONTANA D, 1986. Managing classroom behaviour [M]. Leicester : British Psychological Society Books.

FORGAS J P, 1995. Mood and judgment : the affect infusion model (AIM) [J]. Psychological bulletin, 117 (1) : 39–66.

FOTOS S, ELLIS R, 1991. Communicating about grammar : a task-based approach [J]. TESOL quarterly, 25 (4) : 605–628.

FOX E, 2013. Rainy brain and sunny brain : the new science of optimism and pessimism [M]. London : Arrow Books.

FREEDBERG D, GALLESE V, 2007. Motion, emotion and empathy in esthetic experience [J]. Trends in cognitive sciences, 11 (5) : 197–203.

FREUD S, 1922. Introductory lectures on psychoanalysis [M]. London : George Allen & Unwin Ltd.

GAGNE R M, BRIGGS L J, 1979. Principles of instructional design [M]. 2nd ed. New York : Holt, Rinehart & Winston of Canada Ltd.

GALLAGHER B, 2009. Great poems [M]. Essex : Miles Kelly Publishing Ltd.

GALLO D, 2006. Opera : the basics [M]. New York : Taylor and Francis Group.

GIBSON J J, 1950. The perception of the visual world [M]. Boston : Houghton Mifflin.

GOETHE J W VON, 1999. Selected poetry [M]. London : Penguin Group.

GOLDSTEIN K, 1927. Uber aphasie [M]. [S. l.] : Echweizer Archiv fir Neurologie und Psychiatrie.

GOOD T L, BROPLY J E, 2000. Looking in classroom [M]. New York : Longman.

GOODWIN M H, 1990. He-said-she-said : talk as a social organization among black children [M]. Bloomigton : Indiana University Press.

GRAHAME K, 1993. The wind in the willows [M]. Hertfordshire : Wordsworth Editions Limited.

GRANT M, 1958. Latin literature : an anthology [M]. London : Penguin Random House UK.

GRAVES R, 1966. The white goddess : a historical grammar of poetic myth [M]. New York : Farrar, Straus and Giroux.

GRIMM J, GRIMM W, 1993. Grimm's fairy tales [M]. Hertfordshire : Wordsworth Editions Limited.

GROSSMAN M, HABERMAN S, 1987. The detection of errors in sentences after right hemisphere brain damage [J]. Neuropsychologia, 25 (1B) : 163–172.

HAIMAN J, 1992. Natural syntax : iconicity and erosion [M]. Cambridge : Cambridge University Press.

HALLIDAY M A K, 1975. Learning how to mean : explorations in the development of language [M]. London : Edward Arnold.

HARDY T, 1994. The collected poems of Thomas Hardy [M]. Hertfordshire : Wordsworth Editions Limited.

HARVILAND W A, 1990. Cultural anthropology [M]. New York : Holt, Rinehart and Winston, Inc.

HASAN R, 1989. Linguistics, language, and verbal art [M]. Oxford : Oxford University Press.

HATLEN T W, 1975. Drama : principles & plays [M]. Englewood Cliffs, NJ : Prentice Hall inc.

HEAD H, 1926. Aphasia and kindred disorders of speech (Vol. 1–2) [M]. Cambridge, UK : Macmillan Publishers.

HEFFER S, 2011. Great British speeches : a stirring anthology of speeches from every period of British history [M]. London : Quercus.

HEMINGWAY E, 1995. The old man and the sea [M]. New York : Simon & Schuster Inc.

HILLIS A E, CARAMAZZA A, 1991. Category-specific naming and

comprehension impairment : a double dissociation [J]. Brain, 114 (5) : 2081–2094.

HOCKETT C F, ALTMAN S A, 1968. A note on design features [C] // SEBEOK T A. Animal communication : techniques of study and results of research. Bloomington : Indiana University Press : 61–72.

HUBEL D H, WIESEL T N, 1970. The period of susceptibility to the physiological effects of unilateral eye closure in kittens [J]. The journal of physiology, 206 (2) : 419–436.

JACKSON J H, 1958. Notes on the physiology and pathology of language [M] // TAYLOR J. Selected writings of John Hughlings Jackson (Vol. 2) : evolution and dissolution of the nervous system, speech, various papers, addresses and lectures. New York : Basic Books : 121–128.

JAKOBSON R, 1960. Closing statement : linguistic and poetics [M] // SEBEOK T A. Style in language. Cambridge, Mass. : The MIT Press.

JANIS I L, 1982. Group think : psychological studies of policy decisions and fiascoes [M]. Boston : Houghton Mifflin Harcout.

JOHNSON J S, NEWPORT E L, 1989. Critical period effects in second language learning : the influence of maturational state on the acquisition of English as a second language [J]. Cognitive Psychology, 21 (1) : 60–99.

JOHNSON M, 1987. The body in the mind : the bodily basis of meaning, imagination and reason [M]. Chicago : The University of Chicago Press.

JOHNSON M, LAKOFF G, 2002. Why cognitive linguistic requires embodied realism [J]. Cognitive linguistic, 13 (3) : 245–263.

JONES V S, Vernon, 2006. Aesop's Fables [G]. London : CRW Publishing Limited.

JUNG C G, 1981. The archetype and the collective unconscious [M]. Princeton : Princeton University Press.

KAGAN S, 1989. Cooperative learning resources for teachers [J]. TESOL matters, 89 (7) : 359–373.

KALFF D M, 1966. Sandspiel : seine therapeutische wirkung auf die psyche [M].

Zurich：Rascher Verlag.

KAY J，ELLIS A，1987. A cognitive neuropsychological case study of anomia：implications for psychological models of word retrieval [J]. Brain，110（3）：613-629.

KEARSLEY G，1976. Questions and question-asking in verbal discourse：a cross-disciplinary review [J]. Journal of psycholinguistic research，5（4）：315-375.

KIPLING J R，1993. Just so stories：the cat that walked by himself [M]. London：Wordsworth Edition Limited.

KISSOCK C，LYORTSUUN P，1982. A guide to questioning-classroom procedures for teachers [M]. [S. l.]：Macmillan Publishers.

KITAYAMA S，MARKUS H R，2000. The pursuit of happiness and the realization of sympathy：cultural patterns of self，social relations，and well-being [M] // DIENER E，SUH E M. Subjective well-being across culture. Cambridge，Mass.：The MIT Press.

KNOLL R E，1964. Storm over the Waste Land [M]. Chicago：Scott，Foresman and Company.

KOHN A，1993. Punished by rewards [M]. New York：Houghton Mifflin Harcourt.

KRASHAN S D，LONG M A，SCARECELLA R C，1979. Age，rare and eventual attainment in second language acquisition [J]. TESOL quarterly，13（4）：573-582.

LABOV W，1972. Language in the inner city：studies in the black English vernacular [M]. Philadelphia：University of Pennsylvania Press.

LAKOFF G，1987. Women，fire，and dangerous things：what categories reveal about the mind [M]. Chicago：The University of Chicago Press.

LAKOFF G，JOHNSON M，1980. Metaphors we live by [M]. Chicago：The University of Chicago Press.

LAKOFF G，TURNER M，1989. More than cool reason：a field guide to poetic metaphor [M]. Chicago：The University of Chicago Press.

LANG A，1993. Tales from King Arthur [M]. London：Wordsworth Editions

Limited.

LANGACKER R W，1987. Foundations of cognitive grammar I：theoretical prerequisites [M]. Stanford，CA：Stanford University Press.

LANGACKER R W，1990. Concept，image，and symbol：the cognitive basis of grammar [M]. Berlin：Mouton de Gruyter.

LENNEBERG E H，1967. Biological foundations of language [M]. New York：Wiley.

LEVITIN D J，2006. This is your brain on music [M]. London：Penguin Group.

LIEBERMAN M D，2013. Social：why our brains are wired to connect [M]. New York：Crown Publishing Group.

LIER L VAN，1988. The classroom and the language learner：ethnography and second-language classroom research [M]. London：Longman Group UK Limited.

LIPPMANN W，1922. Public opinion [M]. New York：Harcourt，Brace and Company.

LOCKE J，1997. An essay concerning human understanding [M]. London：Penguin Group.

LONG M，1990. Input，interaction and second language acquisition [D]. Los Angeles：University of California Press.

LONGFELLOW H W，1983. The book of 1000 poems [M]. New York：Wings Books.

LONSDALE R，1984. The new Oxford book of eighteenth-century verse [M]. London：Oxford University Press.

LOUGHLIN C E，SUINA J H，1982. Learning environment [M]. New York：Teachers College Press of Columbia University.

LUCRETIUS，2007. The nature of things [M]. [S. l.]: Penguin Classics.

LYCAN W G，1972. Gombrich，Wittgenstein，and the Duck-Rabbit [J]. The Journal of aesthetics and art criticism，30 (2)：229.

LYNCH G，GRANGER R，2008. Big brain：the origins and future of human intelligence [M]. New York：Palgrave MacMillan.

MALINOWSKY，1923. The problems of meaning in primitive language [M] //

OGDEN C K, RICHARDS I A. The meaning of meaning. New York : Harcourt, Brace& World, Inc.

MALORY T, 1969. Le Morte D'Arthur [M]. London : Penguin Group.

MANZO A V, MANZO U C, THOMAS H E, 2009. Content area literacy [M]. 5th ed. New York : John Wiley & Sons, Inc.

MARCUS G F, 1993. Negative evidence in language acquisition [J]. Cognition, 46 (1) : 53–85.

MARKUS H, WULF E, 1987. The dynamic self-concept : a social psychological perspective [J]. Annual review of psychology, 38 (1) : 299–337.

MARSHALL J C, 1974. Freud's psychology of language [M] // WOLLHEIM R. Freud : a collection of critical essays. Garden City, NY : Anchor Books : 349–365.

MCGANN J J, 1985. The romantic ideology : a critical investigation [M]. Chicago : The University of Chicago Press.

MCLAUGHLIN B, ROSSMAN T, MCLEOD B, 1983. Second language learning : an information-processing perspective [J]. Language learning, 33 (2) : 135–158.

MCNEILL D, 1966. Developmental psycholinguistics [M] // SMITH F, MILLER G. The genesis of language. Cambridge, Mass. : The MIT Press.

MILLER C R, 1970. Alexander Pope : the rape of the lock and other poems [M]. New York : Penguin Group.

MINSKY M, 1975. A framework for representing knowledge [M] // WINSTON P H. The psychology of computer vision. New York : McGraw-Hill : 211–277.

MONTEFIORE S S, 2005. Speeches that changed the world [M]. London : Quercus Publishing Plc.

MOORE K D, 1992. Classroom teaching skills [M]. 2nd ed. New York : McGraw-Hill, Inc.

MOORE S, 1968. Training an actor : the Stanislavski system in class [M]. Middlesex : Penguin Books.

MORLEY M, 1965. The development and disorders of speech in children [M]. Edinburgh : Churchill Livingstone.

NAKAMURA K，1993. A theory of cerebral learning regulated by the reward system［J］. Biological cybernetics，68（6）：491–498.

NELMS H，1950. Play production：a handbook for the backstage worker，a guidebook for the student of drama［M］. New York：Barnes & Noble.

NEWPORT E L，1990. Maturational constraints on language learning［J］. Cognitive science（14）：11–28.

OBLER L K，GJERLOW K，1999. Language and the brain［M］. Cambridge：Cambridge University Press.

OBLER L K，1981. Right hemisphere participation in second language acquisition［G］// DILLER K C. Individual differences and universals in language learning aptitude. Rowley，Mass.：Newbury House：53–64.

PEASE A，PEASE B，2004. The definitive book of body language［M］. London：The Orion Publishing Group Ltd.

PEIRCE C S，1931. Collected papers of Charles Sanders Peirce［M］. Cambridge，Mass.：Harvard University Press.

PETERSON C，MCCABE A，1983. Developmental psycholinguistics：three ways of looking at a child's narrative［M］. New York：Plenum Press.

PIAGET J，1977. The role of action in the development of thinking［M］// OVERTON W F，GALLAGHER J M. Knowledge and development：advances in research and theory（Vol. 1）. New York：Plenum Press.

PINEL J P J，2011. Biopsychology［M］.［S. l.］：Pearson Education.

PINKER S，1984. Language learnability and language development［M］. Cambridge，Mass.：Harvard University Press.

PINKER S，1987. The bootstrapping problem in language acquisition［M］// MACWHINNEY B. Mechanisms of language acquisition. Hillsdale，N J：Routledge.

PINKER S，1994. The language instinct：how the mind creates language［M］. New York：Harper Perennial.

PLUTARCH，2015. Plutarch：lives of the noble Grecians and Romans［M］. Oxford：Benediction Classics.

POPE A，1970. The rape of the lock and other poems［G］. New York：New

American Library.

POPPER K R, 1972. Objective knowledge : an evolutionary approach [M]. Oxford : Oxford University Press.

PREECE A, 1992. Collaborators and critics : the nature and effects of peer interaction on children's conversational narratives [J]. Journal of narrative and life history, 2 (3) : 277–292.

RACKHAM A, 1994. Mother goose [G]. Ware : Wordsworth Editions Limited.

RAICHLE M E, MACLEOD A M, SNYDER A Z, et al. , 2001. A default mode of brain function [J]. Proceedings of the National Academy of Sciences of the United States of America, 98 (2) : 676–682.

RAMACHANDRAN V S, 2011. The tell-tale brain : a neuroscientist's quest for what makes us human [M]. New York : W. W. Norton & Company, Inc.

RAMAZANI J, ELLMANN R, O'CLAIR R, 1973. The Norton anthology of modern and contemporary poetry : Vol. 1 modern poetry [M]. New York : W. W. Norton & Company, Inc.

RAUSCHER F H, SHAW G L, KY C N, 1993. Music and spatial task performance [J]. Nature (365) : 611.

RICE M L, 1993. "Don't talk to him, he's weird" : the role of language in early social interactions [M] // KAISER A, GRAY D. Enhancing children's communication : research foundations for intervention. Baltimore : Paul Hervey-Brookes.

RICKS C, 1990. The new Oxford book of victorian verse [M]. London : The Oxford University Press.

RIZZOLATTI G, FADIGA L, GALLESE V, et al. , 1996. Premotor cortex and the recognition of motor actions [J]. Cognitive brain research, 3 (2) : 131–141.

ROHRER T, 2007. Embodiment and experientialism [M] // GEERAERTS D, CUYCKENS H. The handbook of cognitive linguistic. New York : Oxford University Press : 36–37.

ROSE R, 1955. Twelve angry men [M]. New York : Dramatic Publishing Company.

ROSSETTI C，2009. A birthday［G］// GALLAGHER B. Great poems. Essex：Miles Kelly Publishing Ltd.：60–61.

ROSSETTI C，2009. Who has seen the wind？［G］// GALLAGHER B. Great poems. Essex：Miles Kelly Publishing Ltd.：448.

RUMELHART D E，MCCLELLAND J L，1986. Parallel distributed processing：explorations in the microstructure of cognition：Volume 1 foundations［M］. Cambridge，Mass.：The MIT Press.

RUSSELL B，1979. A History of Western philosophy［M］. London：Unwin Paper Backs.

SASSOON S，1996. Everyone sang［G］// JONES G R. The nation's favourite poems. London：BBC Worldwide Ltd.：33–61.

SAYERS D L，1949. Dante：the comedy of dante alighieri：hell［M］. London：Penguin Books.

SCHACTER D L，1987. Implicit memory：history and current status［J］. Journal of experimental psychology：learning，memory and cognition，13（3）：501–518.

SCHERER K R，2005. What are emotions？And how can they be measured？［J］. Social science information，44（4）：693–727.

SCHERER K R，2004. Which emotions can be induced by music？What are the underlying mechanisms？And how can we measure them？［J］. Journal of new music research，33（3）：239–251.

SCHOLES P A，1970. The Oxford companion to music［M］. Oxford：Oxford University Press.

SEARLE J R，1969. Speech acts：an essay in the philosophy of language［M］. Cambridge：Cambridge University Press.

SEARLE J R，1975. The logical status of fictional discourse［J］. New literary history，6（2）：319–332.

SEARLE J R，2005. Consciousness［G］// HONDERICH T. The Oxford companion to philosophy. Oxford：Oxford University Press：354–355.

SEARS T A，1977. Some neural and mechanical aspects of singing［M］//

CRTICHLEY M，HENSON R A. Music and the brain. London：William Heinemann Medical Books：78–94.

SELIGER H，1978. Implications of a multiple critical period hypothesis for second language learning [M] // RITCHIE W C. Second language acquisition research：issues and implications. New York：Academic Press.

SHAW G B，1903. Man and superman [M]. London：Penguin Books.

SHEPARD R N，METZLER J，1971. Mental rotation of three-dimensional objects. [J]. Science，171（3972）：701–703.

SKOYLES J R，2000. Gesture，language origins，and right handedness [J]. Psychology，11：24.

SKUSE D H，1984a. Extreme deprivation in early childhood I：diverse outcomes for 3 siblings from an extraordinary family [J]. Journal of child psychology and psychiatry，25（4）：523–541.

SKUSE D H，1984b. Extreme deprivation in early childhood II：theoretical issues and a comparative review [J]. Journal of child psychology and psychiatry，25（4）：543–572.

SNOW C E，HOEFNAGEL-HOHLE M，1978. The critical period for language acquisition：evidence from second language learning [J]. Child development，49（4）：1114–1128.

SNOW C E，TABORS P O，DICKINSON D K，2001. Language development in the preschool years [M] // DICKINSON D K，TABORS P O. Beginning literacy with language：young children learning at home and school. Baltimore：Paul Hervey-Brookes：1–26.

SNOW M A，2001. Content-based and immersion models for second and foreign language teaching [M] // CELCE-MURCIA M. Teaching English as a second or foreign language. Boston，Mass.：Heinle & Heinle Publisher：305–306.

SOUSA D A，2001. How the brain learns [M]. London：Sage Publications，Inc.

SOUTHWELL G，2010. Words of wisdom [M]. London：Quercus Publishing Plc.

SPROAT R, 1992. Morphology and computation [M]. Cambridge, Mass. : The MIT Press.

SQUIRE L R, OJEMANN J G, MIEZIN F M, et al. , 1992. Activation of the hippocampus in normal humans : a functional anatomical study of memory [J]. Proceedings of the National Academy of Sciences of the United States of America, 89 (5): 1837–1841.

SQUIRE L R, ZOLA-MORGAN S, 1991. The medial temporal lobe memory system [J]. Science, (253): 1380–1386.

STEINER R, 1983. The inner nature of music and the experience of tone : selected lectures the work of Rudolf Steiner [M]. New York : Rudolph Steiner Press.

STERNBERG R J, 2004. Psychology [M]. Belmont : Wadsworth.

STEVENSON R L, 2009. Where go the boats ? [G] // GALLAGHER B. Great poems. Essex : Miles Kelly Publishing Ltd. : 259.

STOCKWELL P, 2002. Cognitive poetics : an introduction [M]. New York : Routledge.

STOLLER F L, 1997. Project work : a means to promote language content [J]. English teaching forum, 35 (4): 2–9.

STRACHAN J, TERRY R, 2003. Poetry [M]. Edinburgh : Edinburgh University Press.

STROMSWOLD K, 1994. Language comprehension without language production : implications for theories of language acquisition [C]. Paper presented at the 18th Annual Boston University Conference on Language Development.

STUMPF S E, FIESER J, 2007. Socrates to Sartre and beyond : a history of philosophy [M]. 8th ed. New York : McGraw-Hill, Inc.

SWAAB D F, 2014. We are our brains : a neurobiography of the brain, from the womb to Alzheimer's [M]. London : Penguin Group.

TAYLOR J R, 2002. Cognitive grammar [M]. London : Oxford University Press.

THOMAS T, 2010. Poems for young children [M]. Essex : Miles Kelly Publishing Ltd.

THOMPSON I, 1991. Foreign accents revisited : the English pronunciation of Russian immigrants [J]. Language learning, 41 (2) : 177–204.

TILLYARD E M W, 1943. The Elizabethan world picture [M]. London : Chatto and Windus.

TOLKIEN J R R, 2013. The fall of arthur [M]. London : Harper Collins Publishers.

TURNER M, 1998. The literary mind : the origins of thought and language [M]. New York : Oxford University Press.

TURNER M, 2002. The cognitive study of art, language and literature [J]. Poetics today, 23 (1) : 9–20.

VANLANCKER-SIDTIS D, 2004. When only the right hemisphere is left : studies in language and communication [J]. Brain and language, 91 (2) : 199–211.

VON MONAKOW C, 1911. Localization of brain functions [G] // VON BONIN G. Some papers on the cerebral cortex. Springfield, IL : Charles C. Thomas.

WHITMAN W, 2009. Leaves of grass : Book VI salut du monde [G] // GALLAGHER B. Great poems. Essex : Miles Kelly Publishing Ltd. : 110–111.

WILDER T, 1941. Some thoughts on the art of playwriting [M] // CENTENO A. The intent of the artist. Princeton : Princeton University Press.

WOOLF V, 2000. Mrs Dalloway [M]. London : Penguin Books.

WORDSWORTH W, 2008. The world is too much with us [M] // BARBER L. Penguin's poems for life. London : Penguin Group : 138.

WRIGHT J C, HUSTON A C, 1995. Effects of educational TV viewing of lower income preschoolers on academic skills, school, readiness, and school adjustment one to three years later [M]. Lawrence, KS : Center for Research on the Influence of Television on Children.

WRIGHT J C, HUSTON A C, MURPHY K C, et al. , 2001. The relations of early television viewing to school readiness and vocabulary of children from low-income family : the early window project [J]. Child development, 72 (5) : 1347–1366.

WYATT ST, 1977. Sir Thomas Wyatt : the complete poems [G]. London : Penguin Books.

ZEKI S，1999. Art and the brain［J］. Journal of consciousness studies（6）：76–96.

阿恩海姆，1987. 视觉思维［M］. 滕守尧，译 . 北京：光明日报出版社 .

艾略特，2003. 猫：英汉双语剧本［M］. 费元洪，译 . 上海：译文出版社 .

班杜拉，2003. 自我效能：控制的实施［M］. 缪小春，等译 . 上海：华东师范大学出版社 .

邦奇，2010. 歌唱动力学［M］. 韩丽艳，蒋世雄，译 . 北京：中国广播电视出版社 .

波诺，2004. 思考帽：平行思维应用技巧［M］. 汪凯，吴亚滨，译 . 北京：企业管理出版社 .

博尔，2014. 贪婪的大脑：为何人类会无止境地寻求意义［M］. 林旭文，译 . 北京：机械工业出版社 .

布莱克，2012. 天真与经验之歌［M］. 杨苡，译 . 南京：译林出版社 .

布莱希特，2015. 戏剧小工具篇［M］. 张黎，丁扬忠，译 . 北京：北京师范大学出版社 .

布鲁墨，1987. 视觉原理［M］. 张功钤，译 . 北京：北京大学出版社 .

布罗凯特，希尔蒂，2015. 世界戏剧史：第十版［M］. 周靖波，译 . 上海：上海三联书店 .

蔡曙山，2016. 人类的心智与认知：当代认知科学重大理论与应用研究［M］. 北京：人民出版社 .

曹俊峰，朱立元，张玉能，2013. 西方美学史：第 4 卷　德国古典美学［M］. 北京：北京师范大学出版社 .

查默斯，2013. 有意识的心灵［M］. 朱建平，译 . 北京：中国人民大学出版社 .

陈东东，2001. 杜鹃侵巢的仪式［M］//特朗斯特罗姆 . 特朗斯特罗姆诗全集 . 李笠，译 . 海口：海南出版公司：295.

陈世明，彭怡玢，戴力芳，等，2014. 儿童戏剧的多元透视［M］. 上海：复旦大学出版社 .

陈望衡，2000. 美是一种价值的形容词：简评蔡元培的美本体论［J］. 安徽师范大学学报（人文社会科学版），28（4）：495–499.

从莱庭，徐鲁亚，2007. 西方修辞学［M］. 上海：上海外语教育出版社 .

崔刚，2015. 神经语言学［M］. 北京：清华大学出版社 .

达马西奥，2007. 笛卡尔的错误：情绪、推理和人脑［M］. 北京：教育科学出版社 .

戴维森，贝格利，2014. 大脑的情绪生活［M］. 王萌，译 . 上海：格致出版社，上海人民出版社 .

戴卫平，2014. 词汇隐喻研究［M］. 广州：世界图书出版广东有限公司 .

邓福星，1986. 艺术前的艺术：史前艺术研究［M］. 济南：山东文艺出版社 .

丁国旗，2011. 认知语法视角下的意象分析与翻译［M］. 杭州：浙江大学出版社 .

范国睿，2000. 教育生态学［M］. 北京：人民教育出版社 .

范梅南，2001. 教学机智：教育智慧的意蕴［M］. 李树英，译 . 北京：教育科学出版社 .

范明生，2013. 西方美学史：第 1 卷　古希腊罗马美学［M］. 北京：北京师范大学出版社 .

富寿荪，等，1985. 千首唐人绝句全二册［M］. 上海：上海古籍出版社 .

高叔平，1984. 蔡元培全集：第 3 卷［M］. 北京：中华书局 .

高叔平，1997. 蔡元培全集：第 6 卷［M］. 杭州：浙江教育出版社：16.

格罗姆，2008. 儿童绘画心理学：儿童创造的图画世界［M］. 李甦，译 . 北京：中国轻工业出版社 .

贡布里希，1989. 图像与眼睛：图画再现心理学的再研究［M］. 范景中，杨思梁，徐一维，等译 . 浙江：浙江摄影出版社 .

顾曰国，1990. 西方古典修辞学和西方新修辞学［J］. 外语教学与研究，82（2）：13–25.

顾肇仓，周汝昌，1962. 白居易诗选［M］. 北京：作家出版社 .

顾子欣，2015. 英诗三百首：英汉对照［M］. 北京：线装书局 .

黑格尔，1979. 美学：第 1 卷［M］. 北京：商务印书馆 .

胡壮麟，2005. 系统功能语言学概论［M］. 北京：北京大学出版社 .

黄杲炘，2011a. 英语青春诗选：英汉对照［M］. 武汉：湖北教育出版社 .

黄杲炘，2011b. 英语趣诗选：英汉对照［M］. 武汉：湖北教育出版社 .

黄杲炘，2011c. 英国短诗选：英汉对照［M］. 武汉：湖北教育出版社 .

加扎尼加，伊夫里，曼冈，2015. 认知神经科学［M］. 周晓林，高定国，译 . 北京：中国轻工业出版社 .

蒋孔阳，2014. 德国古典美学［M］. 北京：北京师范大学出版社 .

卡比，古德帕斯特，2010. 思维：批判性和创造性思维的跨学科研究［M］. 韩广忠，译 . 北京：中国人民大学出版社 .

卡斯顿，2012. 莎士比亚与书［M］. 郝田虎，冯伟，译 . 北京：商务印书馆 .

康德，2013. 美，以及美的反思：康德美学全集［M］. 曹俊峰，译 . 北京：金城出版社 .

孔达，2013. 社会认知：洞悉人心的科学［M］. 周治金，朱新秤，等译 . 北京：人民邮电出版社 .

库拉柯洛，2014. 探秘童心深处：童话故事测验在发展、临床和跨文化心理学领域中的应用［M］. 张建新，陈晶，等译 . 北京：教育科学出版社 .

兰盖克，2013. 认知语法基础（第一卷）：理论前提［M］. 牛保义，王义娜，席留生，等译 . 北京：北京大学出版社 .

朗格，2013. 感受与形式［M］. 高艳萍，译 . 南京：江苏人民出版社 .

李赋宁，2005. 英语史［M］. 北京：商务印书馆 .

李健，翁再红，2011. 论蔡元培美育思想的形成基础［J］. 美育学刊（5）：21–26.

李静纯，2005. 英语教育评价通论：上卷［M］. 北京：北京教育出版社 .

李静纯，2006. 绿色课堂随想录［M］. 北京：北京教育出版社 .

李静纯，2013. 小学英语故事教学［M］. 北京：外语教学与研究出版社 .

李雨，舒华，2014. 默认网络的神经机制、功能假设及临床应用［J］. 心理科学进展，22（2）：234–249.

梁实秋，2011. 英国文学史（一）［M］. 北京：新星出版社 .

廖奔，1997. 中国古代剧场史［M］. 郑州：中州古籍出版社 .

刘国正，马达，戴山青，1984. 寓林折枝（上、下）［M］. 北京：北京出版社 .

刘丽霞，王岗峰，2002. 重新认识美育的“独立价值”：当前学校美育状况调查的思考［J］. 福建师范大学学报（哲学社会科学版）（2）：51–56.

刘文荣，2011. 英美诗歌名篇研读［M］. 上海：上海教育出版社 .

刘勰，1959. 文心雕龙校注［M］. 北京：中华书局 .

刘悦笛，2006. 艺术终结之后［M］. 南京：南京出版社.

刘悦笛，2008. 视觉美学史：从前现代、现代到后现代［M］. 济南：山东文艺出版社.

洛夫，2013. 洛夫诗全集［M］. 南京：江苏文艺出版社.

洛马尔 D，2007. 镜像神经元与主体间性现象学［J］. 陈巍，译. 丁俊，校. 世界哲学（6）：82–87.

马芹芬，2011. 蔡元培美育思想对当前高校审美教育的启示［J］. 宁波大学学报（教育科学版），33（6）：95–99.

马斯洛，1987. 存在心理学探索［M］. 昆明：云南人民出版社.

梅锦荣，2011. 神经心理学［M］. 北京：中国人民大学出版社.

弥尔顿，2006. 欢乐颂与沉思录［M］. 赵瑞蕻，译. 南京：译林出版社.

米德，2015. 心灵、自我与社会［M］. 北京：中国传媒大学出版社.

帕泰尔，2011. 音乐、语言与脑［M］. 杨玉芳，蔡丹超，译. 上海：华东师范大学出版社.

平克，2015a. 思想本质：语言是洞察人类天性之窗［M］. 张旭红，梅德明，译. 杭州：浙江人民出版社.

平克，2015b. 语言本能：人类语言进化的奥秘［M］. 欧阳明亮，译. 杭州：浙江人民出版社.

冉祥华，2008. 当代中国美育研究的发展趋势及主要课题［J］. 山东社会科学（6）：133–136.

荣格，1987. 心理学与文学［M］. 冯川，苏克，译. 北京：生活·读书·新知三联书店.

荣格，等，1989. 人及其表象［M］. 张月，译. 北京：中国国际广播出版社.

汝信，2014. 简明西方美学史读本［M］. 北京：中国社会科学出版社.

萨特，1988. 想象心理学［M］. 褚朔维，译. 北京：光明日报出版社.

申荷永，2004. 荣格与分析心理学［M］. 广州：广东高等教育出版社.

沈致隆，2004. 加德纳·艺术·多元智能［M］. 北京：北京师范大学出版社.

石中英，2001. 知识转型与教育改革［M］. 北京：教育科学出版社.

斯坦尼斯拉夫斯基，1962. 斯坦尼斯拉夫斯基全集：第 2 卷［M］. 林陵，史敏徒，译. 北京：中国电影出版社.

泰戈尔，2005. 园丁集［M］. 杜静斐，译 . 哈尔滨：哈尔滨出版社 .

泰戈尔，2009. 园丁集［M］. 冰心，译 . 南京：译林出版社 .

唐青叶，2009. 语篇语言学［M］. 上海：上海大学出版社 .

特纳，2016. 沙盘游戏疗法手册［M］. 陈莹，姚晓东，译 . 北京：中国轻工业出版社 .

田良臣，刘电芝，2002. 表象思维训练：提高小学低段语文教学质量的实验研究［J］. 课程 · 教材 · 教法，22（10）：30–34.

托多罗夫，2016. 诗学［M］. 怀宇，译 . 北京：商务印书馆 .

王宝童，1998. 金域音：英诗声韵［M］. 开封：河南大学出版社 .

王超，2011. 表象训练法在乒乓球教学中的应用［J］. 体育科技文献通报，（6）：62–65.

王峰，2015. 美学语法：后期维特根斯坦的美学与艺术思想［M］. 北京：北京大学出版社 .

王海龙，2016. 视觉人类学新编［M］. 上海：上海文艺出版社 .

王力，2012. 现代诗律学［M］. 北京：中国人民大学出版社 .

王士元，2011. 语言、演化与大脑［M］. 北京：商务印书馆 .

王文锦，2001. 礼记译解（下）［M］. 北京：中华书局 .

王寅，2006. 认知语言学［M］. 上海：上海外语教育出版社 .

王寅，2011. 构式语法研究（上卷）：理论思索［M］. 上海：上海外语教育出版社 .

王佐良，2011. 英国诗选［M］. 上海：上海译文出版社 .

王佐良，2013a. 英国诗歌选集（上）［M］. 上海：上海译文出版社 .

王佐良，2013b. 英语诗歌选集（下）［M］. 上海：上海译文出版社 .

维特根斯坦，2005. 哲学研究［M］. 陈嘉映，译 . 上海：上海人民出版社 .

维特根斯坦，2015. 美学、心理学和宗教信仰的演讲与对话集（1938—1946）［M］. 刘悦笛，译 . 北京：中国社会科学出版社 .

沃伦，2004. 理解诗歌：第 4 版［M］. 北京：外语教学与研究出版社 .

谢弗，2004. 发展心理学［M］. 北京：中国轻工业出版社 .

熊健衡，赵织雯，1985. 实用英语交际语法［M］. 上海：上海译文出版社 .

亚里士多德，1980. 政治学［M］. 吴寿彭，译 . 北京：商务印书馆 .

亚里士多德，1962. 诗学［M］. 罗念生，译 . 北京：人民文学出版社 .

詹森，2006. 适于脑的策略［M］. 北京：中国轻工业出版社 .

张纯美，洪静媛，2014. 中外教育思想荟萃［M］. 上海：上海文化出版社 .

张德禄，2012. 语篇分析理论的发展及应用［M］. 北京：外语教学与研究出版社 .

张美妮，1989. 童话词典［M］. 哈尔滨：黑龙江少年儿童出版社 .

张玉能，陆扬，张德兴，等，2013. 西方美学史：第 5 卷　十九世纪美学［M］. 北京：北京师范大学出版社 .

章克标，1932. 开明文学辞典［M］. 上海：开明书店 .

郑国良，2016. 西方舞台设计史：从古代希腊至十九世纪［M］. 上海：上海人民美术出版社 .

止庵，2012. 周作人讲解鲁迅［M］. 南京：江苏文艺出版社 .

周汝昌，1962. 杨万里选集［M］. 北京：中华书局 .

朱光潜，2015. 文艺心理学［M］. 上海：华东师范大学出版社 .

朱自清，1924. 踪迹［M］. 上海：亚东图书馆 .

朱自清，2008. 经典常谈［M］. 北京：生活 · 读书 · 新知三联书店 .